3판

DATABASE SYSTEMS

데이터베이스 시스템

설계 | 구축 | 관리

최재화 · 김성언 공저

비앤엠북스

머리말

이제 정보는 우리의 손 안으로까지 들어오고 있다. 본격적으로 전개되는 유비쿼터스 컴퓨팅 시대에 쏟아지는 정보를 수집, 처리, 활용하는 것은 기업과 같은 조직뿐만 아니라 개인에게도 무한의 경쟁 환경 속에서 생존을 위해서 피할 수 없는 일이다. 기업은 경쟁 우위를 통한 지속 가능한 성장을 위해 여러 유형의 정보시스템을 구축하여 활용하고 있다. 이러한 모든 정보시스템의 근간은 데이타베이스이다. 수많은 데이타와 정보를 체계적이고 효율적으로 관리하기 위하여서는 성공적인 데이타베이스 시스템의 설계, 구축, 그리고 관리는 매우 중요하다. 그러므로 데이타베이스 기술에 대한 이해는 정보시대의 지식노동자에게는 필수적인 과제이다.

이러한 시대적 요구에 응답하기 위하여 저자들은 학생, 데이타베이스 관련 실무자 및 데이타베이스에 관심이 있는 독자들을 위해 데이타베이스 시스템의 이론과 기술을 좀 더 쉽고 간결하게 설명하려고 본 서를 저술하게 되었다. 본 서는 데이타베이스 시스템의 복잡한 이론과 기술을 학문적으로 다루기보다는 실제에서 조직의 업무를 효율적으로 지원하는 데이타베이스 시스템을 설계, 구축, 관리하는 방법의 소개에 초점을 맞추었다. 특히 본 서는 사례와 예제를 통한 경험적 학습 방법을 도입하여 데이타베이스 이론과 기술을 실제의 기업에서 적용하는 방법을 제시한다. 구체적으로 본 서는 마이크로소프트 액세스(Microsoft Access)를 사용하여 데이타베이스 이론과 개념이 실무 문제를 해결하는 방법을 상세하게 보여주고 있다. 이러한 접근방법은 쉽게 접할 수 있는 PC 플랫폼의 데이타베이스 관리 시스템을 사용하여 소규모 프로젝트를 실행하는 과정을 통해 데이타베이스 기술의 근간을 이루는 이론과 개념에 대한 이해를 크게 돕는다고 확신한다.

본 서의 구성은 크게 6부로 나누어진다. 제1부 데이타베이스 시스템 개요에서는 데이타베이스 개념 및 기술 발전 과정과 더불어 데이타베이스 시스템 개념과 아키텍처를 간략히 소개한다. 제2부 데이타베이스 설계에서는 실무에서 주로 사용되는 개체관계성 데이타 모델과 관계형 데이타 모델에 따른 데이타베이스 설계를 자세히 설명한다. 제3부 데이타베이스 언어에서는 관계형 데이타베이스 관리 시스템의 표준 언어인 SQL(Structured Query Language)의 사용 방법을 예제를 통하여 소개한다. 제4부 데이타베이스 시스템 구축에서는 데이타베이스 시스템 개발 과정을 요약하여 소개하고 데이타베이스 시스템 개발 프로젝트에 적용하는 방법을 사례를 통하여 제시한다. 제5부에서는 데이타베이스 관리 및 기술에서는 데이타베이스 시스템의 내부에 대한 이해와 보안 및 관리 이슈를 간략하게 설명한다. 제6부 데이타베이스 기술의 확장에서는 초기의 데이타베이스 기술이 새로운 영역으로 확장・발전한 기술 분야를 요약하여 설명한다. 전체적으로 데이타베이스 이론과 기술에 대한 내용을 넉넉하게 다루지는 못하였으나 시대 변화에 맞추어 필요한 내용은 간결・명료하게 담도록 노력하였다.

본 서는 경영정보학, 경영학, 전산학, 그리고 컴퓨터 관련 전공의 데이타베이스 시스템 입문서로 사용할 수 있다. 앞에서 밝힌 것처럼 본 서는 데이타베이스 시스템의 이론과 기술에 대한 학문적 논의보다는 사용자 입장에서 데이타베이스 기술을 실무에 활용하는데 필요한 개념과 기법의 소개에 중점을 두었다. 주제가 데이타베이스 시스템의 내부 기술에 관한 것이거나 입문 강의에서 다루지 않아도 되는 것은 책의 후반에 담고 있다. 이것은 데이타베이스 입문 과목에서는 본 서에서 다루고 있는 데이타베이스 시스템에 관한 기본적인 이론과 기술을 한 학기에 모두 소개하는 것이 학생들에게 벅찰 수 있기 때문이다. 주로 비이공계 학생들을 가르치는 저자들의 경험으로 볼 때 입문 강의에서는 제4부까지를 한 학기에 다루고, 다른 고급 주제는 별도의 강의에서 다루는 것이 바람직하다.

최근 거의 매년 겨울 지구 온난화를 거론할 만큼 따뜻하던 날씨가 유별나게 추웠던 이번 겨울에 지리적으로 멀리 떨어져 있으면서도 인터넷을 통해 원고를 주고 받으며 의견을 교환하고 격려하면서 이 책을 개정하게 되어 홀가분하다. 그러나 아직도 미흡한 부분이나 잘못된 부분이 있을 것으로 여겨진다. 독자들의 건설적인 의견들은 이 책의 품질 향상에 큰 도움이 될 것이 틀림없기에 저자들은 이를 환영한다. 본 서가 출판될 수 있도록 부지런히 수고하여 주신 비앤엠북스의 정광식 사장님과 편집팀들에게 감사한다.

2010년 2월
저자 씀

목 차

제2부 데이타베이스 설계

제5부 데이타베이스 관리 및 기술

제6부 데이타베이스 기술의 확장

제1부

데이타베이스 시스템 개요

제1장 데이타 자원 관리

제2장 데이타베이스 시스템 개념과 아키텍처

제1장
데이타 자원 관리

학습목표

이 장을 읽은 뒤에 독자들은 다음 사항을 이해해야 한다.

- 데이타와 정보의 중요성
- 화일처리 시스템의 특성과 단점
- 데이타베이스 접근방법의 장점
- 데이타 자원 관리의 발전

조직의 데이타 자원 관리는 업무가 간단할 때에는 관리가 간단한 사무도구를 사용하여 소수의 사무직원에 의하여 가능하다. 그러나 업무가 다양해지고 조직이 큰 경우에는 데이타의 생성, 저장 및 활용을 체계적으로 지원하는 기술이 필요하다. 1980년대 이전에는 이러한 데이타 관리가 주로 데이타 화일과 응용 프로그램을 중심으로 하는 파일시스템이라고 불리는 컴퓨터 시스템에 의해 지원되었다. 1970년 쯤에 제안된 데이타베이스 기술이 제시하는 비전이 본격적으로 실무에 응용되기까지는 오랜 시간이 걸렸다. 1980년대 이후부터 데이타 관리 기술이 성숙하여 대부분의 조직에서 데이타베이스 관리시스템을 사용하게 되었다.

본 장에서는 앞으로 자세하게 설명될 데이타베이스 기술에 대한 개략적 설명을 한다. 오늘날 기업 경영활동에서 데이타 또는 정보가 차지하는 중요성을 지적하고 이 데이타 자원의 관리가 어떤 방법으로 되어 왔는가를 간략히 정리한다. 즉 화일처리 시스템을 설명하고 이 시스템의 단점을 해결하기 위해 제시된 데이타베이스 접근방법이 어떤 장점을 가지는가를 요약한다. 그리고 데이타 관리 기술이 어떠한 과정을 거쳐 오늘날의 수준으로 발전되어 왔는가를 정리한다.

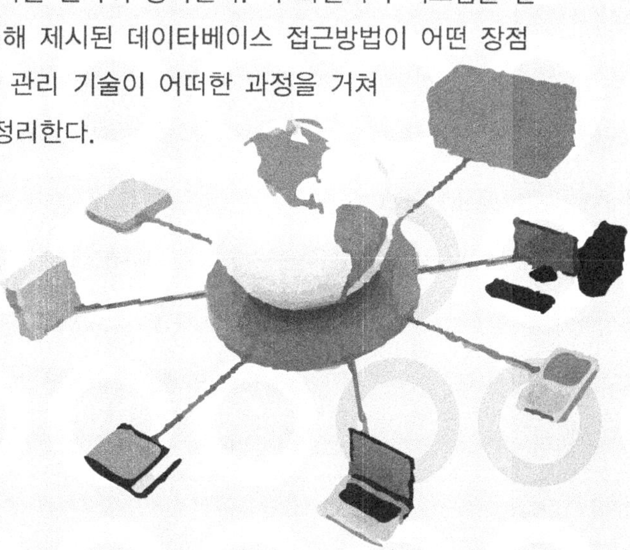

1.1 데이타 자원 관리

1.1.1 데이타와 정보

모든 경영자와 관리자는 오늘날과 같이 고도의 경쟁 체제에서 효과적인 데이타 자원의 관리가 조직의 사활에 필수적임을 인식하고 있다. 데이타와 그로부터 유도된 정보는 고객 만족의 향상, 팀 활동 지원, 새로운 상품과 시장 개발, 그리고 빠른 시장 요구 대응과 같은 경쟁적 노력에 반드시 필요하다. 데이타는 그것이 정확하고 필요한 순간에 제공될 수 있을 때에만 가치가 있다. 바로 이 점이 조직이 데이타를 목적에 따라 조직화하고 효율적으로 관리하여야 하는 이유이다.

흔히 데이타와 정보는 정확한 구분 없이 사용되기도 한다. 그러나 엄격하게 말하면, 데이타와 정보는 구분된다. 데이타(Data)는 사람, 객체, 또는 사건과 같은 것에 대한 사실을 말하며, 전형적으로 물체의 현상이나 기업 거래에 관한 사실이나 관찰의 기록이다. 좀 더 자세히 말하면 데이타는 개체(사람, 장소, 물건, 그리고 사건 등)의 속성(또는 특성)에 대한 객관적 측정치이다. 예를 들면, 우주선의 발사나 자동차 판매는 그 사건을 나타내는 많은 데이타를 산출한다. 자동차의 재고번호, 모델이름, 제조회사, 가격 등에 대한 기록은 데이타이다. 데이타는 존재 그 자체 이상의 의미가 없이 존재하는 자원이며, 조작 및 분석(처리 또는 계산) 대상이다. 정보(Information)는 특별한 관련성과 목적을 가진 데이타이다. 정보는 데이타가 특정한 맥락에 놓이거나, 관계적으로 연결되어 구조를 가지면서 의미가 부여되고, 분류, 계산, 정정, 축약, 맥락화를 통해 가치가 부여된 데이타이다.

데이타와 정보는 조직에서 다양한 목적으로 사용된다. 데이타는 고객, 제품, 주문, 그리고 직원 등 조직의 업무 및 상태를 나타내고 추적하는 데 사용된다. 예를 들면, 어떤 약품이 재고로 있는지를 파악하기 위하여 제약회사의 직원은 창고에서 그 약품을 찾으려고 하기보다는 그 약품의 재고 레코드를 컴퓨터에서 찾아 확인하면 된다. 정보는 기업의 활동 결과를 측정하거나 재무적 상태를 보고하는 데 사용된다.

예를 들면, 제약회사의 경영자는 매 분기마다 회사의 손익 상태를 알아보거나 영업 패턴과 추세를 파악하기 위하여 월별 회계보고서를 사용하면 된다.

조직은 내·외부로부터 엄청나게 많은 양의 데이타를 수집하고 저장한다. 이러한 데이타를 원래의 상태로 둔다면 그 양에 압도당하게 될 것이고 또 의미가 없는 경우가 많다. 정보는 이러한 데이타가 특정한 사용자에게 의미 있고 유용하도록 전환된 것이다. 즉 데이타는 원자재이고 정보는 완제품이라고 생각할 수 있다. 예를 들면, 자동차 판매 데이타는 스프레드시트(Spreadsheet) 프로그램이나 통계패키지를 사용하여 분석되고 요약되면 관리자에게 매우 가치 있는 정보가 될 수 있다. 관리자는 이 정보를 이용하여 새로운 자동차 개발에 관한 중요한 의사결정을 할 수 있다.

데이타를 정보로 전환하기 위해서는 획득, 저장, 조작, 검색, 그리고 분배의 과정이 필요하다. 이러한 과정을 효율적이고 효과적으로 수행하기 위하여 조직은 데이타를 데이타베이스 형태로 조직화하여야 한다. 데이타베이스(Database)는 조직의 다양한 사용자의 정보 요구를 충족하도록 논리적으로 연관된 데이타를 공유하는 집합체이다. 데이타베이스 기술에 대한 개략적 이해를 돕기 위해 데이타베이스 기술이 현실에서 어떻게 응용되고 있는가를 다음의 예를 통하여 살펴보자.

1.1.2 데이타베이스 응용의 예

(1) 솔로전기수리

솔로전기수리는 김솔로 씨가 운영하는 전기제품 수리를 전문으로 하는 회사이다. 이 점포에는 김솔로 씨 외에 또 다른 한 명의 보조직원이 있으며 김솔로 씨의 부인도 가게의 운영 지원 업무를 담당하고 있다. 김솔로 씨는 전기제품수리 일을 한 곳에서 20년 동안 해오며 명성과 신용을 쌓았다. 따라서 고객은 점포가 있는 지역의 주민으로 거의 모든 전기제품 고장 수리 문제를 김솔로 씨에게 의뢰해 온다.

고객들은 김솔로 씨를 잘 기억하나 김솔로 씨는 모든 고객을 다 기억하지는 못한다. 때로는 고객이 전화를 해와 "김 사장님, 남 도령입니다. 사장님께서 2년 전에 우리집 냉장고를 고쳐 주셨습니다."라고 말할 때 김솔로 씨는 당황하게 된다. 남 도령

씨는 김솔로 씨가 자신과 그 당시 해결한 작업에 대하여 기억해 줄 것으로 기대하는데 김솔로 씨가 이를 구체적으로 기억한다는 것은 어려운 일이다. 이러한 상황은 고객이 "우리 옆집에서 우리와 똑같은 문제가 냉장고에 발생하였다."고 말한 때는 더욱 난처해진다.

김솔로 씨는 기억을 살리는 데 도움을 주고 거래 상황을 기록하기 위하여 PC를 사용하기로 하고 컴퓨터 컨설턴트에게 데이타베이스 응용시스템을 개발하도록 의뢰하였다. 컴퓨터 컨설턴트가 파악한 김솔로 씨가 원하는 시스템은 고객, 작업, 그리고 제품들 사이에는 어떤 관계에 있는지, 특정 고객에게 어떤 작업을 해 주었는지 등을 쉽게 알 수 있게 해주는 것이다. 이러한 요구를 해결하기 위하여 김솔로 씨의 컨설턴트는 데이타 입력 스크린과 질의 보고서들과 같은 응용 프로그램을 개발하였다. 그림 1-1 은 김솔로 씨가 입력 폼에다 고객의 이름이나 전화번호를 입력하면 데이타베이스 관리 시스템이 해당되는 데이타를 데이타베이스로부터 추출하여 디스플레이하는 것을 보여준다. 이 화면으로부터 김솔로 씨는 그 고객에게 어떠한 작업을 해 주었는지 쉽게 알 수 있다.

[그림 1-1] 솔로전기수리의 폼 화면

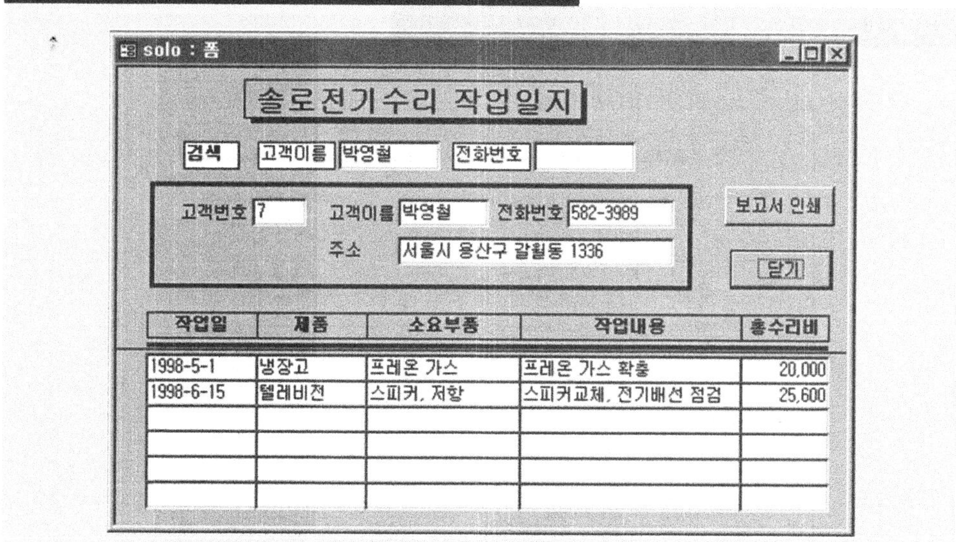

(2) 윈윈컨설팅

윈윈(Win Win)컨설팅(주)은 중소기업을 대상으로 컴퓨터 시스템 개발과 교육을 전문으로 하는 컨설팅 회사이다. 윈윈컨설팅(주)은 송정기 씨가 2년 전 대학 시절부터 아르바이트로 몇몇 중소기업을 위해 컴퓨터시스템 개발을 하던 것을 기반으로 하여 졸업과 동시에 친구 3명과 함께 시작하였는데 지금은 그 규모가 커져 4명의 창업자를 포함한 21명의 컨설턴트, 3명의 교육팀, 그리고 2명의 사무원이 함께 일하고 있다.

윈윈컨설팅(주)의 데이타베이스는 모든 직원들에 의하여 공유되며 근거리통신망의 서버에 저장되어 있다. 그림 1-2 는 윈윈컨설팅(주)의 컨설턴트들이 사용하는 디스플레이 폼 중 하나이다. 이 폼은 윈윈컨설팅(주)에서 수행하고 있는 프로젝트들에 대한 일반적인 내용과 각 프로젝트 별로 참여하고 있는 개발 및 교육 인원에 대한 내용을 보여준다.

윈윈컨설팅(주)의 데이타베이스는 다수의 사용자를 위한 것이기 때문에 솔로전기수리의 데이타베이스보다 더 복잡할 뿐만 아니라 이를 기반으로 개발된 응용 프로그램의 수도 더 많다. 윈윈컨설팅(주)의 데이타베이스 설계 과정은 3장에서 자세하게 다룬다.

[그림 1-2] 윈윈컨설팅(주)의 폼 화면

(3) C보험회사(주)

데이타베이스 기술이 거대 기업의 데이타 자원 관리에도 활용되는 예로 전국을 시장으로 하는 C보험회사(주)의 경우를 가정해 볼 수 있다. C보험회사(주)는 전국에 86개의 지점을 가지고 있으며 자동차보험 등의 손해보험을 판매한다. 이 회사의 보험 판매원들은 새로운 고객의 보험가입이 결정되면 고객의 신상자료, 운전경력, 자동차 종류 및 보험의 종류 등에 대한 내용을 데이타베이스에 입력한다. 이렇게 만들어진 데이타베이스는 C보험회사(주)의 판매 직원뿐만 아니라 보상처리 직원 등 수백명의 사용자가 접근하여 사용한다. C보험회사(주)의 데이타베이스와 같이 거대 기업의 데이타베이스는 수십 개 이상의 테이블과 수백 개 이상의 폼 및 보고서 등과 같은 응용 프로그램으로 이루어져 있다. 테이블도 그 규모면에서 볼 때 수백에서 수십만 개의 레코드로 이루어져 있어 매우 클 뿐만 아니라 각 테이블 사이의 연관성도 매우 복잡하게 되어 있다.

C보험회사(주)와 같은 큰 기업의 데이타베이스는 조직의 데이타를 중앙에서 집중 관리하기 위하여 메인프레임 컴퓨터에 데이타베이스를 저장하여 분산되어 있는 부서의 사용자들이 접근하게 하는 경우가 보통이다. 또는 데이타에 많이 접근하는 지사 또는 지역 사무소의 컴퓨터에 분산하여 관리하는 분산 데이타베이스 시스템을 유지하기도 한다. 이러한 대용량 데이타베이스를 관리하는 소프트웨어인 데이타베이스 관리 시스템의 기능은 복잡하지만 사용자 인터페이스는 쉬워 다양한 업무를 지원한다.

(4) 데이타베이스 유형

위에서 규모가 다른 세 가지 데이타베이스 기술의 활용 형태를 보았다. 개인은 솔로전기수리와 같이 적은 양의 데이타가 사용자에 의해 기록·관리되는 데이타베이스를 유지하고 있다. 이렇게 개인을 위한 데이타베이스 시스템의 경우에는 사용되는 폼이나 보고서가 단순하다. 이러한 데이타베이스는 주로 PC 데이타베이스 관리 시스템으로 관리한다.

개인 데이타베이스보다 한 단계 위인 데이타베이스는 원원컨설팅(주)과 같이 사용자가 한 사람이 아니라 수 명에서 수십 명에 달하는 경우이다. 이러한 데이타베이스의 데이타 양은 개인이 유지하는 것보다 훨씬 커지고 사용되는 폼과 보고서도 여러 가지 다른 업무 기능을 지원하기 위하여 복잡해진다. 여러 사용자가 한 데이타베이스를 공유하기 위해서는 많은 PC와 서버 컴퓨터를 연결하는 근거리통신망을 주로 사용한다. C보험회사(주)의 데이타베이스는 그 사용자가 수백 명에서 수만 명을 넘는 큰 조직 또는 기업 전체를 위한 것이다. 이런 환경에서는 수많은 응용 프로그램이 사용되고 각 응용 프로그램은 제각기 다른 폼과 보고서를 사용하게 된다. 앞의 세 데이타베이스 응용의 예는 개인 데이타베이스(Personal Database), 그룹 데이타베이스(Group Database), 그리고 조직 데이타베이스(Corporate Database)로 나눌 수 있다. 표 1-1 은 세 가지 다른 데이타베이스의 유형을 요약한 것이다.

〈표 1-1〉 데이타베이스 유형

유 형	예	사용자수	데이타베이스 크기
개인데이타베이스	솔로전기수리	1	Mega Byte
그룹데이타베이스	원원컨설팅(주)	수십 명~수백 명	Giga Byte
조직데이타베이스	C 보험회사(주)	수백 명~수만 명	Tera Byte

1.2 화일처리 시스템

본 절에서는 한 중소기업이 데이타 자원을 어떻게 생산, 저장, 활용하여 왔는가를 봄으로써 오늘날 보편화된 데이타베이스 기술이 어떻게 발전하여 왔는가를 기술하고자 한다. 사례로 제시되는 중소기업의 데이타 자원 관리는 처음에는 수작업으로 업무를 처리하다가 그 다음에는 미니컴퓨터를 사용한 전통적인 화일처리 시스템으로 전환하였고 다시 관계형 데이타베이스 시스템을 사용하는 정보시스템으로 진전한다. 크고 작은 기업이 사용하는 정보시스템은 사례에서 보는 것처럼 정보기술의 발전에 따라 변화되어 왔는데 그 과정을 이해하는 것이 바로 데이타베이스 접근방법을 이해하는 것이 된다.

사례 : 건강제약(주)

건강제약은 약품을 제조하여 전국의 약국, 의원 및 병원에 판매하는 회사이다. 이 회사의 제품은 몇 가지 제품 라인으로 구성되어 있다. 초기의 건강제약 데이타 자원 관리는 매우 간단하였다. 한 사람의 경리사원이 세금에 관련된 자료들과 약간의 경리자료를 문서로 기록하고 있었으나, 사업 운영을 위한 대부분의 데이타가 김건강 사장의 머리에 간직되어 있었다.

김 사장은 1988년에 사업이 계속 확장될 것을 예측하고 처음 시작한 경기도 부평의 공장을 떠나 충북 조치원 부근의 한 농공단지에 공장을 새로 지어 이수하였다. 회사의 규모가 점차 커지고 제품 라인과 종업원의 수가 증가됨에 따라 김 사장 혼자서 모든 경영문제를 다루기가 힘들어 졌다. 따라서 김 사장은 회사를 판매, 경리, 구매, 생산 부서로 분할하여 운영하기 시작했다. 이로써 건강제약은 본격적인 중소기업의 면모를 갖추게 되었다.

건강제약이 4개 부서를 만들어 운영하기 시작할 때부터 회사의 데이타 관리에 대한 변화도 시작되었다. 한 경리사원에 의해 관리되던 장부들은 더 이상 규모가 커진 회사를 운영하기에는 부적합하였다. 이제는 각 부서별로 장부(화일, 원장 등)를 관리하고 부서간의 자료교환도 필요시에 임의로 이루어지고 있다.

건강제약의 업무 형태 중 판매업무 형태를 간략히 살펴보면 다음과 같다. 즉, 대부분의 고객 주문은 전화로 판매부에서 접수된다. 판매사원은 고객의 화일을 통해 고객의 신용상태를 점검하고, 제품 화일을 통해 요구하는 제품의 재고를 확인한 뒤 주문서를 작성한다. 주문처리 담당자는 주문서를 보고 송장을 준비하며 제품 화일의 재고수량도 갱신한다. 이때 갱신된 재고수량이 일정수준 아래로 내려가면 생산의뢰를 생산부서로 보낸다. 또 주문서의 사본이 경리부서로 전달되어 대금청구가 이루어지게 한다. 각 고객에게 주문된 제품이 발송될 때 송장과 대금청구서가 함께 보내진다. 그림 1-3 은 건강제약의 주요업무 간의 데이타 흐름을 보여준다.

[그림 1-3] 건강제약 판매시스템

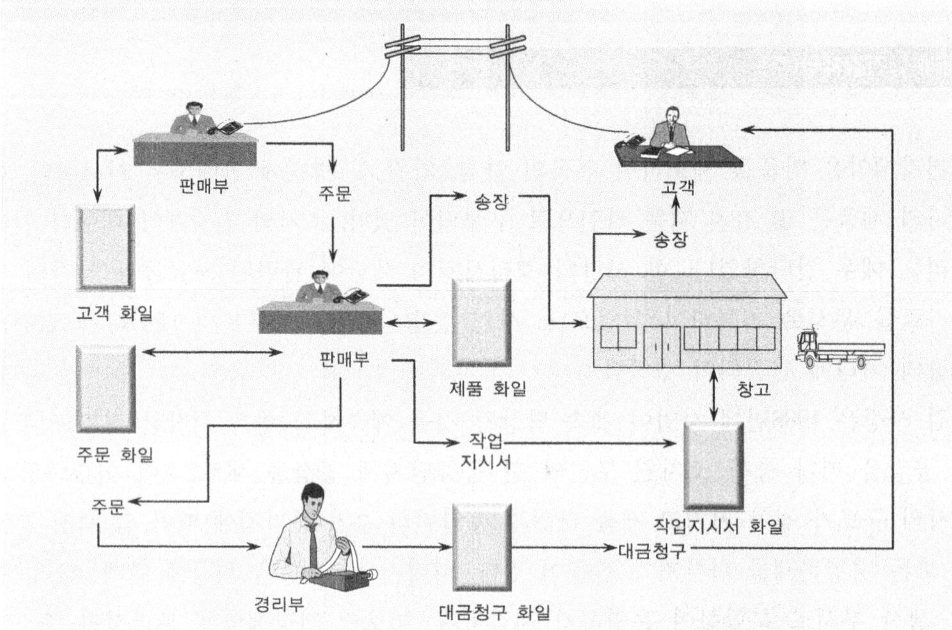

1.2.1 수작업시스템

수작업시스템(Manual System)을 유지하는 회사에서는 각 부서가 업무를 지원하고 자료를 제공하기 위하여 독립된 장부를 가지고 있어야 한다. 그림 1-3 의 건강제약 판매시스템에서는 각 부서의 데이타 화일이 분산되어 있고 각 부서는 부서의 업무에 국한된 화일만으로 업무를 하고 있다. 이러한 수작업시스템으로는 규모가 작은 회사의 운영을 할 수는 있으나 다음과 같은 여러 가지 단점을 발견할 수 있다.

첫째, 데이타의 변경을 해당 화일에 반영하고 부서간의 화일 내용을 일치시키기 위해서는 계속적인 회사 내부 문서(메모, 보고서, 거래 문서 등)의 교환과 전화 연락이 있어야 한다. 둘째, 복잡한 운영에 관한 질문에 대한 답을 신속하게 줄 수 없다. 예를 들면, "무지개약국으로부터 받은 주문서 23에 관한 미수금이 얼마인가?"하는 질문을 답하기 위해서는 판매부와 경리부의 장부를 뒤져야 할 것이다. 또한 표 1-2 에서와 같은 업무상 수시로 처리되어야 할 질의에 대하여 신속한 답을 얻기가 어렵다. 셋째, 경영자는 의사결정에 도움이 되는 요약된 보고서를 쉽게 받아보기가 어렵다. 넷째, 데이타가 회사에 중복되게 기록되어 있어 일관성이 없고 의사전달의 혼란이 있게 된다. 예를 들면, 건강제약의 경우 고객의 주문에 관한 데이타가 판매부와 경리부에 중복되게 유지될 수 있다.

〈표 1-2〉 업무관련 질의 예

부 서	질의 예
판 매 부	고객인 무지개약국의 신용한도는?
	플로펜의 이달 주문량은?
회 계 부	미라약국 송장 23의 총액은 얼마인가?
제 조 부	오늘 진코바 80mg 정제의 예정 생산량은 얼마인가?

그러나 컴퓨터의 사용이 수작업시스템의 문제점들을 대부분 자동적으로 제거한다고 생각하면 안 된다. 컴퓨터는 데이타를 빠르고 정확하게 처리하도록 해준다. 그러나 전산화의 초기부터 오랫동안 쓰여 온 전통적인 화일처리 시스템에서도 여전히 앞에서 지적한 수작업 문제점의 상당부분이 그대로 존재하거나 경우에 따라서는 더 증폭되어 있기도 하다. 그 이유는 전통적인 화일 접근방법에서는 기존시스템을 자동화시키는 것에만 열중했기 때문이다.

사례 : 건강제약(주)의 화일처리 시스템

건강제약은 재고 증가에 겹쳐 고객서비스 수준의 저하와 같은 많은 운영상의 문제를 겪었다. 회사의 규모는 급격히 성장하였으나 이익의 증가율이 이를 따르지 못하였다. 김건강 사장은 기존의 수작업시스템이 더 이상 급격히 성장하는 회사를 관리하는데 적합하지 않다는 결론을 내리고 1989년에 미니(Mini)컴퓨터를 도입하기로 하였다.

미니컴퓨터에 설치된 응용 프로그램은 주문처리, 대금청구, 외상매출금, 재고관리, 외상매입금, 급료, 그리고 총계정원장과 같이 회계와 재무 분야의 것들이었다. 이들 중 대부분은 소프트웨어 개발업자로부터 구입하여 건강제약의 필요에 맞도록 수정한 것이다.

그림 1-4 는 건강제약의 응용 프로그램 중에서 주문처리시스템과 송장시스템을 보여준다. 그림 1-4 를 보면 전통적 응용 프로그램에서 전형적으로 나타나는 것처럼 각 응용 프로그램은 제각기의 데이타 화일을 가지고 있다. 주문처리시스템의 재고 마스터화일과 송장시스템의 재고품 가격 화일은 건강제약에서 생산되는 제품을 기술하는 거의 같은 내용의 데이타를 지니고 있다. 이 두 응용 프로그램은 똑같이 고객마스터화일을 사용한다. 이 고객 마스터화일은 실제로 한 화일일 수도 있고 아니면 똑같은 데이타를 가진 두 개의 화일일 수도 있다.

그림 1-3 과 그림 1-4 를 비교하면, 건강제약의 수작업시스템과 그것을 대체한 컴퓨터시스템의 디자인이 유사함을 발견할 수 있다. 각 접근방법은 개별 부서의 데이타 처리 문제를 해결하기 위한 절차와 그와 관련된 데이타 화일을 개발하는 것이다. 다시 말하면 화일 접근방법을 사용하여 기존의 수작업을 자동화한 것뿐이다. 컴퓨터시스템에서는 더 이상 데이타 화일들을 수작업에서처럼 개별 부서에 배치하지는 않는다. 그러나 데이타 화일들은 개별 응용 프로그램이나 부서의 필요에 맞도록 되어 있어, 모든 부서와 사용자들에 의해 공유되는 자원이 아니라 그 부서나 응용 프로그램에 속한 것으로 간주된다.

[그림 1-4] 화일처리 시스템

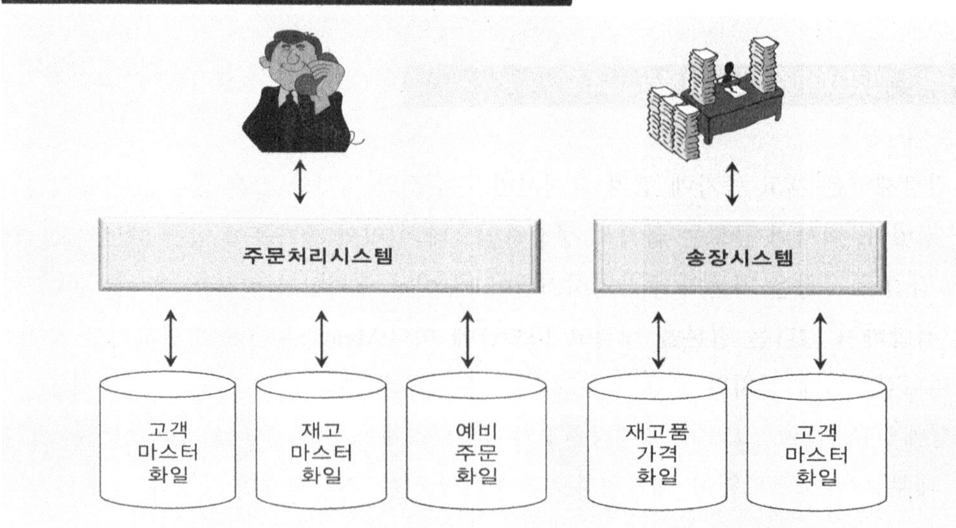

건강제약의 컴퓨터시스템은 대체적으로 성공적이었다. 소프트웨어는 회사가 종이 문서의 양을 줄이고 고객 주문에 대한 서비스를 향상할 수 있게 해주었다. 또 경영자는 원가, 판매와 이익에 관한 더 좋은 정보를 획득할 수 있게 되었다. 그럼에도 불구하고 건강제약의 경영자들은 새로운 컴퓨터시스템에 관해 여러 가지 점에서 불만이었다. 응용 프로그램이 거래처리 기능을 향상시키는 데는 기여했으나 중간관리자에게는 그 혜택이 적었고 최고경영자에게는 거의 차이를 가져오지 못했다. 건강제약의 김건강 사장과 다른 경영자들은 전통적 화일처리 시스템의 근본적인 약점들을 깨닫게 되었다.

1.2.2 화일처리 시스템

전산화의 초기에는 조직 전체가 아닌 개별 부서의 데이타 처리 요구에만 치중하는 화일처리 시스템(File Processing System)이 개발되었다. 정보시스템 부서는 외상매출금, 급료, 그리고 재고관리와 같은 개별적 업무에 관한 새로운 컴퓨터 프로그램을 하나씩 개발하거나 구입하는 것으로 사용자의 요구에 응해 왔다. 개발된 응용 프로그램이나 시스템은 특정 부서나 그룹의 필요에 맞도록 설계되어졌기 때문에 응용 프로그램의 성장에 관한 전체적인 구도, 계획, 또는 모델이 없었다.

화일처리 시스템에서 각각의 응용 프로그램은 그 자체의 데이타 화일을 갖도록 설계되었다. 이러한 새로운 화일들에 저장되는 데이타의 대부분은 다른 응용 프로그램을 위한 기존의 화일에 이미 존재하고 있는 경우가 많다. 따라서 만약 기존 데이타 화일로 새로운 응용 프로그램의 필요를 충족하려면 기존 화일의 데이타 구조가 재구성되어야 하고 아울러 같은 화일을 사용하는 기존의 응용 프로그램이 수정되거나 완전히 다시 쓰여 져야 한다. 화일처리 시스템에서는 각 응용 프로그램을 위해 새로이 데이타 화일을 설계하는 것이 훨씬 쉽거나 덜 위험하였으므로 새로운 응용 프로그램은 새로운 데이타 화일을 만들었다.

(1) 화일처리 시스템의 약점

화일처리 시스템은 여러 가지 근본적인 약점을 가지고 있다. 그 약점들은 다음과 같으며 각 항목에 대하여 간단한 설명을 하고자 한다.

- 데이타의 중복
- 불일치한 데이타
- 경직성
- 제한된 데이타 공유
- 표준적용의 부재
- 과다한 프로그램 유지 노력

1) 데이타의 중복

화일처리 시스템에서는 각 응용 프로그램이 제각기 데이타 화일을 가지므로 데이타의 중복이 많이 생긴다. 동일한 데이타를 다수의 화일에 기록하는 데에는 여러 가지 단점이 따른다. 첫째, 값비싼 저장 공간이 낭비된다. 둘째, 같은 데이타가 중복되게 기록되어 있으므로 데이타 갱신을 위해 동일한 데이타를 여러 번 입력하여야 한다. 셋째, 아래에서 설명하는 것처럼 데이타의 불일치 또는 여러 버전이 존재하게 된다는 것이다. 뒤에 설명되는 데이타베이스 접근방법에서처럼 어느 정도의 중복은 불가피하지만 그에 대한 통제가 필요한 것이다.

2) 불일치한 데이타

동일한 데이타가 여러 화일에 저장되어 있으면 불일치가 일어나기 쉽다. 예를 들어 건강제약의 여러 화일이 고객에 관한 데이타를 포함하고 있고 어느 고객의 주소 변경이 있다고 하자. 고객 데이타를 포함한 모든 화일이 일치하려면 모든 화일이 동시에 갱신되어야 한다. 그러나 화일시스템에서는 각 화일이 다른 사용자(또는 응용 프로그램)에 의해 통제되므로, 일부 화일은 변경된 주소를 가지고 다른 화일은 계속 변경되지 않은 주소를 가질 수 있다.

저장된 데이타의 불일치는 화일처리 시스템에서 가장 흔한 문제점으로 지적되고 있다. 불일치한 데이타는 불일치한 문서와 보고서를 생산하여 정보시스템의 무결성에 대한 사용자의 신뢰를 잃게 한다. 예를 들면, 위의 변경되지 않은 고객의 주소로 인해 송장이 잘못 배달되면 그 결과로 송장은 반송되고 지불은 늦어지게 될 것이다.

3) 경직성

화일처리 시스템은 대량생산 시설과 유사하다. 화일시스템은 시스템개발 시에 예상되는 여러 가지 문서와 보고서를 규칙적이고 효율적으로 생산한다. 그러나 그러한 시스템은 종종 융통성이 없어 새로운 모양의 출력이나 재설계한 출력의 요구에 대응할 수 없다. 다시 말하면, 응용시스템이 시스템 개발 시에 예상치 못했던 형태의 정보 요구를 만족시키지 못한다. 이것은 가끔 정보가 이미 시스템에 있는 줄 알고 있는데도 원하는 형태로 정보를 제공치 못하는 것에 대해 이해를 못하는 사용자에게 좌절을 주기도 한다.

예를 들어 건강제약의 주문처리시스템은 세 화일을 가지고 있다. 고객 마스터화일, 재고 마스터화일, 그리고 주문 화일이 그것이다. 주문부서의 관리자가 특정한 고객이 주문한 제품의 리스트를 보기를 원한다고 하자. 시스템설계자가 이러한 요구를 예상하지 못했다면 이 요구를 만족시킬 수 없다. 이 요구가 새로운 것이라면 회사는 각 화일에서 필요한 레코드를 추출하여 보고서를 생산하는 응용 프로그램을 만들어야 한다. 정보시스템 부서에 밀려 있는 과제의 수에 따라 새로운 응용 프로그램의 개발은 수개월 또는 수년이 걸릴 수도 있다.

4) 제한된 데이타 공유

전통적인 화일 접근방법에서는 각 응용 프로그램이 각자의 데이타 화일을 가지고 있어서 사용자는 그들이 사용하는 응용 프로그램의 데이타 이외에는 데이타를 공유할 기회를 갖지 못한다. 그림 1-4 에서 회계부서의 사용자들은 송장시스템과 그 파일들 만 사용할 뿐 주문처리시스템 화일은 사용하지 않게 되고 이 화일들은 판매부서에 의해서만 주로 사용되게 된다.

제한된 데이타 공유는 중복된 데이타를 가진 화일의 갱신을 위해 동일한 데이타를 여러 번 입력하여야 한다. 예를 들면, 건강제약의 경우 재고제품 이름의 변경은 주문처리시스템과 송장시스템에 별도로 입력되어야한다. 그 이유는 두 시스템이 각자의 재고 화일 버전을 가지고 있기 때문이다.

또 다른 제한된 데이타 공유의 문제점은 새로운 응용시스템을 개발할 때에 설계자가 기존 화일에 있는 데이타를 이용할 수 없다는 점이다. 따라서 설계자는 기존의 데이타를 상당 부분 중복되게 하는 새로운 화일을 설계하게 된다. 가령 건강제약의 경우 생산부서의 관리자가 생산스케줄시스템을 요청한다고 하자. 그러한 시스템은 틀림없이 경제적 생산 주문량의 결정, 기존 주문의 상태, 그리고 관련된 재고 정보를 얻기 위해 재고 화일을 필요로 한다. 재고 마스터화일이 주문처리시스템에서 사용되고 있지만 이 화일이 생산스케줄 응용시스템의 요구사항을 맞추기 위해서는 새로이 설계되어야 할 것이다. 이 화일에 대한 어떠한 데이타 변경도 그림 1-4 의 주문처리시스템의 하나 또는 그 이상의 응용 프로그램을 완전히 변경시킬 것을 요구할지도 모르기 때문이다. 화일처리 시스템에서는 제한된 데이타 공유와 중복의 순환고리가 이러한 모습으로 계속된다.

5) 표준 적용의 부재

모든 조직은 정보시스템을 효과적으로 운영하기 위하여 표준절차를 요구한다. 정보시스템 내에서는 데이타의 이름, 형식, 그리고 접근통제에 대한 표준이 필요하다. 그러나 전통적 화일처리 시스템에서는 데이타 표준을 정하기도 강요하기도 어렵다. 이는 시스템 설계와 운용의 책임이 분산되어 있기 때문이다.

표준의 적용은 분산된 책임과 의사결정 형태를 가지는 큰 조직에서 특히 어렵다. 중앙 집중적인 통제나 조정 없이는 서로 다른 부서의 사용자들은 자신들의 컴퓨터를 구입하여 데이타 공유나 호환성에 개의치 않고 응용시스템을 개발하게 된다. 규모가 작은 조직에서도 응용 프로그램부문에서는 표준의 적용이 어렵다. 건강제약의 경우 이들 응용 프로그램이 회계시스템에 연결되어 있기는 하나 개별 응용 프로그램을 소프트웨어회사로부터 구입하여 사용하였기 때문에 서로 간에 호환성이 별로 없다고 볼 수 있다. 또한 각각의 응용 프로그램들은 같은 데이타에 다른 이름과 형식을 사용하고 있을 수 있기 때문에 수정을 어렵게 하고 데이타의 공유를 제한한다.

6) 과다한 프로그램 유지 노력

화일처리 시스템에서는 화일, 레코드, 그리고 데이타 항목의 기술이 개별 응용 프로그램에 내장되어 있다. 그러므로 데이타 화일에 대한 어떠한 변경도 프로그램의 수정을 요구한다. 가령 고객 마스터화일의 고객이름 데이타 항목이 20바이트에서 25

바이트로 바뀌어야 한다고 하자. 이러한 간단한 변경도 주문처리시스템과 송장시스템의 여러 프로그램 모듈을 변경시켜야 하는 결과를 가져온다.

이상과 같은 화일처리 시스템의 문제점들은 초기 응용시스템에서 특히 두드러졌다. 최근의 시스템에서는 이러한 단점들을 해결하는 데 도움이 되는 여러 가지 좋은 지원 패키지와 도구들이 등장했다. 이러한 소프트웨어 패키지와 도구는 그래픽 사용자 인터페이스, 일반적 화일 관리와 보고서 작성기, 온라인 질의 처리, 거래처리시스템, 데이타 사전, 그리고 고급 프로그래밍언어를 포함하고 있다. 그러나 이러한 장치에도 불구하고 화일처리 시스템의 문제점은 여전히 존재하고 있다.

사례 : 건강제약(주)의 데이타베이스 기술 도입

1990년대 초반에 건강제약은 경쟁이 점차 치열해 지고 경쟁사들이 새로운 기업환경 변화에 더 잘 대응하고 있음을 알게 되었다. 이러한 상황에 대한 여러 가지 이유를 찾을 수 있겠지만, 경영자는 앞에서 화일처리 시스템의 약점과 관련하여 지적한 이유들로 회사의 컴퓨터시스템이 제약이 된다고 느꼈다. 전산실의 이정기 실장의 제안으로 건강제약에서는 데이타베이스 기술에 대한 가능성을 조사하기 위한 조사팀을 구성하였다. 이 조사팀은 팀장인 이정기 실장, 부장급 사용자, 정보시스템 전문가, 그리고 기초 조사를 위해 고용된 컨설턴트로 구성되었다.

기초조사의 결과는 경영자에게 데이타베이스 접근방법의 장점을 확신시킬 수 있었고 회사는 관계형 데이타베이스 관리 시스템을 설치하기로 결정하였다. 관계형 데이타베이스 관리 시스템은 모든 데이타를 테이블 형태로 표시한다. 건강제약(주)이 필요로 하는 관계형 데이타베이스를 설계하고 구축하는 과정이 8장에서 자세히 설명되었으며 테이블은 그림 8-15 에 나타나 있다. 그림 1-5 는 그림 1-4 의 데이타 화일들이 데이타베이스로 통합되고 두 응용 프로그램이 데이타베이스를 공유하는 형태를 보여 준다.

데이타베이스 접근방법은 이전의 화일처리 방법에 비해 많은 이점을 제공한다. 그러나 조직 구성원들에 의해 데이타 공유를 불가능하게 하는 여러 개의 독립적 데이타베이스를 개발한다면 데이타베이스 접근방법의 많은 이점을 얻을 수 없게 된다. 다시 말하면 독립적 데이타베이스 시스템은 화일처리 시스템의 단점들을 여전히 가지게 된다. 따라서 건강제약에서는 데이타 공유를 위해 각 부서의 개인용 컴퓨터를 데이타베이스 서버에 연결하는 근거리통신망을 설치하기로 했다. 근거리통신망의 컴퓨터들은 클라이언트/서버 구조를 채택하였다.

데이타베이스 기술 활용의 예를 들면, 판매부가 새로운 고객의 주문을 받게 되면, 그 주문이 데이타베이스에 기록되고, 경리부서의 직원은 재무정보를 가진 데이타베이스 부분을 질의하여 월별 지출보고서를 볼 수 있고, 사장은 데이타베이스의 데이타를 가지고 이익 증가율을 예측해 볼 수 있다. 이것들은 건강제약의 데이타베이스에 저장되어 있는 공유 데이타를 사용하는 예를 나타내는 것이다.

[그림 1-5] 데이타베이스 접근방법

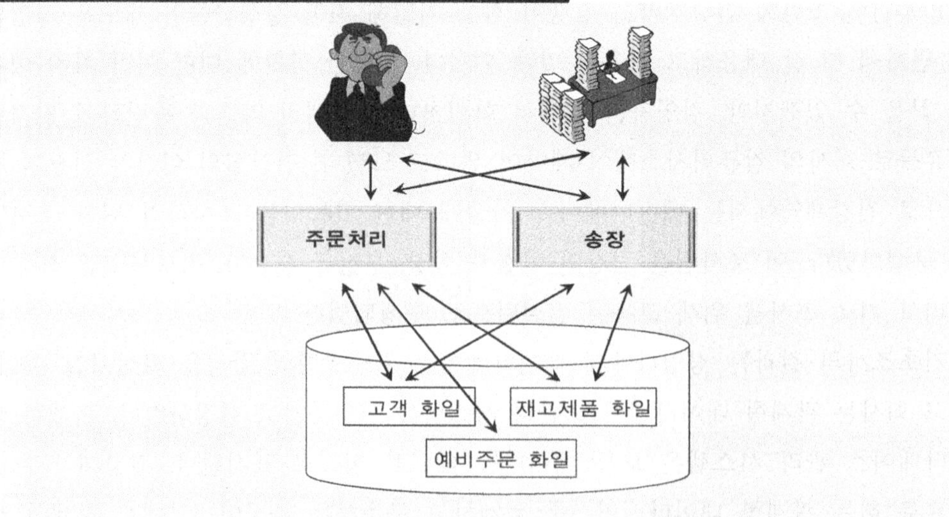

1.3 데이타베이스 접근방법

데이타베이스 접근방법(Database Approach)은 조직 전체에 걸쳐 데이타를 통합하여 공유하는 것을 기본으로 한다. 1980년대 초만 하여도 이 방법은 최고 경영자를 비롯하여 관리자에게 사고방식의 대전환을 요구하는 것으로 여겨졌으며 그러한 변화가 많은 조직에서 어렵게 받아들여졌다. 현재는 거의 모든 조직이 정보를 경쟁의 무기로 삼아야 한다는 사실을 받아들이고 정보의 공유가 가능하도록 데이타베이스 기술을 사용하고 있다.

(1) 데이타베이스 접근방법의 장점

데이타베이스 접근방법은 전통적 화일처리 방법에 비하면 여러 가지 이점을 가지고 있다. 이러한 이점들은 다음과 같으며 각 항목에 대해 간단히 설명하고자 한다.

- 데이타 중복의 최소화
- 데이타의 일관성
- 데이타의 통합
- 데이타의 공유
- 응용 프로그램 개발의 용이
- 통일된 데이타 보호, 프라이버시, 그리고 무결성 제어
- 데이타 접근 및 응답
- 데이타 독립성
- 쉬워진 프로그램 관리

1) 데이타 중복의 최소화

데이타베이스 접근방법에서는 분리되고 중복된 데이타 화일을 만들지 않고 하나의 논리적 구조로 통합한다. 한 데이타 항목의 사례는 데이타베이스의 한 곳에만 기록되어 있다. 예를 들면, 건강제약의 한 고객인 무지개약국의 주소 "서울특별시 노원구 공능동 570번지"는 여러 데이타 화일에 저장되지 않고 데이타베이스 시스템에 한 번만 입력되어 기록된다.

앞에서 밝힌 것처럼 모든 데이타 중복이 제거되어야 하는 것은 아니다. 때로는 데이타 접근의 효율성이나 데이타 유효성 점검을 위해 중복 기록을 할 때도 있다. 그러나 데이타베이스 시스템에서는 중복이 통제된다. 중복은 시스템의 성능을 향상시키기 위해서 의도적으로 설계되며 시스템은 그 중복을 알고 있다.

2) 데이타의 일관성

데이타베이스 접근방법은 데이타의 중복을 제거하면서 불일치의 가능성을 크게 감소시킬 수 있다. 예를 들면, 각 주소가 한번만 기록되어 있다면 저장된 값의 불일치란 있을 수 없다. 데이타베이스에 통제된 중복이 허용된다면 데이타베이스 시스템은 수정이 일어날 때마다 각 데이타항목의 갱신을 통하여 일치를 유지할 수 있다. 예를 들어 한 주소가 두 레코드에 기록되어 있다면 수정이 일어날 때마다 두 레코드의 값을 동시에 갱신할 수 있다.

3) 데이타의 통합

데이타베이스에는 데이타가 연관된 데이타 개체의 논리적 관계에 따라 하나의 논리적 구조로 조직되어 있다. 이것은 사용자가 한 데이타 항목을 다른 데이타 항목에 쉽게 연관 지을 수 있게 한다. 가령 고객의 주문에 대하여 알고 싶다고 하자. 객체는 주문 개체와 연결되어 있고 또 제품 개체에 간접적으로 연결되어 있으므로, 고객이 어떤 제품을 구입하였는가를 알 수 있다. 데이타베이스 관리 소프트웨어는 이러한 데이타항목들이 데이타베이스의 저장 장소에 상관없이 논리적으로 연결된 데이타 항목들을 연관시키는 기능을 수행한다.

4) 데이타의 공유

데이타베이스는 조직의 모든 허가된 사용자들이 데이타를 공유하는 것이 목적이다. 예를 들면, 건강제약의 데이타베이스는 회계, 판매, 제조, 구매, 그리고 다른 부서의 정보 요구를 만족할 수 있도록 설계되었다. 한마디로 회사는 데이타베이스로 설립 당시에 가졌던 장부들을 하나로 묶은 것이라고 할 수 있다. 데이타베이스 시스템은 어느 정도의 제약은 있으나 다수의 사용자가 하나의 데이타베이스를 동시에 접근할 수 있도록 되어 있다.

데이타베이스 시스템에서 각 부서는 데이타베이스에 대해 각자의 사용자 관점을 가지게 된다. 건강제약의 경우 세 가지 가능한 사용자 관점을 고려할 수 있다. 첫 번째는 판매부서의 것으로 고객과 주문 개체의 관계, 두 번째는 회계부서의 것으로 고객, 주문, 그리고 송장 개체의 관계, 그리고 세 번째는 구매부서의 사용자 관점으로 제품, 공급자, 그리고 원자재 개체의 관계이다. 이러한 사용자 관점은 각 부서에 근무하는 사용자가 데이타베이스의 전체적 복잡성에 대하여 알지 못하더라도 의사결정과 수행할 업무에 대한 정확한 관점을 가지는 것이 가능하도록 데이타의 공유를 단순화 한다.

5) 응용 프로그램 개발의 용이

데이타베이스의 주요한 장점은 새로운 응용시스템을 개발하는 시간과 비용을 크게 줄여 준다는 것이다. 이러한 이점은 정보시스템 개발 전문가뿐만 아니라 4세대언어 도구를 사용하여 응용 프로그램을 개발하는 최종사용자에게도 큰 이점이다. 데이타베이스 응용 프로그램이 전통적인 화일처리 시스템보다 훨씬 쉽게 개발될 수 있는 데는 두 가지 중요한 이유가 있다.

- 데이타의 입력과 관리를 위한 응용시스템이 개발되어 있으면 최종사용자는 데이타베이스에 질의할 응용 프로그램만 개발하면 되는 것이다.
- 데이타베이스 응용 프로그램의 개발을 돕기 위하여 그래픽 사용자 인터페이스 도구, 보고서 생성기, 그리고 고급언어와 같은 여러 가지 보조 수단이 존재한다.

6) 통일된 데이타 보호, 프라이버시, 그리고 무결성 제어

데이타베이스 관리자는 데이타베이스에 대해 완전한 통제권을 가지고 데이타의 접근, 갱신, 그리고 보호에 대한 통제를 수립하는 책임이 있다. 데이타베이스 환경에서는 이러한 통제가 흔히 데이타베이스 정의의 일부로 되어 있다. 중앙 집중화된 통제와 표준적 절차는 분산된 화일시스템에서 보다 향상된 데이타 보호를 할 수 있게 한다. 적절한 통제가 이루어지지 않으면 다수의 사용자 집단이 공동의 자원을 공유하므로 전통적 화일시스템보다 더 위험에 처하게 될 수도 있다.

7) 데이타 접근 및 응답

데이타베이스 시스템에서는 화일시스템의 데이타 화일보다 더 다양한 방법으로 데이타를 접근하고 추출할 수 있도록 해준다. 데이타베이스 시스템에서는 데이타 추출에 있어 부서간의 경계를 넘게 해준다. 가령 어느 고객이 주문잔고 항목들에 대한 정보를 요청하는 전화를 하였다고 하자. 직원은 통화를 하면서 고객의 레코드를 추출하여 관련된 주문을 디스플레이한 뒤 주문된 항목의 제품 레코드를 디스플레이할 수 있다. 판매원은 완성일을 알기 위하여 각 주문잔고 제품의 작업지시 상태를 디스플레이 할 수 있다. 상당수의 기업은 고객과의 데이타 통신 라인을 설치하여 고객들이 공급자의 데이타베이스에 직접 질의를 하여 이 정보를 구할 수 있게 하고 있기도 하다.

위의 예는 일상적이고 계획된 순서에 의한 정보의 추출을 보여준다. 그러나 데이타베이스 시스템은 질의 언어나 보고서 기능을 통하여 최종 사용자의 즉흥적인 데이타 요구를 만족시킬 수 있다. 예를 들면, 건강제약의 생산부서 관리자가 20,000원 이상에 팔리는 진통소염제의 리스트를 디스플레이하고 싶다고 하자. 그 관리자는 터미널에 다음과 같은 명령을 입력함으로써 그 리스트를 쉽게 얻을 수 있다.

```
SELECT    제품이름, 가격
FROM      제품
WHERE     제품분류="진통소염제"
AND       가격 > 20,000;
```

이 명령문은 SQL(Structured Query Language)이라는 질의 언어를 사용한 예를 보인 것이며, SQL은 관계형 데이타베이스 관리 시스템의 표준 4세대 언어이다. SQL은 나열될 속성들, 그 데이타들이 추출될 테이블 이름, 그리고 테이블로부터 선정될 행의 조건을 규정한다. 이 SQL언어의 사용은 5장과 6장에서 자세하게 공부한다.

8) 데이타 독립성

데이타를 사용하는 응용 프로그램으로부터 데이타 조직을 분리하는 것을 데이타의 독립이라 부른다. 이것은 데이타베이스의 데이타가 그 데이타를 처리하는 응용 프로그램의 변화와 관계없이 변경되고 진화할 수 있도록 한다. 데이타 독립성은 데이타베이스 접근방법의 주요한 목적 중 하나이다.

전통적 화일시스템에서는 응용 프로그램이 데이타 화일에 종속되어 있으므로 데이타 화일에 대한 어떠한 변경도 응용 프로그램을 수정하도록 요구한다. 이와는 대조적으로 데이타베이스 접근방법에서는 모든 데이타 서술이 응용 프로그램에서 분리되어 별도의 저장고, 즉 데이타 사전에 저장되어 있다.

9) 쉬워진 프로그램 관리

새로운 데이타 형식 또는 접근방법에 맞추기 위하여 기존 응용 프로그램을 수정하는 것을 프로그램 관리라 한다. 저장된 데이타는 여러 가지 이유로 자주 변경되어야 한다. 새로운 데이타가 추가되고, 데이타 형식이 변경되어지고 새로운 저장장치나 접근방법의 도입 등이 그 이유에 해당한다. 앞에서 본 바와 같이 전통적 데이타 화일 환경에서는 이러한 변화는 데이타를 접근하는 응용 프로그램의 수정을 요구한다.

데이타베이스 시스템에서는 데이타가 응용 프로그램으로부터 독립되어 있다. 한계는 있지만 데이타나 응용 프로그램을 다른 요소에 영향을 주지 않으면서 변경시킬 수 있다. 그 결과 프로그램 관리가 데이타베이스 환경에서는 현저하게 쉽게 되었다.

1.4 데이타 자원 관리의 발전

데이타 자원 관리는 대기업이나 다른 큰 조직에서 다량의 거래처리를 위한 시스템으로 시작되었다. 1970년 관계형 데이타 모델의 등장으로 데이타베이스 기술이 본격적으로 발전하고 1980년대에 들어서 마이크로컴퓨터가 보편화되자 데이타베이스 기술이 개별 사용자의 개인 데이타베이스 응용시스템으로 사용되기 시작하였다. 비슷한 시기에 작업 그룹 내의 마이크로컴퓨터가 근거리통신망으로 연결되므로 데이타베이스 기술이 작업그룹 환경을 위한 클라이언트/서버(Client/server) 응용시스템으로 발전되어 데이타베이스 기술의 활용이 보편화 되었다.

1.4.1 초기의 데이타 처리

초기의 데이타베이스 기술은 앞에서 논의한 바와 같이 화일처리 시스템의 문제점들을 해결하기 위해 도입되었다. 1960년대 중반 대기업에서는 화일처리 시스템이 놀

랄 만한 속도로 데이타를 생산해 냈으나 그 데이타들을 효과적으로 관리하기가 어려워졌고 새로운 응용 프로그램을 개발하는 것도 힘들어졌다. 또한 사용자는 한 화일시스템의 데이타를 다른 화일시스템의 데이타와 연결될 수 있기를 바랐다.

화일처리 시스템의 한계는 데이타가 쉽게 통합되는 것을 막고 있었다. 그러나 데이타베이스 기술이 이러한 문제들의 해답을 약속하고 나서서 대형 기업들은 기업 데이타베이스를 개발하기 시작했다. 회사들은 주문, 재고, 그리고 회계 데이타와 같은 운용 데이타를 이러한 기업 데이타베이스로 집중시켰으며 응용 프로그램으로는 주로 전체 조직을 위한 거래처리 시스템을 개발하였다.

데이타베이스 기술이 처음 도입되었을 때에는 데이타베이스 응용 프로그램을 개발하기가 어려웠고 많은 실패도 있었다. 성공적인 응용 프로그램도 처리속도가 느렸고 안정적이지 못했다. 컴퓨터 하드웨어는 거래내용을 빠른 속도로 처리할 수 없었으며 개발자들은 더 효율적으로 데이타를 저장하고 추출하는 방법을 발견하지 못했고, 프로그래머는 아직도 데이타베이스를 접근하는 것에 서툴러서 그들의 프로그램이 제대로 작동하지 못했다. 화일처리 시스템에서는 한 거래처리가 잘못되면 그와 관련된 응용 프로그램만 작동되지 않으면 되었다. 그러나 데이타베이스가 작동되지 않으면 그에 종속된 모든 응용 프로그램들이 작동하지 않는 위험이 있다.

점차적으로 상황은 향상되어 하드웨어와 소프트웨어 개발자들은 다수의 동시 사용자들이 받은 거래를 빠르게 처리할 수 있는 강력한 시스템의 개발 방법을 터득하게 되었다. 데이타베이스의 새로운 통제, 보호, 그리고 백업 방법이 고안되었다. 데이타베이스 처리의 표준적 절차도 나타났으며 프로그래머도 더 효율적이고 유지가 쉬운 프로그램을 작성하는 방법을 알게 되었다. 1970년대 중반에 이르러서는 데이타베이스 기술이 조직의 응용 프로그램을 효율적이고 신뢰할 수 있는 수준으로 지원하게 되었다.

데이타베이스 사용자는 관계형 데이타베이스 관리 시스템이 전술적 및 전략적 의사결정에 필요한 정보를 제공할 수 있다는 것을 알고 그러한 수준의 서비스를 기대하였다. 그러나 질의나 필요한 응용 프로그램의 개발을 직접 해낼 수 없는 사용자들은 프로그래머가 응용 프로그램을 개발할 때까지 몇 개월 또는 몇 주를 기다려야만 했다. 그 이유는 당시의 응용 프로그램은 대부분 COBOL 또는 PL/I와 같은 절차적 언어로 개발되었고 사용자는 전문 프로그래머가 되기 위한 시간도 자원도 가지고 있지 않았다. 이러한 요구는 데이타베이스 처리의 주요한 다음 발전단계인 관계형 데이타 모델의 등장을 가져왔다.

1.4.2 관계형 데이타 모델

1970년 E. F, Codd는 수학의 한 분야인 관계형 대수(Relational Algebra) 개념을 다량의 데이타를 저장하는 문제에 응용하는 획기적인 논문을 발표하였다. Codd의 논문은 데이타베이스 분야에서 몇 년 내에 관계형 데이타 모델(Relational Data Model)의 정의로 이어지는 새로운 발전을 시작하게 하였다. 이 모델은 데이타베이스를 구성하고 처리하는 특정한 방법을 말하며 4장에서 자세하게 기술된다.

관계형 데이타 모델의 이점은 개념적으로 사용자가 쉽게 이해할 수 있는 방법으로 데이타가 저장된다는 것이다. 이전의 데이타베이스 모델과 달리 이 접근방법은 사용자가 정보기술 전문가로부터 도움을 받지 않고도 쉽게 데이타베이스에서 데이타를 얻을 수 있게 해주었다. 관계형 데이타베이스 관리 시스템을 사용할 때 사용자는 어떠한 데이타를 처리하고 싶은가만 밝히면 데이타베이스 관리 시스템이 어떻게 데이타베이스를 추출할 것인가를 알아서 해낸다.

관계형 데이타 모델도 도입 초기에는 상당한 저항을 받았다. 관계형 데이타베이스 시스템은 더 많은 자원(CPU속도와 메모리 용량 등)을 요구하였으나 이전의 데이타 모델에 의한 시스템보다 훨씬 느렸기 때문에 기대에 미치지 못하였다. 빠른 하드웨어가 개발되고 컴퓨터의 성능/가격비율이 엄청나게 떨어진 1980년대까지는 관계형 데이타베이스 관리 시스템은 비실용적인 것으로 간주되었다.

관계형 모델이 많은 이점을 가지고 있었지만 컴퓨터의 성능이 더 강력해질 때까지 본격적인 인기를 얻지는 못했다. 특히 마이크로컴퓨터의 등장은 메인프레임 컴퓨터와 미니컴퓨터에 의존하던 사용자를 CPU 시간 및 저장장치와 같은 컴퓨터 자원의 제약에서 해방시켰다. 컴퓨터 성능의 발전은 관계형 데이타베이스 시스템에게는 큰 원군이었으며 다음단계의 데이타베이스 기술 발전의 무대를 마련하였다.

1.4.3 마이크로컴퓨터용 데이타베이스 관리 시스템

1979년 애쉬톤테이트(Ashton-Tate)라는 소규모 소프트웨어 회사가 dBase II라는 마이크로컴퓨터용 데이타베이스 관리 시스템을 세상에 내놓았다. 애쉬톤테이트사는 처음에는 dBase II를 오스본(Osborne) 마이크로컴퓨터를 소유한 컴퓨터 개발자들에게 무상으로 제공하여 많은 응용 프로그램을 개발하게 하였다. dBase 응용 프로그램의 수가 급격히 증가한 덕분에 애쉬톤테이트는 마이크로컴퓨터 산업계의 주요한 초기 업체 중의 하나가 되었다. 그후 애쉬톤테이트는 볼랜드(Borland)에 흡수되었고 볼랜드는 계속 dBase라인의 제품을 내놓았다.

그러나 dBase II는 회사의 선전과는 달리 본격적인 데이타베이스 관리 시스템도 진정한 관계형 데이타 모델의 실현도 아니었다. 마이크로컴퓨터 사용자들은 dBase II로 화일을 관리하였을 뿐 데이타베이스 접근방법에 따른 이점을 얻지 못하였다. dBase는 dBase IV 버전에 이르러서야 비로소 진정한 관계형 데이타베이스 관리 시스템이 되었다.

dBase가 데이타베이스 기술을 마이크로컴퓨터에 응용하는 데 개척자 역할을 하던 시기에 몇 회사들은 메인프레임 또는 미니컴퓨터의 데이타베이스 관리 시스템을 마이크로컴퓨터용으로 전환하였다. 또 다른 소프트웨어 개발업체들은 마이크로 컴퓨터를 위한 새로운 데이타베이스 관리 시스템을 개발하였다. 그 예로는 마이크로소프트사의 Access, Foxpro, 볼랜드사의 dBASE, Paradox, 그리고 로터스(Lotus)사의 Approach 등이 있었다.

마이크로컴퓨터, 관계형 데이타 모델, 그리고 매우 향상된 사용자 인터페이스의 결합은 데이타베이스 기술을 조직 차원에서 개인 컴퓨터 차원으로 확산되는 것을 가능케 했다. 이러한 정보기술 발전이 이루어짐에 따라 데이타베이스 기술을 사용하는 사용자의 수는 폭발적으로 증가하게 되었다.

1.4.4 클라이언트/서버 시스템과 분산 데이타베이스

1980년 중반 사용자들은 근거리통신망(Local Area Network; LAN)이라는 새로운 컴퓨터 통신 기술을 이용하여 고립되었던 마이크로컴퓨터를 연결하기 시작했다. 이 네트웍은 전에는 상상할 수 없었던 속도로 한 컴퓨터가 다른 컴퓨터에게 데이타를 전송할 수 있게 하였다. 사용자는 데이타베이스를 공유하기를 원했고 이것은 근거리통신망을 기반으로 한 다중 사용자 데이타베이스 응용 프로그램 개발을 촉진했다. 최근에 와서는 클라이언트/서버 시스템이라는 새로운 스타일의 다중 사용자 데이타베이스 처리 기술이 등장하여 기업의 데이타 자원 관리를 용이하게 하였다. 개인 및 작업그룹 데이타베이스 시스템은 사용자가 데이타를 직접 관리할 수 있게 하여 데이타베이스 기술을 좀 더 사용자에게 가까워지도록 하였다.

전사적 데이타베이스 응용은 조직의 데이타를 좀 더 통합적으로 처리할 수 있도록 하였다. 하부 조직이 분산되어 있는 기업이나 조직은 데이타가 각기 분산되어 존재하면서도 통합된 데이타베이스 시스템을 구축하여 사용하게 되었다. 분산 데이타베이스 기술은 조직의 모든 데이타가 데이타베이스 처리를 위해 서로 연결된 마이크로컴퓨터, 근거리통신망서버, 그리고 메인프레임과 같은 여러 컴퓨터에 분산 저장되어 있으면서도 하나의 데이타베이스로 사용자에게 제공될 수 있게 한다. 분산 데이타베이스시스템은 사용자에게 중앙 집중된 데이타베이스 시스템을 사용할 때와 같은 투명성, 일치성, 정확성, 그리고 적시성을 제공한다. 분산 데이타베이스 관리 시스템에 대하여는 11장에서 자세하게 설명한다.

1.4.5 객체지향 데이타베이스 관리 시스템

최근 들어 조직이 관리해야 할 데이타 자원의 폭이 넓어졌다. 오늘날 조직에서는 숫자, 글자, 그리고 다른 부호들로 구성된 전통적 문자 데이타(Text Data) 이외에도 그림을 나타내는 그래픽 데이타(Graphic Data), 움직이는 화면으로 된 비디오 데이타(Video Data), 그리고 사람의 목소리나 다른 소리를 나타내는 음성 데이타(Audio Data)를 생성, 저장, 그리고 관리한다. 이러한 데이타 자원은 조직의 모든 사용자에게 유용하게 사용되도록 효과적으로 관리되어야 한다.

문자가 아닌 데이타의 구조는 기존의 관계형 데이타베이스 시스템으로 저장하기에는 매우 어려운 것이다. 이러한 문제를 해결하기 위하여 1980년대 후반에 등장한 것이 새로운 유형의 데이타베이스 관리 시스템인 객체지향 데이타베이스 관리 시스템이다. 전통적 문자 이외의 다양한 데이타를 다루기에 적합하도록 개발된 객체지향 프로그래밍 언어의 등장과 더불어 객체지향 데이타베이스 시스템이 새로운 데이타 구조를 저장하고 처리하도록 개발되었으며 많은 제품이 나오고 있다. 객체지향 데이타베이스 시스템에 대하여는 11장에서 자세하게 다룬다.

1.4.6 객체-관계형 데이타베이스 시스템

객체-관계형 데이타베이스 시스템(Object-Relational Database Management System)은 객체지향형 데이타베이스 모델을 지원하는 관계형 데이타베이스 시스템이다. 객체-관계형 데이타베이스는 관계형 데이타베이스 개념에 객체 개념을 추가·확장하여 관계형 데이타베이스와 객체지향형 데이타베이스를 결합한 것이다. 관계형 데이타베이스 시스템이 제한된 데이타 유형의 데이타를 효율적으로 관리하는 것에 초점을 맞추고 있으나, 객체-관계형 데이타베이스 시스템은 소프트웨어 개발자가 자신의 데이타 유형과 절차(Method)를 데이타베이스 관리 시스템에 통합할 수 있도록 한다.

IBM, Oracle, Microsoft와 같은 주요 데이타베이스 관리 시스템 개발업체들은 기존의 관계형 데이타베이스 시스템에 객체지향형 데이타베이스 모델을 추가하여 새로운 객체-관계형 데이타베이스 관리 시스템이라 부른다. 이것은 오늘날 많은 조직에서 이미지, 공간 데이타, 멀티미디어와 같은 복잡한 데이타를 저장하고 관리하기 위한 비전통적 데이타베이스 애플리케이션이 필요하게 되는 것에 대한 대응이다.

1.5 요 약

이 장에서는 데이타베이스의 기본 개념에 대하여 소개하였다. 데이타베이스 개념은 데이타를 기업의 공유자원으로 인식하는 정보자원 관리개념이다. 데이타베이스 접근방법은 전통적인 화일처리 방식의 문제점을 해결하려는 노력에서 시작되었다. 화일처리 방식과 달리 데이타베이스 시스템은 데이타 중복의 최소화, 데이타의 일관성, 데이타의 통합, 데이타의 공유, 응용 프로그램 개발의 용이, 통일된 데이타 보호, 프라이버시 및 무결성 제어, 데이타 접근 및 응답, 데이타 독립성, 그리고 감소된 프로그램 관리의 이점을 가져다준다.

데이타베이스 접근방법이 여러 가지 장점을 제공하지만 많은 조직에서 이러한 장점을 현실화하는 과정에서 좌절도 경험하였다. 예를 들면 데이타 독립성 목적은 초기의 데이타 모델과 데이타베이스 관리 시스템의 제약 때문에 성취하기가 어려웠다. 또 다른 이유는 조직의 데이타 계획과 데이타베이스 구축이 제대로 실행되지 못하였다는 점이다.

데이타베이스 관리는 처음에 큰 조직의 정보시스템 전문가가 거래처리를 위해 개발한 화일처리 시스템 형태로 오랫동안 지속되어 오다가 1970년에 관계형 데이타 모델이 출현하고 컴퓨터의 성능이 향상됨으로써 일반 사용자도 쉽게 데이타베이스를 관리하고 사용할 수 있게 되었다. 또 PC 보급의 보편화, 마이크로컴퓨터 데이타베이스 관리 시스템, 그리고 근거리통신망의 등장으로 데이타베이스는 개인, 그룹 및 조직이 데이타를 통합하여 관리할 수 있게 하였다. 이에 따라 작업 그룹 내의 마이크로컴퓨터가 근거리통신망으로 연결되므로 데이타베이스 기술이 작업그룹 환경을 위한 클라이언트/서버 응용시스템으로 발전되어 데이타베이스 기술의 활용이 보편화 되었다.

주요용어

데이타	정보
데이타베이스	화일처리 시스템
수작업시스템	데이타베이스 접근방법
클라이언트/서버 시스템	분산 데이타베이스
객체-관계형 데이타베이스 시스템	

연습문제

01 조직 특히 기업에서 데이타 자원 관리가 중요한 이유는 무엇인가?

02 데이타와 정보의 차이점을 설명하라.

03 개인, 그룹, 조직 데이타베이스의 예를 찾아서 그 특성을 간략히 기술하라.

04 화일처리 시스템의 예를 찾아서 간략하게 기술하고 그 특성을 열거하라.

05 화일처리 시스템의 문제점이 데이타베이스 접근방법에서 어떻게 해결되고 있는가?

06 데이타 자원 관리가 어떤 형태로 이루어져 왔는가를 1960, 1970, 1980, 1990년대로 나누어 설명하라.

07 관계형 데이타 모델이 데이타 자원 관리에서 갖는 의미는 무엇인가?

08 마이크로컴퓨터의 등장이 데이타 자원 관리를 어떻게 변화시켰는가?

09 네트웍 기술의 발전이 데이타 자원 관리에 어떤 영향을 주고 있는가?

10 데이타베이스 시스템을 사용하는 직장을 찾아가서 사용자들에게 그 데이타베이스 시스템이 어떤 업무를 지원하고 있는가를 파악해 보라.

11 데이타베이스와 관련된 단체로는 어떤 것이 있으며, 데이타베이스에 관한 정기 간행물로는 어떤 것이 있는가를 조사해 보라.

12 데이타베이스 관련 기구 또는 단체의 웹사이트를 조사해 보라.

제2장
데이타베이스 시스템 개념과 아키텍처

학습목표

이 장을 공부한 뒤에 다음 개념을 이해해야 한다.

- 데이타베이스 시스템의 구성요소
- 데이타베이스 관리 시스템 아키텍처와 데이타 독립성
- 데이타베이스 관리 시스템의 구조와 기능
- 데이타 모델의 개념과 분류

이 장에서는 데이타베이스 시스템의 구성요소를 살펴보면서 데이타베이스 시스템 개념을 소개한다. 데이타베이스 시스템의 구성요소에 하드웨어, 소프트웨어, 데이타뿐만 아니라 사람을 포함함으로써 데이타베이스 시스템을 넓은 의미의 시스템개념으로 파악하고자 하였다.

데이타베이스를 관리하게 하는 소프트웨어인 데이타베이스 관리 시스템의 아키텍처와 데이타베이스에 저장되는 데이타를 어떻게 설계하는가는 서로 밀접한 관계가 있다. 이 개념을 체계화 한 것이 3단계의 데이타베이스 시스템 아키텍처인데 이 아키텍처는 앞 장에서 언급한 데이타 독립성을 가능하게 해준다. 조직이 필요로 하는 데이타를 3단계 데이타베이스 시스템 아키텍처의 각 단계에서 기술하는 것을 돕기 위한 여러 가지 데이타 모델과 데이타 저장 방법에 대한 이해는 좋은 데이타베이스 설계에 필수적이다.

이 장에서는 또한 데이타베이스 관리 시스템의 구조와 기능 그리고 데이타 모델에 대한 기본 개념도 설명한다. 데이타베이스 시스템의 구성요소 중에서 데이타와 소프트웨어가 데이타베이스의 가장 핵심이므로 본서 전체가 데이타 모델과 데이타베이스 관리 시스템 두 주제만을 다루고 있다고 해도 과언이 아니다.

2.1 데이타베이스 시스템의 구성요소

데이타베이스 시스템은 다른 정보시스템과 마찬가지로 아래의 네 가지 요소로 되어 있다. 이 중에서도 소프트웨어인 데이타베이스 관리 시스템과 데이타 요소는 다른 정보시스템과 데이타베이스 분야를 구별 짓는 것으로 본서에서 중점적으로 다루는 대상이다.

- 하드웨어
- 소프트웨어
- 데이타
- 사람

[그림 2-1] 데이타베이스 시스템 구성요소

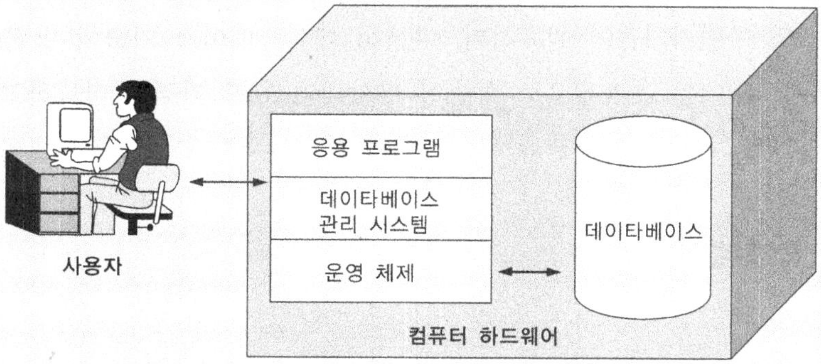

2.1.1 하드웨어

하드웨어는 데이타베이스를 자리 잡게 하고 데이타베이스 관리에 관련된 여러 가지 물리적 기능을 제공하는 장치들이다. 하드웨어는 컴퓨터, 디스크, 터미널, 프린터, 테이프 드라이브, 다른 보조 장치와 네트워크 하드웨어들로 구성된다.

데이타베이스의 데이타를 처리하는 데 사용되는 컴퓨터는 메인프레임(Mainframe)

컴퓨터, 미니컴퓨터, 워크스테이션(Workstation), 또는 마이크로컴퓨터가 있다. 메인프레임컴퓨터, 미니컴퓨터 및 워크스테이션은 주로 공통의 데이타베이스를 접근하는 다수의 사용자를 지원하기 위해 사용된다. 마이크로컴퓨터는 개인 사용자에 의해 접근되고 통제되는 독립된 데이타베이스에 주로 사용된다. 그러나 오늘날 이들 컴퓨터는 네트웍으로 연결되어 있어 네트웍의 일부분인 디스크에 저장된 공통의 데이타베이스를 접근할 수 있게 한다.

디스크(Disk)는 데이타베이스의 주된 저장장치이고 임의 접근을 가능하게 하므로 필수적인 것이다. 터미널과 프린터는 데이타베이스로부터 정보를 입력하고 출력하는데 사용된다. 테이프(Tape)는 디스크에 저장된 데이타의 저렴한 백업 저장장치로 주로 사용된다.

데이타베이스 시스템의 성공은 하드웨어 기술 발전에 크게 의존되어 왔다. 데이타베이스에 저장된 거대한 양의 데이타를 보존하고 통제하는 데에는 대량의 메모리와 디스크 저장 용량이 필요하다. 또한 많은 양의 데이타에 접근하는 업무를 하는 다수의 사용자를 지원하는 환경에서 적절한 속도의 처리를 지원하기 위해서는 빠른 속도의 컴퓨터와 주변기기들이 필요하다. 다행히 데이타베이스 기술이 발전하는 동안에 컴퓨터 하드웨어는 계속적으로 성능이 향상되어 왔고 가격은 하락하고 있다. 이것은 데이타베이스 기술의 응용을 확산시켰다.

2.1.2 소프트웨어

컴퓨터 하드웨어에 저장되고 관리되는 막대한 양의 데이타를 다루기 쉬운 환경으로 사용자에게 제공하기 위해서 데이타베이스 시스템은 다음과 같은 두 가지 형태의 소프트웨어를 포함한다.

- 일반적 목적의 데이타베이스 관리 소프트웨어인 데이타베이스 관리 시스템(Database Management System; DBMS)
- 특정한 업무처리를 위하여 데이타베이스 관리 시스템의 기능을 이용하여 데이타베이스를 조작하는 소프트웨어인 응용 프로그램(Application Program)

데이타베이스 관리 시스템은 운영체제의 지원을 받아 최종사용자, 프로그래머, 데이타베이스 관리자, 그리고 다른 사용자에게 다양한 서비스를 제공한다. 데이타베이스 사용자는 데이타베이스 관리 시스템의 인터페이스와 데이타베이스 언어로 데이타베이스를 정의하고, 데이타를 입력, 검색, 삽입, 삭제 및 갱신을 하면서 데이타베이스를 사용한다. 데이타베이스 관리 시스템은 여러 사용자가 동시에 요구하는 데이타 조작 요구에 대하여 데이타베이스의 무결성을 보장하면서 지원하는 기능을 수행하고 또 데이타베이스 시스템의 보안, 복구, 백업 등과 같은 서비스도 지원한다.

응용 프로그램은 주로 특정 문제를 해결하기 위해 사용자나 응용 프로그램 개발자가 표준 프로그래밍 언어 또는 데이타베이스 관리 시스템이 제공하는 4세대 언어를 사용하여 개발한다. 응용 프로그램은 데이타베이스 관리 시스템을 통하여 데이타베이스의 데이타를 접근 또는 조작하여 조직의 거래처리를 가능하게 하고 또 조직의 정보요구에 응하기 위한 보고서나 문서를 산출한다.

데이타베이스 관리 시스템의 구조와 기능에 대하여는 이 장의 3절에서 간단하게 소개하고 5장과 6장에서는 데이타베이스에 대한 사용자 인터페이스인 데이타베이스 언어에 대하여 자세히 설명한다.

2.1.3 데이타

데이타베이스는 기본적으로 사실의 집합이며 조직의 업무처리 또는 정보 필요에 따라 만들어진다. 중요한 점은 데이타베이스의 데이타가 논리적이고 조리 있게 구성되어야 한다는 것이다. 사용되는 데이타 항목과 그들 간의 관계는 조직의 기능과 업무에 대한 분석을 통하여 명확히 파악하고 정의하여야 한다. 그 다음에 수집된 데이타를 정의된 구조에 따라 데이타베이스에 입력한다. 이러한 절차에 따라 개발된 데이타베이스는 적시에 정보를 제공할 수 있는 힘 있는 자원이 된다. 데이타베이스는 통합된 레코드의 집합이라고 할 수 있다. 데이타베이스는 사용자의 원천 데이타(Source Data) 이외에도 자체의 구조를 기술하는 체계를 가지고 있다. 이 기술은 데이타 사전이라 불리는데 데이타 사전은 응용 프로그램과 데이타가 서로 독립이 되도록 지원한다.

데이타베이스는 사용자가 수행하는 업무 활동에 대한 사용자의 관점을 통합한 것이다. 그러므로 효과적인 응용시스템을 개발하기 위해서는 개발팀이 사용자의 관점에 대한 철저한 이해가 있어야 한다. 이를 위해서 개발팀은 데이타베이스에 저장될 데이타를 파악하고 그들의 구조와 관계를 정의하는 데이타 모델을 개발하여야 한다. 데이타 모델에 대한 근본 개념과 그 유형에 대한 소개는 본 장의 4절에서 다룬다.

2.1.4 사람

(1) 데이타베이스 관리자

중앙 집중된 데이타베이스에 대한 통제는 고위급 관리자 한 사람 또는 몇 사람으로 된 그룹에 의해 행사된다. 데이타 관리자(Data Administrator; DA)라고 불리는 고위급 관리자는 조직의 정보자원 전반에 관한 정책 및 계획을 수립한다. 데이타베이스를 직접 관리하는 사람은 데이타베이스 관리자(Database Administrator; DBA)라고 불리며 데이타베이스의 정의, 갱신, 그리고 유지를 책임을 진다.

데이타베이스 관리자는 데이타의 보호자로서 데이타베이스를 통제한다. 데이타베이스의 무결성을 유지하는 장치를 마련하고 데이타베이스가 허가되지 않은 사람에 의해 접근될 수 없도록 하는 것도 데이타베이스 관리자의 책무이다. 데이타베이스 관리자는 데이타베이스 사용자에게 허가권을 주며 각 사용자의 프로화일(Profile)을 저장해 둔다. 데이타베이스 관리자는 또 데이타베이스가 사람 및 자연에 의한 재해 또는 하드웨어의 고장으로 인한 데이타의 손실이 발생할 때 원래 상태로 회복할 수 있도록 하는 절차를 마련해 두어야 한다.

(2) 시스템 개발자

시스템 개발자는 새로운 응용 프로그램을 개발하는 시스템 분석가와 응용프로그래머들을 말한다. 응용프로그래머들은 최종사용자가 사용할 응용 프로그램을 개발하고 사용자 인터페이스도 개발한다.

(3) 사용자

조직의 대부분 사람들은 업무 수행과정에서 데이타베이스의 데이타를 삽입, 삭제, 그리고 갱신하는 일을 하고 그 데이타베이스로부터 특정한 정보를 요구하여 그 결과를 사용한다. 사용자들은 데이타베이스의 존재와 데이타베이스에 허가된 운용에 대한 어느 정도의 지식을 가지고 있어야 한다. 초보적인 사용자들은 주로 메뉴 중심의 응용 프로그램을 사용하여 일을 처리하는 반면 좀 더 지식이 있는 사용자들은 데이타베이스 조작어를 사용하여 데이타베이스를 직접 조작한다.

사람들이 조직의 목적을 이루기 위해 사용하는 절차도 사람 요소의 중요한 부분으로 볼 수 있다. 시스템에는 많은 절차가 있게 마련이고 시스템의 성공은 시스템 기능에 맞물리도록 개발한 절차에 달려 있다. 어떤 시스템도 사용자의 업무를 완전히 자동화할 수는 없으므로 시스템의 사용자와 시스템 사이의 부드러운 인터페이스를 위해 필요한 수작업 절차도 반드시 개발되어야 한다.

이상에서 데이타베이스 시스템의 구성요소에 대하여 간략하게 살펴보았는데, 이를 다시 요약하면 데이타베이스 시스템은 사용자가 하드웨어에 설치된 소프트웨어를 통하여 데이타를 관리할 수 있도록 해준다는 것이다. 데이타베이스 시스템의 네 가지 요소 중에서도 소프트웨어와 데이타가 주된 관심의 대상이므로 이에 대하여 앞으로 중점적으로 설명하기로 한다. 먼저 데이타베이스 시스템 사용자가 데이타를 쉽게 관리할 수 있도록 하는 데이타베이스 시스템 아키텍처에 대하여 살펴보기로 하자.

2.2 데이타베이스 관리 시스템 아키텍처와 데이타 독립성

1장에서 본 데이타베이스 접근방법의 중요한 특징은 여러 사용자의 데이타가 통합되어 공유된다는 점과 데이타와 응용 프로그램 사이의 데이타 독립성이 가능하다는 것이다. 따라서 이 특성을 지원하기 위한 데이타베이스 시스템은 어떤 아키텍처를 가져야 될 것인가에 대하여 제안된 3단계 데이타베이스 시스템 아키텍처를 살펴보자.

2.2.1 3단계 아키텍처

데이타베이스 시스템을 위한 3단계 아키텍처의 목적은 사용자를 위한 응용 프로그램을 물리적 데이타베이스로부터 분리시켜 데이타 독립성을 실현하자는 것이다. 1975년 미국의 미국표준연구소(American National Standards Institute/ Standards Planning and Requirements Committee; ANSI/SPARC)에서 제안한 3단계 아키텍처(Three Level Architecture)는 데이타베이스의 데이타가 사용자가 생각하는 것과는 독립적으로 물리적 표현이 가능하게 한다. 이러한 분리가 바람직한 이유는 아래와 같이 여러 가지가 있다.

- 사용자는 같은 데이타에 대하여 다른 관점을 가질 수 있다.
- 사용자가 데이타를 보는 관점이 시간에 따라 달라질 수도 있다.
- 사용자는 복잡한 데이타베이스 저장구조를 직접 다루지 않게 한다.
- 데이타베이스 관리자는 데이타베이스의 논리적 구조를 사용자에게 영향을 주지 않고 바꿀 수 있다.
- 데이타베이스 관리자는 데이타와 화일 구조를 데이타베이스의 논리적 구조나 사용자 관점에 영향을 주지 않고 변경시킬 수 있다.
- 데이타베이스 구조는 저장 장치와 같은 하드웨어 부분의 변경에 영향을 받지 않는다.

(1) 3단계 스키마

위와 같은 이점을 제공할 수 있는 3단계 아키텍처에서 각 단계는 추상의 정도에 기초하여 세 가지 다른 데이타 모델을 정의하는데 각 단계에서 데이타베이스를 기술한 것을 데이타베이스 스키마(Database Schema)라 한다. 데이타베이스에 저장될 사용자의 데이타를 전환이 가능한 세 가지의 다른 스키마로 표현하도록 하는 것이 3단계 데이타베이스 시스템 아키텍처의 근본 개념이며 각 단계는 다음과 같다.

- **외부단계** : 사용자의 관점을 말하며 여러 개의 외부 스키마(External Schema)로 표현된다. 각 외부 스키마는 특정 사용자가 관심이 있는 데이타베이스의 일부분을 기술한다.
- **개념적 단계** : 데이타베이스가 지원하는 전체 조직의 관점을 표현하며 개념적 스키마(Conceptual Schema)로 표현한다. 개념적 단계는 외부단계와 내부단계를 연결하는 역할을 한다.
- **내부단계** : 데이타베이스가 물리적으로 저장된 형식을 말하며 내부 스키마(Internal Schema)로 표현된다. 이 단계는 최종사용자에게는 보여 지지 않고 부분적으로 시스템 분석가나 응용 프로그램 개발자에게 보여 지며 데이타베이스 관리자만이 완전히 볼 수 있다.

위의 3단계 데이타베이스 시스템 아키텍처를 도식화하면 그림 2-2 와 같다. 주의할 것은 3단계 스키마는 데이타의 기술만을 의미한다는 것이다. 즉, 실제로 존재하는 데이타는 물리적 단계에만 존재한다. 3단계 아키텍처에 의한 데이타베이스 관리 시스템에서 각 사용자는 자신의 외부 스키마를 통해서만 데이타베이스를 보게 된다. 그러므로 데이타베이스 관리 시스템은 외부 스키마에 의한 사용자의 요구를 개념적 스키마에 대한 요구로 전환하고 다시 저장된 데이타베이스에서 처리될 수 있도록 내부 스키마에 대한 요구로 전환해야 한다.

위와 같이 구분하고 있는 3단계 데이타베이스 아키텍처는 이상적인 설계구조를 제시하나 상업적으로 개발된 데이타베이스 관리 시스템에서는 이를 그대로 실현하고 있지는 않다. 이 3단계 데이타베이스 아키텍처가 데이타베이스 관리 시스템에서 완전히 구현되고 있지는 않으나 이들 단계의 구분은 데이타베이스 관리 시스템의 기능과 데이타베이스 설계를 이해하는 데 상당히 중요한 역할을 한다. 이들 단계의 내용을 좀 더 세부적으로 살펴보면 다음과 같다.

1) 외부 스키마

외부 스키마는 사용자 관점을 나타내는 것으로서 데이타베이스에서 사용자 관점에 해당하는 부분에 대한 묘사이다. 따라서 각 관점은 어떤 특정 집단과 관련된 데이타베이스의 일부분만을 묘사하고 나머지 부분은 이 집단으로부터 감추어져 있다.

사용자는 그 사용자에게 적합한 형태로 나타내어진 현실세계의 모델을 갖고 있다.

[그림 2-2] 3단계 설계구조

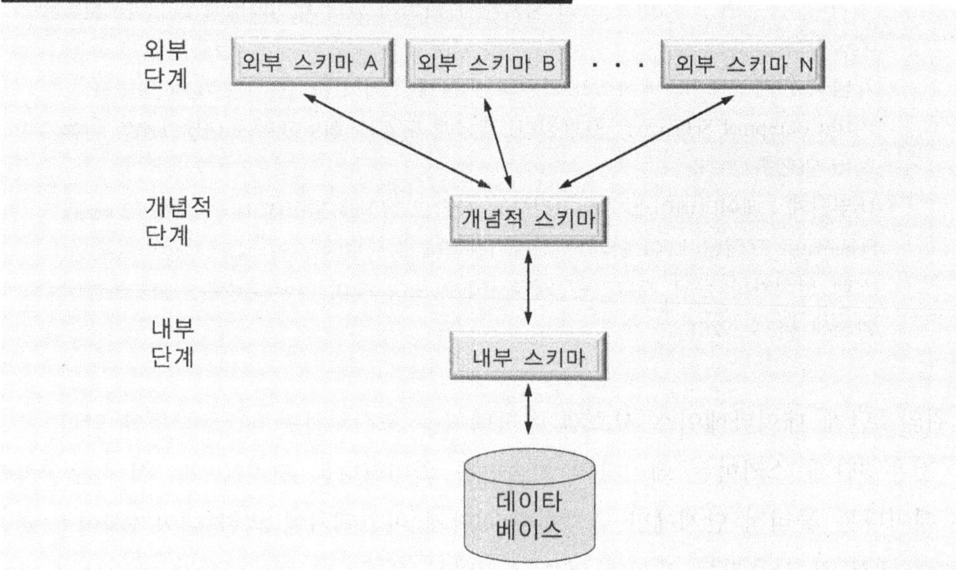

따라서 사용자는 현실세계의 특정한 데이타에만 관심이 있고 관심이 없는 데이타가 데이타베이스에 실제로 표현되어 있어도 그들에 대해 알 필요를 느끼지 못한다. 사용자는 데이타베이스를 사용자 인터페이스를 통해 본다. 사용자 인터페이스는 사용자가 예상하는 포맷으로 정보를 받아들이고 디스플레이하는 사용자를 위한 작업 환경을 정의한다. 사용자 인터페이스는 그 아래 수준을 볼 수 없게 하는 경계를 만들어 사용자에게 개념적 및 내부 구조에 대한 자세한 사항을 감추어 준다.

2) 개념적 스키마

위의 3단계 중 중심적인 단계는 개념적 단계로서 이 단계에서는 사용자 집단 전체에 대한 데이타베이스의 구조를 표현하는 개념적 스키마를 사용한다. 개념적 스키마는 물리적 저장구조에 관한 세부사항은 나타내지 않고, 설계하고자 하는 데이타베이스 범위 내에 존재하는 모든 데이타에 관한 규칙과 의미를 묘사한다.

개념적 스키마는 데이타의 전반적 관점을 나타낸 것으로 개념적 데이타 모델 방법을 통하여 개발되는데 이것은 데이타베이스 개발의 청사진이 된다. 개념적 스키마는 두 가지 중요한 이점을 가지고 있다. 첫째, 상대적으로 쉽게 이해할 수 있는 데이타 환경의 조감도를 제공한다. 둘째, 소프트웨어나 하드웨어와는 독립적이다. 소프트웨어 독립성은 스키마를 실행하는 데 사용될 데이타베이스 관리 시스템에 의존하지 않는다는 것을 의미하고 하드웨어 독립성은 스키마의 실행을 위해 사용될 하드웨어에 의존하지 않음을 의미한다. 그러므로 하드웨어나 데이타베이스 관리 시스템의 변경이 개념적 수준의 데이타베이스 설계에 영향을 미치지 않는다.

특정한 데이타베이스 관리 시스템이 선정되면 개념적 스키마가 그 데이타베이스 관리 시스템에 적용되도록 논리적 스키마를 개발하여야 한다. 논리적 스키마는 설계자가 개념적 스키마의 특성과 제약조건을 선택된 데이타베이스 관리 시스템에 일치시켜 놓은 것이다. 따라서 논리적 스키마는 특정한 데이타베이스 소프트웨어에 의존하므로 소프트웨어 의존적이다. 데이타베이스 관리 시스템의 변경은 논리적 데이타 모델이 데이타베이스 관리 시스템의 특성과 요구사항에 맞도록 변경하도록 요구한다. 그러나 논리적 스키마는 소프트웨어가 설치될 컴퓨터의 선택에 영향을 받지 않으므로 하드웨어 독립적이다. 즉, 저장 장치 또는 운영체제의 변경이 논리적 데이타 모델의 설계 요구사항에 영향을 주지는 않는다.

3) 내부 스키마

내부 스키마는 데이타베이스의 물리적 저장구조를 나타낸다. 데이타베이스를 디스크에 저장하여야 한다는 사실은 데이타의 저장구조, 레코드의 구조, 휠드 정의, 색인과 해쉬 및 데이타베이스의 물리적 구현에 관한 물리적 특성 등에 대한 묘사를 요구한다. 이 구현지향적 묘사인 내부 스키마는 물리적 데이타 모델로 표현되고 자료 저장에 대한 세부 사항과 데이타베이스에 대한 접근 경로를 정의한다. 즉, 내부 스키마는 보조기억장치에 있는 데이타를 저장하기 위하여 사용되는 저장구조와 접근방법에 대해 묘사한다. 물리적 저장구조에 대한 자세한 내용은 부록 1에서 취급한다.

물리적 데이타 모델은 정확한 저장 구조와 방법을 요구하므로 소프트웨어와 하드웨어에 종속적이다. 데이타 저장 구조는 소프트웨어(데이타베이스 관리 시스템과 운영체제)와 컴퓨터가 사용하는 저장 장치의 유형에 종속적이다. 그러므로 물리적 데이타 모델 정의에 요구되는 전문성 때문에 이 수준에서 일하는 데이타베이스 설계자에게는 데이타베이스 실행에 사용될 하드웨어와 소프트웨어에 대한 구체적 지식이 요구된다.

[그림 2-3] 데이타와 3단계 스키마

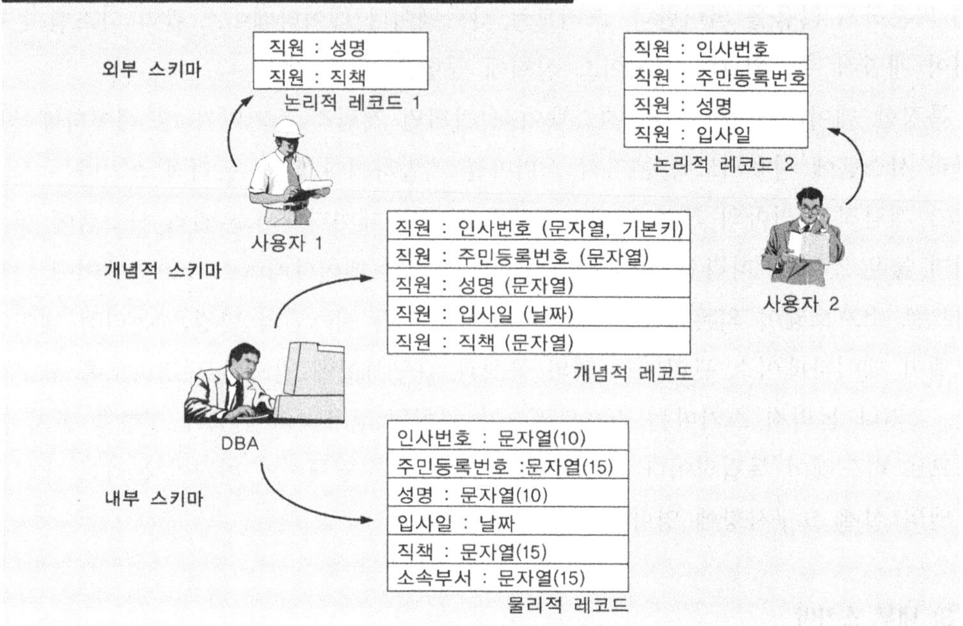

(2) 데이타 독립성

3단계의 데이타 모델 구조의 주요한 목적은 데이타 독립성을 제공하자는 데 있다. 데이타 독립성이란 데이타베이스 시스템의 어느 단계에 있는 스키마를 변경시키고자 할 때 다른 단계에 있는 스키마를 변경시키지 않고서도 그 스키마를 변경시킬 수 있는 능력을 말한다. 이 데이타 독립성은 다음과 같은 두 가지 형태로 나누어진다.

1) 논리적 데이타 독립성

논리적 데이타 독립성이란 사용자 관점 또는 응용 프로그램을 변경시키지 않고서 개념적 스키마를 변경시키는 능력을 말한다. 데이타베이스를 확장(새로운 데이타 항목을 추가하는 경우)하거나 축소(데이타 항목을 제거하는 경우)하기 위하여 개념적 스키마를 변경하는 경우가 있다. 이럴 때 해당 데이타 항목을 사용하지 않는 사용자 관점과 응용 프로그램은 영향을 받지 않는 것이 논리적 데이타 독립성이다.

2) 물리적 데이타 독립성

물리적 데이타 독립성이란 개념적 스키마 또는 외부 스키마를 변경시키지 않고 내부 스키마를 변경시키는 능력을 말한다. 데이타 항목의 추출 또는 갱신하는 성능을 향상시키기 위하여 물리적 화일을 재구성할 때 물리적 스키마의 변경을 가져 온다. 그러나 데이타베이스의 데이타가 전과 같다면 외부 또는 개념적 스키마를 변경시키지 않아도 되게 하는 것이 물리적 데이타 독립성이다. 물리적 데이타 독립성은 응용 프로그램을 물리적 저장 구조로부터 절연하는 것만을 뜻하기 때문에 논리적 데이타 독립성보다 성취하기가 쉽다.

여기에서 염두에 둘 한 가지 사항은 앞에서 설명한 세 가지 스키마가 단지 데이타에 대한 묘사일 뿐이고 실제로 존재하는 데이타는 물리적 데이타베이스에 있다는 것이다. 3단계 설계구조에 기초한 데이타베이스 관리 시스템에서 각각의 사용자 집단은 오직 그들이 소유한 외부 스키마에 대해서만 언급할 수 있다. 따라서 데이타베이스 관리 시스템은 외부 스키마에서 요구된 내용만을 개념적 스키마에 요청하고 마찬가지로 이에 따라 개념적 스키마는 내부 스키마에게 그 요청만을 저장된 데이타베이스에서 처리하도록 요구하게 된다. 이와 같이 각 단계 사이의 요구를 전달하고 그 결과를 전달하는 과정은 데이타 처리에 많은 시간을 요구하기 때문에 많은 데이타베이스 관리 시스템에서는 외부 스키마를 지원하지 않고 있다.

2.2.2 스키마와 인스턴스

데이타베이스 구조를 논할 때 데이타베이스의 기술과 데이타베이스 그 자체는 구별되어야 한다. 데이타베이스 기술, 즉 데이타에 관한 데이타를 표현하는 한 방법으로 스키마를 그림으로 나타내는데 그림으로 나타낸 스키마를 스키마 다이어그램(Schema Diagram)이라 부른다. 그림 2-4 는 1장의 솔로전기수리 데이타베이스에 대한 스키마 다이어그램이다. 스키마 다이어그램은 각 레코드의 구조를 나타내는 것이지 실제 레코드 인스턴스를 나타내는 것은 아니다. 그림 2-4 의 스키마에 있는 제품, 고객, 작업, 작업항목 및 재료와 같은 각 객체를 스키마 구조체(Schema Construct)라고 한다.

데이타베이스 스키마는 데이타베이스 설계 과정에서 규정된 후 거의 변경되지 않지만 데이타베이스에 포함된 실제 데이타는 계속 변경된다. 예를 들면, 새로운 고객이나 제품이 삽입될 때마다 그림 2-4 로 나타내지는 실제 데이타베이스의 데이타는 증가된다. 특정한 순간에 데이타베이스에 저장되어 있는 데이타를 데이타베이스 상태(State)라고 하며 이것은 인스턴스(Instance)의 집합이다. 특정한 데이타베이스 상태에서 각 스키마 구조체는 그 순간의 인스턴스 집합을 가진다. 예를 들면, 고객 구조체는 개별 고객 레코드를 인스턴스로 가지게 된다. 한 데이타베이스 스키마는 여러 가지 데이타베이스 상태로 나타날 수 있다. 데이타 항목의 값을 변경시키거나, 새로운 레코드를 삽입하거나, 또는 기존의 레코드를 삭제할 때마다 데이타베이스 상태는 한 상태에서 다른 상태로 바뀌게 된다.

데이타베이스 스키마와 데이타베이스 상태는 분명히 다른 것이다. 새로운 데이타베이스를 정의하는 일은 데이타베이스 관리 시스템을 사용하여 데이타베이스 스키마

[그림 2-4] 솔로전기수리 데이타베이스 스키마 다이어그램

제품

제품명	모델명	제조회사	사용년수	고객번호

고객

고객번호	고객이름	주소	전화번호	잔고	추천인

작업

작업번호	작업의뢰일	작업실시일	작업완료일	고객번호

작업항목

작업번호	항목번호	작업명	재료번호	수량

재료

재료번호	재료명	단가	재고량

를 규정하는 것이다. 이때의 데이타베이스 상태는 데이타가 없는 상태이다. 데이타베이스의 초기 상태는 데이타가 처음 기록되면서 생겨나게 된다. 그 이후로부터는 데이타베이스에 대한 갱신이 이루어질 때마다 새로운 데이타베이스 상태가 생겨난다.

데이타베이스 관리 시스템은 데이타베이스의 각 상태가 유효한 상태가 되도록 책임진다. 유효한 상태란 데이타베이스 스키마의 구조와 제약조건이 만족되는 상태를 말한다. 그러므로 데이타베이스 관리 시스템에 적합한 스키마를 정의하는 것은 매우 중요하며 스키마는 각별히 유의하여 설계되어야 한다. 데이타베이스 관리 시스템은 스키마를 데이타 사전(Data Dictionary) 또는 카탈로그(Catalog)에 저장하고 참조한다.

2.3 데이타베이스 관리 시스템

데이타베이스 관리 시스템은 복잡한 데이타베이스 구조나 그에 따른 다양한 데이타베이스 관리 시스템의 기능을 갖추고 사용자에게 데이타베이스 창조, 관리, 유지가 쉬운 환경을 제공한다. 사용자는 데이타베이스를 데이타베이스 관리 시스템이 제공하는 인터페이스 즉, 데이타베이스 언어를 이해함으로써 데이타베이스 관리 시스템을 활용할 수 있다.

데이타베이스 관리 시스템은 사용자가 필요한 요구를 표현할 수 있는 데이타베이스 언어를 제공하고 또 그 요구를 실행하기 위하여 여러 가지기능을 수행하여 결과를 제공한다. 데이타베이스 관리 시스템의 주요한 기능을 수행하는 구성 요소를 개략적으로 이해하는 것은 데이타베이스를 더욱 효과적으로 활용할 수 있게 한다.

2.3.1 데이타베이스 관리 시스템 기능

데이타베이스의 개념은 관점에 따라 달리 해석될 수 있다. 시스템 관점에서 볼 때 데이타베이스는 서로 관련된 화일들의 집합이며 사용자의 관점에서 보면 데이타베이스는 사업 활동을 모형화한 데이타의 집합이다. 이와 같이 관점에 따라 데이타베이스의 개념이 달리 해석될 수 있을지라도 데이타베이스는 공통적인 기능을 지원하고 있다. 즉, 데이타베이스는 데이타베이스에 대한 묘사 능력, 질의 및 갱신을 지원하고 하드웨어에 대한 독립성을 지원한다.

데이타베이스 관리 시스템은 데이타베이스를 관리하는 소프트웨어이다. 올바른 데이타베이스 관리 시스템이 되려면 데이타베이스가 지원하는 기능을 구체화시켜 줄 수 있도록 몇 가지 기본적인 능력을 갖추고 있어야 한다. 이 기능이란 데이타베이스 관리 시스템을 화일시스템과 구분시켜 줄 수 있는 것으로서 다음과 같다.

- 데이타베이스 관리 시스템은 사용자와 데이타의 자연적인 접속(Interface)을 제공해야 한다.
- 이 접속은 어느 물리적 저장구조와도 독립적이어야 한다.
- 데이타베이스의 다른 관점을 가지는 사용자라도 동일한 데이타베이스에 접근할 수 있어야 한다.
- 데이타베이스에 변화가 생기더라도 변화되지 않은 부분을 사용하는 프로그램은 영향을 받지 않아야 한다.

위와 같은 기본적 능력과는 별도로 데이타베이스 관리 시스템은 복수의 사용자가 사용하는 온라인 환경하의 데이타베이스를 지원할 수 있는 다음과 같은 기능을 제공해야 한다.

- 데이타베이스에 대한 복수 사용자 접근 통제
- 데이타베이스의 특정 부분에 대한 사용자 접근 제한
- 시스템 실패로부터 복구
- 데이타베이스를 여러 지역에 분산

2.3.2 데이타베이스 엔진

데이타베이스 관리 시스템에서 실제로 데이타를 저장하고 추출하는 데이타베이스 관리의 핵심 기능을 담당하는 요소가 데이타베이스 엔진(Database Engine)이다. 즉 데이타베이스 엔진은 데이타베이스에서 데이타를 생성, 추출, 갱신, 삭제하는 요구를 처리 하는 기본적 소프트웨어이다. 데이타베이스 엔진은 데이타를 저장하기 위해 테이블을 생성하고, 데이타를 추출, 관리, 보호하기 위해 인덱스(Index), 뷰(View), 프로시저(Stored Procedure)와 같은 데이타베이스 객체를 만든다. 또 데이타베이스 엔진은 데이타를 저장, 처리, 보호하는 핵심 서비스를 제공하여 통제된 접근과 빠른 트랜잭션 처리를 가능하게 한다. 오늘날 대부분의 데이타베이스 관리 시스템은 관계형 데이타베이스 관리 시스템이다. 관계형 데이타베이스 관리 시스템의 심장부라 할 수 있는 데이타베이스 엔진은 그림 2-5 와 같은 구조를 가지고 있다.

[그림 2-5] 데이타베이스 엔진

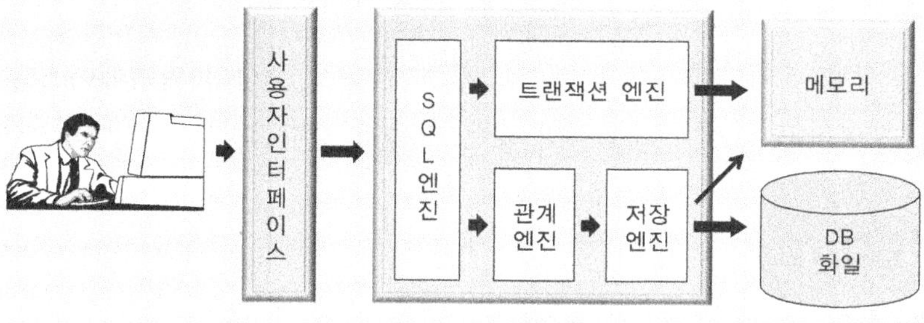

그림 2-5 에 포함된 주요 데이타베이스 엔진의 구성 요소를 간단히 살펴보면 다음과 같다. SQL 엔진은 SQL질의를 전환하고 실행하는 기능을 수행한다. SQL엔진은 SQL 쿼리로부터 데이타 구조를 파악하고 쿼리의 세맨틱(Semantic) 사항을 점검하는 컴파일러(Compiler), 빠른 실행을 위해 쿼리 실행을 위한 적정한 연산의 순서를 개발하는 옵티마이저(Optimizer), 옵티마이저가 선택한 쿼리 실행 계획을 관련 엔진과 상호작용하면서 실행하는 실행 엔진(Execution Engine)으로 되어 있다. 트랜잭션(Transaction) 엔진은 데이타에 대한 동시 접근을 조정하는 병행 제어 매니저(Concurrency Control Manager), 트랜잭션의 원소성과 지속성을 보장하기 위하여 로그를 관리하는 로그 매니저(Log Manager), 시스템 실패로부터 데이타베이스를 복구하도록 하는 복구 매니저(Recovery Manager)로 구성된다. 관계 엔진(Relation Engine)은 테이블, 인덱스, 참조무결성과 같은 관계 객체를 실행한다. 저장 엔진(Storage Engine)은 데이타 레코드, 메타데이타, 그리고 로그와 차단과 같은 통제 정보를 저장하고 추출하는 일을 한다. 저장 엔

진은 버퍼 관리를 담당하는 버퍼 매니저(Buffer Manager), 디스크 화일을 관리하는 화일 매니저(File Manager), 데이타베이스 애플리케이션 프로세스와 관련된 서비스를 하는 프로세스 매니저(Process Manager)로 구성된다.

대부분의 데이타베이스 관리 시스템은 다음에서 설명하는 사용자 인터페이스를 통하지 않고도 데이타베이스 엔진을 직접 통제할 수 있도록 애플리케이션 프로그래밍 인터페이스(Application Programming Interface; API)를 제공하고 있다.

2.3.3 데이타베이스 관리 시스템 인터페이스

대부분의 상용 데이타베이스 관리 시스템은 사용자 중심의 인터페이스를 여러 가지 형태로 제공하고 있는데 대표적인 것은 다음과 같다.

(1) 메뉴 인터페이스

메뉴 인터페이스는 사용자의 요구를 선택할 수 있게 하는 옵션을 제공한다. 메뉴는 특정한 명령어나 질의어의 구문을 외우지 않아도 되게 하고, 질의를 시스템이 디스플레이한 메뉴에서 옵션을 선택함으로써 만들게 한다. 윈도우 시스템에서는 풀다운(Pull-down) 메뉴를 제공하고 있다.

(2) 그래픽 인터페이스

그래픽 인터페이스는 보통 사용자에게 스키마를 도표의 형태로 디스플레이한다. 사용자는 도표를 조종함으로써 질의를 만든다. 많은 경우에 그래픽 인터페이스는 메뉴와 함께 사용된다. 대부분의 그래픽 인터페이스는 디스플레이된 도표의 특정 부분을 선택하는 데 마우스를 사용한다.

(3) 폼 인터페이스

폼 인터페이스는 사용자에게 폼을 제공한다. 사용자는 새로운 데이타를 입력하기 위해 폼의 모든 칸을 채우거나 칸의 일부만 채우면 데이타베이스 관리 시스템이 다른 칸에 해당되는 데이타를 추출하여 채운다. 폼은 주로 거래처리를 하는 사용자를 위해 설계되고 개발된다. 많은 데이타베이스 관리 시스템은 프로그래머가 폼을 개발하는 것을 돕기 위해 폼 편집 언어라는 특정한 언어를 제공한다. PC용 데이타베이스 관리 시스템은 사용자가 샘플 폼을 사용하여 새로운 폼을 직접 구성할 수 있도록 유틸리티를 제공한다.

(4) 데이타베이스 관리자 인터페이스

대부분의 데이타베이스 관리 시스템은 데이타베이스 관리자에 의해서만 사용될 수 있는 명령어를 포함한다. 그 예로는 계좌 만들기, 시스템 파라메터의 지정, 계좌 권한 부여, 스키마 변경, 그리고 데이타베이스 저장 구조 재구성 등의 명령을 포함한다.

2.3.4 데이타베이스 언어

데이타베이스가 설계된 후 데이타베이스 구축 단계에서 데이타베이스 정의어와 데이타베이스 조작어가 사용된다. 데이타베이스 정의어는 설계된 데이타베이스 구조를 정의하기 위하여 사용되고 데이타베이스 조작어는 데이타베이스에 저장된 데이타를 검색하고 갱신하는 데 사용된다.

(1) 데이타 정의어

데이타 정의어(Data Description Language; DDL)는 데이타베이스 관리자나 데이타베이스 설계자가 개념적 스키마와 내부 스키마를 정의하는 데 사용된다. 데이타베이스 관리 시스템이 내부 스키마를 정의하는 저장 정의 언어(Storage Definition Schema)를 따로 제공하는 경우도 있다.

(2) 데이타 조작어

데이타베이스가 정의되고 데이타를 입력하고 나면 사용자는 데이타를 조작하는 언어가 필요하다. 데이타의 삽입, 삭제 및 갱신과 같은 조작을 하도록 하는 언어가 데이타 조작어(Data Manipulation Language; DML)이다.

대부분의 데이타베이스 관리 시스템은 다양한 사용자들을 만족시키기 위하여 프로그래머가 아닌 사용자를 위한 그래픽 질의어를 갖고 있다. 이 언어들은 사용자 지향적 명령을 사용하여 사용자들이 데이타베이스에 접근할 수 있도록 하여준다. 데이타베이스에 접근하기 위한 또 다른 방법은 특별한 데이타베이스 접근 명령을 절차적 프로그램에 내장시키는 것이다. 이러한 명령들의 집합은 데이타베이스 조작어로 쓰여진 문장들이다. 이 명령들은 COBOL, C 또는 Visual Basic과 같은 고급언어로 쓰여진 프로그램을 통하여 데이타베이스에 접근하는 데 사용된다.

대부분의 상용 데이타베이스 관리 시스템에서는 위에서와 같은 데이타베이스 언어의 구분이 분명하지 않고 통합된 언어로 스키마 정의, 뷰 정의, 데이타 조작, 그리고 저장 정의를 하도록 한다. 가장 대표적인 언어가 SQL(Structured Query Language) 언어이며 데이타베이스 표준언어로 사용되고 있다. SQL은 데이타 정의어이며 데이타 조작어이기도 하다.

2.4 데이타 모델

데이타베이스 접근방법의 근본적인 특성 중의 하나는 데이타베이스 사용자로부터 복잡한 데이타 저장 방법 및 구조에 대한 구체적 사항을 감추기 위하여 상위 수준으로 데이타를 추상화하여 데이타를 이해하게 하는 것이다. 데이타 모델(Data Model)이 바로 이러한 추상을 실현하는 기본 도구이다.

웹스터(Webster) 사전은 모델을 직접 관찰될 수 없는 어떤 것을 그리는 데 사용되는 기술 또는 유추라고 정의한다. 다시 말하면, 모델은 좀 더 복잡한 현실 세계 객체들에 대한 추상적 표현으로서 복잡한 현실 세계를 상대적으로 단순한(주로 그림으로) 데이타 구조로 표현한 것이다. 모델의 주요한 기능은 현실 세계 환경의 복잡함을 이해하는 데 도움을 주는 것이다.

데이타 모델은 데이타베이스의 구소를 기술하는 데 사용되는 개념들의 집합이다. 즉, 데이타베이스 환경내에서 데이타 모델은 데이타 구조와 그들의 특성, 관계성 및 제약 조건을 나타내는 데 사용된다. 데이타베이스 설계자는 보통 데이타 모델을 설계자, 응용프로그래머, 그리고 최종사용자 사이의 상호작용을 돕는 의사전달 수단으로 사용한다. 잘 개발된 데이타 모델은 데이타베이스가 개발된 회사 또는 조직에 대한 이해를 향상시킨다.

다음에서 개념적 데이타 모델과 논리적 데이타 모델에 사용되는 데이타 모델의 종류와 각 모델의 기본개념을 보자. 전통적인 데이타베이스 시스템은 화일처리 시스템의 연장이었다. 이들 시스템의 개발자들은 계층형과 망형 데이타 모델을 가지고 효율적이고 예측할 수 있는 성능을 제공하기 위하여 데이타의 최적 물리적 배치에 초점을 맞추었다. 1970년대에 들어 관계형 데이타 모델이 물리적 모델로부터 논리적 수준을 분리함으로써 데이타 독립성을 제공하였다. 이상의 전통적 데이타 모델은 레코드를 기본으로 하는 데이타 구조와 그것에 따른 연산에 초점을 맞춘 공통점을 가지고 있어 레코드 기반 데이타 모델이라고 한다. 용이한 디자인과 실행에 초점을 맞춘 관계형 데이타 모델은 설계자가 현실세계에 있는 모든 관계성을 표현하거나 관계성의 다양한 유형을 구분할 수 있게 하지는 못한다.

레코드 기반 데이타 모델의 표현력 부족을 해결하기 위해 더 많은 의미를 표현하게 하는 모델들이 개발되었는데 이들은 레코드 기반 데이타 모델과 구별하여 의미 데이타 모델이라고 분류한다. 의미 데이타 모델은 물리적 수준에 맞춘 레코드에 기초한 계층형과 망형 모델 그리고 개념적과 물리적 수준 모두에 초점을 둔 관계형 데이타 모델과는 달리 개념적 수준에 초점을 맞추었다. 의미 데이타 모델은 설계자가 현실 세계의 업무나 객체 사이의 관계를 나타내고자 하는 데이타 관계성의 표현을 가능하게 함으로써 높은 수준의 추상을 제공한다. 그림 2-6 은 주요한 데이타 모델이 소개된 순서를 보여주고 있다.

[그림 2-6] 데이타 모델의 흐름

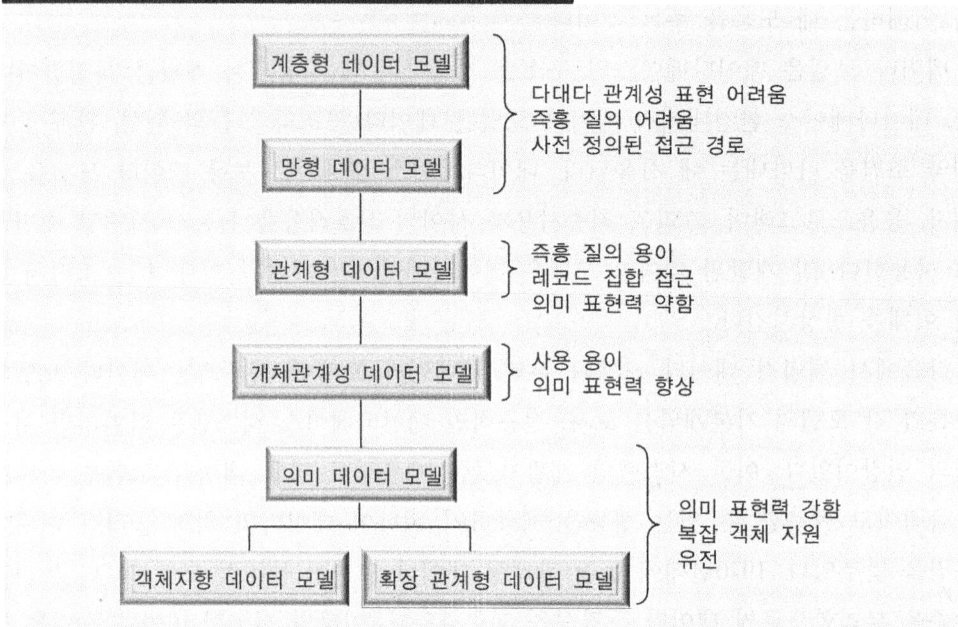

2.4.1 레코드 기반 데이타 모델

레코드 기반 데이타 모델(Record-based Data Model)은 데이타베이스의 논리적 단계를 기술한다. 이 모델은 설계자가 논리적 구조를 개발하고 지정하도록 해주고 설계의 실행에 관한 몇 가지 옵션도 제공한다. 그러나 이 모델은 객체의 분류, 또는 관계성, 추상 및 데이타 제약조건과 같은 다양한 의미적 정보는 제공하지 않는다. 레코드 기반 데이타 모델에 속하는 모델로는 계층형 데이타 모델(Hierarchical Data Model), 망형 데이타 모델(Network Data Model) 및 관계형 데이타 모델(Relational Data Model)이 있다.

계층형 데이타 모델은 미국 우주 프로그램을 위해 데이타를 조직하기 위한 노력으로부터 시작된 가장 오래된 것으로 기본 데이타베이스 모델이다. 계층형 데이타 모델로 구축된 데이타베이스는 당장의 문제에 대한 즉흥적 해답이었으므로 후에 개발된 다른 시스템이 가졌던 탄탄한 이론적 배경이 없이 생겨났다. 그러나 이 데이타베이스 설계자는 화일 구조와 데이타 구조에 대한 개념에 정통했고 이러한 개념을 사용자의 데이타 표현 문제를 해결하는 데 사용했기 때문에 후에 이 해법들을 연구하여 이론적 틀을 마련하였다. 망형 데이타 모델은 계층형 모델을 확장한 형태의 모델이다. 관계형 데이타 모델은 1장에서 이미 언급된 바와 같이 계층형 데이타 모델과 망형 데이타 모델의 뒤따라 나온 모델로서 본서의 주된 대상이 되는 모델이다. 계층형 데이타 모델과 망형 데이타 모델은 관계형 데이타 모델의 등장 이후 그 사용이 점차 줄어들어 이제는 거의 사용되고 있지 않다. 따라서 본서에서 다루는 거의 모든 개념과 이론은 관계형 데이타 모델에 초점을 맞추고 있다.

2.4.2 의미 데이타 모델

의미 데이타 모델(Semantic Data Model)은 일반적으로 데이타를 개념적 수준에서 기술하며 논리적 그리고 물리적 사항들과 무관하다. 이 모델은 데이타베이스에 무엇이 표현될 것인가를 지정하는 것 이외에도 객체, 속성, 그리고 관계성, 객체의 분류, 추상, 그리고 명시적 데이타 제약조건과 같은 데이타의 의미들을 포착하려고 노력한다. 몇 가지 대표적 의미 데이타 모델을 보면 다음과 같다.

(1) 개체관계성 데이타 모델

개체관계성 데이타 모델(Entity Relationship Model)은 1976년 Peter Chen에 의해 소개된 이후 개념적 데이타 모델 개발 도구로 널리 사용되고 있다. 이 모델은 현실 세계의 객체를 속성으로 설명되는 개체와 개체들이 연결되는 관계성을 파악하는 데 기초한다. 개체관계성 데이타 모델의 유용하고 인기를 끄는 요소 중의 하나는 데이타와 그들의 관계성을 그림으로 나타내는 개체관계성도의 표현력에 있다. 개체관계성 데이타 모델의 기본 개념은 뒤의 3장에서 자세히 학습하기로 한다.

(2) 객체지향 데이타 모델

객체지향 데이타 모델(Object-Oriented Data Model)에서 현실세계의 물리적 개체 또는 추상적 개념은 객체로 나타내진다. 객체는 식별자로 구분되고 현실세계 객체의 특성 또는 속성과 유효한 절차를 함께 상속받고 있다 객체지향 데이타 모델은 데이타 모델 개발과 객체지향 프로그래밍언어라는 두 개의 다른 연구 분야가 합쳐져 만들어졌다. 객체지향 프로그래밍에서의 객체와 객체지향 데이타베이스에서의 객체의 주된 차이점은 영속성에 있다. 객체지향 프로그래밍에서의 객체는 프로그램 실행동안만 존속하나 객체지향 데이타베이스의 객체는 영구히 존재한다. 객체지향 데이타베이스에 대해서는 11장에서 자세히 다룬다.

2.5 요 약

이 장에서는 데이타베이스 시스템의 구성요소를 살펴보면서 데이타베이스 시스템의 기본 개념을 소개하였다. 데이타베이스 시스템의 구성요소를 하드웨어, 소프트웨어, 데이타뿐만 아니라 사람을 포함함으로써 넓은 의미의 시스템 개념으로 파악하였다.

데이타베이스 시스템의 소프트웨어와 데이타 구성요소가 어떻게 설계되는가는 3단계 아키텍처를 통하여 설명된다. 데이타 독립성을 보장하기 위해 제시된 3단계 아키텍처에 따라 데이타가 각기 다른 단계의 데이타 모델로 표현되고 또 전환이 된다. 데이타베이스를 관리하게 하는 소프트웨어인 데이타베이스 관리 시스템의 아키텍처와 데이타베이스에 저장되는 데이타를 어떻게 설계하는가는 밀접한 관계가 있다.

데이타베이스 관리 시스템은 사용자가 필요로 하는 데이타베이스 관리 기능을 복잡한 내부적 처리과정을 감추면서 사용자가 사용하기 쉬운 형태로 제공한다. 데이타베이스 관리 시스템을 사용하여 데이타를 레코드와 화일이라는 기본 데이타 구조로 저장하고 관리할 수 있도록 데이타베이스를 설계하기 위해 데이타 모델이 사용된다. 조직이 필요로 하는 데이타를 3단계 데이타베이스 시스템 아키텍처의 각 단계에서 기술하는 것을 돕기 위한 여러 가지 데이타 모델과 데이타 저장 방법에 대한 이해는 좋은 데이타베이스 설계에 필수적이다.

주요용어

데이타베이스 시스템 구성요소	데이타베이스 관리 시스템
응용 프로그램	데이타 관리자
데이타베이스 관리자	시스템 개발자
3단계 아키텍처	외부 스키마
개념적 스키마	내부 스키마
데이타 독립성	논리적 데이타 독립성
물리적 데이타 독립성	스키마 다이어그램
인스턴스	인터페이스
데이타베이스 엔진	API
데이타베이스 언어	데이타 모델
레코드 기반 데이타 모델	의미 데이타 모델
계층형 데이타 모델	망형 데이타 모델
개체관계성 데이타 모델	객체지향 데이타 모델

연습문제

01 데이타베이스 시스템의 구성요소를 간단하게 설명하라.

02 3단계 데이타베이스 관리 시스템 아키텍처의 주된 목적을 설명하라.

03 3단계 데이타베이스 관리 시스템 아키텍처를 간략히 설명하라.

04 외부 스키마, 개념적 스키마, 그리고 내부 스키마를 설명하라.

05 데이타 독립성은 무엇이며 왜 필요한가?

06 스키마와 인스턴스를 설명하라.

07 데이타베이스 관리 시스템의 주요한 기능을 설명하라.

08 데이타베이스 엔진의 주된 요소를 설명하라.

09 데이타베이스 관리 시스템의 인터페이스로는 어떠한 것이 있는가?

10 지금까지 개발된 데이타 모델을 분류하고 각 데이타 모델을 간단하게 설명하라.

11 데이타베이스 관리 시스템을 사용하는 직장을 방문하여 그 시스템의 구성요소를 구체적으로 파악하여 기술하라.

12 상용 데이타베이스 관리 시스템 제품으로는 어떤 것이 있는가를 조사해 보라.

13 상용 데이타베이스 관리 시스템을 개발하는 회사의 웹사이트를 조사해 보라.

제2부
데이타베이스 설계

제3장 개체관계성 데이타 모델

제4장 관계형 데이타베이스 설계

제3장

개체관계성 데이타 모델

학습목표

이 장을 공부한 뒤에 다음 개념을 이해해야 한다.

- 개체관계성 데이타 모델의 기본 개념: 개체, 관계성
- 개체관계성도
- 개체관계성 데이타 모델의 고급 개념: 종속개체, 복합개체유형, 다중값 속성, 시간 종속적 데이타
- 추상: 일반화와 집단화

데이타베이스의 데이타를 어떻게 정의하여 저장하는가에 따라 데이타베이스 시스템의 효과와 효율이 결정된다. 즉, 데이타베이스가 잘 설계되어야 개인, 그룹, 그리고 조직의 데이타 요구를 제대로 만족시킬 수 있다. 데이타베이스 설계 과정에서 해야 하는 중요한 작업 중 하나가 데이타 모델의 개발이다. 데이타 모델의 역할은 복잡한 현실 세계를 추상의 과정을 통하여 사용자의 관점을 통합하고 개념적 데이타 모델로 전환함으로써 데이타베이스 설계 과정에서 의사소통을 돕는 것이다.

1장에서 언급한 것처럼 관계형 데이타 모델은 오늘날 데이타베이스 설계와 구축에 가장 광범위하게 사용되고 있다. 관계형 데이타 모델이 논리적 모델 설계에서 사용되려면 개념적 데이타 모델 설계에서 사용되는 데이타 모델의 역할이 크다. 본장에서 설명하는 개체관계성 데이타 모델은 개념적 데이타 모델을 설계하는 데 가장 많이 사용되고 있는 모델이다.

개체관계성 데이타 모델은 설계자가 조직에서 필요한 데이타를 통합하여 조직 스키마(Enterprise Schema)로 표현하도록 한다. 본 장에서는 개체관계성 데이타 모델의 개념과 그 개발 과정에 대하여 소개한다. 개체관계성 데이타 모델은 데이타베이스 설계 과정에서 매우 중요한 위치를 차지하므로 본 장은 이 책에서 가장 중요한 장 가운데 하나가 된다.

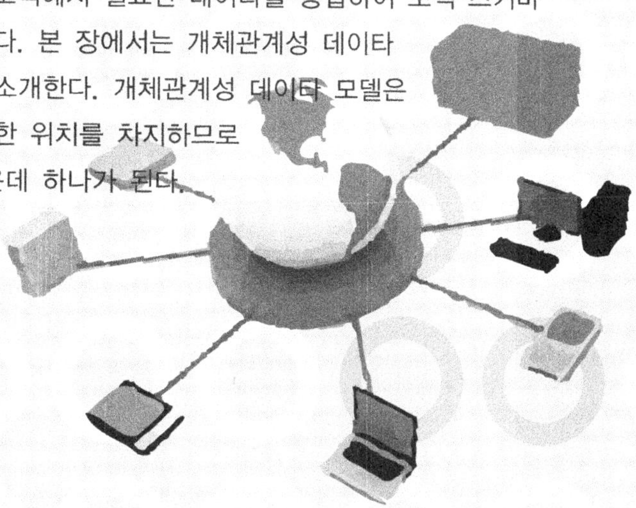

3.1 개체관계성 데이타 모델의 기본 개념

개체관계성 데이타 모델(Entity-Relationship Model)은 데이타베이스 설계자가 데이타베이스의 논리적 성격을 표현하도록 함으로써 데이타베이스 설계를 돕고자 개발된 모델이다. 개체관계성 데이타 모델은 2장의 3단계 데이타베이스 아키텍처의 개념적 데이타 모델을 개발하는 데 사용된다. 간단히 말해서 개체관계성 데이타 모델은 현실 세계를 개체와 관계성 개념을 사용하여 표현하는 데이타 모델이다.

개체관계성 데이타 모델은 사용자의 관점을 통합한 개념적 데이타 모델로 개체관계성도(Entity-Relationship Diagram)로 표현한다. 개체관계성도는 개체관계성 데이타 모델을 그림으로 요약한 것으로 개체관계성 데이타 모델의 기본 구성요소인 개체, 속성, 그리고 관계성을 나타내는 부호로 그려진다. 이 장에서는 개체관계성 데이타 모델의 근본적인 개념에 대한 이해를 돕기 위해 필수적인 부호만 사용하는 간단한 개체관계성도를 보여 주고 사용되는 부호는 그것이 처음 사용될 때에 하나씩 소개한다.

3.1.1 개 체

(1) 개체, 속성, 영역

개체(Entity)는 데이타베이스에 표현하고 싶은 현실세계의 사람, 장소, 사건, 객체, 또는 개념이다. 개체는 다음의 예와 같이 물리적 객체이거나 추상일 수 있다. 개체가 현실 세계의 객체를 나타내므로 개체와 객체가 용어상 구분되지 않고 종종 동의어(Synonym)로 사용되기도 한다.

사람: 학생, 직원, 환자
객체: 자동차, 기계, 빌딩
장소: 도/시, 판매지역, 국가
사건: 판매, 등록, 입원
개념: 계정, 과목, 작업장

각 개체는 그것과 연관되는 여러 가지 속성을 가지고 있다. 개체의 속성(Attribute)은 개체를 정의하는 조직에게 관심의 대상이 되는 개체의 특성이다. 다음은 위에서 열거된 몇 가지 개체에 대하여 사용할 수 있는 속성을 나타낸다.

학생: 학번, 이름, 주소, 전공, 취득학점
직원: 주민등록번호, 이름, 주소, 전화번호, 취미
자동차: 차량번호, 모델, 색, 엔진크기

위의 예에서 학생 개체를 정의하는 속성은 학번, 이름, 주소, 전공, 그리고 취득학점이며 각 속성은 특정한 값(Attribute Value)을 가지며 그 값은 데이타베이스에 저장되고 사용된다. 예를 들어, "김선달"이라는 학생은 다음과 같은 속성 값을 가질 수 있다.

학번: 09122023
이름: 김선달
주소: 서울시 중구 남산동 111
전공: 경영학
취득학점: 110

각 속성에 허용되는 데이타 형식을 가지는 값의 집합을 그 속성의 영역(Domain)이라 부른다. 학생 개체의 예를 보면, 취득학점 속성의 영역은 총 취득 가능한 학점이 140학점일 경우에 0과 140 사이의 정수 값 집합이다. 학생이름 속성의 영역은 가능한 모든 학생의 이름이다. 서로 다른 속성이 같은 영역을 갖기도 한다. 예를 들면 양의 정수의 부분집합은 취득학점과 나이처럼 아주 다른 의미의 속성에 대한 영역으로 사용된다. 어떤 속성은 개체의 예에 공값(Null Value)을 허용하기도 한다. 이것은 속성의 값이 알려지지 않았거나 그 개체에 대하여는 정의되지 않았음을 의미한다.

개체관계성도에 사용되는 부호는 그림 3-1의 개체관계성도에서 보듯이 개체는 사각형으로 표시하며 그 안에 개체의 이름을 적고, 속성은 그 이름을 내부에 기록한 타원형으로 표현하고 관련되는 개체에 선으로 연결한다.

[그림 3-1] 개체관계성도: 개체와 속성

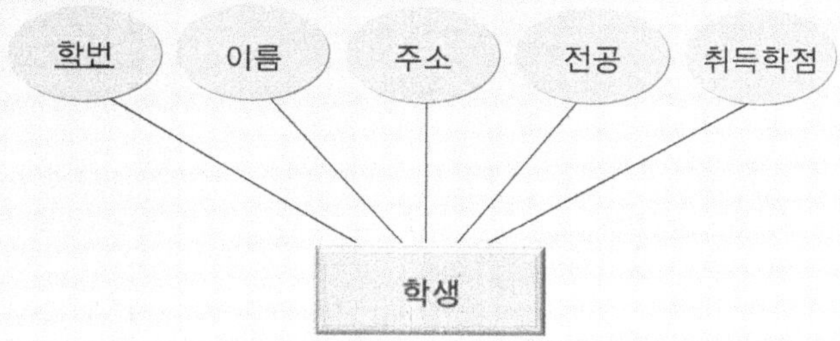

개체의 속성은 데이타베이스 설계자가 조직의 데이타 요구를 반영하여 결정하게 된다. 예를 들면, 위의 학생 개체에 대하여 사용자의 필요에 따라 전화번호를 취득학점 대신 속성으로 포함시킬 수도 있다. 또 한 데이타베이스 설계에서 속성으로 취급된 것이 다른 데이타베이스 설계에서는 개체로 간주될 때도 있다. 예를 들면, 위의 학생 개체의 한 속성인 전공을 전공에 대한 구체적인 데이타가 필요한 설계에서는 개체로 취급하게 된다.

(2) 개체유형과 키

그림 3-1 의 개체관계성도에서 '학생들'이라 하지 않고 '학생'으로 개체 이름을 정하였으나 '학생' 개체는 학생의 집합이며 한 개체유형을 정의하는 것이다. 개체관계성 데이타 모델에서 개체는 같은 유형의 개체의 집합 즉, 개체유형(Entity Type), 개체집합(Entity Set), 또는 개체클래스(Entity Class)를 말하며 개체의 예(Entity Instance; Entity Occurrence)를 나타내는 것이 아니다. 개체유형은 데이타베이스에 데이타에 관한 데이타 즉, 메타데이타(Metadata)의 형태로 한번만 정의되나 그 개체의 예는 데이타베이스에서 많은 데이타로 표현된다. 학생이 학교에 들어오고 나감으로 학생 개체집합의 구성요소는 변화하여도 학생이라는 개체유형과 개체집합은 존속된다.

개체유형은 현실 세계에 있는 개체의 부류에 대한 데이타 모델의 표현이다. 개체유형은 어떤 개체의 예가 그 집합에 속하는지 아닌지를 정하는 것이 가능하도록 분명하게 정의되어야 한다. 그림 3-2 는 학생 개체유형의 예를 보여 준다.

[그림 3-2] 개체유형의 예

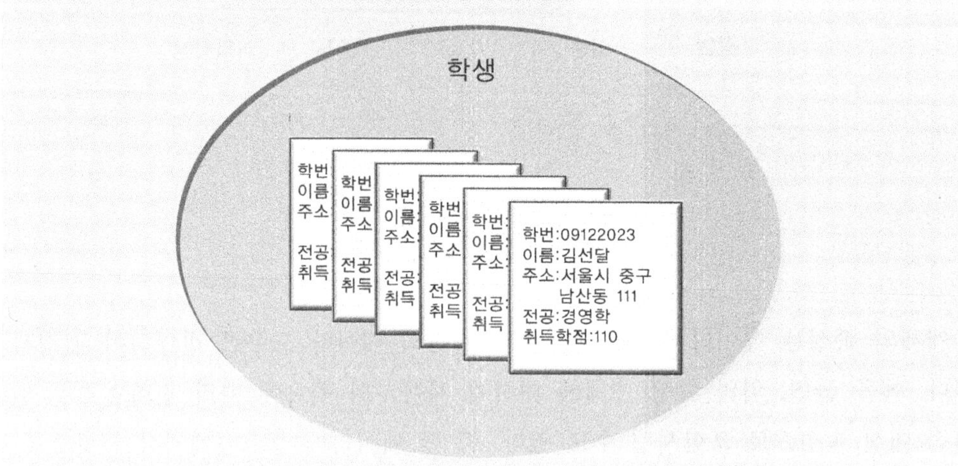

개체유형에서 한 개체는 다른 객체로부터 구분되는 어떠한 객체이다. 각 개체는 그 개체의 예를 특징 있게 파악할 수 있게 하고 같은 개체유형의 다른 예들로부터 분명하게 구분하게 하는 속성 또는 속성의 집합을 가져야만 하고 그것을 키(Key)라고 한다. 예를 들면, 학생 개체집합에서 학번은 각 학생을 식별하는 데 사용될 수 있다. 만일 학번, 이름, 주소, 전공, 그리고 취득학점 속성을 가진 학생들의 명단을 가지고 있을 때, 한 학생의 학번을 알면 학생 명단에서 그 학번을 가진 학생이 한 명만 있어야 하고 또한 한 명밖에 없기 때문에 그 학생을 구분할 수 있다. 그러나 학생의 이름을 가지고서 학생 명단을 살펴볼 때 동명이인이 있을 경우 어떤 학생이 관심의 대상인 학생인지 구분할 수가 없다.

한 개체집합에서 키가 하나 이상 존재할 때도 있다. 만일 학생 개체의 속성에 학생의 주민등록번호가 들어 있다면 주민등록번호 속성도 학생 개체유형의 각 개체를 구별하는 데 사용될 수 있기 때문에 학생 개체의 키로 사용될 수 있다. 이런 경우에 데이타베이스 설계자는 그들 중에서 개체를 대표하여 잘 표현해 줄 수 있는 속성 하나만을 선택하여 개체를 식별하는 속성으로 사용한다. 이 선택된 속성이 기본키(Primary Key)가 된다. 그림 3-1 의 학생 속성에서 보는 바와 같이 개체관계성도에서 각 개체의 기본키 속성은 밑줄을 그어 표시한다.

3.1.2 관계성

(1) 관계성

관계성(Relationships)은 하나 또는 그 이상의 개체유형 사이에 존재하는 연계(Association)를 말한다. 예를 들면 대학 데이타베이스의 경우 한 학생은 과목을 수강함으로써 한 과목에 관련된다. 이것을 개체관계성도로 표현하면 그림 3-3 과 같으며 학생과 과목 개체유형 사이의 "수강한다"라는 관계성은 다이아몬드로 표시되었다. 관계성 집합을 표현하는 다이아몬드는 연계되는 개체집합을 나타내는 사각형을 선으로 연결한다. 관계성의 이름은 일반적으로 사용자에게 직감적인 의미를 줄 수 있는 동사를 사용한다.

그림 3-3 의 "수강한다" 관계성은 한 학생이 한 과목 이상을 수강할 수 있고 각 과목은 여러 학생들에 의해 수강될 수 있다는 의미를 나타낸다. 학생이 정해지면 그 학생이 수강하는 과목을 알 수 있고 반대로 과목이 정해지면 그 과목을 수강하는 학생을 파악할 수 있다.

[그림 3-3] 개체관계성도: 관계성

개체관계성 데이타 모델이 현실 세계를 충실히 반영하기 위해서는 관계성의 제약조건을 제대로 파악하여 표현하는 것이 중요한 과제이다. 이와 관련하여 사용하는 관계성의 한 제약조건 형태가 사상수이다.

(2) 관계성의 사상수

관계성의 사상수(Mapping Cardinality)는 관계성에서 한 개체에 대하여 관련지어질 수 있는 다른 개체의 수를 나타낸다. 한 개체의 예에 대하여 연계된 다른 개체의 예가 없거나, 하나, 둘 또는 그 이상 있을 수 있다. 가능한 사상수의 유형에 따라 관계성은 다음과 같이 분류된다.

- 일대일(One-to-One) 관계성
- 일대다(One-to-Many) 관계성 또는 다대일(Many-to-One) 관계성
- 다대다(Many-to-Many) 관계성

위에서 "일" 또는 "다"는 한 개체에 다른 개체가 관련지어질 수 있는 수를 의미한다. 한 개체에서 하나의 다른 개체로 연계가 이루어지면 "일"의 연계, 하나 이상의 다른 개체와 연계가 가능하면 "다"의 연계라고 한다.

개체관계성도에서는 사상수를 나타내는 여러 가지 방법을 사용한다. 전통적인 방법은 "일"의 사상수를 보이기 위하여 "1"을 쓰고 "다"의 사상수를 나타내기 위하여 "다"를 적는다.

(3) 관계성의 차수

관계성의 차수(Degrees of Relationship)는 관계성에 연계된 개체유형의 수를 말한다. 위의 "수강한다" 관계성의 차수는 연계된 개체유형이 학생과 과목 둘이므로 2이다. 일반적으로 관계성의 종류는 차수에 따라 일진관계성, 이진관계성, 그리고 삼진관계성으로 분류된다. 고차수의 관계성도 존재 가능하나 실질적으로 사용되는 경우는 별로 없다.

일진관계성(Unary Relationship)은 순환관계성(Recursive Relationship)이라고도 불리며 한 개체유형에 속한 개체들 사이의 연계를 말한다. 그림 3-4a에서 "결혼한다"는 사람 개체유형의 개체들 사이에 존재할 수 있는 일대일 관계성을 보여 준다. 그림 3-4b는 "보고한다" 관계성이 직원 개체유형의 개체들 사이에 존재하는 것을 일대다 관계성으로 나타낸다. 이 관계성을 통하여 우리는 상급자와 직원들 사이의 보고체계를 알아 낼 수 있다. 그림 3-4c는 자재명세서(Bill-Of-Material)구조라고도 부르며, 제품이 하위 조립품으로 만들어지고 하위 조립품은 또 다른 하위 조립품으로 만들어지는 사실을 표현하는 데 사용된다.

[그림 3-4] 일진관계성

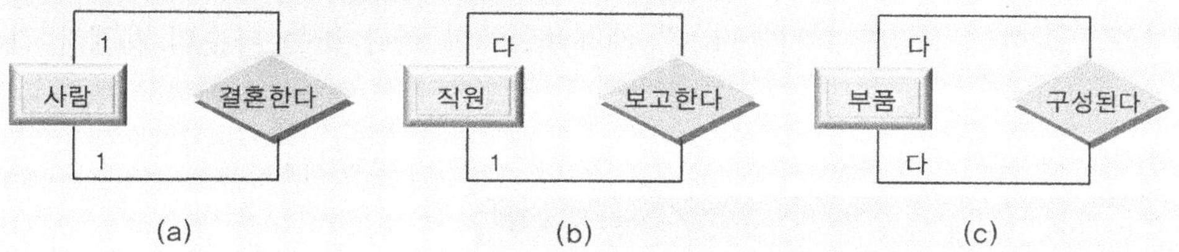

이진관계성(Binary Relationship)은 두 개체유형의 개체들 사이의 연계를 말하며 데이타 모델 개발에서 가장 흔히 나타나는 관계성이다. 그림 3-5 는 세 가지 다른 사상수를 가지는 이진관계성의 예를 보여준다. "할당된다"라는 일대일의 이진관계성은 각 자동차는 특정 직원에게 할당됨을 의미한다. "개설한다"라는 일대다의 이진관계성은 하나의 학부는 여러 개의 전공을 개설하고 여러 전공이 하나의 학부에 속함을 나타낸다. "수강한다"라는 다대다의 이진관계성은 한 학생이 여러 과목을 수강할 수 있고 각 과목은 여러 학생에 의해 수강됨을 나타낸다.

[그림 3-5] 이진관계성

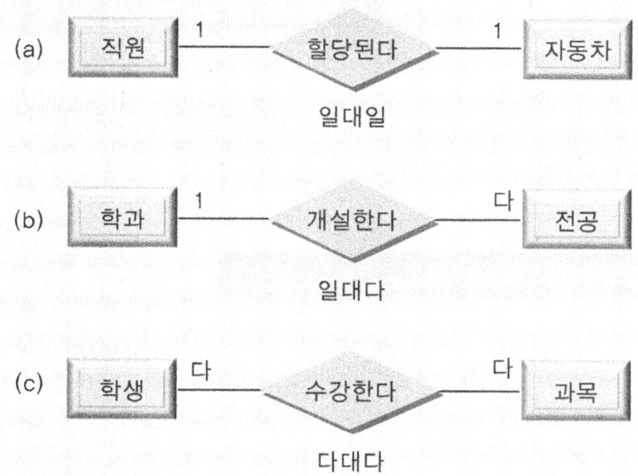

삼진관계성(Ternary Relationship)은 세 개체유형의 개체들 사이에 존재하는 동시적 관계성을 말한다. 그림 3-6 은 학생, 과목, 그리고 교수 세 개의 개체집합이 연계된

삼진관계성을 보여준다. 이 삼진관계성은 한 학생이 특정한 교수가 강의하는 어떤 과목을 수강하는 상황을 나타낸다. 각 개체유형에서 하나 또는 다수의 개체가 관계성에 참여한다.

[그림 3-6] 삼진관계성

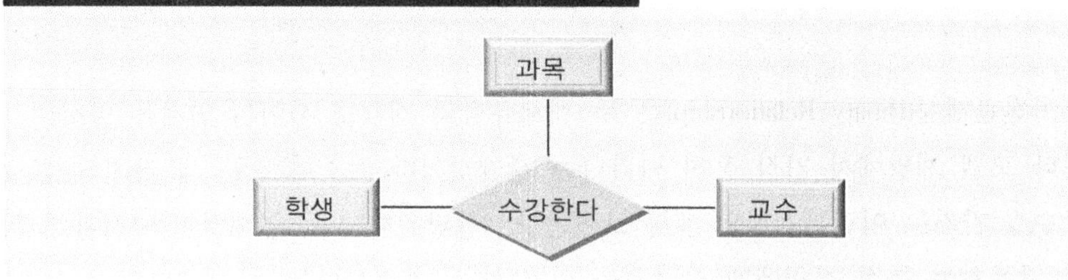

(4) 관계성의 속성

개체관계성 데이타 모델에서 관계성에 관련된 속성이 있을 경우가 있으며 이 속성을 기술적 속성(Descriptive Attribute)이라 한다. 개체관계성도에서 기술적 속성은 타원형으로 나타내며 설명하는 관계성을 나타내는 다이아몬드에 연결된다. 그림 3-7 에서 성적이라는 속성은 "수강한다" 관계성을 기술하는 기술적 속성이다. 성적은 한 학생이 특정 과목을 수강함으로써 얻는 것이므로 성적은 학생 개체나 과목 개체 중 어느 하나만의 특성이 아니다. 즉, 성적이 의미를 갖기 위하여서는 특정 과목을 수강하는 특정 학생과 연계되어야 한다.

[그림 3-7] 기술적 속성

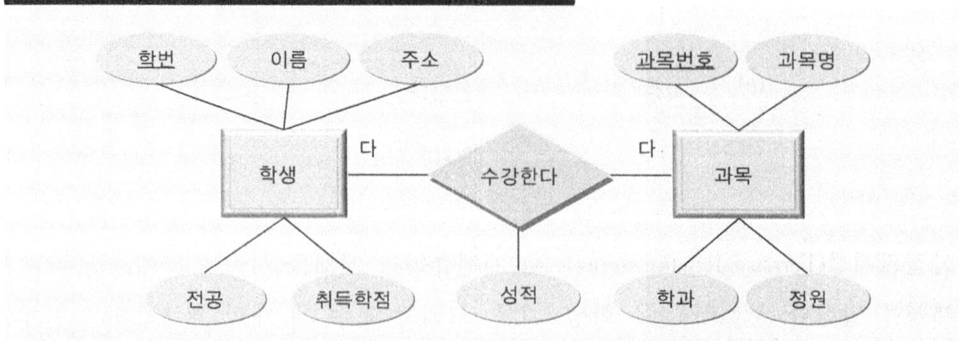

3.2 개체관계성 데이타 모델의 고급 개념

3.2.1 종속개체

종속개체(Weak Entity)는 한 개체유형의 개체가 그것과 연계된 다른 개체유형의 개체가 존재하지 않으면 존재할 수 없음을 뜻한다. 예를 들면 그림 3-8 은 계좌와 거래 개체유형을 연계하는 "발생한다" 관계성에서 계좌개체가 존재하지 않으면 거래 개체가 존재한 수 없는 경우를 표현한다. 개체관계성도에서 종속개체는 이중사각형으로 표시된다.

[그림 3-8] 종속개체

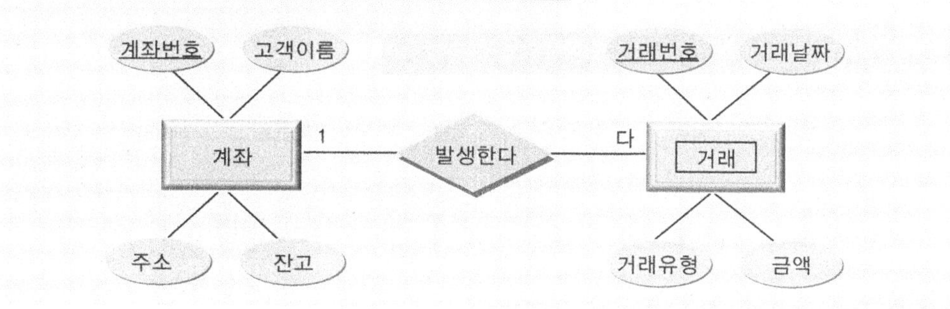

일반적으로 스스로 존재할 수 있는 개체는 독립개체(Strong Entity) 또는 부모개체(Parent Entity)라 부르고 존재가 종속되는 개체를 종속개체 또는 자식개체(Child Entity)라고 부른다. 종속개체는 독립적으로 키로 삼을 수 있는 속성을 가지지 못하는 경우가 많다. 이런 경우에는 부모개체의 기본키를 종속개체의 기본키에 포함시켜 사용한다. 예를 들면, 거래개체의 기본키로는 계좌개체의 계좌번호와 거래개체의 거래번호를 합하여 사용한다.

3.2.2 복합개체

다대다의 관계성이 기술적 속성을 가지기도 하므로 개체관계성 데이타 모델 개발은 흥미있는 딜레마에 빠지기도 한다. 개체와 관계성의 차이는 단순히 데이타를 어떻게 보는가에 달려 있으므로 가끔 다대다 관계성을 개체로 취급할 때도 있다. 그림 3-7 은 학생과 과목 개체 사이의 "수강한다"라는 기술적 속성을 가지는 다대다 관계성으로 표현하였다. 그러나 똑같은 문제에 대하여 다대다의 '수강한다' 관계성을 하나의 개체유형으로 취급하여 그림 3-9a 와 같이 표현할 수도 있으며, 이러한 개체유형을 복합개체(Composite Entity; Gerund)라 한다. 그림 3-9a 의 '수강' 복합개체는 '수강한다' 관계성에 연관된 두 개체의 기본키의 결합을 기본키로 하고 또 본래의 기술적 속성도 속성으로 갖는다.

[그림 3-9] 복합개체

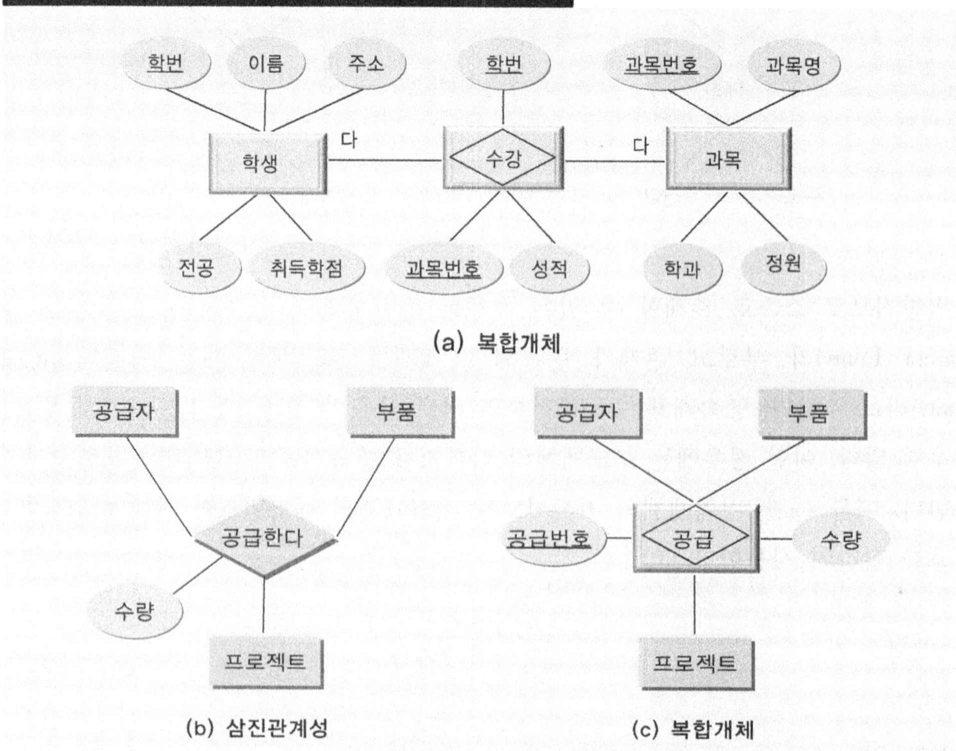

복합개체의 예는 삼진관계성에서 흔히 발견된다. 그 예로 그림 3-9c는 그림 3-9b의 삼진관계성을 다르게 모델 한 대안이다. 여기서 '공급'은 '공급한다'라는 관계성을 대신하는 개체유형으로 수량 속성 외에 공급번호 속성을 기본키로 가진다. 그림 3-9c에서 공급 개체유형이 '공급한다'라는 관계성에서 정의되었다는 것을 나타내기 위해 관계성을 나타내는 다이아몬드는 개체유형을 나타내는 사각형 안에 표시한다.

그림 3-9c에서 복합 개체유형에서 다른 개체유형들을 연결한 선에 다이아몬드가 사용되지 않았음에 유의하여야 한다. 그것은 이 선들이 이진관계성을 나타내지 않기 때문이다. 그림 3-9b의 삼진관계성과 같은 의미를 보존하기 위하여서는 '공급한다' 관계성을 분해하여 공급과 공급자, 공급과 부품, 그리고 공급과 프로젝트간의 세 개의 이진관계성을 만들 수 없다. 다대다의 삼진관계성에 연계된 세 개체유형을 새로이 정의된 복합 개체유형과 연계된 일대다의 이진관계성으로 데이타 모델을 바꾸면 원래의 삼진관계성이 갖는 의미와 달라지기 때문이다.

3.2.3 다중값 속성

다중값 속성(Multivalued Attribute) 또는 반복그룹(Repeating Group)은 개체의 속성이 하나 이상의 값을 가지는 것을 말한다. 예를 들면, 직원이 보유하고 있는 취미는 하나 이상의 취미(등산, 음악감상, 테니스 등)가 될 수 있으므로 취미 속성은 다중값을 갖는다. 개념적 설계의 일차적 단계에서는 다중값 속성을 하이라이트하기 위하여 그림 3-10a에서와 같이 이중의 타원형을 사용하여 표시한다.

개념적 설계의 조정 단계에서는 다중값 속성을 제거하여 독립된 개체유형으로 정의하거나 관계성에 포함시킨다. 즉, 그림 3-10b에서와 같이 다중값 속성은 독립된 개체유형으로 인식되고 본래의 개체유형과 연계를 나타내는 관계성도 새로 추가된다. 이제 직원과 취미 사이의 다대다 관계성 "가진다"가 생겨나고 독립된 개체유형 취미는 기본키 속성으로 취미번호 속성 외에도 취미명 속성도 포함한다. 이러한 설계는 취미가 조직에 의해 다른 개체유형의 속성이 아닌 독립적 관심의 대상이 되는 개체유형으로 인식되었다는 것을 말한다.

[그림 3-10] 다중값 속성

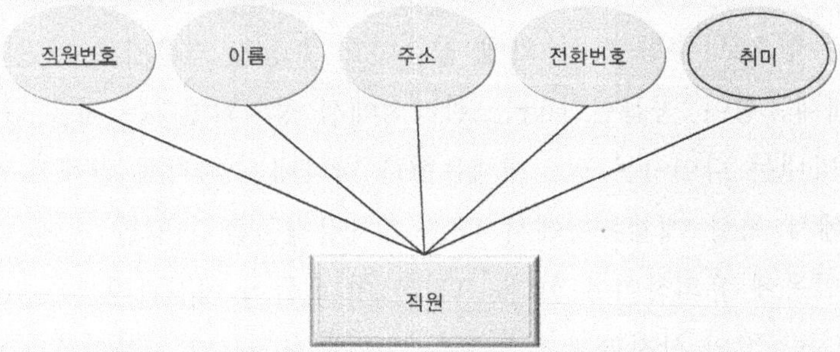

(a) 다중값속성

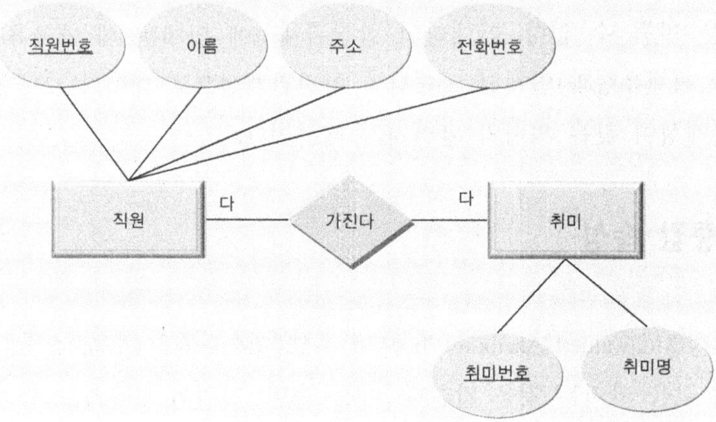

(b) 개체

3.2.4 시간 종속적 데이타

데이타베이스의 내용(Content)은 시간에 따라 변한다. 예를 들면, 제품 정보를 보유하는 데이타베이스에서 제품의 가격은 시간에 따라 변하게 된다. 조직이 현재 가격만 보존하기를 원한다면 최근 값만 데이타베이스에 기록되면 된다. 그러나 회계, 청구, 그리고 다른 목적 때문에 가격의 역사와 그 가격이 유효한 기간에 대한 기록을 하고자 할 때가 있다. 이러한 요구를 그림 3-11a 에서와 같이 가격과 그 가격의 유효날짜를 제품의 속성으로 개념화하면 가격과 유효날짜 속성이 다중값을 가지게 되어 바람직하지 않다. 더 좋은 설계는 그림 3-11b 와 같이 두 개의 다중값 속성을 독립적 개체유형 가격역사로 인식하여 새로운 관계성 “가진다”로 제품 개체유형에 연계하는 것이다.

[그림 3-11] 시간 종속적 데이타 디자인

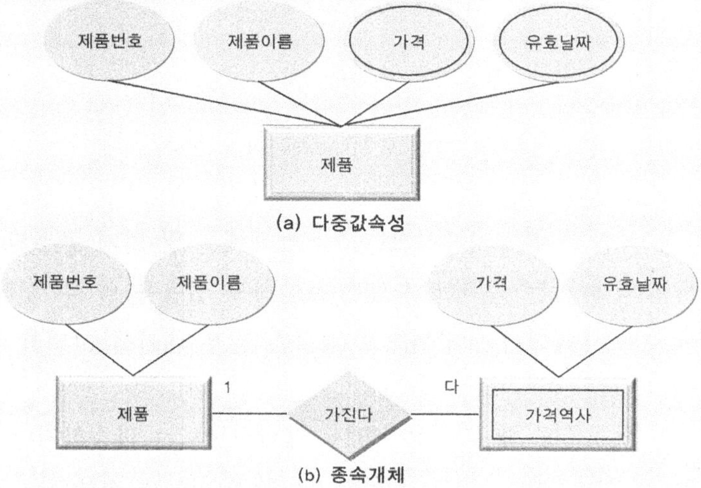

3.3 추상

본래의 개체관계성 데이타 모델에는 포함되지 않았으나 개념적 데이타 모델에 더 많은 의미와 표현력을 추가하려는 목적으로 추상(Abstraction)이 개념적 데이타 모델 과정에서 자주 사용된다. 추상은 고려중인 객체를 또 다른 차원으로 인식하여 모델하는 것이다. 데이타베이스 설계에서 사용되는 추상에는 일반화와 집단화 두 가지가 있다.

3.3.1 일반화/구체화

데이타 모델 개발에서 주요한 과제 중의 하나는 공통의 속성을 가지면서도 몇 가지 다른 독특한 속성을 가지는 거의 유사한 개체들을 적절하게 인식하여 표현하는 것이다. 예를 들면, 어떤 조직에 세 가지 유형의 직원이 있다고 하자. 일당근로자, 월급직원, 그리고 계약근로자가 그것이며 이들 하위유형 직원의 중요한 속성은 다음과 같다.

- 일당근로자: 직원번호, 이름, 주소, 입사일, 일당
- 월급직원: 직원번호, 이름, 주소, 입사일, 월급, 정근수당
- 계약근로자: 직원번호, 이름, 주소, 입사일, 계약번호, 일당

이들 하위유형 직원 개체를 자세히 보면 각 개체에는 몇 가지 공통된 속성들 외에 다른 개체와 구분되게 하는 독특한 속성을 포함하고 있음을 알 수 있다. 이 현실을 개념적 데이타 모델로 표현하는 방법으로 다음과 같은 대안을 고려할 수 있다.

① 직원이라는 개체유형 하나만 정의한다. 개념적으로는 단순하지만 이 접근방법은 직원이 세 개체유형의 속성 모두를 포함해야 하는 단점을 가지고 있다. 예를 들면, 일당근로자는 해당되지도 않는 월급과 계약번호의 속성을 가지게 된다.

② 세 개체에 대하여 각각 독립된 개체유형을 정의한다. 이 접근방법은 직원의 공통된 속성을 활용하지 못하여 데이타를 중복으로 저장하는 문제점을 가지게 된다.

③ 일당근로자, 월급직원, 그리고 계약근로자를 하위유형(Subtype)으로 가지는 상위유형(Supertype) 직원을 정의한다. 이 방법은 모든 직원의 공통된 속성을 활용하면서도 각 유형의 독특한 속성을 인식한다.

위의 세 번째 방법과 같이 하위유형과 상위유형으로 모델링하는 방법을 그 방향에 따라 일반화(Generalization)/구체화(Specialization)라고 한다. 일반화는 위의 대안 ①과 같이 하위유형의 개체의 공통점을 추출하여 상위유형으로 표현하는 것이고, 그 반대로 위의 대안 ②와 같이 상위유형의 개체의 특성을 세분화하여 하위유형의 개체를 인식하는 과정은 구체화이다. 그림 3-12 는 직원을 상위유형과 그 하위유형으로 나누어 개체관계성도로 표현한 것이다. 그림 3-12 에서 모든 직원의 공통된 속성

들은 직원 개체유형에 포함되어 있고 각 하위유형에 독특한 속성들은 그 하위유형에만 포함되었다. 상위유형의 기본키인 직원번호는 세 하위유형에 유전되어 하위유형의 기본키가 된다.

[그림 3-12] 상위유형과 하위유형 개체

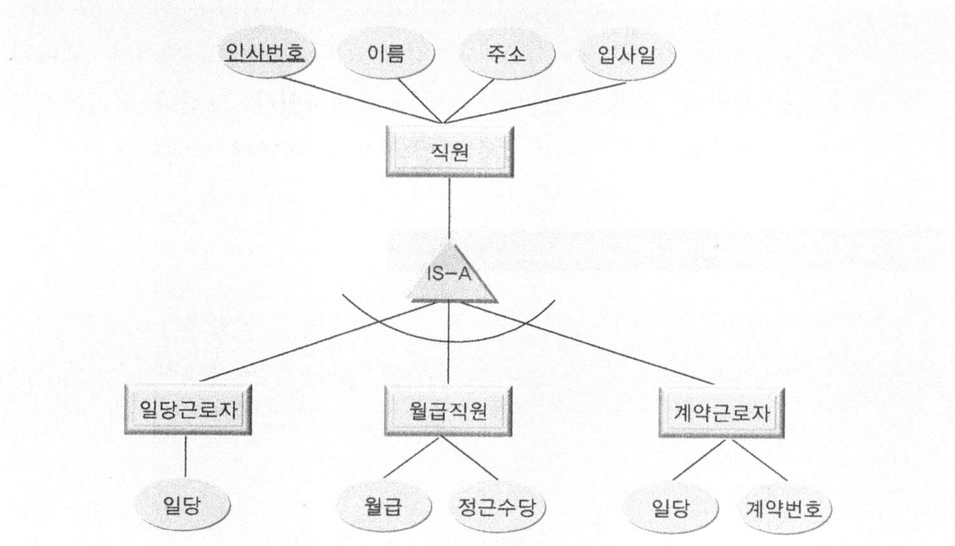

상위유형과 하위유형 개체간의 관계성은 "IS-A" 관계성이라고 부른다. "하위유형 개체는 상위유형 개체이다(IS-A)"라는 의미의 이 IS-A관계성은 개체관계성도에서 삼각형으로 표현된다. 또 세 하위유형 개체를 연결하는 호(Arc)는 각 직원이 일당근로자, 월급직원, 또는 계약근로자 중 어느 한 개체이어야 한다는 배타적 관계성(Exclusive Relationship)을 표현하는 것이다. 이와는 대조적으로 개체가 하나 이상의 하위유형 개체에 속할 수 있을 때는 비배타적 관계성(Nonexclusive Relationship)이라고 하며 개체관계성도에서 호가 없는 상태로 표현한다.

하위유형 개체를 인식할 것인가 아닌가는 데이타 모델 개발자가 주어진 문제에 따라 판단해야 하는 사항이다. 독특한 속성들이 각 하위유형 개체를 기술하고 있거나 각 하위유형 개체가 모두 상위유형 개체와의 관계성에 참여할 때는 하위유형 개체를 인식하여 설계하는 것이 바람직하다.

3.3.2 집단화

개체관계성 모델에 따른 데이타 모델링 과정에서 관계성과 관계성 사이의 관계를 표현하는 것이 적절하다고 잘못 판단할 때가 있다. 예를 들어 하나 이상의 부서에서 스폰서하는 이벤트가 있고, 직원들이 그 스폰서쉽을 모니터한다고 하자. 이것을 억지로 개체관계성도로 표현하면 그림 3-13과 같게 된다. 그림 3-13에서 '모니터하다' 관계성과 '스폰서하다' 관계성 사이의 관계를 표현하였다. 그러나 이것은 "관계성은 개체 사이를 연결한다"는 개체관계성 모델의 기본 개념에 위배된다.

[그림 3-13] 집단화 이전 개체관계성도

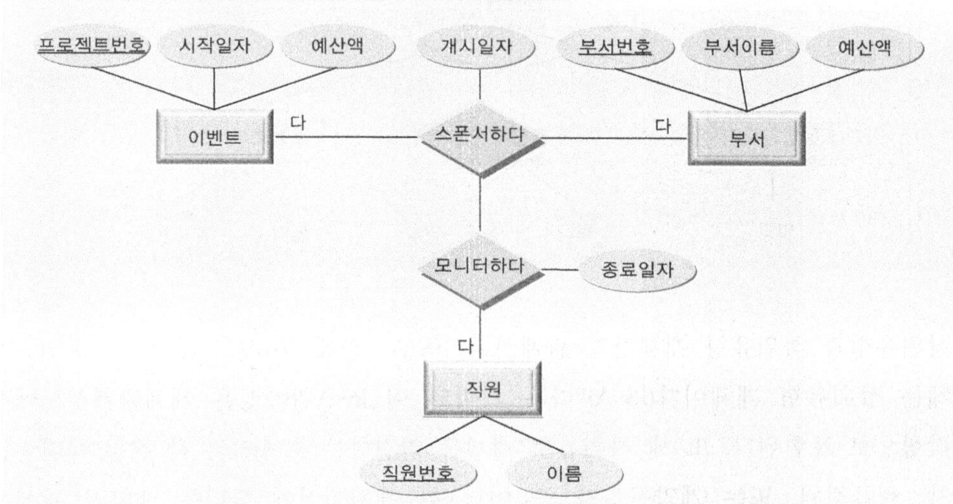

(a) 집단화 이전

또 다른 대안으로 그림 3-13에서 '모니터하다' 관계성과 '스폰서하다' 관계성을 하나로 통합하여 하나의 삼진관계성으로 만드는 것을 생각해 볼 수 있다. 하지만 이것도 본래의 논리적 의미를 잃게 되어 바람직하지 않다. 이러한 문제를 해결하는 방법은 개체와 관계성 사이의 관계 전체를 하나의 개체로 인식하는 상위 개념으로 모델링하는 것이다. 이와 같이 관련된 개체를 포함한 관계성을 상위 차원의 개체로 인식하는 개념이 집단화(Aggregation)이다. 그림 3-13에서 '스폰서하다' 관계성과 '이벤트'

및 '부서' 개체를 하나의 집단으로 인식하여 '프로젝트'라는 상위개체로 만들어 '모니터하다' 관계성에 연결하도록 표현하는 것이다. 이렇게 집단화를 통하여 수정된 개체관계성도는 그림 3-14 와 같다.

[그림 3-14] 집단화 이후 개체관계성도

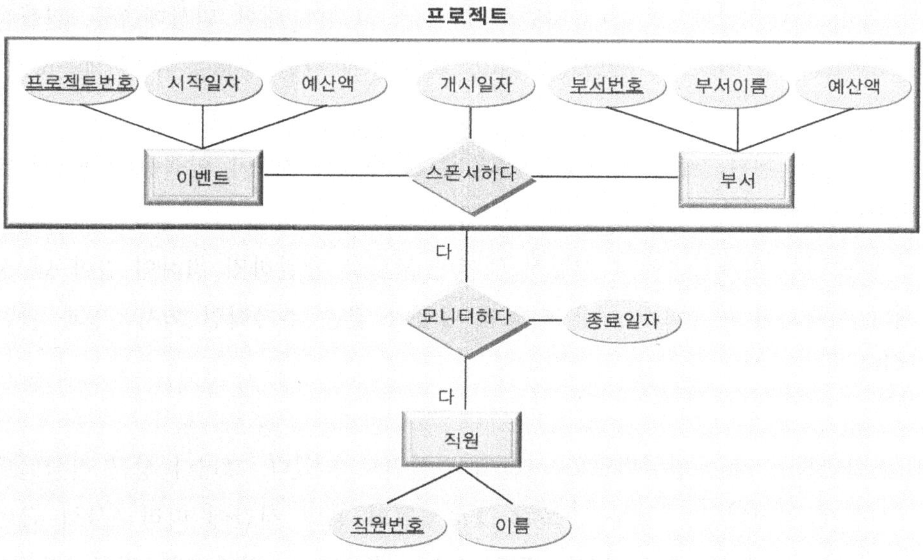

(b) 집단화 이후

3.4 개체관계성 데이타 모델의 예

이제 지금까지 배운 개체관계성 데이타 모델의 개념을 1장에서 소개한 바 있는 윈윈(WinWin)컨설팅(주) 사례에 적용하여 개념적 데이타 모델을 개발하여 보자.

사례: 윈윈(WinWin)컨설팅(주)

윈윈컨설팅(주)은 컴퓨터 네트웍 시스템 개발과 관리에 관련된 전문서비스를 제공하는 회사이다. 윈윈컨설팅(주)은 대학에서 경영정보와 컴퓨터과학을 전공한 친구 4명이 2년 전에 설립하였다. 현재 창립 멤버를 제외한 2명의 사무직원과 24명의 컨설턴트가 36개 업체 고객을 지원하고 있다. 지금까지 회사 업무는 화일처리 시스템과 수작업으로 이루어져 왔으나 회사의 급속한 성장으로 데이타베이스 시스템을 개발하기로 결정하였다.

개발하려는 데이타베이스는 컨설턴트의 임금, 고객에 대한 외상매출금, 컨설턴트의 프로젝트 수행 실적, 프로젝트, 그리고 고객 등에 관한 정보를 주로 제공하게 된다. 또 데이타베이스 시스템은 여러 가지 온라인 거래처리와 정기적 또는 수시 보고서를 지원하게 된다. 가장 핵심적인 응용 프로그램은 고객이 의뢰하는 프로젝트를 담당할 컨설턴트를 빨리 찾아 할당하는 일이다.

데이타베이스 설계과정에서 개념적 데이타 모델을 개발하기 위하여 알아 낸 정보는 위의 개략적인 비지니스 내용 이외에 다음과 같은 추가적인 회사운영과 관련된 사항이다.

① 컨설턴트는 상근 컨설턴트와 시간제 컨설턴트가 있다. 그러나 상근 컨설턴트와 시간제 컨설턴트는 모두 종료된 프로젝트의 용역 시간에 따라 월1회 급여를 받는다. 컨설턴트에 관하여는 직원번호, 이름, 주소, 전화번호, 전문분야, 기술등급에 관한 정보를 기록한다.

② 컨설턴트는 하나 이상의 프로젝트에 할당되어 고객의 문제를 해결하는 일을 한다. 프로젝트에 관하여는 프로젝트 번호, 이름, 시작일, 예정 종료일, 종료일, 요율을 기록한다.

③ 각 프로젝트에 여러 명의 컨설턴트가 할당될 때도 있다. 각 컨설턴트는 할당된 프로젝트를 완료하면 회사가 규정한 방법에 따라 상급 컨설턴트에 의해 평가를 받게 되며 회사는 이 자료로 품질관리를 한다.

④ 컨설턴트는 고객이 의뢰한 프로젝트에 할당되어 용역을 제공하고 전문기술 분야와 기술 등급에 따라 다른 급여를 받는다. 컨설턴트는 근무하는 날마다 어느 프로젝트에 몇 시간 동안 일했는지를 타임카드에 작성하여 제출하며 이 자료로 각 프로젝트에 대한 컨설턴트의 총 용역시간을 기록한다. 급여는 수표로 지

급하며 수표번호, 지급일, 그리고 금액이 기록된다.

⑤ 고객은 하나 이상의 프로젝트를 의뢰할 수 있고 고객에 관하여는 고객번호, 이름, 주소, 전화번호를 기록한다.

⑥ 과제를 의뢰한 고객에게는 프로젝트가 완료되면 컨설팅 대금 전액을 청구하고 고객은 청구대금을 여러 차례에 나누어 납기일까지 지불할 수 있다. 청구서에는 청구서번호, 청구일, 납기일, 금액을 기록한다.

위의 정보를 가지고 개체관계성 데이타 모델을 윈윈컨설팅(주)에 적용하여 개념적 데이타 모델을 개발하는 작업은 다음 순서로 진행된다.

① 개체와 관계성 정의
- 개체 파악
- 개체간의 관계성 파악
- 개체와 관계성의 속성 파악
- 관계성의 사상수 파악

② 개체관계성도 작성

위의 사례가 개념적 데이타 모델의 개발을 위한 충분한 정보를 제시하지 못할 수 있으므로 추가로 필요한 사항에 대하여는 적절한 가정을 하면서 개념적 데이타 모델을 개발한다. 물론 현실에서는 여러 가지 방법으로 필요한 정보를 조직으로부터 모두 찾아낼 수 있다.

3.4.1 개체와 관계성 정의

앞에서 개념적 데이타 모델 개발을 위해 알아낸 정보 여섯 가지를 하나씩 점검하면서 개체를 파악하여 보자. 첫 번째에서 네 번째까지의 정보에서 컨설턴트가 개체가 될 수 있음을 우리는 쉽게 발견한다. 또한 컨설턴트는 상근 컨설턴트와 시간제 컨설턴트의 두 종류로 나누어져 있기 때문에 상위유형개체와 하위유형개체를 사용하여 표현할 수도 있다. 그러나 급여 계산이나 프로젝트에 요구되는 기술을 가진 컨설턴트의 파악을 위해서는 구태여 컨설턴트를 하위유형개체로 구분할 필요가 적으므로 여기서는 단순히 컨설턴트 개체로 표현하기로 한다. 또 하나 고려해야할 점은 사무직원에 대한 것인데 이것은 모델 개발을 컨설턴트의 활동관리에 초점을 맞추자는 의도로 제외하였다. 그러나 사무직원을 모델에 포함시키기 위해서는 후에 데이타베이스를 확장할 때 컨설턴트와 같이 사무직원이라는 하위개체로 인식하고 직원이라는 상위개체를 정의하면 된다.

두 번째에서 여섯 번째까지의 정보는 프로젝트가 개체임을 말한다. 프로젝트는 고객에 의해 의뢰되고 컨설턴트가 프로젝트를 수행한다. 네 번째에서 여섯 번째까지의 정보에서 고객이 개체임을 알 수 있다. 마찬가지로 급여는 첫 번째와 네 번째 정보에서, 청구는 여섯 번째 정보에서 개체임을 알 수 있다. 이렇게 하여 컨설턴트, 고객, 프로젝트, 급여, 그리고 청구 다섯 개의 개체를 파악할 수 있다.

관계성을 파악하는 방법의 하나는 주어진 정보에서 개체 사이의 관계성을 직접 찾는 방법이 있고, 다른 하나는 위에서 파악된 다섯 개의 개체를 둘 씩 연계하여 두 개체 사이에 관계성이 존재하는가를 주어진 정보로 점검하는 것이다. 이미 파악된 개체 사이에 관계성이 존재하는가를 확인하는 작업은 그들이 개체임을 재확인시켜 주기도 한다.

첫 번째와 네 번째 정보에서 컨설턴트와 급여 사이에 관계성이 존재하는데 이를 "수령한다"로 하자. 네 번째와 다섯 번째의 정보에서 고객과 프로젝트 사이에 관계성이 존재하며 이것을 "의뢰한다"라고 이름 붙일 수 있다. 또 첫 번째에서 네 번째까지의 정보에서 컨설턴트와 프로젝트 사이에 관계성이 존재하며 이를 "책임진다"로 하자. 마지막으로 여섯 번째 정보에서 고객과 청구 사이에 "지불한다"라는 관계성을 정의할 수 있다. 지금까지 파악된 관계성과 관련된 개체를 정리하면 그림 3-15 와 같다.

[그림 3-15] 초기 개체관계성도

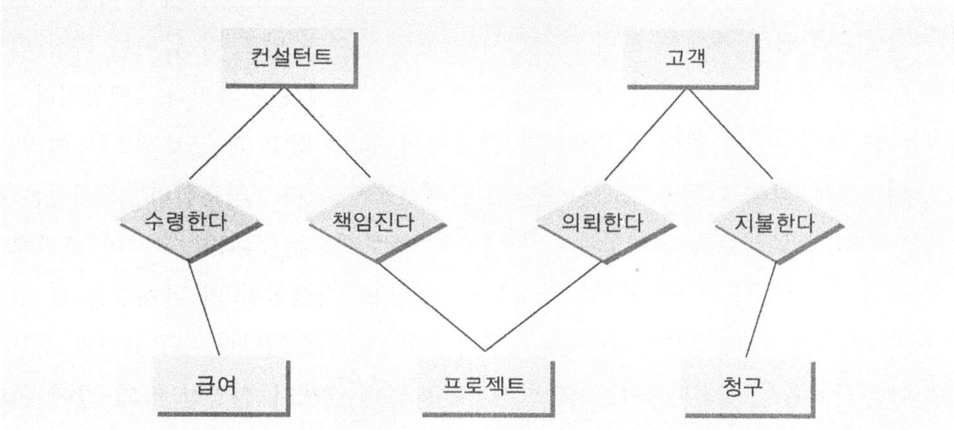

이제 파악된 개체와 관계성의 속성을 파악하여야 할 차례이다. 주어진 정보를 분석하면 각 개체와 관계성에 필요한 속성을 다음과 같이 정할 수 있다.

컨설턴트: 직원번호, 이름, 주소, 전화번호, 전문분야, 기술등급
프로젝트: 프로젝트번호, 이름, 시작일, 예정종료일, 종료일, 요율
고　　객: 고객번호, 이름, 주소, 전화번호
청　　구: 청구서번호, 청구일, 납기일, 금액
급　　여: 수표번호, 지급일, 금액
책임진다: 총 용역시간, 평가점수, 평가자
지불한다: 지불일, 금액

위와 같은 개체와 관계성의 속성에 대하여 특별히 설명을 필요로 하는 것은 '책임진다'와 '지불한다' 두 관계성의 속성이다. 먼저 "책임진다" 관계성의 경우를 보면 컨설턴트가 근무 후에 제출하는 타임카드의 용역시간을 프로젝트가 종료되면 기록하여야 하는데, 이것을 컨설턴트나 프로젝트에 기록하게 되면 다른 데이타의 중복을 유발하므로 평가점수, 평가자와 함께 관계성의 속성으로 정의하는 것이 바람직하다. 또 고객은 프로젝트가 완료되면 청구서를 받게 되고 청구 금액을 납기일까지 분납하여도 된다고 하였으므로 고객과 청구를 연계하는 "지불한다" 관계성에 지불일과 금액 속성을 정의하는 것이 필요하다.

이제 각 관계성의 사상수를 정의하여야 할 차례이다. "수령한다"의 관계성에 관련된 컨설턴트와 급여 개체를 보면 컨설턴트는 매월 급여를 받고 각 급여는 특정 컨설턴트에 대한 것이므로 컨설턴트와 급여는 일대다의 관계성을 가진다. "책임진다" 관계성은 한 컨설턴트가 여러 프로젝트를 책임지게 될 수 있고 각 프로젝트는 여러 명의 컨설턴트에 의해 진행되므로 다대다의 관계성을 가진다. "의뢰한다" 관계성은 한 고객이 여러 프로젝트를 의뢰할 수 있으나 각 프로젝트는 의뢰한 고객이 하나뿐이므로 고객과 프로젝트는 일대다의 관계성을 가진다. "지불한다"의 관계성은 한 고객이 여러 개의 청구서를 받게 되나 각 청구서는 한 고객에 해당하므로 고객과 청구는 일대다의 관계성을 가진다. 이 "지불한다" 관계성은 앞에서 설명한 바와 같이 일대다의 관계성임에도 속성을 가진다.

3.4.2 개체관계성도 작성

지금까지 파악된 개체, 관계성, 그들의 속성, 그리고 사상수와 같은 개체관계성 데이타 모델의 구성요소를 가지고 개체관계성도를 작성하면 그림 3-16 과 같은 개체관계성도가 나온다. 그림 3-16 에서 밑줄 친 속성은 각 개체의 기본키로 선정될 속성이다.

그림 3-16 의 개체관계성도는 많은 가정에 바탕을 둔 것으로 가정을 바꾸면 즉, 회사의 데이타 요구가 달라지면 개체관계성도의 모양도 달라지게된다. 따라서 데이타베이스 설계자는 회사가 요구하는 데이타와 그 의미를 분명히 파악하며 개념적 데이타베이스를 설계하여야 이것을 기준으로 개발되는 논리적 및 물리적 데이타베이스가 사용자의 요구를 만족시킬 수 있다.

위의 개체관계성도에서 사용된 가정을 요약하면 다음과 같다. 먼저 컨설턴트와 고객의 주소를 하나의 속성으로 정의하였다. 주소를 거리 주소, 시도, 우편번호 등으로 분화하여 각 부분을 속성으로 할 수도 있으나 단순화를 위해 하나의 속성으로 취급하였다. 관심있는 컨설턴트의 전문분야는 하나라고만 보고 전문분야라는 속성으로 정의하였으나 회사가 컨설턴트의 전문분야를 더 세분화하여 하나 이상의 전문분야를 기록하고자 하면 전문분야는 컨설턴트 개체의 다중값 속성이 된다. 그러므로 회

[그림 3-16] 개체관계성도

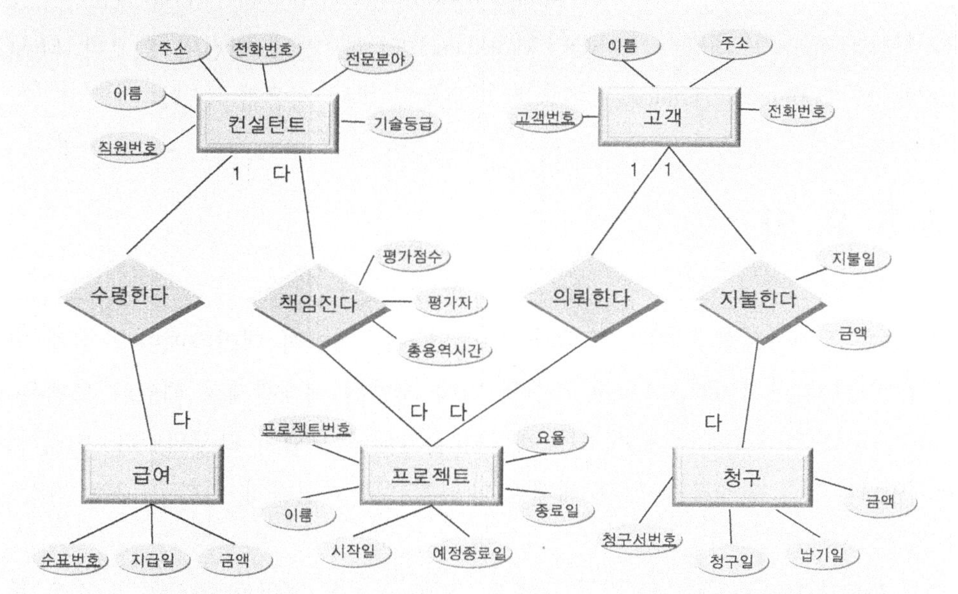

사가 한 컨설턴트의 전문분야를 하나 이상 기록하고 관리하려면 전문분야를 독립개체로 정의하고 컨설턴트와 연계하여 "보유한다"와 같은 관계성을 정의할 수도 있다.

위의 개체관계성도에서는 컨설턴트를 개체로 정의하였으나 앞에서 언급한 것처럼 컨설턴트에 대하여 더 세부적인 관리를 하고자 하면 컨설턴트를 세분화하여 상근 컨설턴트와 시간제 컨설턴트로 나누어 하위개체유형으로 인식할 수 있다. 그러면 컨설턴트, 상근 컨설턴트 및 시간제 컨설턴트 사이에는 "IS-A"관계성이 있게 된다.

3.4.3 개체관계성도 개발 도구

실무에서 데이타베이스 디자인은 개체관계성도 개발로 이루어지므로 많은 개체관계성도 개발 도구가 사용되고 있다. 실제에서 사용할 수 있는 개체관계성도 개발 도구의 대부분은 상업용이지만 일부는 무료로 공개된 것도 있다. 이러한 공개된 개체관계성도 개발 도구 중에는 비주얼 데이타베이스 디자인을 위한 주요한 기능을 거의 포함하고 있는 것들도 있다. 대표적인 것으로 오픈 소스 데이타베이스 관리 시스템인 MySQL의 MySQL Workbench(http://www.mysql.com/products/workbench/)가 있다. Sun Microsystems가 개발한 MySQL Workbench도 두 가지 버전이 있으나 MySQL Workbench Community Edition은 무료로 다운로드 받아 사용할 수 있다.

3.5 요 약

이 장은 개체관계성 데이타 모델과 이에 근거한 개념적 데이타베이스 설계 방법에 대하여 1976년 첸(Peter Chen) 교수에 의해 개발된 개체관계성 데이타 모델은 많은 학자 또는 실무자에 의해 새로운 개념이 추가되어 모델이 확장되었다. 또 실제에서 데이타베이스 설계자가 현실 세계를 개념적으로 표현하기 위한 도구로 가장 많이 사용되고 있다.

개체관계성 데이타 모델의 기본 구조는 개체, 관계성 그리고 속성이다. 같은 특성을 가진 개체의 집합을 개체유형이라 하고 개체는 개체유형의 한 사례에 해당한다. 속성은 개체의 특성으로 하나 또는 여러 속성이 개체를 설명한다. 개체의 속성 중에는 개체유형 또는 개체집합에서 각 개체를 식별하게 할 수 있는 속성이 있는데 이것이 후보키 속성이며 후보키 속성 중에서 하나를 설계자는 개체의 기본키로 정한다.

관계성은 개체간의 연계이다. 관계성에 참여한 개체의 수를 관계성의 차수라 한다. 일진관계성 또는 순환관계성은 같은 유형의 개체간에 존재하는 관계성을 말하고, 이진관계성은 두 개체유형 사이의 관계성을 말하며 가장 흔히 인식되는 관계성이다. 관계성의 차수가 3이면 삼진관계성이라 하며, 보통 관계성의 차수가 3 또는 그 이상이 되는 것처럼 보이더라도 실제의 데이타베이스 설계에서는 그것을 분해하여 이진관계성으로 인식하는 것이 이해를 쉽게 한다. 근본적으로 데이타 모델이란 데이타베이스 설계자와 사용자 사이의 의사소통 수단이기 때문이다. 관계성과 관련된 또 다른 중요한 개념은 관계성의 사상수이다. 관계성의 사상수는 한 개체에 연계될 수 있는 다른 개체의 수를 말하며, 일대일, 일대다, 또는 다대다의 관계성이 존재한다. 개체와 마찬가지로 관계성을 기술하는 속성을 모델할 수 있다.

이상의 개체관계성 데이타 모델의 기본 개념 이외에도 기본 개념에서 파생된 여러 가지 고급 개념이 있다. 이 장에서 설명한 종속개체, 복합개체유형, 반복그룹 또는 다중값 속성, 그리고 시간 종속적 데이타가 그것들이다.

이상의 개체관계성 데이타 모델의 기본 개념 이외에도 앞에서 언급한 것처럼 표현력을 높이기 위하여 개체관계성 데이타 모델이 확장되었다. 즉, 추상이라는 개념으로 설계하려는 현실세계의 개체와 그들의 관계성을 다른 차원에서 인식하려는 시도가 그것이다. 추상에는 일반화와 집단화가 있다. 일반화는 하위유형의 개체의 공통점을 추출하여 상위유형으로 표현하는 것이고, 그 반대로 상위유형의 개체의 특성을 세분화하여 하위유형의 개체를 인식하는 과정은 구체화이다. 또 다른 차원에서 데이타 모델을 추구하는 집단화는 객체를 더 자세하게 분해하거나 반대로 하위의 객체를 상위의 객체의 일부분으로 인식하여 표현 방법을 말한다.

개체관계성 데이타 모델에 대한 충분한 이해와 활용 능력은 데이타베이스 설계의 실제에서 매우 중요하다. 왜냐하면 실제에서 11장에서 간단하게 설명하는 객체지향 데이타 모델을 가끔 사용하는 경우가 있기는 하지만 거의 모든 데이타베이스 설계에서 개체관계성 데이타 모델을 개념적 데이타 모델로 사용하기 때문이다.

주요용어

개체관계성 데이타 모델	개체
속성	영역
키	기본키
관계성	사상수
차수	종속개체
복합개체	다중값 속성
시간 종속적 데이타	추상
일반화	구체화
상위유형	하위유형
IS-A관계성	집단화

연습문제

01 개체관계성 데이타 모델은 데이타베이스 설계자와 사용자가 사용하는 의사소통 도구이다. 이 말의 의미는 무엇인가?

02 개체관계성 데이타 모델에서 개체는 어떻게 표현되는가?

03 관계성의 사상수와 차수는 무엇이며 어떻게 결정되는가?

04 특정 개체를 종속개체로 인식하는 이유는 무엇인가? 예를 들어 설명하라.

05 복합개체유형을 예를 들어 설명하라.

06 개체가 다중값을 갖는 속성을 가지고 있으면 어떻게 설계하는 것이 바람직한가를 예를 들어 설명하라.

07 개체가 시간 종속적 데이타를 가지고 있으면 어떻게 설계하는 것이 바람직한가를 예를 들어 설명하라.

08 추상이 개체관계성 데이타 모델에 대하여 어떤 역할을 하는지를 설명하라.

09 일반화와 집단화는 어떻게 다른가?

10 개체관계성도를 작성하는 데 사용되는 상업용 도구로는 어떤 것이 있는지 조사해 보라.

11 1장의 솔로전기수리에서 사용되는 그림 1-1 폼에 나타나는 개체와 그들의 관계성을 파악하라. 파악된 개체와 관계성에 대하여 솔로전기수리에서 필요한 데이타를 속성으로 표현하라. 이상의 정보를 종합하여 개체관계성도를 그려라.

12 1장의 원원컨설팅(주)에서 사용되는 그림 1-2 폼에 나타나는 개체와 그들의 관계성을 파악하라. 파악된 개체와 관계성에 대하여 원원컨설팅(주)에서 필요한 데이타를 속성으로 표현하라. 이상의 정보를 종합하여 개체관계성도를 그려라.

13 어느 대학의 학사 업무에 관한 주요한 내용은 다음과 같다. 주어진 정보를 가지고 개체관계성 데이타 모델을 사용하여 개념적 데이타 모델을 설계하여 개체관계성도로 표현하라.

- 대한 대학은 여러 단과대학으로 나누어져 있다: 인문대학, 경영대학, 사범대학, 공학대학, 자연과학대학, 농업대학. 각 대학은 여러 학과 또는 학부로 되어 있다.
- 각 학과는 여러 과목을 개설한다. 각 과목은 여러 반으로 나누어질 수 있다. 모든 과목이 매 학기마다 개설되지는 않는다. 이것은 현재 학기에 개설되는 과목보다 많은 과목의 정보가 데이타베이스에 저장되는 데에 대한 이유가 된다.
- 각 학과는 여러 교수를 갖게 된다. 한 교수는 한 학과에만 소속된다. 각 학과에는 학과(부)장인 교수가 있다.
- 각 학생은 여러 과목을 수강한다. 학생은 한 과목의 한 반에만 수강할 수 있다. 각 학생은 복수 전공을 할 수 있으나 한 학과에 소속된다. 학생은 소속된 학과의 한 교수로부터 지도를 받는다.

14 가전제품을 판매하는 어느 도매상이 부품 공급 업무와 관련하여 필요한 데이타는 다음과 같다. 이러한 데이타를 기록, 관리하기 위한 데이타베이스를 설계하기 위하여 적합한 개체관계성도를 작성하라.

- 각 판매원의 직원번호, 이름, 주소, 총 커미션, 커미션요율을 기록한다.
- 고객에 관하여는 고객번호, 이름, 주소, 잔고, 신용한도, 그리고 담당 판매직원번호를 기록한다.
- 각 부품에 대하여는 부품번호, 부품명, 재고수량, 그리고 단위가격을 기록한다.
- 고객 주문에 대한 기록을 보관하는데, 주문서의 머리 부분에는 주문번호, 날짜, 판매사원번호, 고객번호, 이름, 주소가 기록된다. 주문서의 몸체 부분은 주문항목번호로 나누어져 있다. 각 주문항목에는 부품번호, 부품명, 주문수량, 판매가격을 포함한다. 주문서의 마지막 부분에는 총 판매액이 기록된다.

15 eduIT Co.는 IT 분야 전문가를 위한 교육을 실시하는 업체이다. 이 업체의 주된 업무와 관련된 데이타를 기록, 관리하기 위한 데이타베이스를 설계하기 위하여 파악한 정보는 아래와 같다. 주어진 정보를 바탕으로 적합한 개체관계성도를 작성하라.

- 각 편성과목은 개발자에 의하여 개발되며 고유한 과목번호, 과목명, 수업일수, 그리고 승인된 편성일자를 가지고 있다.
- 편성과목은 여러 번 개설될 수 있다. 각 개설과목은 특정한 장소에서 개시일에 특정한 강사에 의해 제공된다. 개설과목의 복합키는 과목번호, 개설장소, 개설일자로 구성된다.
- 각 개설과목은 일반인을 위한 일반강좌와 특정 기관의 소속된 구성원을 위한 특별강좌로 나누어진다. 특별강좌가 열리는 조직(기관)에는 연락책임자를 정한다.
- 일반강좌에는 한 명 이상의 참석자가 있을 수 있으며 각 참석자는 특정 조직(기관)에 소속되어 있다.
- 각 강좌는 수강료가 정해져 있다. 일반인을 위한 강좌에는 표준 수강료를 개인에

게 납입하게 한다. 특정 조직(기관)을 위해 현장에서 개설되는 강좌에 대하여는 개인이 아니라 그 조직(기관)에 일정한 수강료를 부과한다.

- eduIT Co.의 직원은 강사와 과목 개발자로 나누어진다.
- 각 강사는 한 강좌에 대하여 일정한 기간 동안 강의를 한다. 각 강좌에 대하여 한 강사가 강의한 시간이 기록된다. 각 개발자는 전공분야가 있다.

16 중앙건축자재는 건축 자재를 공급하는 기업이다. 이 업체의 주된 업무와 관련된 데이타를 기록, 관리하기 위한 데이타베이스를 설계하기 위하여 파악한 정보는 아래와 같다. 주어진 정보를 바탕으로 적합한 개체관계성도를 작성하라.

- 중앙건축자재는 다수의 점포로 구성되어 있으며 각 점포는 다량의 건축자재를 보유하고 있다. 각 점포에 대하여는 점포번호, 위치, 창고규모, 전화번호 등의 정보가 기록된다. 한 도시에 여러 점포가 있을 수도 있다.
- 각 점포에서 보유하고 있는 건축자재의 수량이 기록된다. 같은 건축자재가 여러 점포에서 판매된다.
- 중앙건축자재의 고객 전체의 정보에 대하여 각 점포에서 접근할 수 있다. 고객의 소재지는 고객의 첫 번째 주문일자와 함께 기록된다. 각 고객은 한 소재지에 살고 있으며 건축자재에 대한 주문은 회사로 내지만 그 지역 점포에서 공급한다.
- 각 주문에는 하나 이상의 필요한 건축자재에 대한 임의의 수량이 포함된다. 각 주문은 고유 주문번호를 갖게 되고 건축자재는 여러 주문에 포함된다.
- 각 점포는 한 지역에만 있고 한 도시에는 여러 점포가 있을 수 있다. 각 도시에는 본부가 있으며 그 위치와 전화번호가 기록된다. 본부는 고객의 주문 전체가 한 도시에서 해결될 수 있게 하기 위해서 존재한다.

17 다음은 어느 기업의 주문 업무에서 사용되는 데이타에 관한 정보를 바탕으로 도출된 개체관계성도이다. 이 개체관계성도에서 발견되는 내용을 위의 문제 13-16과 같이 기술하라. 개체와 관계성에 필요한 속성은 일반적 업무와 관련된 것이 포함된다고 가정한다.

[그림 연습문제 17]

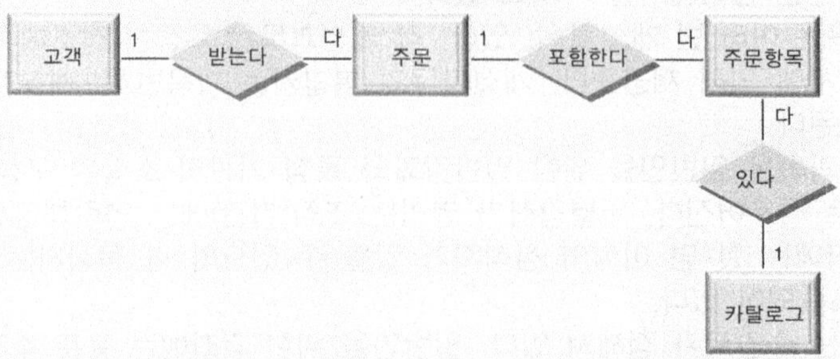

18 다음은 어느 서점의 주요 업무에서 사용되는 데이타에 관한 정보를 바탕으로 도출된 개체관계성도이다. 이 개체관계성도체서 발견되는 내용을 위의 문제 13-16과 같이 기술하라. 개체와 관계성에 필요한 속성은 일반적 업무와 관련된 것이 포함된다고 가정한다.

[그림 연습문제 18]

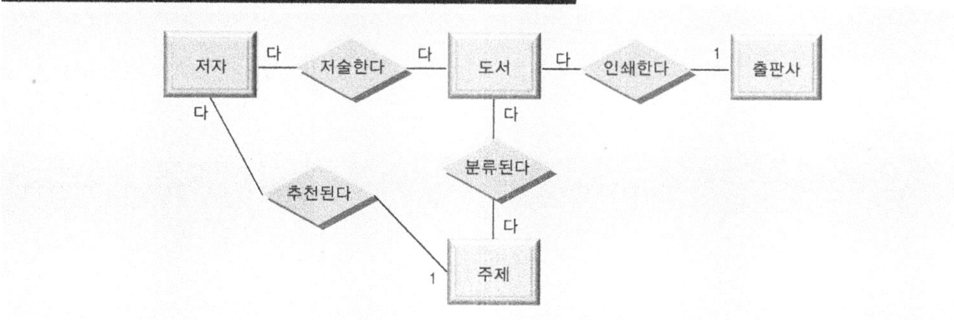

제4장
관계형 데이타베이스 설계

학습목표

이 장을 읽은 뒤에 독자들은 다음 사항을 이해해야 한다.

- 관계형 데이타베이스의 주요 개념
- 관계의 특성 및 제약
- 관계의 정규화 개념 및 방법
- 개체관계성 모델을 관계형 모델로 전환하는 방법

본 장에서는 관계형 데이타베이스 모델(Relational Database Model)에 대한 기본 개념 및 설계 방법을 소개한다. 오늘날 관계형 데이타베이스 모델을 바탕으로 한 많은 데이타베이스 관리 시스템이 개발되어 있으며 이를 사용하여 많은 회사들이 데이타베이스를 구축하고 있는 실정이다. 관계형 데이타베이스 모델은 그 구조가 간단명료하고 조작하기가 용이할 뿐만 아니라 실행할 데이타베이스 관리 시스템과는 독립적인 설계를 할 수 있다.

1절에서는 관계형 데이타베이스의 기본이 되는 관계에 대한 정의와 이와 관련된 개념들을 설명한다. 2절에서는 관계형 데이타베이스 모델의 설계에 기본이 되는 정규화(Normalization)의 개념에 대한 설명을 한다. 정규화는 데이타 이상의 구조를 지닌 관계를 데이타 이상이 제거된 구조로 변환시키는 데이타베이스 디자인 과정이다. 3절에서는 개체관계성 모델을 통하여 개발된 개념적 모델을 관계형 데이타베이스 모델에서 사용하는 관계로 전환시키는 방법을 기본적 규칙과 함께 예를 사용하여 설명한다.

4.1 관계형 데이타베이스 모델의 기본개념

4.1.1 관계형 데이타베이스의 주요 개념

조직에서 모든 업무에 관련된 데이타는 데이타베이스에 저장된다. 관계형 데이타베이스 모델에서는 데이타를 관계(Relation)라 불리는 테이블 형태로 표현한다. 관계형 데이타베이스 모델은 수학적 이론에 근거를 두고 있는데 이 모델을 이해하기 위해서는 먼저 몇 가지 간단한 개념들에 대한 이해가 요구된다.

관계형 데이타베이스는 테이블들의 집합이라 할 수 있으며, 각 테이블은 고유한 이름을 가진다. 테이블들은 다음과 같은 형태로 간략히 요약해서 표현할 수 있으며 이와 같이 간략히 요약해서 표현한 것은 관계 스키마(Relation Schema) 또는 관계라 불린다.

고객(고객번호, 고객이름, 고객유형, 주소, 시도, 우편번호, 전화번호, 신용한도, 잔고, 인사번호)
주문(주문번호, 주문일, 납기일, 고객번호, 인사번호)

위에서 '고객'이나 '주문'은 테이블 이름으로서 ( ) 앞에 쓰고 테이블의 열을 구성하는 이름들은 ( ) 안에 쓴다. 고객테이블의 고객번호와 주문테이블의 주문번호는 각 테이블에서 각기 유일한 값을 지니며 데이타가 입력되었을 때 각 행을 구별시켜 주는 역할을 한다. 위의 관계스키마는 고객 테이블, 주문 테이블 또는 고객 관계, 주문 관계로 불리는데 본서에서는 이를 혼용하기로 한다.

그림 4-1 은 마이크로소프트 액세스(Microsoft Access) 데이타베이스 관리 시스템에 저장된 고객 테이블의 구체적 내용을 보여 준다. 이 테이블을 기초로 하여 관계형 데이타베이스에서 사용하는 용어를 설명하도록 하자.

[그림 4-1] 고객 관계

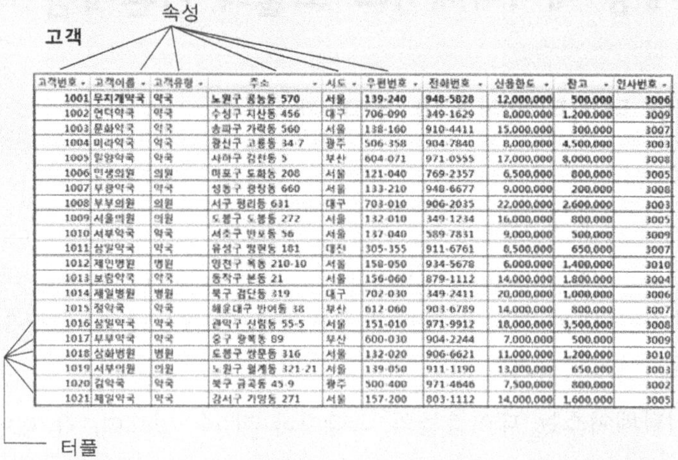

고객번호	고객이름	고객유형	주소	시도	우편번호	전화번호	신용한도	잔고	인사번호
1001	무지개약국	약국	노원구 공릉동 570	서울	139-240	948-5828	12,000,000	500,000	3006
1002	현대약국	약국	수성구 지산동 456	대구	706-090	349-1629	8,000,000	1,200,000	3009
1003	문화약국	약국	송파구 가락동 560	서울	138-160	910-4411	15,000,000	300,000	3007
1004	미래약국	약국	광산구 고룡동 34-7	광주	506-358	904-7840	8,000,000	4,500,000	3003
1005	일양약국	약국	사하구 감천동 5	부산	604-071	971-0555	17,000,000	8,000,000	3008
1006	민생의원	의원	마포구 도화동 208	서울	121-040	769-2357	6,500,000	800,000	3005
1007	부광약국	약국	성동구 광장동 660	서울	133-210	948-6677	9,000,000	200,000	3008
1008	부부의원	의원	서구 평리동 631	대구	703-010	906-2035	22,000,000	2,600,000	3003
1009	서울의원	의원	도봉구 도봉동 272	서울	132-010	349-1234	16,000,000	800,000	3005
1010	서부약국	약국	서초구 반포동 56	서울	137-040	589-7831	9,000,000	500,000	3009
1011	삼일약국	약국	유성구 봉명동 181	대전	305-355	911-6761	8,500,000	650,000	3007
1012	제인병원	병원	양천구 목동 210-10	서울	158-050	934-5678	6,000,000	1,400,000	3010
1013	보람약국	약국	동작구 본동 21	서울	156-060	879-1112	14,000,000	1,800,000	3004
1014	제일병원	병원	북구 검단동 319	대구	702-030	349-2411	20,000,000	1,000,000	3006
1015	정약국	약국	해운대구 반여동 38	부산	612-060	903-6789	14,000,000	800,000	3007
1016	삼일약국	약국	관악구 신림동 55-5	서울	151-010	971-9912	18,000,000	3,500,000	3008
1017	부부약국	약국	중구 광복동 89	부산	600-030	904-2244	7,000,000	500,000	3009
1018	상화병원	병원	도봉구 쌍문동 316	서울	132-020	906-6621	11,000,000	1,200,000	3010
1019	서부의원	의원	노원구 월계동 321-21	서울	139-050	911-1190	13,000,000	650,000	3003
1020	김약국	약국	북구 금곡동 45-9	광주	500-400	971-4846	7,500,000	800,000	3002
1021	제일약국	약국	강서구 가양동 271	서울	157-200	803-1112	14,000,000	1,600,000	3005

(1) 관계

관계(Relation)란 그림 4-1 과 같이 데이타가 들어 있는 2차원 테이블을 가리킨다. 관계는 정해진 수의 열과 임의의 수로 구성된 행들로 이루어진다.

(2) 속성

테이블에서 각 열(Column)은 테이블 속의 데이타에 대한 고유한 특성을 나타내 주는데 이를 속성(Attribute) 또는 필드(Field)라고 부른다. 즉, 고객번호, 고객이름, 주소 등은 고객 테이블의 속성을 나타낸다.

(3) 터플

테이블에서 각 행(Row)은 터플(Tuple)[1] 또는 레코드(Record)라고 불리며 이는 특정 개체에 관한 전체 데이타를 보여준다. 즉, 고객 관계에서 어느 한 고객에 대하여 고객번호를 포함한 고객이름, 주소 등 해당 고객에 대한 모든 기록을 보여준다. 예를

1) Tuple에 대한 우리말 보기는 튜플, 타플, 터플 등 여러 가지로 사용되고 있다. 본서에서는 couple과 같이 발음한다고 한 C. J. Date(2003)에 따라 터플로 표기한다.

들면, 고객번호 1001번인 고객의 터플은 이 고객의 고객이름, 고객유형, 주소, 시도, 우편번호, …, 인사번호인 무지개약국, 약국, 노원구 공능동 570, 서울, 139-240, …, 3006 등을 보여준다.

(4) 원소수

한 관계에 있는 터플의 수를 원소수(Cardinality)라고 한다. 관계에 따라서는 원소수가 고정될 수도 있으나 그림 4-1 에서와 같은 고객 관계에서는 고객의 수가 계속 증가 또는 감소할 수 있기 때문에 한 관계의 원소수는 시간에 따라 달라진다고 볼 수 있다.

(5) 차수

한 관계에 있는 속성의 수를 차수(Degree)라고 하며, 한 관계에서의 차수는 일정하다. 고객 관계에서는 10개의 속성이 있으므로 차수는 10이 된다.

(6) 영역

영역(Domain)은 한 관계에 있는 특정 속성이 가질 수 있는 같은 데이타 형식(Data Type)을 지닌 모든 가능한 값(Value)의 집합으로 표현된다. 이 값들은 원자적 값이어야 하는데, 여기서 원자적 값이란 고객번호나 고객이름과 같이 더 이상 작은 부분으로 나누어질 수 없는 값을 말한다. 또한 각 테이블에서 열에 대한 영역은 항시 설정되어야 한다. 고객 테이블에 대한 영역을 예로 들어보자. 고객번호 영역은 길이가 4인 정수이고, 고객이름 영역은 20개 이내의 문자로 이루어진 문자열이며, 전화번호 영역은 999-9999 형태의 8자리 문자로 구성되는 데이타들의 집합이다.

(7) 키

키(Key) 또는 기본키는 터플을 구분시켜 주는 하나 또는 그 이상의 속성들의 모임이다. 그림 4-1 의 고객 관계에는 고객번호, 고객이름, 주소 등 10개의 속성들이 있지만 이 중에서 유일한 터플을 결정하여 줄 수 있는 속성은 고객번호이다. 따라서 고객번호는 고객 관계의 키가 된다. 한 관계에서 키에 대한 표현은 다음과 같이 속성이름에 밑줄을 그어 표현한다.

> 고객(<u>고객번호</u>, 고객이름, 고객유형, 주소, 시도, 우편번호, 전화번호, 신용한도, 잔고, 인사번호)

이러한 일반적인 키의 개념을 관계형 데이타베이스에서는 좀 더 형식화하고 세분화시켜 사용하고 있다. 즉, 관계형 데이타베이스에서는 키를 기본키(Primary key), 외래키(Foreign key), 후보키(Candidate key), 대체키(Alternate key) 및 합성키(Composite key)로 나누어 구분한다. 그림 4-2 에 주어진 관계들을 기본으로 하여 각 키에 대한 설명을 하도록 하자.

[그림 4-2] 건강제약의 데이타베이스 스키마

> 고객(<u>고객번호</u>, 고객이름, 고객유형, 주소, 시도, 우편번호, 신용한도, 잔고, *인사번호*)
> 주문(<u>주문번호</u>, 주문일, 납기일, *인사번호*, *고객번호*)
> 주문항목(<u>주문번호</u>, <u>제품번호</u>, 수량)
> 제품(<u>제품번호</u>, 제품이름, 제품분류, 규격, 용량, 단가)
> 직원(<u>인사번호</u>, 주민등록번호, 성명, 소속부서, 직책, 입사일)

1) 기본키

한 관계에서 유일한 터플을 구분시켜 주는 하나 또는 그 이상의 속성들의 모임을 의미한다. 즉, 고객 관계에서 고객번호는 고객에 따라 각기 다르기 때문에 기본키로 설정된다. 고객 테이블에서 고객번호를 제외한 다른 속성, 즉 고객이름, 주소, 시도 등은 같은 값을 가질 수도 있지만 고객번호만은 서로 다르기 때문에 고객 테이블에서 각 터플은 고객번호에 의해서 식별될 수 있다.

2) 외래키

주문 관계의 고객번호는 고객 관계의 고객번호 중의 하나와 반드시 일치해야 한다. 만일 주문 관계의 고객번호가 고객 관계의 고객번호 중의 하나와 일치하지 않으면 무결성의 원칙을 위배하게 된다. 즉, 주문은 있는데 현실적으로 주문한 고객은 존재하지 않는 결과를 초래한다. 예를 들면, 주문테이블에 고객번호 1022인 고객이 주문번호 35에 대한 주문을 한 것으로 되어 있으나 고객테이블에는 고객번호 1022인 고객이 존재하지 않을 경우 이 주문은 전혀 의미가 주어지지 않으며 이러한 주문은 처음부터 존재하지 않아야 한다. 물론 전혀 새로운 고객이 주문하였을 경우는 어떻게 하느냐 라는 반문이 생길 수 있다. 이것은 업무 절차에 관한 문제가 된다. 새로운 고객이 주문하였을 경우에는 반드시 고객테이블에 먼저 기록한 후 주문을 처리하도록 업무절차를 지켜나가야 한다.

위의 고객과 주문 관계에서 보았듯이 한 관계의 속성 중에 다른 관계의 기본키에 해당되는 속성이 포함되어 있을 경우 이 속성을 외래키라고 부른다. 주문 관계에서 '인사번호'와 '고객번호'는 모두 외래키에 해당되며 이 외래키는 두 관계 사이의 관련성을 지어주는 매개체가 된다. 그림 4-2 에서 외래키는 이탤릭체로 표시되었다.

3) 후보키

후보키는 한 관계 속에서 키 역할을 할 수 있는 모든 키의 집합을 말한다. 위의 직원 관계를 보면 인사번호뿐 아니라 주민등록번호도 유일한 터플을 결정해 줄 수 있는 키가 될 수 있음을 알 수 있다. 따라서 직원 관계의 키는 인사번호와 주민등록번호 두 개가 된다. 이와 같이 한 관계에서 키 역할을 할 수 있는 2개 이상의 속성이 존재하면 이들 모두를 후보키라 부른다. 그러나 데이타베이스를 운영하는 데 있어서 한 관계에는 하나의 기본키만이 사용되어야 하기 때문에 데이타베이스 설계자는 이들 후보키 중에서 관계의 의미를 더 잘 살릴 수 있는 키를 선택하여 기본키로 정해 주어야 한다.

4) 대체키

한 관계에서 기본키는 하나만 선정되어야 하기 때문에 후보키 중 하나만 기본키로 선정되게 된다. 대체키란 후보키 중 기본키로 선정되지는 않았으나 기본키를 대체하여 기본키로 사용할 수 있는 키를 일컫는다. 예를 들자면, 직원 관계에서 인사번호를 기본키로 선정하였을 때 주민등록번호는 대체키가 된다.

5) 합성키

한 관계의 기본키를 정하는 데 있어서 하나의 속성만으로는 그 관계의 유일한 터플을 구분시켜 줄 수 없는 경우가 있다. 그림 4-2 의 주문항목 관계에서 주문번호와 제품번호가 합성키의 예이며 두 속성이 결합되어 각 주문항목을 구분할 수 있게 한다. 아래와 같은 직급 관계에서도 합성키가 사용되는 예를 볼 수 있다.

직급(<u>승진일자</u>, <u>인사번호</u>, 직급)

직급

승진일자	인사번호	직급
2004.4.8	1002	5급
2005.4.8	2001	1급
2006.1.20	1002	4급
2006.1.25	3003	4급
2008.5.29	1002	3급
2008.6.13	3003	3급

이 관계에서, 만일 인사번호를 기본키로 할 경우, 근무 경력에 따라 직급이 변하면 한 사람의 직급에 대한 기록이 날짜에 따라 여러 개가 있을 수 있기 때문에 인사번호만으로는 유일한 직급을 결정할 수 없게 된다. 예를 들어 인사번호 1002인 직원의 직급을 검색할 경우 이 직원의 직급은 5급, 4급과 3급이 모두 나오게 된다. 따라서 인사번호만 갖고는 이 직원의 직급이 무엇인지 또는 산출된 결과가 오류인지 알 수 없게 된다. 이와 같은 경우, 승진일자와 인사번호 둘을 합성하여 기본키로 하면 유일한 직급을 결정할 수 있게 된다. 즉, 인사번호 1002인 직원의 2006년 1월 20일의 직급은 4급이라는 명확한 결과를 얻을 수 있다. 따라서 직급관계의 기본키는 합성키인 {승진일자, 인사번호}가 된다.

(8) 관계성

관계성(Relationship)이란 두 테이블 사이의 연계를 말한다. 고객 테이블과 주문 테이블 사이에는 다음과 같은 관련이 있다. 고객이 주문을 할 때, 한 고객이 여러 번 주문을 할 수 있으나 한 주문에 대한 고객은 반드시 한 명뿐 일 수 밖에 없다. 이 내용을 바탕으로 할 때 고객 테이블과 주문 테이블 사이의 관계성을 일대다라고 하며 1:다로 표시한다. 이때 고객 테이블과 주문 테이블 사이의 연관은 외래키 설명에서 기술한 것처럼 두 테이블에 공통으로 들어 있는 고객번호에 의해 이루어진다. 각 테이블에 들어있는 고객번호를 서로 비교하면 어느 고객이 주문번호 몇 번에 해당되는 주문을 했는가 하는 관계성을 알 수 있다.

(9) 업무 규칙

업무 규칙(Business Rules)은 테이블에서 사용되는 데이타에 대한 제한 조건을 부여하기 때문에 스키마에 있어서 중요한 부분이다. 이 업무 규칙은 데이타베이스가 만들어지는 업무의 성격을 반영하는 것이기 때문에 업무에 관련된 규칙을 잘 파악하여 설정하여야 하며 이 설정된 규칙은 데이타베이스나 데이타베이스 응용에 반드시 반영되어야 한다. 이 규칙에 대한 간단한 예를 주문 테이블에 관련지어 보면 다음과 같다. 첫째, 같은 주문번호가 둘 이상 있을 수 없다. 둘째, 납기일은 주문일보다 앞설 수 없다. 셋째, 주문은 영업부서 직원만이 받는다. 첫 번째 규칙은 기본키에 의해서 자동적으로 조절되나 두 번째, 세 번째 규칙은 응용 프로그램 개발 과정에서 사용자가 위반할 수 없도록 조정할 수 있다.

4.1.2 관계의 특성

앞에서 우리는 관계에 대한 정의를 내리고 관계를 2차원 테이블로 표현하였다. 관계는 다음과 같은 성질을 만족시켜야 한다.

1) 열 속의 데이타는 모두 원자값이어야 한다

관계에서 열 속의 데이타는 모두 하나의 값들로 이루어져야 한다. 그림 4-1 에서 모든 데이타는 하나의 값들로 이루어져 있기 때문에 고객 테이블은 관계이다. 그러나 그림 4-3a 에서 직원취미를 테이블 형태로 나타낸 <직원취미1>은 취미의 값이 여러 개가 있기 때문에 관계라 할 수 없다. 이것을 그림 4-3b 의 <직원취미2>에서처럼 분리하여 원자값으로 나타내면 관계의 특성을 갖게 된다.

[그림 4-3] 다중값과 원자값을 가진 관계

a. 다중값을 지닌 직원취미

직원취미1

성명	취미
홍길동	등산 음악감상
이몽룡	등산 테니스 영화감상
변학도	독서 음악감상

b. 수정된 직원취미

직원취미2

성명	취미
홍길동	등산
홍길동	음악감상
이몽룡	등산
이몽룡	테니스
이몽룡	영화감상
변학도	독서
변학도	음악감상

2) 열 속의 값들은 같은 영역에 속해야 한다

한 테이블에서 주어진 열 속의 값들은 모두 한 영역에 속한다. 예로서, 그림 4-1 에서 만일 고객번호가 일련번호로 정해진다면 고객번호 열 속의 값들은 정수의 범주에서 정해지게 된다.

3) 각 행은 유일해야 한다

한 테이블에서 각 속성의 값이 모두 같은 동일한 두 개의 행이 존재해서는 안 된다. 그림 4-1 에서 고객번호 1001인 고객의 행이 한 개 이상 존재하면 안 된다. 한 테이블에서 동일한 터플이 두 개 이상 존재하지 않는 것은 기본키에 의해서 보장된다. 기본키는 앞에서 이미 설명하였듯이 각 행을 유일하게 구분시켜주는 식별자이기 때문에 고객번호를 기본키로 설정하였을 경우 이미 고객번호 1001이 들어 있는 경우에 다시 1001을 입력시키려고 할 경우에는 기본키 개념에 위배된다는 에러 메시지와 함께 입력이 되지 않는다.

4) 속성들의 나열순서는 무의미하다

한 테이블에서 속성의 나열 순서는 한 관계를 사용하는 데 있어서 아무 변화를 주지 않는다. 따라서 특정 속성이 특정 위치에 고정되지 않기 때문에 첫 번째 속성, 두 번째 속성과 같은 호칭은 의미가 없다. 속성은 오직 그 속성 고유의 이름에 의해서만 구별된다. 따라서 아래와 같이 고객 관계의 속성순서를 (A)에서 (B)로 바꾸더라도 이 관계를 사용하는 데에는 아무 지장이 없다.

(A) 고객(<u>고객번호</u>, 고객이름, 고객유형, 주소, 시도, 우편번호, 전화번호, 신용한도, 잔고, 인사번호)
(B) 고객(<u>고객번호</u>, 고객이름, 신용한도, 잔고, 인사번호, 고객유형, 주소, 시도, 우편번호, 전화번호)

5) 터플의 순서는 무의미하다

속성들의 나열순서가 아무 의미를 부여하지 않듯이 터플의 순서도 아무 의미를 부여하지 않는다. 데이타베이스 관리 시스템에 따라서는 정해진 속성에 의해 정렬된 순서로 터플들이 출력되기 때문에 처음의 입력 순서마저도 알 수 없는 경우도 있다. 이 경우에도 관계를 활용하는 데에는 아무 지장을 받지 않는다.

4.1.3 관계의 제약

관계의 제약이란 데이타베이스에 저장되는 데이타에 대한 일련의 규칙을 말하는 것으로 이는 크게 본질적 제약과 내재적 제약으로 나눌 수 있다.

(1) 본질적 제약

본질적 제약(Inherent Constraints)은 관계형 데이타 모델에 고유한 제약으로 기본키와 관련된 제약으로서 유일성과 최소성으로 나누어진다. 유일성이란 기본키로 각 터플을 유일하게 구별지을 수 있는 성질을 말하며 최소성은 최소한의 속성들을 기본키로 사용하여 유일성을 보장하는 제약을 말한다.

(2) 내재적 제약

내재적 제약(Explicit Constraints; Schema-based Constraints)은 관계에 포함되는 데이타나 속성에 관련되는 제약으로서 영역 제약(Domain Constraints)과 참조 무결성(Referential Integrity) 제약으로 나눌 수 있다. 영역은 앞에서도 설명하였듯이 특정 속성이 가질 수 있는 가능한 범위의 값의 집합을 나타내는데, 이와 같은 영역에 대한 제약은 허용되는 데이타 값이나 데이타 형식에 대한 제약을 말한다. 참조 무결성 제약은 데이타베이스를 운영하는 데 있어서 상당히 중요한 제약이다. 참조무결성은 두 관계에 있는 터플값 사이의 일관성을 유지하기 위하여 필요한 제약이다. 다음 두 관계를 이용하여 이에 대한 이해를 구하도록 해보자.

> 고객(<u>고객번호</u>, 고객이름, 고객유형, 주소, 시도, 우편번호, 전화번호, 신용한도, 잔고, *인사번호*)
> 주문(<u>주문번호</u>, 주문일, 납기일, *인사번호*, *고객번호*)

만일 주문 관계의 터플에 주문번호 350, 고객번호 1030인 주문이 기록되었다고 하면, 350번 주문을 한 1030번 고객에 대한 신상이 고객 관계에 명시되어 있어야 한다. 그러나 만일 고객 관계에 1030번 고객에 대한 기록이 없다고 하면 350번 주문은 주문한 고객을 모르는 결과가 된다. 다시 말하면 주문 관계에 있는 고객번호를 고객관계에서 참조할 수 없다는 것이 된다. 따라서 앞의 경우 참조 무결성 제약을 위배한 경우라고 말할 수 있다. 만일 새로운 고객이 주문을 할 경우에는, 앞의 외래키 부분에서 설명하였듯이, 이 고객을 먼저 고객 테이블에 등재한 후 이 고객의 주문을 주문 테이블에 등재하면 된다.

4.2 관계형 데이타베이스 설계

데이타베이스를 설계하는 데 있어서 가장 중요하게 생각해야 할 점은 데이타의 중복성과 일관성이다. 데이타의 중복은 데이타베이스를 저장하는 데 필요한 저장공간을 낭비할 뿐 아니라 데이타의 일관성에도 문제를 일으킬 수 있다. 예를 들어 고객의 전화번호가 데이타베이스의 한 화일에만 저장되어 있다면 데이타베이스에서 질의를 통하여 얻는 전화번호는 항상 같다. 그러나 만일 이 전화번호가 여러 화일에 중복되어 저장되어 있다면 다음과 같은 경우를 생각해 볼 수 있다. 즉, 고객의 전화번호를 변경할 경우 이 전화번호가 들어 있는 모든 화일의 전화번호를 변경해 주어야 하는데 만일 일부 화일에 있는 전화번호가 같이 변경되지 않았다고 하자. 이 경우에 질의를 통하여 얻어내는 전화번호는 질의에 사용하는 화일에 따라 서로 다른 결과를 얻을 수도 있는데 이러한 경우 우리는 데이타의 일관성이 없다고 한다.

관계형 데이타베이스 설계의 목표는 데이타베이스 조작에 대하여 이러한 중복성을 배제하고 일관성이 있는 데이타베이스의 관계 구조를 구축하는 것이다. 이러한 목표에 부합되는 관계는 정규화 과정을 통해서 설계된다. 뒤에 자세한 설명을 하겠으나 관계를 6가지 정규형(Normal Form)으로 분류할 수 있으며 각 정규형에 속한 관계는 그 정규형에 명시된 기준을 만족시킴은 물론 각 종류의 데이타 이상을 배제하고 있다. 데이타 이상(Data Anomaly)이란 사용자가 어떤 테이블의 데이타를 갱신하고자 할 때 데이타의 삽입, 삭제 및 갱신 등과 같은 변경 작업을 위한 조작 후 테이블에 중복된 자료가 생기거나 데이타의 비일관성이 생기는 경우를 말한다. 비정규화된 데이타베이스에서 터플에 대한 조작은 데이타 이상을 초래한다. 데이타베이스 설계의 최종 목표는 관계들을 가장 높은 정규형에 속하도록 만드는 것이며 이러한 과정을 정규화(Normalization)라고 한다.

4.2.1 정규화 과정

좋은 데이타베이스 설계는 앞에서 설명한 데이타 이상에 따른 중복성과 같은 문제들을 배제시킬 수 있어야 한다. 잘 구조화된 관계는 최소한의 중복성을 허용하고 데이타의 삽입, 삭제 및 갱신 등과 같은 데이타 조작 후 테이블에 일관성이 없어지거나 하는 오류가 없는 관계를 말한다. 정규화는 어떤 문제를 지닌 관계를 그러한 문제가 없는 2개 이상의 잘 구조화된 관계로 만드는 과정이다. 이러한 정규화에 대한 이론은 정규화를 통하여 바람직한 관계 구조의 기본틀을 제시하게 하여 실제로 데이타베이스를 관계 구조로 설계할 경우에 발생할 수 있는 데이타 이상에 관한 문제점들을 방지할 수 있도록 해준다. 이 정규화 이론은 정규형(Normal Form; NF)의 개념 하에서 형성된다. 관계에 대한 정규형의 종류는 그림 4-4 에서와 같이 각 정규형이 포함하고 있는 제약조건에 따라 제1정규형(1NF)에서 제5정규형(5NF)까지와 보이스-카드 정규형(BCNF)을 포함하여 6가지로 나누어진다. 어떤 관계는 그 관계가 어떤 제약조건을 만족시키는가에 따라 특정 정규형에 속한다고 말한다.

[그림 4-4] 정규형의 종류 및 상호관계

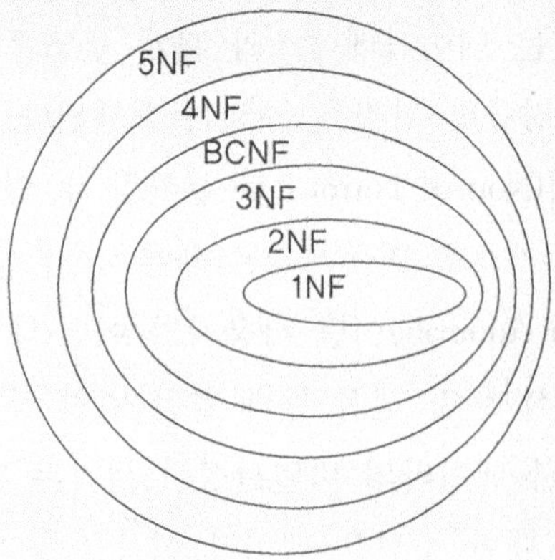

위의 정규형 중에서 1NF, 2NF, 3NF는 원래 Codd에 의해서 정의되었으며 그 이외의 정규형들은 이들 정규형에 기초한 이론을 통하여 발달된 정규형들이다. 위 정규형 상호간의 관계는 그림 4-4 에서 보듯이 2NF는 1NF를 포함하고, 3NF는 2NF를 포함하는 등 상위 정규형은 하위 정규형을 포함하고 있다. 정규화 이론에서는 하나의 관계가 보다 높은 상위정규형의 범주에 속할수록 바람직한 구조를 가진다고 말한다. 이는 하나의 관계가 높은 단계의 정규형의 조건을 만족시킬수록 데이타의 본질적 의미가 관계형 데이타베이스 구조에 보다 정확히 반영되어 데이타의 중복성이나 일치성에 관한 문제를 배제시켜주기 때문이다. 따라서 데이타의 갱신, 삽입, 삭제 시 발생할 수도 있는 중복성을 포함한 제반 문제들이 일어나는 것을 방지시켜 주어 궁극적으로 데이타의 무결성을 이룰 수 있도록 해 준다. 정규화는 그림 4-5와 같이 단계적으로 이루어지는데 각 단계는 각각에 해당되는 정규형으로 대변된다.

[그림 4-5] 정규화 단계

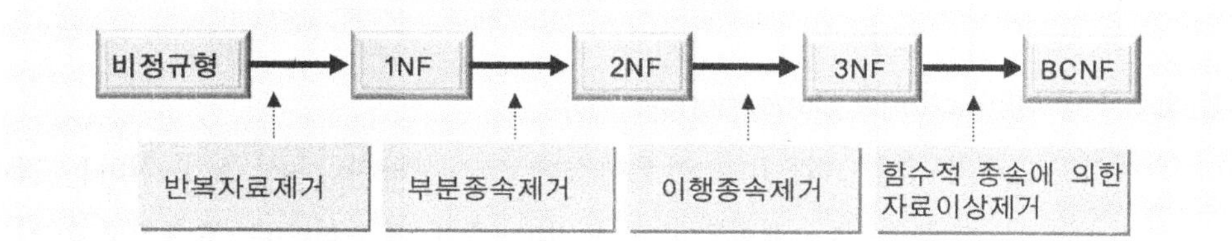

(1) 제1정규형

각 속성은 원자값만을 포함한다는 제약조건을 만족하는 관계는 제1정규형에 속한다. 기본적으로 모든 정규화된 관계는 제1정규형에 속한다고 할 수 있다. 즉 다중값을 갖는 속성이나 반복되는 집단을 갖는 테이블은 관계가 될 수 없다. 앞 절의 그림 4-3a의 <직원취미1> 테이블은 관계가 될 수 없는데 그 이유는 취미가 반복되어 있기 때문이다. 이 테이블에서 반복집단을 제거하면 그림 4-3b의 관계 테이블인 <직원취미2> 테이블을 얻을 수 있다. 그림 4-3b는 반복집단을 갖는 테이블을 제1정규형 형태의 관계로 전환한 상태를 보여준다.

일반적으로 관계형 데이타베이스 디자인의 정규화 과정에서 고려하는 관계는 제1정규형이라고 본다. 그것은 앞에서 본 관계의 첫 번째 특성을 만족시키는 관계를 디자인하였다고 보기 때문이다. 따라서 정규화는 주로 제1정규형인 관계가 제2, 제3의 정규형인지 여부를 따지게 된다.

(2) 제2정규형

제2정규형의 정의는 다음과 같다.

> 어느 관계가 제2정규형이 되려면
> 첫째, 이 관계가 제1정규형에 속해야 하고,
> 둘째, 키가 아닌 모든 속성들이 기본키에 "함수적으로 완전히 종속"되어야 한다.

위와 같은 정의에 입각하여 제2정규형의 형태를 살펴보기 전에 우선 '함수적 종속'과 이 정의에 포함된 '함수적으로 완전히 종속'이라는 용어들의 의미를 먼저 살펴보기로 하자.

1) 함수적 종속(Functional Dependency; FD)

한 관계가 두 개의 속성 A와 B로 이루어졌다고 가정하자. 속성 A가 취하는 값마다 오직 하나의 B 속성값이 존재한다고 하면 B는 A에 함수적으로 종속된다고 하며 이때 A→B의 기호로 B는 A에 함수적으로 종속된다고 하는 것을 표시한다. B는 A에 함수적으로 종속된다고 하는 것을 다른 표현으로는 A는 B를 결정한다고 하며 이때 A를 결정자(Determinant)라고 한다. 이 함수적 종속은 수학에서 자주 사용되는 y=f(x)식을 가지고 설명하면 더욱 이해가 쉬워진다. 이 식에서 x를 독립변수, y를 종속변수라고 부르며 y를 함수 f(x)에 종속된다고 한다. 이 식에서 x가 취하는 값에 따라 y의 값이 정해지기 때문에 x는 y를 결정해 주는 결정자라고 해석할 수 있다.

그림 4-1의 <고객> 테이블을 예로 함수적 종속 관계를 설명하여 보기로 하자. 이 테이블에서 고객번호는 기본키이기 때문에 고객번호를 알면 고객의 고객이름, 주소, 시도, 우편번호, 전화번호 등을 알 수 있다. 예를 들면, 고객번호가 1006번인 것을 알면 우리는 이 고객의 고객이름이 민생의원이고 주소가 마포구 도화동 208번지이며 시도가 서울인 것들을 알 수 있다. 이때 이 속성들 사이의 함수적 종속 관계는 다음과 같이 표현된다.

> 고객번호→고객이름, 고객유형, 주소, 시도, 우편번호, 전화번호, 신용한도, 잔고,
> 인사번호

즉, 고객번호는 고객이름, 고객유형, 주소, 시도, 우편번호, 전화번호, 신용한도, 잔고, 인사번호를 결정해 주는 결정자이다. 이를 앞에 언급한 A와 B에 대치시키면 A=

{고객번호}, B={고객이름, 고객유형, 주소, 시도, 우편번호, 전화번호, 신용한도, 잔고, 인사번호}가 된다.

2) 완전 함수적 종속(Full Functional Dependency)

실제의 관계에 있어서 속성의 수는 2개 이상인 것이 보통이기 때문에 앞의 설명을 확장시켜 A와 B를 각각 하나 또는 다수의 속성들의 집합으로 가정하여 설명할 수 있다. A와 B가 함수적 종속 관계 A→B를 만족시킨다는 것은 A에 속한 모든 속성 집합이 B에 속한 모든 속성 집합을 결정해 준다는 것이다. 이를 도식화하면 그림 4-6 과 같다.

[그림 4-6] 완전 함수적 종속 **[그림 4-7]** 불완전 함수적 종속

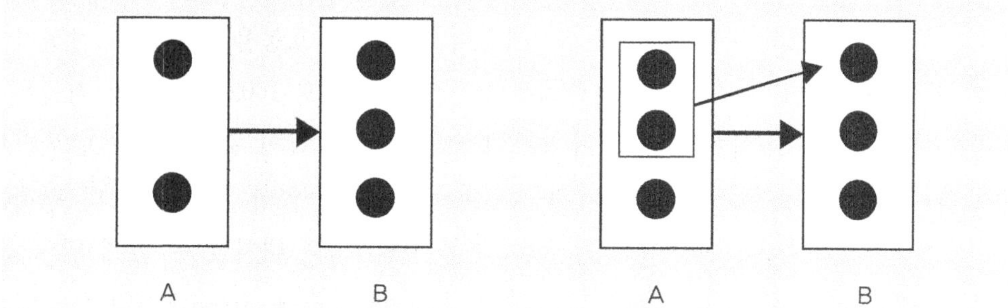

그림 4-6 의 경우에 B는 A에 완전히 함수적으로 종속된다. 그러나 그림 4-7 에서는 B의 속성들 중에는 A의 모든 속성에 의하여 결정되지 않고 오직 A의 일부 속성에 의해서만 결정되고 있음을 보여 준다. 그림 4-7 에서 B에 속해 있는 3개의 속성들 모두가 A에 속해 있는 3개의 속성들 모두에 의해서 결정되기는 하지만 B에 속해 있는 속성 중 1개 속성은 A에 속해 있는 속성 중 2개의 속성에 의해서만 결정되고 있다. 따라서 그림 4-7 의 경우에 B는 A에 완전히 함수적으로 종속되지 않는다고 한다. 이에 대한 예를 다음과 같은 <직급호봉> 테이블에서 보기로 하자.

직급호봉(<u>승진일자</u>, <u>인사번호</u>, 성명, 직급, 호봉, 봉급)

직급호봉

승진일자	인사번호	성명	직급	호봉	봉급
2004.4.8	1002	이강호	5급	5	2,090,000
2005.4.8	2001	서상길	1급	7	5,200,000
2006.1.20	1002	이강호	4급	1	2,390,000
2004.1.25	3003	홍나영	4급	9	2,850,000
2008.5.29	1002	이강호	3급	1	3,500,000
2006.6.13	3003	홍나영	3급	8	4,150,000

<직급호봉> 테이블에서 기본키는 {승진일자, 인사번호}이다. 여기서 승진일자가 인사번호와 함께 기본키가 되는 이유는 한 직원의 직급이나 호봉 등은 시간에 따라 변하기 때문에 인사번호 하나만으로는 한 직원의 직급이나 호봉을 유일하게 결정지어 줄 수 없기 때문이다. 즉, 위의 테이블에서 보듯이 인사번호 1002인 직원의 직급은 3급, 4급, 5급 등 3가지나 된다. 그러나 2006.1.20과 1002와 같이 승진일자와 인사번호를 함께 지정해 주면 4급이라는 하나의 직급을 알아낼 수 있다. 따라서 위의 관계는 A = {승진일자, 인사번호}, B = {성명, 직급, 호봉, 봉급}으로 대치할 수 있게 된다. 이때 B에 속해 있는 성명, 직급, 호봉, 봉급들은 모두 A에 속해 있는 승진일자와 인사번호에 의해 결정되기도 하지만 이중에서 성명은 인사번호에 의해서 결정될 수 있다. 이것은 그림 4-8 과 같이 도식화 될 수 있으며, 이러한 그림을 함수적 종속 관계도(Functional Dependency Diagram; FDD)라 부른다.

[그림 4-8] 불완전 함수적 종속 관계

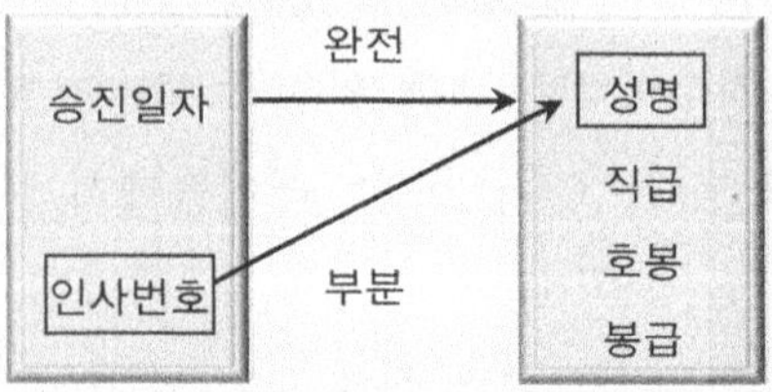

그림 4-8 에서 {인사번호, 승진일자}→{성명, 직급, 호봉, 봉급} 함수적 종속 관계가 성립하고 또한 {인사번호}→{성명} 함수적 종속 관계가 성립하기 때문에 기본키 속성들과 비기본키 속성들 간에 완전한 함수적 관계가 성립되지 않는 것을 알 수 있다. 이와 같이 비기본키 속성 중의 일부가 기본키 속성의 전체에 완전히 종속되지 않는 관계는 부분적 종속 관계(Partial Functional Dependency)라고 부른다. 따라서 부분적 종속 관계를 지닌 <직급호봉> 관계는 제1정규형에 속해 있으나 제2정규형에는 속하지 않음을 알 수 있다. 제2정규형에 속하지 않는 테이블은 중복되는 데이타를 포함하고 있어 저장 공간을 낭비하게 되고 데이타를 수정할 경우에 데이타의 일관성에 문제를 일으킬 수 있다. 즉, 인사번호 1002인 직원의 성명이 '이강화'인데 잘못 기록되어 '이강호'로 되었을 경우 이의 수정을 전체 데이타에 대하여 수행하여야 하는데, 부주의로 일부 자료에 대한 수정만 하였을 경우에 인사번호 1002인 직원의 성명을 검색할 경우 검색하는 조건에 따라서 이강화인 경우도 있고 이강호인 경우도 생기게 되어 자료의 일관성을 해치는 결과를 초래하게 된다.

위와 같은 문제점을 해결하는 길은 위의 테이블을 제2정규형에 속하는 테이블로 전환시키는 것이다. 이를 위한 방법으로는 <직급호봉> 테이블을 2개의 새로운 테이블로 분해하는 것이다. 즉, <직급호봉> 테이블에서 성명 속성을 제외한 새로운 <직급호봉> 테이블을 만들고, 동시에 인사번호와 성명 속성만이 포함된 <직원> 테이블을 만들면 된다.

직급호봉(승진일자, 인사번호, 직급, 호봉, 봉급)
직원 (인사번호, 성명)

이때 <직급호봉> 테이블과 <직원> 테이블은 각기 제1정규형에 속해 있으며 또한 키가 아닌 모든 속성들이 기본키에 함수적으로 완전히 종속되어 있기 때문에 제2정규형에 속해 있다고 한다. 한편, 위의 <직원> 테이블은 업무에 필요한 속성을 추가하여 다음과 같은 <직원> 테이블로 확장시켜 사용할 수 있다.

직원(인사번호, 주민등록번호, 성명, 소속부서, 직책, 입사일)

앞에서 우리는 제1정규형에 속한 테이블을 제1정규형에 속한 테이블에서 가질 수 있는 데이타 이상을 제거하기 위하여 제2정규형에 속하는 테이블들로 변환시키는 과정을 보았다. 그러나 제2정규형으로의 변환만 가지고는 모든 잠재 가능한 비일관성을 제거하기에는 충분하지 않은 경우가 있다. 다음의 제3정규형에 대한 설명을 통해서 이 문제를 살펴보기로 하자.

(3) 제3정규형

제2정규형이 관계 속의 기본키를 이루는 속성들과 키에 속하지 않는 비기본키 속성들 사이의 함수적 종속 관계를 다루고 있는 데 반하여 제3정규형은 기본키에 함수적으로 종속되어 있는 비기본키 속성들 사이의 함수적 종속 관계에 초점을 맞추고 있다.

제3정규형의 정의는 다음과 같이 주어진다.

> 어느 관계가 제3정규형이 되려면
> 첫째, 이 관계가 제2정규형에 속해야 하고
> 둘째, 이행적 종속(Transitive Dependency)이 없어야 한다.

위의 정의에서 이행적 종속 관계가 있다는 것은 비기본키 속성들 사이에 함수적 종속 관계가 있다는 것이다. 앞에서 유도한 테이블 <직급호봉>에서 비기본키 속성들 간의 관계를 살펴보자.

직급호봉

승진일자	인사번호	직급	호봉	봉급
2004.4.8	1002	5급	5	2,090,000
2005.4.8	2001	1급	7	5,200,000
2006.1.20	1002	4급	1	2,390,000
2004.1.25	3003	4급	9	2,850,000
2008.5.29	1002	3급	1	3,500,000
2006.6.13	3003	3급	8	4,150,000

직원의 봉급은 직급과 호봉에 따라 결정된다. 따라서 <직급호봉> 관계에서는 {직급, 호봉}→봉급의 함수적 종속 관계가 비기본키 속성 안에 존재함을 알 수 있다. 즉, 다음과 같이 {승진일자, 인사번호}→{직급, 호봉}, {직급, 호봉}→{봉급}함수적 종속 관계에 의하여 {승진일자, 인사번호}→{봉급}인 이행적 종속 관계가 존재한다. 이것을 함수적 종속 관계도로 표현하면 그림 4-9 와 같다.

[그림 4-9] 이행적 종속 관계

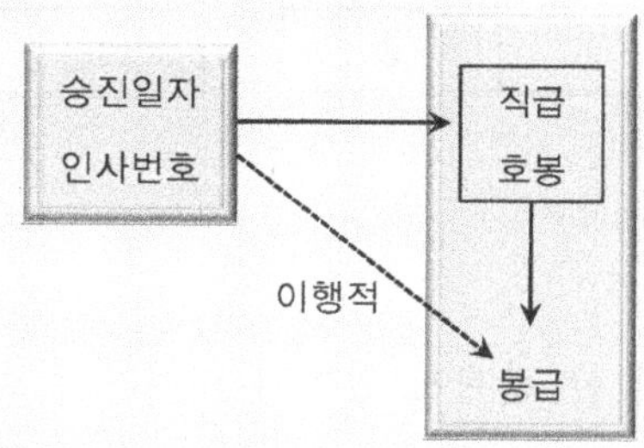

<직급호봉> 관계에서 직급과 호봉이 변경되면 그것에 상응하는 봉급이 기록되어져야 하는데 만일 봉급이 직급과 호봉에 맞게 변경되지 않는 일이 발생하면 데이타 간의 불일치성이 생기게 된다. 이러한 까닭에 비록 <직급호봉>이 제2정규형에 속하기는 하나 바람직한 구조를 지닌 관계가 아니다. 이것은 <직급호봉> 관계가 제3정규형에 속하지 않기 때문이다. 따라서 <직급호봉>의 이행적 종속 관계를 제거하여 제3정규형에 속하는 관계를 만들기 위해서는 함수적 종속 관계를 형성하는 비기본키 속성들을 <승진역사>와 <봉급기준>과 같은 별도의 관계로 분해시켜야 한다.

이 <승진역사>와 <봉급기준> 관계는 모두 제3정규형에 속하는 관계인 것을 알 수 있다. 위의 예에서 보듯이 한 관계에서 이행적 종속 관계를 제거하기 위하여 그 관계를 분해해서 두 개의 관계를 얻으면 이 관계들은 언제나 제3정규형에 있게 된다.

승진역사 (일자, 인사번호, 직급, 호봉)
봉급기준 (직급, 호봉, 봉급)

승진역사

승진일자	인사번호	직급	호봉
2004.4.8	1002	5급	5
2005.4.8	2001	1급	7
2006.1.20	1002	4급	1
2004.1.25	3003	4급	9
2008.5.29	1002	3급	1
2006.6.13	3003	3급	8

봉급기준

직급	호봉	봉급
5급	5	2,090,000
1급	7	5,200,000
4급	1	2,390,000
4급	9	2,850,000
3급	1	3,500,000
3급	8	4,150,000

(4) 보이스-카드 정규형

앞에서 설명한 바와 같이 한 관계에 있어서 비기본키 속성들 사이의 갱신이상 문제를 풀기 위하여 제3정규형이 소개되었다. 그러나 제3정규형에서는 비기본키 속성들 사이의 문제점 만을 다루고 기본키를 이루는 속성들 사이의 문제에 대하여는 언급이 없다. 한 관계가 제3정규형에 속할지라도 이 관계가 데이타 이상을 나타내는 경우가 생길 수 있는데 이러한 경우는 한 관계의 후보키가 둘 이상일 때 발생한다. 보이스-카드(Boyce-Codd) 정규형(BCNF)은 제3정규형에서 미비한 기본키를 이루는 속성들 사이의 이러한 문제를 보완하기 위하여 소개되었다.

BCNF의 정의는 다음과 같이 주어진다.

> 어느 관계가 BCNF가 되려면 모든 결정자가 후보키이어야만 한다.

다음 <지도교수> 관계를 예로 들어 위의 내용에 대해 설명해 보기로 하자.

지도교수

학생번호	전공	교수이름
100	물리	김인수
100	수학	박종철
200	경영	정경태
200	물리	김인수
300	경영	정경태
400	경영	이진수

이 관계에 대한 의미적 규칙은 다음과 같다고 하자.

첫째, 각 학생은 복수전공을 할 수 있다.
둘째, 한 전공영역에는 복수의 지도교수가 있다.
셋째, 한 교수는 오직 한 전공영역만 담당한다.
넷째, 한 전공영역에 있어서 한 학생의 지도교수는 한 사람이다.
다섯째, 한 교수는 여러 학생들의 지도교수가 될 수 있다.

위와 같은 규칙을 놓고 <지도교수> 관계의 키를 생각해 보기로 하자. 한 학생이 복수 전공을 할 수 있기 때문에 학생번호로는 전공을 결정할 수 없다. 또한 한 학생이 학생의 전공 영역에 따라 지도교수를 가질 수 있기 때문에 학생번호는 교수이름을 결정할 수 없다. 따라서 학생번호 혼자서는 키가 되지 않는다. 그러나 학생번호와 전공을 알면 학생의 교수이름을 결정할 수 있고, 학생번호와 교수이름을 알면 학생의 전공 영역을 결정할 수 있다. 이와 같은 속성간의 함수적 종속 관계를 다음과 같이 표시할 수 있다.

$\{$학생번호, 전공$\} \rightarrow$ 교수이름
$\{$학생번호, 교수이름$\} \rightarrow$ 전공

위에서 {학생번호, 전공}과 {학생번호, 교수이름}은 후보키로서 둘 중의 어느 하나라도 <지도교수> 관계의 기본키가 될 수 있다. 한편, 한 교수는 오직 한 전공 영역만

담당할 수 있다는 사실로부터 교수이름은 전공에 대한 결정자가 될 수 있기 때문에 위와 같은 후보키에 의한 함수적 종속 관계 외에도 또 하나의 함수적 종속 관계가 존재한다.

{교수이름} → 전공

위와 같은 상황 속에서 <지도교수> 관계의 정규형을 살펴보기로 하자. 어느 비기본키 속성이라도 후보키에 종속되기 때문에 이 관계는 제2정규형에 속한다. 그리고 이 관계에는 이행적 종속 관계가 없기 때문에 이 관계는 제3정규형에 속한다. 그러나 이 관계가 제3정규형에 속함에도 불구하고 자료를 수정할 경우에 다음과 같은 데이타 이상을 보여 준다. 100번 학생이 자퇴를 했다고 가정하자. 만일 100번 학생이 속한 터플을 삭제하면 '박종철' 교수의 전공영역이 수학이라는 사실도 같이 잃게 된다. 두 번째로 만일 철학을 담당하는 '한철수' 교수를 삽입하고자 하면 기본키의 일부분인 학생번호가 정해지기 전에는 삽입할 수가 없다.

한편, 어느 관계가 BCNF가 되려면 모든 결정자가 후보키어야만 하는데 위의 <지도교수> 관계에서 {교수이름}도 결정자 중의 하나지만 후보키는 아니다. 따라서 <지도교수> 관계는 BCNF가 되지 않는다. 만일 <지도교수> 관계를 다음과 같이 <지도학생> 관계와 <교수전공> 관계로 분해하게 되면 앞에서 언급한 데이타 이상의 문제를 해결할 수 있다. <지도학생>과 <교수전공> 관계는 결정자인 교수이름이 기본키로 된 관계이므로 BCNF에 속하게 된다.

함수적 종속 관계에 따른 데이타 이상에 대한 문제는 관계들을 3정규형 또는 BCNF에 속하게 만들면 해결된다. 그러나 실무에서 데이타베이스를 설계할 때 모든 관계들을 BCNF에 속하게 하는 것이 바람직하지 않은 경우가 많은 것으로 알려져 있다. 따라서 정규화는 모든 관계를 3정규형 이내로 만드는 것이 일반적이다.

지도학생(<u>교수이름</u>, 학생번호)
교수전공(<u>교수이름</u>, 전공)

지도학생

교수이름	학생번호
김인수	100
박종철	100
정경태	200
김인수	200
정경태	300
이진수	400

교수전공

교수이름	전공
김인수	물리
박종철	수학
정경태	경영
이진수	경영

데이타 이상을 야기시키는 문제는 함수적 종속에 관계 외에서도 발생할 수 있다. 이러한 문제를 다중 종속 문제라고 하며 이 문제를 해결하기 위하여 등장한 정규형이 제4정규형이다. 또 조인 종속성(Join Dependency)을 포함하지 않는 관계로 만드는 제5정규형 개념도 있으나 본서에서는 제4정규형과 제5정규형에 대한 내용은 생략하기로 한다.

(5) 손실 분해와 무손실 분해

정규화 과정에서 한 관계에 관련된 데이타 이상 문제를 해결하기 위하여 한 관계를 분해하여 상위의 정규형에 속하는 두 개의 관계를 얻었다. 그러나 이러한 분해를 할 때는 다음과 같은 점을 주의해야 한다. 데이타베이스를 운영하다 보면, 원하는 결과를 얻기 위하여 분해된 관계를 다시 결합 시켜야 하는 경우가 자주 발생하게 되는데 분해된 관계를 다시 결합시켰을 때는 분해하기 전 원래의 정보가 그대로 유지되어야 하는 것이 정상이며 바람직한 상황이다. 그러나 한 관계를 분해한 후 분해된 관계들을 다시 결합[2]시켰을 때 한 관계를 분해하는 방법에 따라 원래의 정보가 그대로 유지되기도 하고 손실되기도 한다. 어떻게 이런 일이 생길 수 있는가를 다음 예들을 통해서 살펴보기로 하자.

다음 그림 4-10은 학생번호, 전공, 교수이름 세 개의 속성을 지닌 관계 (가)를 학생

2) 두 개 이상의 관계를 결합시키는 자료조작을 조인(Join)이라 하는데 이에 대한 자세한 설명은 다음 장에서 하기로 한다.

번호와 전공 속성을 지닌 관계 (나)와 전공과 교수이름 속성을 지닌 관계 (다)로 분해한 후 다시 결합시키는 과정을 보여준다.

[그림 4-10] 관계의 손실 분해

(가)

학생번호	전공	교수이름
100	물리	김인수
250	물리	하천일
300	경영	정경태
400	경영	이진수

분해

(나)

학생번호	전공
100	물리
250	물리
300	경영
400	경영

(다)

전공	교수이름
물리	김인수
물리	하천일
경영	정경태
경영	이진수

결합

학생번호	전공	교수이름
100	물리	김인수
100	물리	하천일
250	물리	김인수
250	물리	하천일
300	경영	정경태
300	경영	이진수
400	경영	정경태
400	경영	이진수

그림 4-10은 학생번호 → 전공, 교수이름 → 전공인 함수적 종속 관계를 갖고 있는 (가) 관계를 (나)와 (다) 관계로 분해한 후 이들을 다시 결합시켰을 때 원래의 (가) 관계가 만들어지지 않고 엉뚱한 제3의 관계가 형성되는 것을 보여준다. 이러한 분해는 손실 분해(Loss Decomposition)라 부른다.

그러나 그림 4-11과 같이 관계를 분해한 후 재결합시켰을 때 원래의 관계를 다시 회복할 수 있는 분해는 무손실 분해(Lossless Decomposition)라 불린다. 그림 4-11은 학생번호→전공, 학생번호→자격증인 함수적 종속 관계를 갖고 있는 (가) 관계를 (나)와 (다) 관계로 분해한 후 이들을 다시 결합시켰을 때 원래의 (가) 관계가 만들어지는 상황을 보여준다. 단, (가) 관계에서 한 학생은 하나의 자격증만을 갖는다고 가정한다.

[그림 4-11] 관계의 무손실 분해

(가)

학생번호	전공	자격증
150	전산	정보처리기사
200	경영	전자상거래관리사
300	경영	정보처리기사
450	전산	전자상거래관리사

분해

(나)

학생번호	전공
150	전산
200	경영
300	경영
450	전산

(다)

학생번호	자격증
150	정보처리기사
200	전자상거래관리사
300	정보처리기사
450	전자상거래관리사

결합

학생번호	전공	자격증
150	전산	정보처리기사
200	경영	전자상거래관리사
300	경영	정보처리기사
450	전산	전자상거래관리사

무손실 분해의 조건은 다음과 같다. 즉, 어떤 관계 R{X,Y,Z}가 R1(X,Y)와 R2(X,Z)로 분해되었을 때 R1과 R2에 공통으로 들어 있는 속성인 X에 대하여 X→Y이거나 X→Z인 함수적 종속 관계가 성립하면 이 분해는 무손실 분해가 된다. 그림 4-10을 보면 (가) 관계가 분해되어 생긴 (나)관계와 (다)관계에 공통으로 들어 있는 전공 속성에 대하여 전공→학생번호이거나 전공→교수이름인 함수적 종속 관계가 성립하지 않는 것을 알 수 있다. 그러나 이에 반해 그림 4-11을 보면 (가) 관계가 분해되어 생

긴 (나) 관계와 (다)관계에 공통으로 들어 있는 학생번호 속성에 대하여 학생번호→전공이고 학생번호→자격증인 함수적 종속 관계가 성립함을 알 수 있다.

4.2.2 비정규화 과정

정규화를 통해 분해된 관계를 도로 결합시켜 정규화 이전의 관계로 되돌리는 것을 비정규화(Denormalization)라고 한다. 비정규화는 정규화에 대응되는 개념이다. 비정규화된 관계는 데이타 이상의 문제를 일으킬 수 있으므로 중복된 데이타를 갱신할 때에는 전체적으로 갱신이 되었는지 확인하는 작업이 요구된다. 이처럼 비정규화는 데이타의 무결성 원칙에 위배될 확률을 높이게 된다. 이러한 비정규화의 문제점에도 불구하고 비정규화를 시도하는 이유는 다음과 같다.

정규화에 따라 데이타베이스를 설계하여 자료의 중복성을 포함한 데이타 이상의 문제점을 해결하였더라도 업무처리 요구에 따라 데이타베이스의 처리 속도 면에서 비효율적인 경우가 발생한다. 즉, 원하는 데이타를 얻기 위한 질의를 처리하려면 정규화에 따라 분리된 관계 테이블들을 재결합시켜야 하기 때문에 데이타베이스의 처리 속도가 지연될 수 있다. 이러한 이유로 인하여 데이타베이스 개발자에 따라서는 데이타베이스의 처리 속도를 빠르게 하기 위하여 고의적으로 정규화에 위배되게 데이타베이스를 설계하기도 한다.

위와 같이 서로 상충되는 장·단점으로 인하여 어느 경우에 비정규화를 해야 하는가에 대한 명확한 이론을 내세우기는 어렵다. 따라서 실무에서는 업무 분석을 철저히 하여 효율적인 업무 지원을 위한 데이타베이스를 디자인하도록 관계에 대한 정규화를 도모해야 한다. 예를 들어 다음과 같은 경우에는 비정규화를 고려해 볼 필요가 있다.

첫 번째 예로 앞 장의 그림 3-5a에 나타난 직원과 각 직원에 할당된 자동차 간의 관계를 생각해 볼 수 있다. 직원 관계와 자동차 관계는 1:1 관계성을 지니고 있는데, 자동차 관계의 경우 직원 관계와 더불어 사용되지 않으면 거의 사용되지 않기 때문에 자동차 관계를 따로 분류하기보다는 직원 관계의 한 속성으로 편입시켜 사용하는 것이 더 효과적일 수도 있다. 또 다른 예로 앞 장의 그림 3-5b에 나타난 학부와 전공의 관계성에서 학부는 전공의 참고자료라 볼 수 있다. 참고자료는 1:다 관계성에 있는 1쪽 관계에 존재하고 이 관계는 다른 데이타베이스 관계성에 참여하지 않는 데이타이다. 이 1쪽 관계에 있는 데이타가 다쪽 관계의 일부에만 국한되어 참고될 때, 이 두 관계를 합하여 하나의 관계로 만들 것을 고려할 수 있다.

4.3 개체관계성 데이타 모델의 관계형 데이타베이스로의 전환

앞에서 개체관계성 데이타 모델을 사용한 데이타 모델에 대하여 공부하였다. 즉, 3장에서는 사용자가 관심이 있는 것들을 개체로 표현하고 이들 개체들 사이의 연관을 관계성으로 정의한 후 이들 개체와 관계성을 이용하여 사용자의 데이타 요구가 개체관계성 데이타 모델에서 어떻게 표현되는가를 기술하였다.

개체관계성 데이타 모델에서 사용되는 개체와 관계성은 모두 관계형 데이타 모델에서 사용하는 관계로 전환시킬 수 있다. 본 절에서는 개체관계성 데이타 모델로 표현된 사용자 요구사항을 관계형 데이타베이스 모델로 전환시키는 방법을 배우기로 한다. 개체관계성 데이타 모델(구체적으로 개체관계성도)을 관계형 데이타 모델로 전환하는 것은 개체관계성도의 개체와 관계성을 관계로 전환하는 몇 가지 기본적인 규칙을 상황에 맞도록 적용하는 것이라 할 수 있다.

4.3.1 개체의 전환

일반적으로 개체를 관계형 데이타베이스 모델의 표현 방법에 의해 나타내는 것은 어렵지 않다. 이 과정은 각 개체를 하나의 관계로 정의하면서 시작한다. 개체의 이름은 관계의 이름으로 사용되고 기본적으로 관계의 속성은 개체의 속성을 사용한다. 그림 4-12와 같은 학생 개체를 예로 들어 보기로 하자.

[그림 4-12] 개체

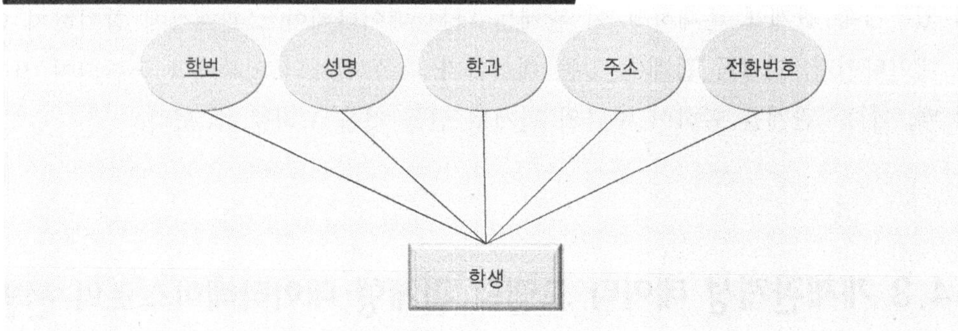

학생 개체는 학번, 성명, 학과, 주소, 전화번호와 같은 속성을 갖고 있다. 이 개체를 관계로 나타내기 위해서는 개체에 대한 관계를 정의하고 개체의 속성들은 관계의 열들로 나타내면 된다. 만일 데이타 모델에서 개체를 식별하는 속성을 알고 있다면, 이 속성이 관계의 키가 됨을 알고 있다. 학생 개체의 경우 키는 학생번호를 나타내는 학번이 된다. 따라서 개체로부터 전환된 관계는 다음과 같이 나타내진다.

학생(<u>학번</u>, 성명, 학과, 주소, 전화번호)

개체관계성 모델에서 개체들 사이의 관계를 나타내는 관계성의 대부분은 서로 다른 논리적 형태의 개체들 사이의 관계성이고 IS-A 관계성은 공통된 논리적 형태를 지닌 개체들 사이의 관계성이다. 다음에서 이 두 관계성을 관계형 데이타베이스 모델로 전환시키는 방법에 대하여 살펴보기로 하자.

4.3.2 이진관계성 전환

이진관계성의 전환은 1:1 관계성, 1:다 관계성, 다:다 관계성으로 나누어 생각할 수 있다.

(1) 1:1 관계성의 전환

이진관계성 중에서 가장 간단한 이진관계성 형태는 1:1 관계성이다. 1:1 관계성에서 한 유형의 한 개체는 다른 유형의 한 개체와 관련되어 있다. 이 관계성은 그림 4-13과 같이 직원과 자동차 개체의 예로 설명될 수 있다. 이 예를 설명하기 위해서는 한 명의 직원에게는 오직 한대의 차만 할당되고, 각각의 자동차는 오직 할당된 한 명의 직원만 사용할 수 있다는 가정이 요구된다. 이 가정을 염두에 두고 그림 4-13과 같은 개체관계성도를 관계형 데이타베이스 모델로 전환하는 과정을 살펴보자.

[그림 4-13] 1 : 1 관계성

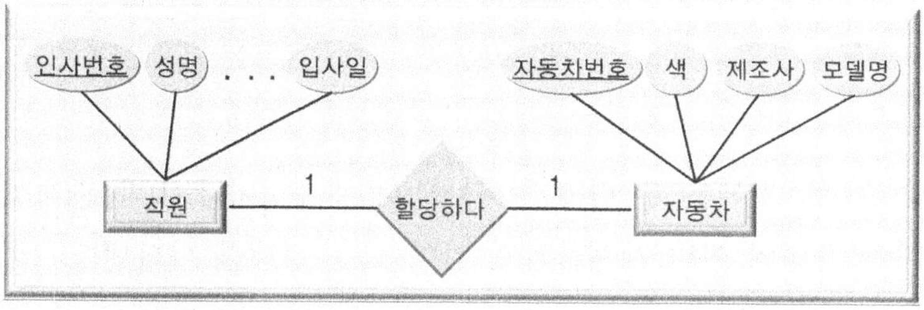

위의 1:1 관계성을 관계형 데이타베이스 모델로 표현하는 방법은 다음과 같다. 우선, 각 개체를 하나의 관계로 나타내고 개체의 속성을 관계의 속성으로 사용한 다음 두 관계를 연결하기 위하여 한 관계의 키를 다른 관계의 속성에 더하여 준다. 이렇게 더해지는 키는 이미 설명하였듯이 외래키를 나타낸다. 이 결과는 외래키를 어느 관계에 더하여 두 관계를 연결시켰는가에 따라 다음과 같이 두 가지 형태로 표현할 수 있다.

① 직원(인사번호, 성명, 소속부서, 직책, 입사일, *자동차번호*)
　자동차(자동차번호, 색, 제조사, 모델명)
② 직원(인사번호, 성명, 소속부서, 직책, 입사일)
　자동차(자동차번호, 색, 제조사, 모델명, *인사번호*)

①번 형태에서는 직원 관계에 자동차번호 속성이 외래키로 더해졌으며 ②번 형태에서는 자동차 관계에 인사번호 속성이 외래키로 더해졌다. 이와 같이 1:1 관계에서

는 두 관계 중 한 관계의 키를 다른 관계의 외래키로 만들면 되고 위와 같은 두 가지 형태 중 사용하는 용도에 따라 한 형태만 택하면 된다. 여기서는 ①번 형태를 택하였다고 가정하고 위의 관계들에 대한 이용을 설명하여 보도록 하자.

이 관계들로부터 만일 우리가 어떤 자동차에 대하여 이 차에 할당된 직원을 알고자 한다면 다음과 같이 알 수 있다. 즉, 직원 관계 테이블을 먼저 살펴보아 해당 자동차 번호가 있는 행을 찾아서 그 행에 있는 직원의 기록을 보면 된다. 한편, 이 자동차에 대한 세부 사항을 알고 싶으면 자동차 관계 테이블을 살펴보아 해당 자동차 번호가 들어 있는 행의 기록을 보면 된다.

(2) 1:다 관계성의 전환

이진관계성으로 표현되는 두 번째 형태는 1:다 관계성이다. 1:다 관계성은 한 유형의 개체가 다른 유형의 여러 개체들과 연관이 있는 상태를 나타낸다. 1:다 관계성은 그림 4-14의 개체관계성도와 같이 고객과 주문 사이의 관계에서 볼 수 있다.

[그림 4-14] 1:다 관계성

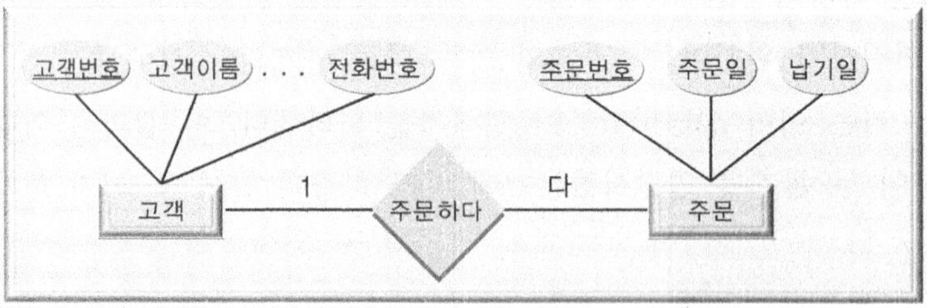

위의 개체관계성도에서 한 고객은 여러 주문과 연결되어 있다. 물론 고객이 주문을 하나도 내지 않을 수 있다. 이 경우는 따로 취급하고 여기서는 일반적인 경우를 예로 하여 살펴보기로 한다.

위와 같은 1:다 관계성을 관계형 데이타 모델로 전환시키는 방법은 다음과 같다. 앞 절에서와 마찬가지로, 먼저 각 개체를 관계로 표현한다. 다음 각 개체의 속성을 전환시키는 방법은 다음과 같이 한다. 첫째 1쪽인 고객 관계의 속성은 개체에 속한 속성을 그대로 받아들인다. 둘째, 다쪽인 주문 관계의 속성에는 개체에 속한 속성 외에 1쪽의 기본키 속성을 외래키로 받아들인다. 앞 절의 1:1 관계성을 처리하는 방법과는 달리 외래키의 사용을 양 방향으로 할 수 없다. 이 과정을 거쳐 관계 형태로 나타낸 결과는 다음과 같다.

> 고객(<u>고객번호</u>, 고객이름, 고객유형, 주소, 시도, 우편번호, 전화번호)
> 주문(<u>주문번호</u>, 주문일, 납기일, *고객번호*)

위의 관계들을 이용하여 얻을 수 있는 사항을 예를 들어 설명하면 다음과 같다. 어느 고객이 어떠한 주문을 하였는가를 알고자 하면 주문관계 테이블에서 해당 고객의 고객번호들을 찾아 이 번호들이 있는 행의 기록을 살펴보면 된다. 한편, 주어진 주문번호에 대한 고객 사항은 해당 주문번호가 있는 행의 고객번호를 알아내어 고객 관계 테이블에서 해당고객 번호가 있는 행을 열람하면 된다.

1:1 관계성의 이진관계성과 달리 1:다 관계성의 이진관계성에서 외래키의 사용을 양 방향으로 할 수 없다. 즉, 1:1 관계성에서는 외래키를 두 관계의 어느 쪽에 배치시켜도 상관이 없으나 1:다 관계성에서는 반드시 1쪽의 기본키가 다쪽의 외래키로 배치되어야만 한다는 것이다. 이 점을 이해하기 위하여 만일 우리가 위의 경우와 상반된 상태를 만들었다고 가정하자. 즉, 주문 개체의 기본키를 고객 관계의 외래키로 사용하였다고 하면 다음과 같은 관계가 성립된다.

> 고객(<u>고객번호</u>, 고객이름, 고객유형, 주소, 시도, 우편번호, 전화번호, *주문번호*)
> 주문(<u>주문번호</u>, 주문일, 납기일)

이 관계 구조가 갖는 문제점을 알아보기 위하여 이 구조의 고객 관계테이블을 살펴보기로 하자. 제1정규형의 법칙에 의하면 한 관계 안의 속성들은 오직 한 값만을 가질 수 있도록 되어 있다. 그러나 아래의 <고객> 테이블에서 주문번호 속성 값을 보면 한 칸에 여러 개의 주문번호가 들어 있는 것을 알 수 있다. 즉, 주문번호 속성이 다중값을 가지는 이 구조는 제1정규형에 위배된다. 따라서 이러한 구조는 1:다 관계성의 다쪽을 표현하는 데 사용될 수 없기 때문에 1:다 관계성을 표현하기 위해서는 다쪽에 외래키를 사용하여야 한다.

고객번호	고객이름	고객유형	주소	시도	우편번호	주문번호
1001	무지개약국	약국	노원구 공능동 570	서울	139-240	10, 25
1002	언덕약국	약국	수성구 지산동 456	대구	706-090	6, 11
1003	문화약국	약국	송파구 가락동 560	서울	138-160	22
1004	미라약국	약국	광산구 고룡동 34-7	광주	506-358	1, 9, 23
1005	밀양약국	약국	사하구 감천동 5	부산	604-071	20, 26
1006	민생의원	의원	마포구 도화동 208	서울	121-040	7, 18
1007	부광약국	약국	성동구 광장동 660	서울	133-210	30
1008	부부의원	의원	서구 평리동 631	대구	703-010	5
1009	서울의원	의원	도봉구 도봉동 272	서울	132-010	2, 21
1010	서부약국	약국	서초구 반포동 56	서울	137-040	17
1011	삼일약국	약국	유성구 방현동 181	대전	305-355	12, 24
1012	제민병원	병원	양천구 목동 210-10	서울	158-050	4

1:다 관계성을 관계형 데이타베이스 모델로 전환시키는 데 있어서 종속개체에 대한 관계성은 그 방법에 있어서 약간의 차이가 있다. 그림 4-15와 같이 직원개체와 종속개체인 부양가족 개체가 포함된 개체관계성도를 관계형 데이타베이스 모델로 전환시키는 방법을 살펴보자.

[그림 4-15] 종속개체

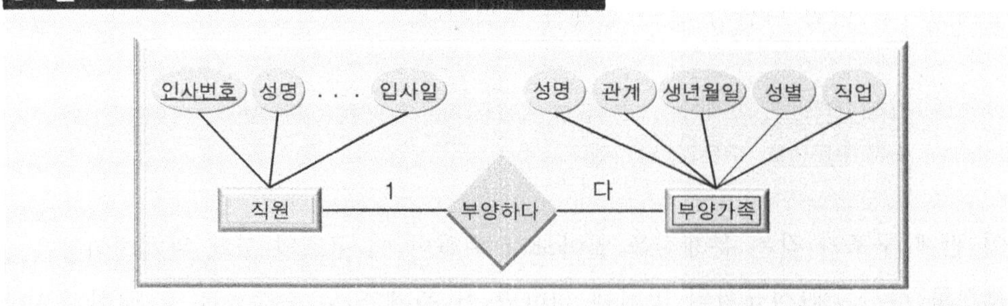

이 개체관계성도를 관계형 데이타베이스 모델로 전환시키는 방법은 앞에서와 마찬가지로 우선 각 개체를 하나의 관계로 나타내고 각 개체의 속성을 관계의 속성으로 받아들인다. 그러나 각 관계에 대한 키의 설정에 있어서, 부양가족 개체는 직원 개체에 의존하고 있는 종속개체이기 때문에 부양가족 관계의 키는 이 개체가 의존

하고 있는 직원 관계의 기본키인 인사번호와 부양가족 개체의 속성 중의 하나인 성명의 복합키로 설정해 주어야 한다. 이 관계는 다음과 같이 표현된다.

직원(<u>인사번호</u>, 주민등록번호, 성명, 소속부서, 직책, 입사일)
부양가족(<u>인사번호</u>, <u>성명</u>, 관계, 생년월일, 성별, 직업)

(3) 다:다 관계성의 전환

이진관계성으로 표현되는 세 번째 형태는 다:다 관계성이다. 다:다 관계성은 한 유형의 여러 개체가 다른 유형의 여러 개체들과 연관이 있는 상태를 나타낸다. 다:다 관계성은 그림 4-16의 개체관계성도와 같이 저자와 도서 사이의 '저술한다' 관계에서 볼 수 있다.

[그림 4-16] 다:다 관계성

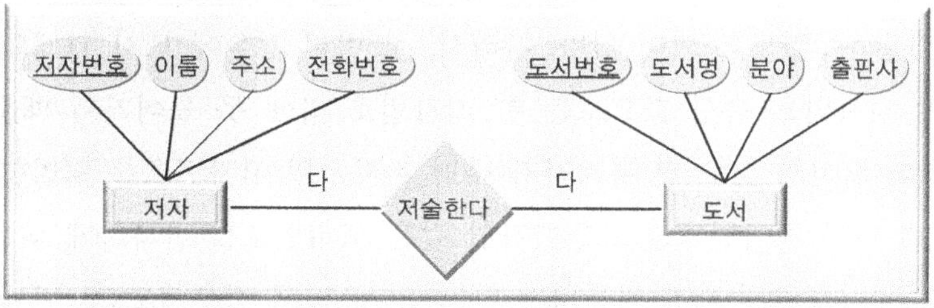

위의 개체관계성도는 한 저자는 여러 권의 도서를 저술하고 있으며, 역으로 한 도서는 여러 저자에 의해 저술되고 있음을 나타내고 있다. 이 다:다 관계성을 관계 모델로 전환시키는 과정 중 각 개체를 관계로 전환시키는 방법은 앞에서와 같으나 각 관계에 포함되는 속성을 결정하는 과정에서 주의할 것이 하나 있다. 그것은 1:다 관계성을 관계 모델로 전환시킬 때는 1쪽 관계의 키를 다쪽 관계에 외래키로 더해주는 방법을 사용하였으나 다:다 관계성에 대해서는 이 방법을 사용할 수 없기 때문이다. 다음은 앞의 1:다 관계성에 대한 전환 방법을 사용한 두 가지 예를 보여 주는데 각기 문제점을 내포하고 있음을 알 수 있다.

첫째, 저자와 도서 사이의 '저술한다'라는 관계성을 관계로 나타내기 위하여 저자 관계의 기본키인 저자번호를 도서 관계의 속성에 외래키로 더해준 경우 관계 스키마는 다음과 같이 주어진다.

> 저자(<u>저자번호</u>, 이름, 주소, 전화번호)
> 도서(<u>도서번호</u>, 도서명, 분야, 출판년도, 출판사, *저자번호*)

둘째, 저자와 도서 사이의 '저술한다'라는 관계성을 관계로 나타내기 위하여 도서 관계의 기본키인 도서번호를 저자 관계의 속성에 외래키로 더해 준 경우 관계 스키마는 다음과 같이 주어진다.

> 저자(<u>저자번호</u>, 이름, 주소, 전화번호, *도서번호*)
> 도서(<u>도서번호</u>, 도서명, 분야, 출판년도, 출판사)

앞 절에서 이미 밝혔듯이 제1정규형의 법칙에 의하면 한 관계 안의 속성들은 오직 한 값만을 가질 수 있도록 되어 있다. 따라서, 첫 번째 경우에 도서 관계의 한 도서번호에 대하여 저자번호 속성 값으로는 한 저자번호 밖에 못 들어가기 때문에 복수의 저자가 저술한 도서의 경우 첫째 저자가 아닌 저자들의 저자번호를 처리할 방법이 없게 된다. 여러 다른 저자번호를 표현하자면 같은 도서번호를 반복하게 되므로 관계의 터플 유일성 원칙을 훼손하여 허용되지 않는다. 두 번째 경우에도 첫 번째 경우와 마찬가지로 저자 관계의 한 저자번호에 대하여 한 도서번호만 사용될 수밖에 없기 때문에 한 저자가 여러 도서를 저술하는 경우를 처리할 방법이 없게 된다.

그러면 이 문제를 어떻게 해결해야 할 것인가? 이에 대처하기 위한 방법으로 다음과 같은 경우를 생각해 볼 수 있다. 즉, 다음과 같이 저자번호와 도서번호를 복합키로 하여 저자 관계의 기본키로 사용하는 것이다.

> 저자(<u>저자번호</u>, <u>도서번호</u>, 이름, 주소, 전화번호)
> 도서(<u>도서번호</u>, 도서명, 분야, 출판년도, 출판사)

이 경우 자칫하면 문제를 해결하였다고 생각할 수 있다. 하지만 위의 저자 관계에 대한 저술 내역을 보여주는 테이블 또한 문제점을 내포하고 있음을 알 수 있다. 저자 테이블은 다수의 도서를 저술한 한 저자번호에 대한 이름, 주소, 전화번호가 중복되게 되며, 중복으로 인한 저장공간의 낭비 외에도 갱신이상의 문제를 내포하게 된다. 또 저자번호와 도서번호를 복합키로 하여 도서 관계의 기본키로 사용하는 경우도 같은 문제를 가지게 된다.

그러면 이 문제를 어떻게 해결할 수 있는가? 이 질문에 대한 답은 관계성 그 자체를 나타내는 제3의 관계를 만들어 내는 것이다. 이 제3의 관계는 교차 관계라고도 불리어지는데 다음과 같이 만들 수 있다. 앞의 다:다 관계성을 나타내는 개체관계성도를 보면 저자 개체와 도서 개체를 이어주는 '저술한다' 관계성이 있는데 이 관계성을 제3의 관계로 만들어야 한다. 제3의 관계인 저자-도서 관계의 속성으로는 저자 관계의 키인 저자번호와 도서 관계의 키인 도서번호를 복합키로 하여 기본키로 만든다. 위와 같이 조정된 뒤의 관계들은 다음과 같다.

저자(<u>저자번호</u>, 이름, 주소, 전화번호)
도서(<u>도서번호</u>, 도서이름, 분야, 출판년도, 출판사)
저자-도서(<u>저자번호</u>, <u>도서번호</u>)

위의 조정된 관계들 사이의 연관성을 보면 저자 관계와 저자-도서 관계 사이에는 1:다의 관계가 있고 도서 관계와 저자-도서 관계 사이에도 역시 1:다의 관계가 있음을 알 수 있다. 따라서 저자 관계와 도서 관계는 저자-도서 관계를 매개로 하여 서로 관련되어진다.

(4) 기술적 속성을 가진 관계성의 전환

일반적으로 1:다 또는 다:다 관계성에서 관련된 두 개체 어느 쪽에 배치하는 것 보다는 관계성에 표현하는 것이 적절한 속성이 있는 경우가 많다. 예를 들어 그림 4-17 에서 수량 속성은 주문이나 제품 개체 보다는 '포함한다'라는 다:다 관계를 설명하는 속성이다. 이와 같이 관계성이 기술적 속성을 가지는 경우에는 그 관계성을 하나의 관계로 전환한다.

[그림 4-17] 기술적 속성을 가진 관계성

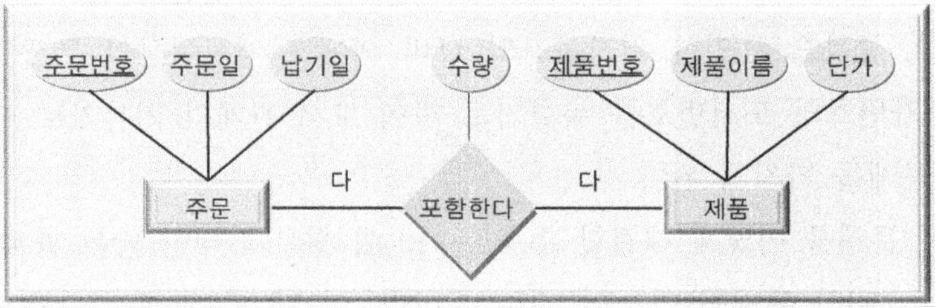

먼저 주문과 제품 개체는 각각 주문과 제품 테이블로 전환된다. 다음에는 '포함한다' 관계성을 주문항목(또는 주문-제품) 테이블로 전환하는데 이때 관련 개체의 기본키를 가져와 합성키로 만들고 자신의 기술적 속성을 추가한다.

주문(<u>주문번호</u>, 주문일, 납기일)
제품(<u>제품번호</u>, 제품이름, 단가)
주문항목(<u>주문번호</u>, <u>제품번호</u>, 수량)

(5) 순환관계성의 전환

순환관계성은 같은 부류의 개체 사이의 관계성이다. 순환관계성은 기본적으로 앞에서 본 비순환관계성과 다르지 않기 때문에 같은 방법으로 처리될 수 있다. 그러나 순환관계성의 한 가지 문제점은 그 자신과 같은 부류에 있는 개체와의 관계성이라는 점이다. 비순환관계성과 마찬가지로 순환관계성도 1:1, 1:다, 다:다의 세 가지 형태를 갖고 있다.

그림 4-18a 의 1:1 순환관계성에서는 한 사람은 다른 한 사람과 결혼함을 나타낸다. 즉, 한 남자는 한 여자와 결혼하는 상태를 나타낸다. 그림 4-18b 의 1:다 순환관계성에서는 한 간부 직원이 여러 직원을 관리하고 또한 이 관리직 직원들은 다른 간부 직원에 의해서 관리됨을 나타낸다. 그림 4-18c 의 다:다 순환관계성에서는 모든 부서들이 서로 서로 협조하는 관계를 나타낸다.

[그림 4-18] 순환관계성

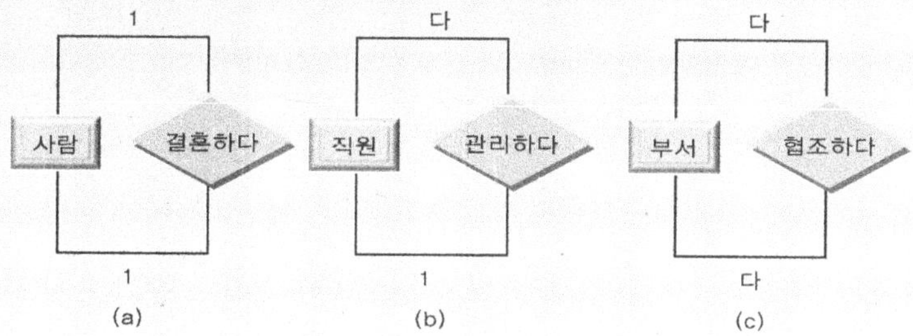

위의 순환관계성 개체에 대한 전환은 다음과 같이 주어진다.

> 사람(<u>주민등록번호</u>, 성명, 주소, 전화번호, 성별, 배우자주민등록번호)
> 직원(<u>인사번호</u>, 성명, 소속부서, 직급, 관리자인사번호)
> 부서(<u>부서번호</u>, 부서명)
> 협조부서(<u>부서번호</u>, <u>협조부서번호</u>, 협조업무명)

4.3.3 IS-A 관계성 전환

IS-A 관계성에 대한 전략은 앞에서 본 이진관계성에서 사용되는 전략과는 다소 다르다. 그 까닭은 관계형 데이타 모델이 직접적으로 IS-A관계성을 지원하지 않기 때문이다. 그러나 다행스럽게도 데이타베이스 설계자가 관계를 사용하여 IS-A 관계성을 표현할 수 있는 전략들이 있다. 다음과 같은 IS-A 관계성을 가진 3장에서 본 그림 4-19의 개체관계성도를 예로 보기로 하자.

그림 4-19의 개체관계성도에서 보듯이 직원 개체는 일당근로자, 월급직원 및 계약근로자 등 세 개의 하위개체를 갖고 있다. 이 경우 직원 개체가 속한 부분을 상위유형이라 하고 하위개체가 속한 부분을 하위유형이라고 부른다. 이 구조를 관계로 나타내기 위한 과정은 다음과 같다. 먼저 상위유형에 있는 개체에 대하여 하나의 관계를 정의해 주고 하위유형에 있는 각 개체에 대하여 각기 하나씩의 관계를 정의해 준다. 다음, 상위유형에 속하는 속성들은 상위유형에 속하는 관계에 할당하여 주고 하위유형에 속하는 속성들은 하위유형에 속하는 관계들 중 해당 관계에 할당하여 준다.

[그림 4-19] IS-A 관계성

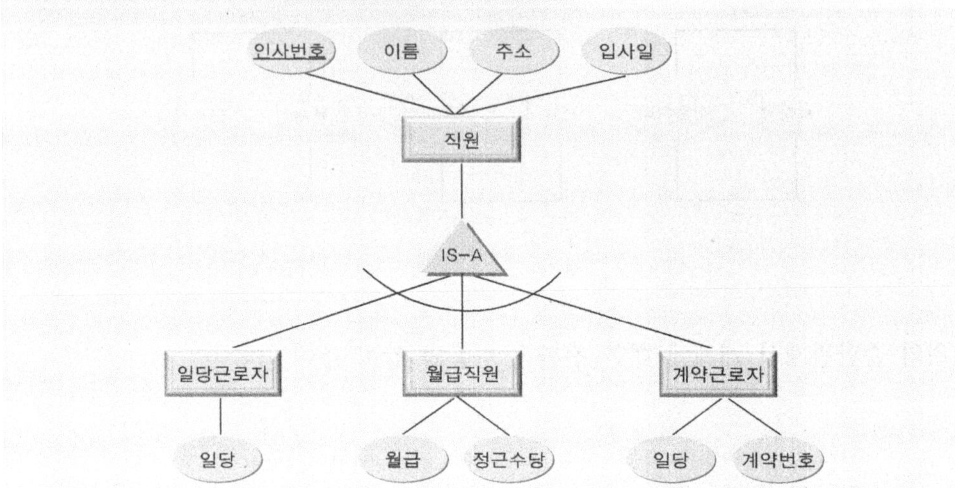

하위유형에서 비롯된 관계들에는 원래키가 없으나, 하위유형 관계들의 키는 상위유형의 키인 인사번호를 받아들여 새로 생성한다. 이러한 과정을 거치면 우리는 다음과 같은 관계들을 얻을 수 있다.

직원(<u>인사번호</u>, 이름, 주소, 입사일)
일당근로자(<u>인사번호</u>, 일당)
월급직원(<u>인사번호</u>, 월급, 정근수당)
계약근로자(<u>인사번호</u>, 일당, 계약번호)

위의 경우 주지해야 할 사항은 직원 관계에 있는 각각의 레코드와 하위유형에 속해 있는 일당근로자, 월급직원, 계약근로자 관계의 레코드 사이에는 각각 1:1의 대응관계가 있다는 것이다.

4.3.4 개체관계성 데이타 모델의 관계형 데이타베이스로의 전환의 예

여기서 3장 4절의 윈윈(WinWin)컨설팅(주)를 위한 개체관계성 데이타 모델의 예를 가지고 관계형 데이타베이스로의 전환하는 과정을 살펴보자. 이 작업의 출발점은

그림 3-16이다.

첫 번째 규칙은 개체관계성도의 개체를 관계로 표현하는 것이다. 따라서 컨설턴트, 고객, 급여, 프로젝트, 청구가 관계로 된다. 물론 각 개체의 키가 관계의 기본키가 되고 다른 속성들도 관계에 포함된다. 이 과정을 거치면 일차적으로 아래와 같은 관계를 파악할 수 있다. 이것들은 아직 다른 규칙들을 반영하여야 하므로 최종 디자인이 아니다.

컨설턴트(<u>직원번호</u>, 이름, 주소, 전화번호, 전문분야, 기술등급)
고객(<u>고객번호</u>, 이름, 주소, 전화번호)
급여(<u>수표번호</u>, 지급일, 금액)
프로젝트(<u>프로젝트번호</u>, 이름, 시작일, 예정종료일, 종료일, 요율)
청구(<u>청구서번호</u>, 청구일, 납기일, 금액)

두 번째 규칙은 개체 사이의 관계성을 먼저 파악한 관계에 반영하거나 독자적인 관계로 정의하는 것이다. '수령한다'의 관계성은 컨설턴트와 급여 사이의 1대다의 관계를 나타내므로 컨설턴트 관계의 기본키인 직원번호를 급여 관계에 외래키로 추가한다. '의뢰한다' 관계성은 고객과 프로젝트 사이의 1대다의 관계를 나타내므로 고객 관계의 기본키인 고객번호를 프로젝트 관계에 외래키로 추가한다. 이 두 관계성의 전환은 아래와 같이 앞에서 파악한 급여와 청구 관계의 디자인을 수정한다. 여기서 기본키를 밑줄로 표현한 것과 구분하기 위해 외래키는 이탤릭체로 나타내기로 한다.

급여(<u>수표번호</u>, 지급일, 금액, *직원번호*)
프로젝트(<u>프로젝트번호</u>, 이름, 시작일, 예정종료일, 종료일, 요율, *고객번호*)

'책임진다' 관계성은 컨설턴트와 프로젝트 사이의 다대다 관계를 나타내고, '지불한다' 관계성은 고객과 청구 사이의 1대다 관계를 나타낸다. 두 관계성은 모두 기술적 속성을 가지므로 별도의 관계로 정의한다. 관계성을 나타내는 관계는 관련된 개체의 기본키를 결합하여 기본키로 정하고 자신의 기술적 속성을 포함한다.

컨설턴트-프로젝트(직원번호, 프로젝트번호, 총용역시간, 평가자, 평가점수)
고객-청구(고객번호, 청구서번호, 지불일, 금액)

이러한 전환 과정을 거쳐 최종적으로 확정된 윈윈컨설팅 데이타베이스에 필요한 관계는 다음과 같다.

컨설턴트(직원번호, 이름, 주소, 전화번호, 전문분야, 기술등급)
고객(고객번호, 이름, 주소, 전화번호)
급여(수표번호, 지급일, 금액, *직원번호*)
프로젝트(프로젝트번호, 이름, 시작일, 예정종료일, 종료일, 요율, *고객번호*)
청구(청구서번호, 청구일, 납기일, 금액)
컨설턴트-프로젝트(직원번호, 프로젝트번호, 총 용역시간, 평가자, 평가점수)
고객-청구(고객번호, 청구서번호, 지불일, 금액)

4.4 요 약

관계형 데이타베이스 모델에서는 데이타를 관계라 불리는 테이블 형태로 표현한다. 이 테이블은 속성과 터플에 의해서 특징지어 진다. 테이블의 내용과 관계되어 이해해야 할 용어로는 원소수, 차수, 영역, 키, 관계성 및 업무 제반규칙 등이 있다. 관계 데이타베이스에서 반드시 알아야 할 용어로서 터플을 유일하게 구분시켜주는 하나 또는 그 이상의 속성들의 모임을 관계키라고 하는데 이 키는 그 내용에 따라 기본키, 외래키, 후보키, 대체키, 합성키로 나누어진다.

관계에 속하는 테이블은 다음과 같은 몇 가지 성질을 만족시켜야 한다. 첫째, 열 속의 데이타는 모두 원자적이어야 한다. 둘째, 열 속의 값들은 같은 영역에 속해야 한다. 셋째, 각 행은 유일해야 한다. 넷째, 속성들의 나열순서는 무의미하다. 마지막으로, 터플의 순서는 무의미하다.

데이타베이스에 저장되는 데이타에 대한 일련의 규칙을 관계의 제약이라고 하며 이는 크게 본질적 제약과 내재적 제약으로 나눌 수 있다. 본질적 제약은 기본키와 관련된 제약으로서 유일성과 최소성으로 나누어지며, 내재적 제약은 관계에 포함되는 데이타나 속성에 관계되는 제약으로서 영역 제약과 참조 무결성 제약으로 나누어진다.

관계형 데이타베이스 설계의 목표는 데이타의 중복성을 배제하고 일관성을 유지할 수 있는 관계 구조를 구축하는 것이다. 데이타베이스에서 데이타에 대한 조작으로 인한 데이타이상을 배제하고자 하는 노력이 정규화 작업이다. 정규화는 정규형의 개념하에서 형성되는데 관계에 대한 정규형은 제1정규형, 제2정규형, 제3정규형, 보이스-카드 정규형, 제4정규형, 제5정규형 등이 있다. 정규화는 일반적으로 몇 단계에 걸쳐서 이루어진다. 제1정규형에 있는 관계는 다중값이 아닌 원자적인 원소만을 지니고 있으며 제2정규형에 있는 관계는 비기본키 속성들이 기본키에 대하여 완전 함수적 종속 관계를 유지하고, 제3정규형에 있는 관계는 이행적 종속 관계가 없으며, 보이스-카드 정규형에 있는 관계에서는 모든 결정자가 후보키로서의 역할을 하고 있다. 제4정규형은 다중종속 문제를 해결해 주고 제5정규형은 결합 종속성 문제를 해결해 준다. 정규화에 상반된 개념으로 비정규화를 들 수 있다. 비정규화는 데이타베이스의 처리속도를 빠르게 하기 위하여 고의적으로 정규화에 위배되게 데이타베이스를 설계하는 것을 말한다.

개체관계성 모델은 크게 이진관계성과 IS-A 관계성으로 나누어진다. 개체관계성 모델에서 사용되는 개체와 관계성은 모두 관계 데이타베이스 모델에서 사용되는 관계로 전환시킬 수 있기 때문에 데이타베이스 설계 과정의 연속성이 보장된다.

주요용어

관계	속성	업무제반규칙	본질적 제약
터플	영역	내재적 제약	정규화
원소수	차수	제1정규형	제2정규형
기본키	외래키	제3정규형	보이스-카드 정규형
후보키	대체키	완전함수적 종속	이행적 종속
합성키	관계성		

연습문제

01 기본키 개념을 도입한 이유는 무엇인가?

02 영역의 중요성을 기술하라.

03 관계가 되려면 어떤 성질을 만족시켜야 하는가?

04 정규화를 통하여 구조화된 관계의 장점과 단점을 기술하라.

05 1, 2, 3 정규형이란 무엇을 말하는가? 정의를 쓰고 예를 들어 설명하라.

06 보이스-카드 정규형이란 무엇을 말하는가? 정의를 쓰고 예를 들어 설명하라.

07 부분 함수적 종속 관계 또는 이행적 종속 관계를 지닌 관계가 가지는 문제점은 무엇인가?

08 손실 분해와 무손실 분해의 차이점을 설명하라.

09 1:다 개체관계성도를 관계형의 스키마로 표현하는 방법과 다:다 개체관계성도를 관계형의 스키마로 표현하는 방법의 주된 차이점을 기술하라.

10 IS-A 관계성을 가진 개체관계성도를 관계형의 스키마로 표현하는 방법을 예를 들어 가며 기술하라.

11 다음 속성들 사이의 종속 관계를 참조하여 아래 문제에 답하라.

> 판매상품(재고번호, 판촉코드, 공급업자, 스타일, 가격)
> 재고번호, 판촉코드 → 공급업자, 스타일, 가격
> 재고번호 → 공급업자, 스타일

(a) 판매상품 관계는 어느 정규형에 속하는가?
(b) 판매상품 관계를 한 단계 높은 정규형의 관계로 전환하라.

12 다음의 발송 관계와 속성들의 종속 관계를 가지고 아래와 같이 3정규형 관계를 도출하라.

> 발송(선박이름, 선박유형, 항로번호, 카고, 항구, 날짜)
>
> 선박이름 → 선박유형
> 항로번호 → 선박이름, 카고
> 선박이름, 날짜 → 항로번호, 항구

(a) 발송 관계의 후보키는 무엇인가?
(b) 제2정규형 관계를 도출하라.
(c) 제3정규형 관계를 도출하라.

13 다음 관계를 가지고 아래 문제에 답하라.

> 수강(과목번호, 과목명, 학점, 강의실, 시간, 강사, 학번, 성명, 학년)

(a) 수강 관계는 어느 정규형에 속하는가?
(b) 수강 관계를 3정규형으로 만드는 과정을 단계별로 설명하라.

14 3장의 연습문제 13번에서 도출된 개체관계성도에 대하여 본장의 관계 전환 규칙을 적용하여 관계를 도출하라.

15 3장의 연습문제 14번에서 도출된 개체관계성도에 대하여 본장의 관계 전환 규칙을 적용하여 관계를 도출하라.

16 3장의 연습문제 15번에서 도출된 개체관계성도에 대하여 본장의 관계 전환 규칙을 적용하여 관계를 도출하라.

17 3장의 연습문제 16번에서 도출된 개체관계성도에 대하여 본장의 관계 전환 규칙을 적용하여 관계를 도출하라.

제3부

데이타베이스 언어

제5장 관계형 데이타베이스 언어

제6장 고급 SQL과 QBE

제5장

관계형 데이타베이스 언어

학습목표

이 장을 읽은 뒤에 독자들은 다음 사항을 이해해야 한다.

- 관계형 데이타베이스 언어 개념
- SQL의 발전 과정
- 데이타 정의와 관련한 SQL 사용 방법
- 기초적인 SQL 질의 방법

본 장에서는 관계형 데이타베이스 관리 시스템 사용을 위한 관계형 데이타베이스 언어에 대한 기본적인 개념과 사용법을 소개한다. 관계형 데이타베이스 관리 시스템의 기본 요소인 관계형 데이타베이스 언어는 관계형 대수와 관계형 해석의 이론에 기초하고 있음을 요약하여 설명한다. 구체적으로 관계형 데이타베이스 언어의 사실상 표준이라 할 수 있는 SQL의 표준화를 중심으로 한 발전 과정을 요약한다. 이어서 관계형 데이타베이스 구현을 위한 데이타베이스 정의와 조작을 위해 데이타베이스 정의어와 데이타베이스 조작어의 기초를 살펴본다. 그리고 본 장에서는 대표적인 관계형 데이타베이스 언어인 SQL의 기초적 사용법을 중점적으로 소개한다.

5.1 관계형 데이타베이스 언어

1970년대 초 E. F. Codd는 관계형 데이타 모델을 관계형 데이타 언어와 함께 소개하였다. 데이타를 테이블에 나타내는 관계형 데이타 모델은 화일을 테이블로 그리고 필드를 속성으로 용어 전환한 기존의 화일 시스템 모델과 유사하다고 볼 수 있었다. 그러나 이러한 전환은 물리적 구조보다 데이타의 논리적 의미를 더 강조한 것이다. 관계형 데이타 모델의 진정한 힘은 논리적 특성에 근거한 데이타 조작을 가능하게 한 데이타 언어에 있었다. 그리하여 관계형 대수와 관계형 해석에 기초한 관계형 데이타베이스 언어에는 관계형 데이타베이스의 혁명을 일으켰다.

관계형 데이타베이스 언어는 관계형 대수어와 관계형 해석어가 있다. E. F. Codd가 제안한 관계형 대수어와 관계형 해석어는 이론적 언어이다. 이들은 실제의 상업용 관계형 데이타베이스 관리 시스템에서 그대로 실행되는 것이 아니라 관계형 데이타 모델을 위한 대수와 해석의 개념이다. 관계형 대수어는 상업용 관계형 데이타베이스 관리 시스템에서 발견되는 기본적 관계형 데이타 조작 개념과 어휘를 제공하였다. 관계형 해석어는 형식 논리(Formal Logic)에 기초하고 있다. 관계형 대수어와 관계형 해석어는 논리적으로 동등하다. 이것은 관계형 대수어로 표현되는 질의가 관계형 해석어로도 표현 가능하다는 의미이다. 또 그 반대의 경우도 성립한다. 이것은 질의어의 논리적 힘을 측정하는 수단을 제공하여, 상업용 관계형 데이타베이스 관리 시스템의 언어의 논리적 힘을 관계형 대수어나 관계형 해석어와 비교하여 평가할 수 있게 한다.

5.1.1 관계형 대수어

관계형 대수어(Relational Algebra)는 관계를 조작하는 절차적 언어(Procedural Language)이다. 관계형 대수어는 몇 개의 기본적 연산자(Operator)의 집합이라 할 수 있으며, 이 연산자는 하나 또는 두 관계에 적용되어 새로운 관계를 만들어 낸다. 이 새로운 관계가 다시 또 다른 연산자의 입력으로 사용될 수도 있으며, 이 개념은 무한의 데이타 조작을 가능하게 한다. 이것은 산술 연산에서 +, −, *, /의 연산자를 사용하여 어떤 연산식도 표현할 수 있고, 한 연산식은 다른 연산의 하나의 인수로 다시 사용되어 복잡한 식을 표현하는 것과 같다.

E. F. Codd는 관계형 대수어에서 8개의 연산자를 정의하였다. 관계형 대수어의 연산자는 두 그룹으로 나누어진다. 첫 번째 부류는 전통적 집합 연산을 위한 합집합(Union), 교집합(Intersection), 차집합(Difference), 카티션 곱(Cartesian Product)을 포함한다. 두 번째 부류로는 관계형 연산을 위한 선별(Selection), 투사(Project), 결합(Join), 그리고 나누기(Divide)가 있다. 이들 연산자에 대한 간략한 정의를 보면 다음과 같으며, 그림 5-1 은 이를 그래픽으로 표현한 것이다.[3)]

- **합집합(Union)** : 두 관계에서 하나 또는 모두에 나타나는 터플(Tuple)로 구성된 하나의 관계 생산
- **교집합(Intersection)** : 두 관계에서 공통으로 나타나는 터플(Tuple)로 구성된 하나의 관계 생산
- **차집합(Difference)** : 두 관계 중 첫 번째 관계에는 있고 두 번째 관계에는 있지 않는 터플(Tuple)로 구성된 하나의 관계 생산
- **곱(Cartesian Product)** : 두 관계의 터플을 모든 가능한 경우로 결합하여 구성되는 관계 생산
- **선별(Restrict or Selection)** : 하나의 관계로부터 특정 조건을 만족하는 모든 터플(Tuple)로 구성된 관계를 생산
- **투사(Project)** : 하나의 관계에서 특정 속성을 제거한 후의 터플로 구성되는 관계 생산
- **결합(Join)** : 두 관계의 공통된 속성이 같은 값을 갖는 두 터플의 결합으로 구성된 관계 생산
- **나누기(Divide)** : 1진 관계의 모든 값과 같은 2진 관계의 같은 속성값을 제외한 터플의 다른 속성값으로 구성된 관계 생산

3) 출처: Date, C., An Introduction to Database Systems, Addison-Wesley Publishing, 2003.

[그림 5-1] 관계형 대수어 연산자

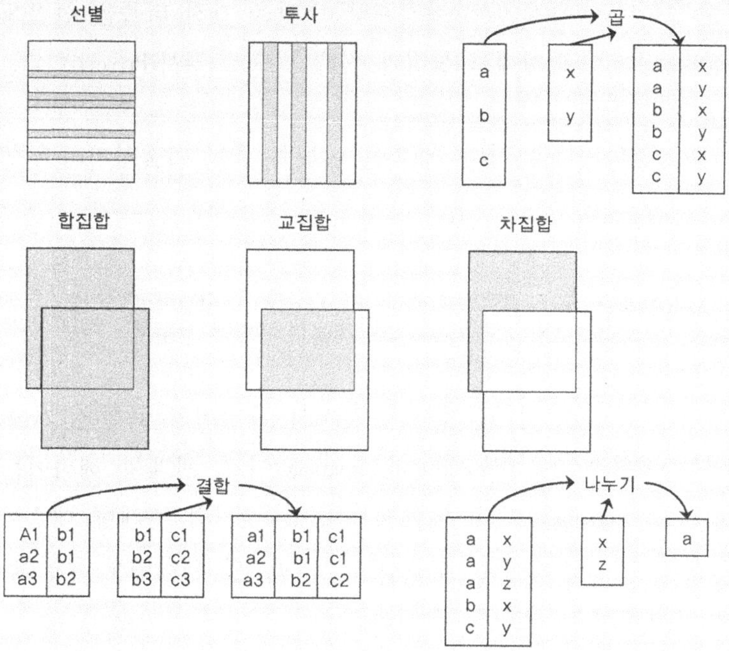

5.1.2 관계형 해석어

관계형 해석어와 관계형 대수어는 서로의 대안이라 할 수 있으며, 매우 다른 접근 방법을 택한다. 둘 사이의 주요 차이점은 관계형 대수어는 시스템에게 데이타베이스의 관계로부터 어떻게(How) 원하는 새로운 관계를 구축할 것인지를 말하는데 사용되는 구체적 연산자의 집합으로 구성되어 있으나, 관계형 해석어(Relational Calculus)는 무엇(What)을 원하는지를 기존의 관계로 정의하는데 사용되는 표시법을 제공한다. 따라서 관계형 해석어는 바라는 결과를 정의하는 특성을 기술하는데 사용된다. 그 결과를 얻기 위해 실행되어야 하는 연산은 관계형 데이타베이스시스템에게 맡긴다. 관계형 해석어는 단순히 문제가 무엇인지를 기술하고, 관계형 대수어는 그 문제를 해결하는 절차를 기술한다.

예를 들어 '무지개약국'을 담당하는 직원의 이름과 직책을 추출하기 위하여 관계형 대수어에서는 다음과 같은 단계를 제시한다.

1. 인사번호 필드로 고객과 직원 관계를 결합(Join)한다.
2. 결합의 결과로 나온 관계에서 '무지개약국' 값을 가진 터플을 선별(Select)한다.
3. 선택의 결과로 나온 관계에서 성명과 직책 필드로 투사(Project)한다.

그러나 관계형 해석어에서는 같은 쿼리를 아래와 같이 기술적이며 선언적으로 표현한다.

> 고객과 직원 관계가 같은 고객번호 값을 가지고 또 '무지개약국'이라는 고객이름 값을 가진 고객이 존재하도록 하는 직원의 이름과 직책을 구하라.

관계형 대수어의 표현은 절차적이지만, 관계형 해석어의 표현은 기술적이다. 즉 관계형 대수어는 절차적 언어(Procedural Language)이고, 관계형 해석어는 비절차적 언어(Non-procedural Language)이다. 앞에서 언급한 것처럼 관계형 대수어와 관계형 해석어는 동등하다. 즉 어떠한 관계형 대수어의 표현에 대하여도 동등한 관계형 해석어의 표현이 존재하고 그 반대도 성립한다.

관계형 해석어는 수학적 논리의 한 분야인 술어적 해석(Predicate Calculus)에 기초한다. E. F. Codd가 술어 해석학을 관계형 데이타 모델에 응용하여 터플 변수(Tuple Variable) 개념을 정의하였다. 이것을 바탕으로 한 데이타베이스 언어가 개발되었으며, 이러한 언어가 터플 해석어(Tuple Calculus)이다. 터플 해석어의 대안으로 영역 변수(Domain Variable)를 근간으로 하는 영역 해석어(Domain Calculus)가 제안되었다. 터플 해석어와 영역 해석어 모두 관계형 해석어이다. 지금까지 많은 관계형 해석어가 등장하였으나 상세한 기술은 이 책의 범위를 넘어 구체적으로 다루지 않는다. 6장에서 다루는 QBE(Query By Example)는 영역 해석어의 한 예이며, 오늘날 데이타베이스 관리 시스템의 그래픽 언어의 바탕이 되었다.

5.2 SQL

E. F. Codd가 관계형 데이타 모델을 소개한 이후 관계형 데이타베이스 언어를 개

발하기 위한 많은 노력이 있었다. 그 중에서도 SQL(Structured Query Language)은 대표적 관계형 데이타베이스 언어이다. SQL이 관계형 데이타 모델을 충실히 실행하고 있지는 못한 것이 사실이지만 현재 거의 모든 상업용 관계형 데이타베이스 관리 시스템에서 SQL이 데이타베이스 언어로 사용되고 있다.

5.2.1 SQL 표준

SQL은 1970년대 중반 IBM의 한 연구소에서 관계형 데이타베이스 관리 시스템과 그 언어를 개발하면서 등장하여 지속적으로 발전하였다. IBM은 개발하는 관계형 데이타베이스 시스템의 언어를 처음에는 SEQUEL(Structured English Query Language)이라 부르다가 1970년대 후반에 SQL이라고 바꾸고 일반에게 공개하였다. 1986년 미국 국가표준국(American National Standards Institute; ANSI)의 SQL 표준이 공인되면서 SQL은 빠르게 확산되어 많은 상업용 관계형 데이타베이스 관리 시스템에서 채택되었다. 이후 1996년까지는 국가표준기술국(National Institute of Standards and Technology; NIST)의 데이타 관리 표준 프로그램이 SQL 데이타베이스 관리 시스템이 SQL 표준을 따르는가를 공인하였으나, 현재는 데이타베이스 관리 시스템 벤더(Vendor)들이 스스로 자신들의 제품의 표준 준수 여부를 공인하고 있다.

〈표 5-1〉 SQL 표준 역사

년도	이름	주요 사항
1986	SQL-86	ANSI 공인 표준
1989	SQL-89	일부 수정
1992	SQL-92 (SQL2)	대폭 수정
1999	SQL:1999 (SQL3)	순환쿼리, 트리거, 프로시저, 객체지향 요소
2003	SQL:2003	XML, 윈도우 함수
2006	SQL:2006	XML 쿼리 언어
2008	SQL:2008	INSTEAD OF 트리거, TRUNCATE 문

SQL 표준은 그 내용이 방대하여 몇 개의 부분으로 나누어져 있으며, 그 볼륨은 수 천 페이지에 달한다. 그러므로 앞에서 말한 것처럼 어느 관계형 데이타베이스 관리 시스템도 표준 전체를 지원하는 것은 없다. 일반적으로 상업용 관계형 데이타베이스 관리 시스템은 SQL 표준의 일부를 지원하지 않기도 하지만 표준에 없는 것들을 포함하기도 한다.

화일처리 시스템에서는 화일에 저장된 데이타를 검색하기 위하여 프로그래밍 언어를 사용하여 왔으나 데이타베이스 개념이 도입되면서 데이타베이스에 저장된 데이타를 처리하고 조작하기 위해서 SQL과 같은 데이타베이스 언어를 사용하게 되었다. 컴퓨터 화일에 저장된 데이타를 검색하기 위해서는 3세대 언어(3rd Generation Language)인 프로그래밍 언어와 4세대 언어(4th Generation Language; 4GL) 언어인 SQL을 사용할 수 있다. 절차적 언어인 3세대 언어는 프로그래머가 명령 코드를 작성할 때 정확하게 프로그램이 실행되는 순서를 작성하도록 요구한다. 그러나 비절차적 언어인 4세대 언어에서는 3세대 언어에서와 달리 프로그래머가 명령 작성 시 명령의 수행이 어떤 정해진 순서에 맞추어지도록 프로그램을 작성할 필요가 없다.

데이타를 검색하는 데 있어서 SQL사용과 일반 프로그래밍 언어 사용의 차이는 다음과 같이 요약될 수 있다. 프로그래밍 언어를 사용할 경우에는 데이타를 찾기 위하여 어떠한 경로를 따라서 데이타를 검색해야 하는가 등의 검색 진행 방법을 명시해 주어야 한다. 그러나 SQL을 사용할 경우에는 단지 어떤 데이타를 원한다는 것만 명시해 주면 된다. 즉, SQL을 사용할 경우에는 데이타 검색이 어떤 절차에 의하여 진행되는지에 관하여 사용자는 신경 쓸 필요가 없다는 것이다.

5.2.2 SQL 명령문

데이타베이스 언어는 크게 두 개로 나누어진다. 그 하나는 데이타베이스 객체를 정의해 주거나 선언해 주는 데이타 정의어(Data Definition Language; DDL)이고 다른 하나는 이 객체에 대한 처리나 조작을 지원해 주는 데이타 조작어(Data Manipulation Language; DML)이다. 데이타 정의어 또는 데이타 기술어(Data Description Language)는 데이타베이스의 구조를 묘사하는 언어이다. 데이타 정의어는 데이타베이스의 테이블

이름과 테이블 속의 속성들의 이름을 만들고 속성들의 성격을 기술한다. 일반적으로 사용하는 상업용 데이타베이스 관리 시스템 제품에 따라서 데이타베이스의 구조가 데이타베이스 관리 시스템에 묘사되는 방법이 다르다. 어떤 제품에서는 데이타베이스의 구조를 묘사하기 위한 텍스트 화일이 만들어진다. 또한 이 화일은 색인의 정의, 제약조건 및 보안 통제와 같은 성격의 기술을 포함한다.

일반적으로 데이타베이스 관리 시스템에서 사용되는 SQL은 다음 표 5-2 에서 보는 바와 같이 앞에서 설명한 데이타 정의어와 데이타 조작어 외에 데이타 통제어(Data Control Language; DCL)에 속하는 명령문 또는 문(Statement)들을 포함한다. 본 장과 6장에서 데이타베이스 테이블의 생성이나 삭제 등에 사용하는 데이타 정의어와 저장된 데이타를 조작하고 처리하기 위하여 사용되는 데이타 조작어인 SQL 문에 대하여 소개한다. 데이타 통제어는 10장에서 다루기로 한다.

〈표 5-2〉 SQL 문의 종류

구분	SQL 문	목적
DDL	CREATE TABLE	기본 테이블 생성
	CREATE VIEW	뷰 테이블 생성
	CREATE INDEX	인덱스 생성
	DROP TABLE	기본 테이블 삭제
	DROP VIEW	뷰 테이블 삭제
	DROP INDEX	인덱스 삭제
	ALTER TABLE	기본 테이블 변경
DML	SELECT	테이블 데이타 검색
	INSERT	테이블 데이타 입력
	DELETE	테이블 데이타 삭제
	UPDATE	테이블 데이타 갱신
DCL	GRANT	데이타베이스 객체에 대한 권한 부여
	REVOKE	GRANT로 부여된 권한 취소

데이타베이스 분야에서 질의어(Query Language)는 두 가지 의미로 혼용되고 있다.

좁은 의미의 질의어는 데이타베이스 관리 시스템을 통하여 데이타를 검색하는 것만을 뜻하고, 넓은 의미의 질의어는 데이타 검색뿐만 아니라 데이타를 조작하는데 사용되는 것을 포함한다. 이 책에서는 좁은 의미의 질의어에 대한 해석을 채택하고, 데이타베이스를 검색하기 위하여 SELECT 문을 사용하는 것만 질의(Query)라고 부르기로 한다. 그 이유는 일반 사용자들은 주로 데이타를 검색하기 위하여 SQL의 SELECT 문만을 주로 사용하기 때문이다. 데이타 조작을 요구하는 INSERT, DELETE, UPDATE 문은 일반 사용자가 직접 사용하는 경우는 드물며, 질의문이라는 용어보다는 명령문이라는 용어를 사용하는 것이 더 적절하다.

5.3 데이타 정의 SQL

5.3.1 테이블 생성

그림 5-2 는 관계형 데이타베이스를 정의하기 위하여 IBM의 DB2시스템에서 채택하고 있는 전형적인 데이타 정의어 사용의 예를 보여주고 있다. CREATE TABLE 문은 테이블을 처음 생성하기 위하여 사용되는 명령이다. CREATE TABLE 문에는 테이블의 이름과 각 열의 이름이 포함되어 있으며 각 열에 들어갈 데이타에 대한 데이타 형식(Data Type), 테이블의 기본키 및 외래키 등에 관한 정의가 포함되어 있다. CREATE TABLE에 쓰여진 NOT NULL은 해당 열의 데이타가 공값(Null Value)을 가질 수 없음을 나타낸다.

데이타베이스는 그림 5-2 와 같이 데이타 정의어 명령문에 의해서 정의할 수도 있고, 6장의 QBE와 8장의 Access 입력 화면처럼 데이타베이스 관리 시스템에 따라서는 그래픽 형태로 정의할 수도 있다. 표 5-3 은 마이크로소프트의 액세스(MS Access)에서 테이블 정의에 사용할 수 있는 데이타 형식을 보여준다. 액세스와 같이 PC 기반이 아니라 서버 기반의 다른 데이타베이스 관리 시스템에서는 더 다양한 데이타 형식을 지원한다.

[그림 5-2] CREATE TABLE의 예

```
CREATE TABLE 고객
(고객번호      INTEGER        NOT NULL,
 고객이름      VARCHAR(10)    NOT NULL,
 주소          VARCHAR(20)    NOT NULL,
 시도          VARCHAR(10)    NOT NULL,
 우편번호      CHAR(10)       NOT NULL,
 전화번호      CHAR(10)       NOT NULL,
 PRIMARY KEY (고객번호));

CREATE TABLE 주문
(주문번호      INTEGER        NOT NULL,
 주문일        DATE           NOT NULL,
 납기일        DATE           NOT NULL,
 인사번호      INTEGER        NOT NULL,
 고객번호      INTEGER        NOT NULL,
 PRIMARY KEY (주문번호),
 FOREIGN KEY (인사번호) REFERENCES 직원,
 FOREIGN KEY (고객번호) REFERENCES 고객);
```

〈표 5-3〉 MS Access 데이타 형식

데이타 형식	설명	크기(Byte)
텍스트(Text)	255개까지의 문자	
메모(Memo)	65,536개까지의 문자	
바이트(Byte)	0에서 255까지의 정수	1
정수(Integer)	-32,768에서 32,767 사이의 정수	2
Long	-2,147,483,648에서 2,147,483,647 사이의 정수	4
Single	단일 정밀도의 부동소수점 형태의 수	4
Double	이중 정밀도의 부동소수점 형태의 수	8
통화(Currency)	통화 단위를 나타내는 수	8
자동번호(AutoNumber)	자동 생성되는 (1부터) 일련번호	4
날짜/시간(Date/Time)	날짜 및 시간을 나타내는 수	8
예/아니오(Yes/No)	예/아니오, 진/부, 온/오프를 나타내는 논리적 값	1 Bit
Ole Object	사진, 오디오, 비디오, 다른 BLOP	1 GB
하이퍼링크(Hyperlink)	다른 웹사이트나 화일에 대한 링크	

5.3.2 테이블 삭제

테이블을 삭제하려면 DROP TABLE을 사용하면 되는데 이 명령문은 CREATE TABLE과는 달리 삭제하려는 테이블의 이름만 밝히면 된다. 즉, "직원" 테이블을 삭제하고자 하면 다음과 같이 하면 된다.

```
DROP TABLE 직원 ;
```

DROP TABLE 명령을 실행시키면 "직원" 테이블에 들어 있는 모든 데이타도 함께 지워진다. 따라서 이 명령을 실행시킬 경우에는 명령 실행 전에 다시 한 번 확인하는 자세가 필요하다.

5.3.3 테이블 정의 변경

테이블을 정의하여 사용하다 보면 테이블 설계 시에는 생각하지 못했던 열을 테이블에 삽입할 필요가 생기기도 한다. 이 경우에 기존 테이블의 구조를 변경시켜야 하는데 이를 위해서 사용되는 명령이 ALTER TABLE이다. 만일 기존의 "직원" 테이블에 '전화번호'란 속성을 추가하고 싶으면 다음과 같이 하면 된다.

```
ALTER TABLE 직원
ADD (전화번호 CHAR(15));
```

위와 같이 생성된 '전화번호' 열은 데이타가 없는 빈칸으로서 기존 열의 맨 끝에 생성되며 기존 데이타베이스 운영에는 영향을 주지 않는다. 그러나 이 열을 생성할 시점에 모든 터플들의 '전화번호' 칸이 공값이 될 수밖에 없기 때문에 ALTER TABLE 명령문에는 NOT NULL 제약조건을 명시할 수 없다.

5.3.4 색 인

색인(Index)은 레코드를 신속하게 검색하는 데 도움을 주는 물리적 접근 경로이다. 데이타베이스를 검색하고자 할 때 색인이 있는 경우와 색인이 없는 경우의 레코드 검색속도에는 차이가 있다. 질의에 사용되는 특정 속성에 색인이 설정되어 있을 경우에는 이 색인을 이용하여 레코드 검색을 훨씬 신속하게 할 수 있다. 색인의 이용이 레코드 검색 속도를 빠르게 하여 레코드 검색에는 도움을 주지만 이 색인도 하나의 화일로 저장되기 때문에 레코드의 형태나 내용이 자주 갱신될 경우에는 이의 유지 및 갱신 비용이 요구되기 때문에 검색효과에 대비한 이들 비용을 고려하여 설정되어야 한다(색인에 관한 추가적인 내용은 부록 1 참조).

SQL을 이용한 관계형 데이타베이스에서는 색인을 비교적 자유롭게 운용할 수 있다. 즉, 색인의 생성과 폐기는 기존 관계에 큰 영향을 주지 않기 때문에 필요에 따라 즉각적으로 색인을 설정하고 설정한 색인의 용도가 종료되면 곧 이를 폐기할 수 있다. 색인의 생성과 폐기는 다음과 같이 CREATE INDEX 명령과 DROP INDEX 명령을 사용한다.

(1) CREATE INDEX

색인을 설정하기 위하여 사용하는 명령문으로서 만일 "고객" 관계의 '시도'에 색인을 설정하려면 다음과 같이 한다.

```
CREATE INDEX 고객지역 ON 고객(시도);
```

위 명령문에서 고객지역은 "고객" 관계에 대한 색인 화일 이름이다.

(2) DROP INDEX

기존에 설치되어 있는 색인을 폐기하기 위하여 사용되는 명령문으로서 만일 "고객" 관계에 설정되어 있는 고객지역 색인을 폐기하려면 다음과 같이 한다.

```
DROP INDEX 고객지역 ;
```

5.3.5 가상 테이블

가상 테이블(View Table)은 하나 또는 다수의 사용자에게 물리적으로 존재하는 기본 테이블(Base Table) 또는 이들의 합성 테이블의 일부를 보여주는 것으로 물리적으로 따로 존재하는 테이블은 아니다. 가상 테이블에 나타나는 내용은 일반적으로 사용자의 업무에 필요한 부분에 한정된 것으로서 사용자의 편의를 높여주고 있다. 가상 테이블의 생성과 폐기에는 다음과 같이 CREATE VIEW 명령과 DROP VIEW 명령을 사용한다.

(1) CREATE VIEW

가상 테이블을 생성하기 위하여 사용하는 명령문으로서 만일 업무상 서울에 위치한 고객의 고객번호, 고객이름, 전화번호를 수시로 참고할 필요가 있으면 다음과 같이 "고객" 관계에서 이들 속성만을 포함한 가상 테이블을 만들 수 있다.

```
CREATE VIEW    서울고객 AS
SELECT         고객번호, 고객이름, 전화번호
FROM           고객
WHERE          시도 = '서울'
```

위에 사용된 SELECT 문의 사용 형태에 대한 설명은 다음 절인 기초 질의 SQL 절에서 자세히 설명한다. 가상 테이블의 생성은 그 정의만 데이타베이스 관리 시스템에 저장되고 실제로 가상 테이블에 데이타가 저장되는 것은 아니다. 사용자나 애플리케이션에 의해 가상 테이블에 대한 질의가 일어나게 되면 그 때에 저장된 가상 테이블의 정의에 있는 SELECT 문이 실행되고 그 결과가 질의 처리에 사용된다.

(2) DROP VIEW

기존에 설치되어 있는 가상 테이블을 폐기하기 위하여 사용되는 명령문으로서 만일 서울고객 가상 테이블을 폐기하려면 다음과 같이 한다.

```
DROP VIEW 서울고객 ;
```

5.4 기초 질의 SQL

SQL을 데이타베이스 언어로 사용하는 관계형 데이타베이스에 저장된 자료를 검색하는 데는 SELECT 문이 사용된다. SELECT 문의 기본 구조는 아래와 같이 SELECT, FROM, 그리고 WHERE 절을 포함하며 시스템에 따라서 ; 부호 또는 다른 표현으로 명령문의 마침을 표시한다. 부가적인 데이타 처리를 위한 다른 절들을 포함하는 SELECT 문의 구조는 그림 5-3 과 같다.

[그림 5-3] SELECT 문 구조

SELECT	검색될 열(속성) 즉 데이타 항목을 나열
FROM	검색될 테이블 나열
WHERE	검색 조건 기술
GROUP BY	특정 열의 값에 따라 그룹화
HAVING	GROUP BY 절의 조건 기술
ORDER BY	특정 열의 값에 따라 정렬

SELECT 절에는 사용자가 검색 결과로 얻고자 하는 열 즉 속성의 이름들을 나열하고, FROM 절에는 검색하고자 하는 테이블의 이름들을 나열한다. 또한, WHERE 절에는 사용자가 검색 시 원하는 검색조건, 즉 출력하고자 하는 데이타의 제한 조건들을 명시한다. 그러나 만일 특별한 검색조건을 필요로 하지 않고 전체 기록을 얻고자 하면 WHERE 절은 생략될 수도 있다. GROUP BY 절은 특정 열의 값에 따라 그룹화한 후 각 그룹에 대한 질의 결과를 생성한다. HAVING 절은 GROUP BY 절에

의해 생성된 그룹에 적용하는 조건을 기술하는데 사용된다. ORDER BY 절은 특정 열의 값에 따라 결과를 정렬하도록 한다. SELECT 문에서 SELECT 절과 FROM 절을 반드시 포함해야 하지만, WHERE 절 이하는 필요에 따라 사용하게 된다.

이제 예제들을 통하여 SELECT 문을 활용하여 데이타를 검색하는 여러 가지 방법을 알아보기로 하자. 다양한 SELECT 문의 형태는 그림 5-4 의 건강제약의 데이타베이스 스키마를 사용하여 살펴보도록 한다. 그리고 그림 5-5 는 그림 5-4 의 건강제약 데이타베이스 스키마를 마이크로소프트 액세스(MS ACCESS)를 사용하여 생성한 테이블의 일부분을 보여주는 것이다. 각 예제의 결과 테이블은 부록 2에 수록된 건강제약 데이타베이스를 가지고 MS ACCESS에서 질의를 실행한 결과이다.

[그림 5-4] 건강제약의 데이타베이스 스키마

고객 (<u>고객번호</u>, 고객이름, 고객유형, 주소, 시도, 우편번호, 전화번호, 신용한도, 잔고, *인사번호*)
제품 (<u>제품번호</u>, 제품이름, 제품분류, 규격, 용량, 단가)
직원 (<u>인사번호</u>, 주민등록번호, 성명, 성별, 소속부서, 직책, 입사일)
주문 (<u>주문번호</u>, 주문일, 납기일, *인사번호*, *고객번호*)
주문항목 (<u>주문번호</u>, <u>제품번호</u>, 수량)

[그림 5-5] 건강제약 데이타베이스 샘플데이타

〈고객〉

고객번호	고객이름	고객유형	주소	시도	우편번호	전화번호	신용한도	잔고	인사번호
1001	무지개약국	약국	노원구 공능동 570	서울	139-240	948-5828	12,000,000	500,000	3006
1002	언덕약국	약국	수성구 지산동 456	대구	706-090	349-1629	8,000,000	1,200,000	3009
1003	문화약국	약국	송파구 가락동 560	서울	138-160	910-4411	15,000,000	300,000	3007
1004	미라약국	약국	광산구 고룡동 34-7	광주	506-358	904-7840	8,000,000	4,500,000	3003
1005	밀양약국	약국	사하구 감천동 5	부산	604-071	971-0555	17,000,000	8,000,000	3008

〈제품〉

제품번호	제품이름	제품분류	규격	용량	단가
A101	크로아난	항생제	625mg-정제	100	2,000
A102	목실린	항생제	500mg-정제	500	3,600
A103	사이클러	항생제	250mg-캅셀제	500	1,800
A104	오스맥스	항생제	500mg-정제	200	10,000
A105	세팍신	항생제	250mg-정제	100	3,400

〈직원〉

인사번호	주민등록번호	성명	성별	소속	직책	입사일
1004	820411-1342342	최철용	남	총무	사원	2006-12-01
2001	640227-1235373	서상길	남	재무	부장	1987-05-23
2002	860912-1763744	김남수	남	재무	사원	2008-03-10
2003	870911-2442344	정호남	여	재무	사원	2009-01-05
3001	660222-1453232	김철수	남	판매	이사	1988-10-31

〈주문〉

주문번호	주문일	납기일	고객번호	인사번호
1	2009-03-01	2009-04-07	1004	3003
2	2009-04-02	2009-04-20	1009	3005
3	2009-04-11	2009-04-21	1013	3004
4	2009-04-11	2009-05-07	1012	3010
5	2009-04-19	2009-05-03	1008	3003

〈주문항목〉

주문번호	제품번호	수량
1	A103	950
1	A106	640
1	D103	180
2	A105	490
2	D104	220

5.4.1 단일 테이블 검색

(1) 단순 검색

예제 1: 모든 고객의 고객번호, 고객이름, 주소를 구하라.

이 예제에서는 "고객" 관계에 있는 모든 터플의 고객번호, 고객이름, 주소를 요구하고 있으며 이때 요구에 주어진 특별한 조건은 없다. 따라서 SELECT 절에는 고객번호, 고객이름, 주소가 들어가고 이들이 포함된 기본 테이블이 고객 테이블이므로 FROM 절에는 고객이 들어간다. 출력에 대한 어떤 제한조건도 주어지지 않았으므로 WHERE 절은 생략한다. 따라서 이 예제에 대한 SELECT 문은 다음과 같이 주어진다.

```
SELECT   고객번호, 고객이름, 주소
FROM     고객;
```

〈MS ACCESS SQL 실행 과정〉

5장에서 보여주는 SQL 예제는 8.4.2절에서 실행하여 사용하고 있는 건강제약 데이타베이스를 이용한다. 건강제약 데이타베이스 테이블은 그림 8-14와 그림 8-15에서와 같이 MS ACCESS를 이용하여 설계하고, 설계된 테이블에 데이타를 부록 2에 있는 데이타를 입력하여 만들어졌다. MS ACCESS에서 건강제약 데이타베이스 테이블을 사용하여 예제 1의 SQL 문을 입력하여 실행하는 과정은 다음과 같다.

그림 5-A1의 상단 메뉴 중 '만들기'를 클릭한 후 나오는 메뉴에서 오른쪽에 있는 '쿼리 디자인'을 클릭하면 그림 5-A2의 스크린이 나온다. 그림 5-A2에서 닫기 버튼을 누르면 그림 5-A3과 같은 화면으로 바뀐다. 그림 5-A3의 좌측 상단의 SQL 버튼을 클릭하고 우측하단의 Query1 밑에 [예제 1]의 질의문인 「SELECT 고객번호, 고객이름, 주소 FROM 고객;」을 입력한 다음 좌측 상단의 SQL 버튼 옆에 있는 실행 버튼을 클릭하면 결과 테이블이 나타난다.

[그림 5-A1]

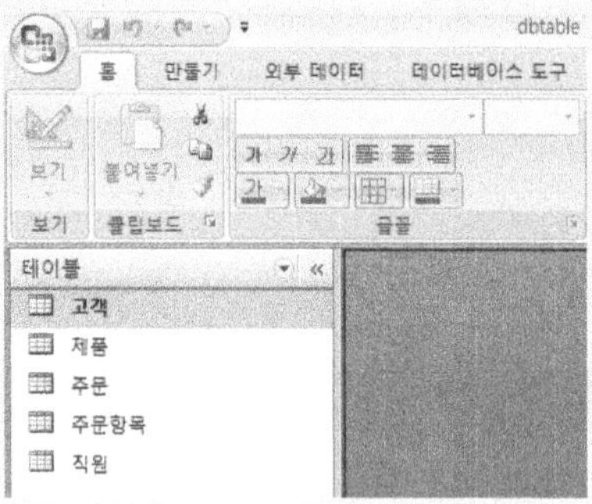

[그림 5-A2]

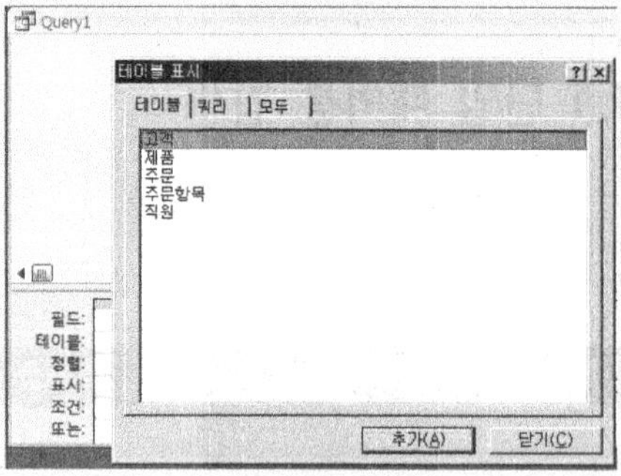

[그림 5-A3]

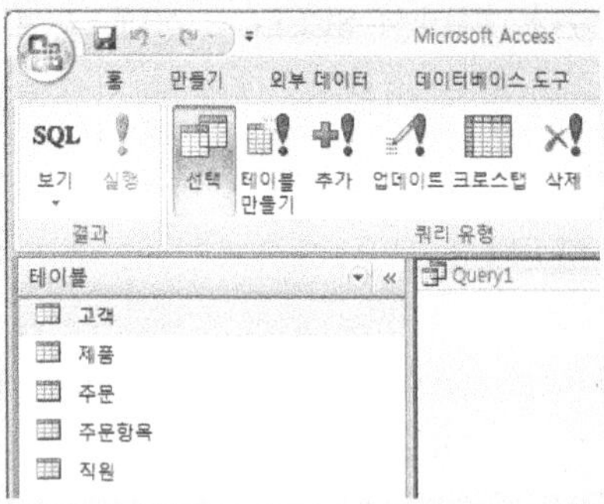

고객번호	고객이름	주소
1001	무지개약국	노원구 공능동 570
1002	언덕약국	수성구 지산동 456
1003	문화약국	송파구 가락동 560
1004	미라약국	광산구 고룡동 34-7
1005	밀양약국	사하구 감천동 5
1006	민생의원	마포구 도화동 208
1007	부광약국	성동구 광장동 660
1008	부부의원	서구 평리동 631
1009	서울의원	도봉구 도봉동 272
1010	서부약국	서초구 반포동 56
1011	삼일약국	유성구 방현동 181
1012	제민병원	양천구 목동 210-10
1013	보람약국	동작구 본동 21
1014	제일병원	북구 검단동 319
1015	정약국	해운대구 반여동 38
1016	삼일약국	관악구 신림동 55-5
1017	부부약국	중구 광복동 89
1018	삼화병원	도봉구 쌍문동 316
1019	서부의원	노원구 월계동 321-21
1020	김약국	북구 금곡동 45-9
1021	제일약국	강서구 가양동 271

질의문 실행 결과로 얻어진 테이블 내의 속성들의 순서는 SELECT 절의 속성의 순서를 바꾸어 조정할 수 있다. 예를 들어 고객번호를 마지막에 디스플레이하고 싶으면 SELECT 절에 고객이름, 주소, 고객번호 순으로 쓰면 된다.

예제 2: 서울에 영업지를 둔 고객의 고객이름, 주소, 전화번호를 구하라.

```
SELECT   고객이름, 주소, 전화번호
FROM     고객
WHERE    시도 = '서울' ;
```

고객이름	주소	전화번호
무지개약국	노원구 공능동 570	948-5828
문화약국	송파구 가락동 560	910-4411
민생의원	마포구 도화동 208	769-2357
부광약국	성동구 광장동 660	948-6677
서울의원	도봉구 도봉동 272	349-1234
서부약국	서초구 반포동 56	589-7831
제민병원	양천구 목동 210-10	934-5678
보람약국	동작구 본동 21	879-1112
삼일약국	관악구 신림동 55-5	971-9912
삼화병원	도봉구 쌍문동 316	906-6621
서부의원	노원구 월계동 321-21	911-1190
제일약국	강서구 가양동 271	803-1112

이 예제에서는 [예제 1]과는 달리 위의 질의문이 실행되면 FROM 절에 명시된 고객 테이블에서 WHERE 절에 주어진 제한 조건인 시도 = '서울'을 만족시키는 레코드만을 선택하여 SELECT 절에 주어진 고객이름, 주소, 전화번호를 출력시킨다. WHERE 절에 표현하는 조건에 사용되는 비교 연산자의 종류는 일반 수학식에서 사용되는 연산자와 같이 =, >, >=, <, <=, <> 등이 있다. <>는 [예제 3]에서 보는 것처럼 일반 수학식의 ≠과 같은 용도로 사용된다. 또한, 이와 같은 비교 연산자 외에 LIKE, BETWEEN, IN과 같은 특수 연산자도 같이 사용된다.

예제 3: 영업장소가 서울이 아닌 고객에 대한 모든 정보를 구하라.

```
SELECT    *
FROM      고객
WHERE     시도 <> '서울' ;
```

고객번호	고객이름	고객유형	주소	시도	우편번호	전화번호	신용한도	잔고	인사번호
1002	언덕약국	약국	수성구 지산동 456	대구	706-090	349-1629	8,000,000	1,200,000	3009
1004	미라약국	약국	광산구 고룡동 34-7	광주	506-358	904-7840	8,000,000	4,500,000	3003
1005	밀양약국	약국	사하구 감천동 5	부산	604-071	971-0555	17,000,000	8,000,000	3008
1008	부부의원	의원	서구 평리동 631	대구	703-010	906-2035	22,000,000	2,600,000	3003
1011	삼일약국	약국	유성구 방현동 181	대전	305-355	911-6761	8,500,000	650,000	3007
1014	제일병원	병원	북구 검단동 319	대구	702-030	349-2411	20,000,000	1,000,000	3006
1015	정약국	약국	해운대구 반여동 38	부산	612-060	903-6789	14,000,000	800,000	3007
1017	부부약국	약국	중구 광복동 89	부산	600-030	904-2244	7,000,000	500,000	3009
1020	김약국	약국	북구 금곡동 45-9	광주	500-400	971-4646	7,500,000	800,000	3002

이 예제는 [예제 2]와 유사하나 SELECT 절에 특수문자 별표(*)를 사용한 것이 다른 점이다. 이 별표의 사용은 모든 속성을 표현하는 것으로 사용된다. 즉, SELECT * 는 SELECT 고객번호, 고객이름, 주소, 시도, 우편번호, 전화번호, 신용한도, 잔고, 인사번호와 같은 표현이며, 출력되는 속성들의 순서는 고객 테이블에 정의된 속성들의 순서와 같다.

예제 4: 영업지가 서울이거나 대구인 고객들의 고객이름, 전화번호 및 신용한도를 구하라.

```
SELECT   고객이름, 전화번호, 신용한도
FROM     고객
WHERE    시도 = '서울'
OR       시도 = '대구' ;
```

고객이름	전화번호	신용한도
무지개약국	948-5828	12,000,000
언덕약국	349-1629	8,000,000
문화약국	910-4411	15,000,000
민생의원	769-2357	6,500,000
부광약국	948-6677	9,000,000
부부의원	906-2035	22,000,000
서울의원	349-1234	16,000,000
서부약국	589-7831	9,000,000
제민병원	934-5678	6,000,000
보람약국	879-1112	14,000,000
제일병원	349-2411	20,000,000
삼일약국	971-9912	18,000,000
삼화병원	906-6621	11,000,000
서부의원	911-1190	13,000,000
제일약국	803-1112	14,000,000

이 예제가 앞의 예제들과 다른 점은 WHERE 절에 OR로 연결된 검색 조건이 있다는 것이다. 이 예제에서와 같이 WHERE 절에는 OR 연산자 외에 AND와 NOT 등의 연산자를 사용하여 검색조건을 추가할 수 있다.

위의 [예제 4]의 WHERE 절에서 시도가 서울이거나 대구인 조건을 OR 연산자로 연결하고 있는데, 이러한 조건이 여러 개가 될 경우에는 여러 개의 OR 연산자가 사용되어야 하므로 질의문의 모양이 복잡하게 보인다. 그러나 이 OR 연산자 대신에 다음과 같이 IN 연산자를 사용하면 질의문의 형태가 간단해진다.

```
SELECT   고객이름, 전화번호, 신용한도
FROM     고객
WHERE    시도 IN ('서울', '대구') ;
```

위 질의문의 IN 연산자 앞에 NOT 연산자를 붙여서 사용할 수도 있다. IN 대신에 NOT IN이 사용되면 영업지가 서울도 대구도 아닌 고객을 파악하기 위한 질의문이

된다.

예제 5: 단가가 3,000원 이상 10,000원 이하인 제품의 제품번호와 제품이름 및 단가를 구하라.

```
SELECT   제품번호, 제품이름, 단가
FROM     제품
WHERE    (단가 >= 3000) AND (단가 <= 10000) ;
```

제품번호	제품이름	단가
A102	목실린	3,600
A105	세팍신	3,400
A104	오스맥스	10,000
B102	닥스펜	8,000
B103	플로펜	3,100
B104	아스타펜	6,600
C102	가스모틴	6,000
C104	판테온	3,900
D102	레보투스	10,000
E101	징카신	9,700
E104	센타몰	8,000
F101	제니트릴	4,000

위의 질의문에서는 단가에 대한 조건을 둘로 나누어서 AND 연산자로 연결하고 있는데 이와 같이 주어진 속성에서 두 범위 사이의 값에 대한 검색을 할 때 BETWEEN을 사용하면 다음과 같이 질의문의 형태가 간단해진다.

```
SELECT   제품번호, 제품이름, 단가
FROM     제품
WHERE    단가 BETWEEN 3000 AND 10000 ;
```

예제 6: 2001년 3월 1일과 2010년 2월 28일 사이에 입사한 직원의 인사번호, 성명, 소속부서 및 입사일을 구하라.

```
SELECT   인사번호, 성명, 소속부서, 입사일
FROM     직원
WHERE    입사일 BETWEEN 2001-3-1 AND 2010-2-28 ;
```

인사번호	성명	소속	입사일
1003	박재철	총무	2004-03-01
1004	최철용	총무	2006-12-01
2002	김남수	재무	2008-03-10
2003	정호남	재무	2009-01-05
3004	나영희	판매	2002-03-10
3005	김은희	판매	2004-12-01
3006	정보라	판매	2007-12-01
3007	이다솜	판매	2008-02-01
3008	김정희	판매	2008-03-20
3009	이원일	판매	2008-12-01
3010	최영식	판매	2008-01-20
4002	이종길	구매	2002-07-01

위의 질의문을 보면 WHERE 절의 조건이 BETWEEN을 사용하여 두 날짜 사이의 기간으로 표현되어 있다. 이것은 직원 테이블 정의에서 입사일을 날짜/시간의 숫자 데이타 형식으로 정의하였기 때문에 SQL 문의 실행에서 두 날짜를 사용한 빼기 연산이 이루어지는 것이 가능하다는 것을 의미한다.

예제 7: 가용할 수 있는 신용한도가 천만 원 이상인 고객의 번호, 이름, 잔여신용한도를 구하라.

```
SELECT   고객번호, 고객이름, (신용한도 - 잔고) AS 잔여신용한도
FROM     고객
WHERE    (신용한도 - 잔고) >= 10000000;
```

고객번호	고객이름	잔여신용한도
1001	무지개약국	11500000
1003	문화약국	14700000
1008	부부의원	19400000
1009	서울의원	15200000
1013	보람약국	12200000
1014	제일병원	19000000
1015	정약국	13200000
1016	삼일약국	14500000
1019	서부의원	12350000
1021	제일약국	12400000

위의 질의문에서는 수의 데이타 형식을 가진 필드를 사용하여 계산하는 수학적 표현을 SELECT 절과 WHERE 절에 사용하였다. 대부분의 상업용 데이타베이스 관

리 시스템에서는 연산이나 내장함수를 SELECT 절에 사용할 경우에 산출 결과의 의미를 알 수 있도록 '잔여신용한도'와 같이 임시로 정한 속성 이름을 위와 같이 SELECT 절에 '(신용한도-잔고) AS 잔여신용한도' 형태로 사용할 수 있게 한다.

예제 8: 성이 김씨인 직원의 성명, 직책과 입사일을 구하라.

```
SELECT    성명, 직책, 입사일
FROM      직원
WHERE     성명 LIKE '김*' ;
```

성명	직책	입사일
김남수	사원	2008-03-10
김철수	이사	1988-10-31
김은희	대리	2004-12-01
김정희	사원	2008-03-20

실제에서 질의의 조건이 정확하게 명시될 수 없고 위 예제에서와 같이 데이타의 일부만이 일치되는 조건을 명시해야할 경우가 생기게 된다. 이러한 경우에 사용되는 것이 LIKE 연산자이다. LIKE 연산자는 불특정 다수의 문자에 대치되는 특수문자인 '*'와 같이 사용된다.

(2) 내장함수의 활용

앞의 예제들에서 본 바와 같이 SELECT, FROM, WHERE 절로 이루어진 질의문은 상당히 유용하고 강력한 힘을 나타낸다. 그러나 SELECT 문으로는 단지 기존 테이블에 있는 데이타를 검색할 수 있을 뿐이고 이 데이타에서 파생될 수 있는 정보를 추출해 내기가 어렵다. 예를 들자면 '제품번호가 A102인 제품의 주문수를 구하라'와 같은 질문이 주어지면 전통적 SQL 문으로는 답할 방법이 없었다. 이러한 문제를 해결하기 위한 방편으로 SQL에 내장함수(Built-In Function)를 도입하게 되었다. SQL에서 사용되는 내장함수에는 COUNT, MIN, MAX, SUM 및 AVG 등이 있다. 내장함수들 중에서 COUNT를 제외한 다른 내장함수들은 집단함수(Aggregate Function)라고도 부른다. 이 함수들을 이용하면 단순질의에서와 같이 기존 테이블에 있는 데이타의 단순 추출 작업 외에 테이블에 있는 데이타를 이용한 간단한 계산결과도 얻을 수 있다. 이 함수들의 사용 결과로 얻어지는 값들은 다음 표에서와 같다.

함 수	사용 결과 값
COUNT(*)	검색된 레코드의 총 개수
SUM(속성)	검색된 값의 합
AVG(속성)	검색된 값의 평균
MAX(속성)	검색된 값 중의 최대치
MIN(속성)	검색된 값 중의 최소치

위와 같은 함수들이 제공되고 있음에도 불구하고 SQL에서 사용되는 집단함수의 종류 및 용도가 다양하지 못하다. 따라서 실무에 적용하고 응용할 수 있는 형태의 데이타를 얻고자 할 때 원하는 결과를 얻을 수 없는 경우가 많이 발생한다. 이러한 SQL의 약점을 보완하기 위하여 상업용 데이타베이스 관리 시스템에서는 호스트 프로그래밍 언어에 SQL을 내장하여 사용할 수 있도록 하고 있다. 내장 SQL에 대하여는 6장에서 설명한다.

예제 9: 주문항목 테이블에서 제품번호가 B101인 제품의 주문수를 구하라.

```
SELECT    COUNT( * ) AS 주문수
FROM      주문항목
WHERE     제품번호 = 'B101' ;
```

주문수
5

이 예제에서 SELECT 절의 COUNT(*)는 단지 제품번호가 B101인 주문이 기록된 해당 레코드의 개수만 세어 준다. 위 질의의 결과는 5만을 보여주게 되어 있으나 속성 이름처럼 보여준 '주문수'는 독자의 편의를 위하여 나타낸 것이다.

예제 10: 고객 전체의 수와 총잔고는 얼마인가?

```
SELECT    Count(*) AS 고객수, Sum(잔고) AS 총잔고
FROM      고객;
```

고객수	총잔고
21	33300000

(3) ORDER BY와 GROUP BY 사용

1) ORDER BY 절

질의문에 의해 검색된 레코드의 출력은 데이타베이스에 저장되어 있는 레코드 순서대로 출력된다. 따라서 출력된 레코드를 살펴보면 레코드가 정렬되지 않아 보기에 불편할 수도 있다. 출력되는 레코드에 순서를 부여하여 이러한 불편을 덜기 위하여 사용되는 것이 ORDER BY 절이다. 검색된 결과를 정렬시키기 위한 ORDER BY 절의 사용을 다음 예를 통하여 살펴보기로 하자.

예제 11: 주소지가 서울인 고객의 고객이름과 주소를 ㄱ, ㄴ, ㄷ순(오름차순)으로 정렬하여 구하라.

```
SELECT      고객이름, 주소
FROM        고객
WHERE       시도 = '서울'
ORDER BY    고객이름 ASC ;
```

고객이름	주소
무지개약국	노원구 공능동 570
문화약국	송파구 가락동 560
민생의원	마포구 도화동 208
보람약국	동작구 본동 21
부광약국	성동구 광장동 660
삼일약국	관악구 신림동 55-5
삼화병원	도봉구 쌍문동 316
서부약국	서초구 반포동 56
서부의원	노원구 월계동 321-2
서울의원	도봉구 도봉동 272
제민병원	양천구 목동 210-10
제일약국	강서구 가양동 271

이 예제에서 출력되는 레코드의 순서는 ORDER BY 절에 나오는 속성에 따라 정해지는데, ORDER BY 뒤에 따라 나오는 ASC(Ascending의 약자) 또는 DESC(Descending의 약자)의 사용에 따라서 오름차순 또는 내림차순으로 정렬된다. 아래 예에서 보는 바와 같이 DESC라고 명시하지 않으면 정렬은 자동적으로 ASC로 간주한다.

**예제 12: 각 고객의 번호, 이름, 신용한도를 구하라.
내림차순의 신용한도에 따라 고객 이름은 오름차순으로 정렬하시오.**

결과 테이블에서 보는 것처럼 신용한도는 내림차순(DESC)으로 정렬되었으나 고객 이름에 대하여서는 명시적 표현이 없었으나 자동적으로 오름차순(ASC)으로 정렬되었다.

```
SELECT      고객번호, 고객이름, 신용한도
FROM        고객
ORDER BY    신용한도 DESC, 고객이름;
```

고객번호	고객이름	신용한도
1008	부부의원	22,000,000
1014	제일병원	20,000,000
1016	삼일약국	18,000,000
1005	밀양약국	17,000,000
1009	서울의원	16,000,000
1003	문화약국	15,000,000
1013	보람약국	14,000,000
1015	정약국	14,000,000
1021	제일약국	14,000,000
1019	서부의원	13,000,000
1001	무지개약국	12,000,000
1018	삼화병원	11,000,000
1007	부광약국	9,000,000
1010	서부약국	9,000,000
1011	삼일약국	8,500,000
1004	미라약국	8,000,000
1002	언덕약국	8,000,000
1020	김약국	7,500,000
1017	부부약국	7,000,000
1006	민생의원	6,500,000
1012	제민병원	6,000,000

2) GROUP BY와 HAVING 절

집단함수를 사용하기 위해서는 특정 속성에 대하여 동일한 값을 갖는 집단별로 레코드가 분류되어야 한다. 예를 들자면, 주문항목 테이블에서 각 주문에 따라 주문된 제품별 현황을 알아보고자 한다면 이 테이블의 레코드들을 제품번호별로 구분할 필요가 생긴다. 이와 같이 레코드들을 집단별로 구분할 필요가 있을 경우 SQL에서는 GROUP BY 절을 사용한다. GROUP BY 절을 사용할 경우 SQL에서는 WHERE 절 대신에 HAVING 절을 사용하여 검색조건을 표시하도록 한다. 다음 예제에서 GROUP BY 절의 쓰임새를 살펴보기로 하자.

예제 13: 주문항목 테이블에서 각 제품번호별 총주문수량을 구하라.

```
SELECT      제품번호, SUM(수량) AS 수량총계
FROM        주문항목
GROUP BY    제품번호 ;
```

제품번호	수량총계
A101	960
A102	510
A103	3610
A104	640
A105	2110
A106	5435
B101	660
B102	2037
B103	2270
B104	1675
C101	1690
C102	780
C103	2395
C104	540
C106	240
C107	50
D101	640
D102	370
D103	230
D104	440
E101	25
-----	-----

이 예제는 GROUP BY와 집단함수 SUM의 사용 형태를 보여준다. GROUP BY에 의하여 주문에 관한 사항이 제품번호별로 집단으로 묶여져 처리되는데, 결과 테이블

들은 이 처리 관계를 보여 준다. 제품번호별 주문수량의 합은 SUM 함수의 사용으로 계산된다.

예제 14: 제품번호가 A106인 제품의 총주문수량을 구하라.

이 질의에 대한 해답을 얻기 위하여 주의 깊게 접근하지 않으면 다음과 같은 질의문을 사용하는 오류를 범하기가 쉽다.

```
SELECT    제품번호, SUM(수량) AS 총주문수량
FROM      주문항목
WHERE     제품번호 = 'A106' ;
```

그러나 위와 같은 질의문을 실행시키면 다음과 같은 에러 메시지가 나온다. 아래 에러 메시지의 '집계함수'는 앞에서 언급한 집단함수를 뜻한다.

지정된 '제품번호' 식을 집계 함수의 일부로 포함하지 않는 쿼리를 실행하려 하였습니다.

따라서 위 질의에 대한 올바른 해답을 얻기 위해서는 위의 질의문을 다음과 같이 수정하여야 한다.

```
SELECT      SUM(수량) AS 총주문수량
FROM        주문항목
GROUP BY    제품번호
HAVING      제품번호 = 'A106' ;
```

총주문수량
5435

이 질의문을 보면 제품번호별로 그룹화하기 위해 GROUP BY를 사용한 것을 알 수 있다. 질의문에 GROUP BY가 사용되면 조건을 표시하기 위해서는 WHERE 절 대신에 HAVING 절을 사용해야 된다.

예제 15 : 고객의 소속 시도 중에 인사번호 3008 직원이 담당하는 고객이 하나 이상인 고객의 시도와 고객수를 구하라.

```
SELECT      시도, COUNT(*)
FROM        고객
WHERE       인사번호 = 3008
GROUP BY    시도
HAVING      COUNT(*) > 1;
```

시도	고객수
서울	2

이 질의문의 실행은 WHERE 절의 조건이 먼저 계산된 다음 고객의 시도에 의해 그룹화가 이루어 진 결과에 HAVING 절의 조건을 마지막으로 계산한다.

5.4.2 다중 테이블 검색

지금까지 설명한 단순검색 절에서는 단 한 개의 테이블에 대한 검색방법에 한해서 논의하였다. 그러나 실제 데이타베이스는 각 테이블에 들어있는 데이타들이 독립적이기보다는 업무상 서로 연관되어 있고, 많은 경우 어떠한 업무에 필요한 결과를 도출해 내려면 이 연관된 여러 개의 테이블들을 결합시켜 만들어진 임시 테이블에서 필요한 내용만 추출해 내야 한다. 이렇게 업무 목적에 맞는 데이타를 얻기 위하여 서로 연관된 다수의 테이블들을 결합시키는 것을 관계형 데이타 모델에서는 결합(Join)이라고 부른다.

결합은 관계형 데이타베이스 시스템에서 자주 쓰이는 조작으로서 SQL의 SELECT 문의 FROM 절의 결합에 참여하는 테이블 이름을 나열하고, WHERE 절에는 결합에 참여하는 테이블들에 공통적으로 존재하는 열들 사이의 값들을 일치시켜 주는 조건을 명시하는 방법을 통하여 표현된다. 결합 조작에 의하여 얻어지는 결과는 단일 테이블이며 이 테이블을 이루는 속성들은 결합에 참여한 각 테이블로부터 추출된 속성들의 결합으로 구성된다.

관계형 데이타베이스 모델에서 사용되는 결합의 형태는 여러 가지가 있다. SQL

표준에서는 일반 결합(Join)과 외향 결합(Outer join)으로 나눈다. 외향 결합은 다시 왼쪽 외향 결합(Left Join)과 오른쪽 외향 결합(Right Join)으로 나누어진다. 이 장에서는 내향결합(Inner-Join)만 다루며, 이것을 다시 동등결합(Equi-join)과 자연결합(Natural join)으로 나누어 설명한다. 외향 결합은 6장에서 설명하기로 한다. 여기서 다중 테이블의 결합을 설명하기 위하여 다음과 같은 간단한 형태의 학생 테이블과 수강신청 테이블을 사용하기로 한다.

테이블과 테이블의 결합은 두 단계의 과정을 거쳐 계산된다. 첫 번째 단계는 두 테이블을 곱(Cartesian product)하여 하나의 테이블을 생성하는 것이고, 두 번째 단계는 첫 번째 단계에서 생성된 테이블에서 같은 의미를 지닌 두 개의 속성(공통 속성)이 같은 값을 지닌 레코드들만을 추출하는 것이다. 다음의 학생-수강신청 테이블은 첫 번째 단계에서 생성된 테이블로서 총 레코드 수는 학생 테이블의 레코드 수(5개)에 수강신청 테이블의 레코드 수(5개)를 곱하여 얻은 25(5x5)개로 되어 있다. 두 번째 단계에서는 학생-수강신청 테이블에서 같은 의미를 지닌 속성(공통속성) 즉 학번과 학생번호의 값을 비교하여 두 값이 같은 값을 지닌 레코드들만을 추출하여 테이블을 작성한다. 이 단계에서 만들어지는 테이블의 형태에 따라 결합을 동등결합 또는 자연결합이라 부른다.

학생

학번	성명	학과
10123	홍길동	경영학과
10124	김기수	경영정보학과
10125	장명수	경영정보학과
10126	강철수	경영학과
10127	이미원	경영학과

수강신청

학생번호	과목번호	과목명
10124	C46970	경영정보론
10124	K48762	데이타베이스
10126	C46970	경영정보론
10126	F27569	경영학원론
10126	J49370	인사관리

학생-수강신청

학번	성명	학과	학생번호	과목번호	과목명
10123	홍길동	경영학과	10124	C46970	경영정보론
10123	홍길동	경영학과	10124	K48762	데이타베이스
10123	홍길동	경영학과	10126	C46970	경영정보론
10123	홍길동	경영학과	10126	F27569	경영학원론
10123	홍길동	경영학과	10126	J49370	인사관리
10124	김기수	경영정보학과	10124	C46970	경영정보론
10124	김기수	경영정보학과	10124	K48762	데이타베이스
10124	김기수	경영정보학과	10126	C46970	경영정보론
10124	김기수	경영정보학과	10126	F27569	경영학원론
10124	김기수	경영정보학과	10126	J49370	인사관리
10125	장명수	경영정보학과	10124	C46970	경영정보론
.	.	.	.	.	.
.	.	.	.	.	.
10127	이미원	경영학과	10126	F27569	경영학원론
10127	이미원	경영학과	10126	J49370	인사관리

(A) 동등결합

아래에 보는 학생-수강신청A 테이블을 보면 공통 속성인 학생 테이블의 학번과 수강신청 테이블의 학생번호 값들이 일치하는 모든 경우의 값들이 들어 있는 것을 알 수 있다. 이 테이블의 특징은 같은 의미를 지닌 학번과 학생번호 열을 모두 지니고 있다는 것이다.

학생-수강신청A

학번	성명	학과	학생번호	과목번호	과목명
10124	김기수	경영정보학과	10124	C46970	경영정보론
10124	김기수	경영정보학과	10124	K48762	데이타베이스
10126	강철수	경영학과	10126	C46970	경영정보론
10126	강철수	경영학과	10126	F27569	경영학원론
10126	강철수	경영학과	10126	J49370	인사관리

(B) 자연결합

아래의 학생-수강신청B 테이블에서 보듯이 자연결합과 동등결합과의 차이점은 자연결합에서는 공통 속성을 반복하지 않고 한 개의 속성만 테이블에 포함하고 있다. 자연결합이 일반적으로 사용되는 방법이므로 이 장에서는 다중 테이블의 결합은 모두 자연결합으로 결과를 생성하는 것을 가정한다.

학생-수강신청B

학번	성명	학과	과목번호	과목명
10124	김기수	경영정보학과	C46970	경영정보론
10124	김기수	경영정보학과	K48762	데이타베이스
10126	강철수	경영학과	C46970	경영정보론
10126	강철수	경영학과	F27569	경영학원론
10126	강철수	경영학과	J49370	인사관리

(1) 단순 결합

테이블을 결합시키기 위해서는 같은 영역의 공통된 속성이 존재해야 한다. 예를 들어 건강제약의 데이타베이스에서 주문 관계와 고객 관계를 결합시킬 수 있도록 해주는 것은 고객 관계의 기본키인 고객번호와 주문 관계의 외래키인 고객번호 속성이다. 다음 예는 주문 테이블과 고객 테이블을 결합시켜 검색하는 SQL을 보여준다.

예제 16: 주문번호가 22인 주문의 주문일, 납기일 및 주문 고객의 고객이름과 주소를 구하라.

```
SELECT   주문일, 납기일, 고객이름, 주소
FROM     주문, 고객
WHERE    주문.고객번호 = 고객.고객번호
AND      주문번호 = 22 ;
```

위의 질의문을 통해 두 테이블의 결합을 위한 SELECT 문의 형식을 살펴보면 다음과 같다. 첫째로 결합에 사용된 테이블은 주문 테이블과 고객 테이블로서 모두가 FROM 절에 명시되어 있다. 둘째로 WHERE 절에서 주문.고객번호 =고객.고객번호인 결합조건을 사용하여 주문 테이블의 주문번호와 고객 테이블의 고객번호가 일치하는 레코드들만을 선택하도록 명시하고 있다. 아래에서 보는 것과 같이 이렇게 결합된 테이블로부터 WHERE 절에 추가된 조건인 주문번호=22에 의해서 주문번호가 22인 레코드만 선택하여 최종 결과 테이블을 생성한다.

주문번호	주문일	납기일	주문.고객번호	***	고객.고객번호	고객이름	*********	잔고
10	2009-05-11	2009-06-07	1001	---	1001	무지개약국	--------	500,000
25	2009-10-06	2009-10-21	1001	---	1001	무지개약국	--------	500,000
6	2009-04-23	2009-05-07	1002	---	1002	언덕약국	--------	1,200,000
11	2009-05-15	2009-05-27	1002	---	1002	언덕약국	--------	1,200,000
22	2009-08-15	2009-08-30	1003	---	1003	문화약국	--------	200,000
1	2009-03-01	2009-04-07	1004	---	1004	미라약국	--------	4,500,000
9	2009-05-11	2009-06-13	1004	---	1004	미라약국	--------	4,500,000
23	2009-09-13	2009-09-20	1004	---	1004	미라약국	--------	4,500,000
20	2009-07-15	2009-07-27	1005	---	1005	밀양약국	--------	8,000,000
26	2009-10-17	2009-11-02	1005	---	1005	밀양약국	--------	8,000,000
....	....	....	....	....	....	....	....	....

주문번호	주문일	납기일	고객이름	주소
22	2009-08-15	2009-08-30	문화약국	송파구 가락동 560

위의 질의를 내향결합으로 표현하면 다음과 같으며 위의 질의문과 똑같은 결과를 얻게 된다.

```
SELECT        주문일, 납기일, 고객이름, 주소
FROM          고객
INNER JOIN    주문
ON            주문.고객번호 = 고객.고객번호
WHERE         주문번호 = 22 ;
```

예제 17: 2009년 8월 1일 이후의 주문에 대하여 고객번호, 고객이름, 주문번호, 주문날짜를 구하라. 결과는 고객번호로 정렬하라.

```
SELECT      고객.고객번호, 고객이름, 주문번호, 주문일
FROM        고객, 주문
WHERE       고객.고객번호 = 주문.고객번호
AND         주문일 >= 2009-08-01
ORDER BY    고객.고객번호;
```

위의 질의에 대하여 내향결합으로 표현하면 다음과 같다.

```
SELECT      고객번호, 고객이름, 주문번호, 주문일
FROM        고객
INNER JOIN  주문
ON          고객.고객번호 = 주문.고객번호
WHERE       주문일 >= 2009-08-01
ORDER BY    고객.고객번호;
```

고객번호	고객이름	주문번호	주문일
1001	무지개약국	25	2009-10-06
1003	문화약국	22	2009-08-15
1004	미라약국	23	2009-09-13
1005	밀양약국	26	2009-10-17
1007	부광약국	30	2010-01-21
1011	삼일약국	24	2009-09-22
1014	제일병원	33	2010-03-08
1015	정약국	28	2009-12-11
1017	부부약국	29	2010-01-12
1018	삼화병원	32	2010-02-15
1019	서부의원	27	2009-10-26
1020	김약국	31	2010-02-04

예제 18: 판매 직원의 번호와 이름을 그가 서비스하는 고객의 번호와 이름과 함께 구하라.

```
SELECT   E.인사번호, E.성명, C.고객번호, C.고객이름
FROM     직원 E, 고객 C
WHERE    E.인사번호 = C.인사번호;
```

인사번호	성명	고객번호	고객이름
3006	정보라	1001	무지개약국
3009	이원일	1002	언덕약국
3007	이다솜	1003	문화약국
3003	홍나영	1004	미라약국
3008	김정희	1005	밀양약국
3005	김은희	1006	민생의원
3008	김정희	1007	부광약국
3003	홍나영	1008	부부의원
3005	김은희	1009	서울의원
3009	이원일	1010	서부약국
3007	이다솜	1011	삼일약국
3010	최영식	1012	제민병원
3004	나영희	1013	보람약국
3006	정보라	1014	제일병원
3007	이다솜	1015	정약국
3008	김정희	1016	삼일약국
3009	이원일	1017	부부약국
3010	최영식	1018	삼화병원
3003	홍나영	1019	서부의원
3002	이상호	1020	김약국
3005	김은희	1021	제일약국

FROM 절에 테이블이 하나 이상일 때 각 테이블에 별명(Alias)을 붙여서 테이블 이름 대신 사용할 수 있다. 위의 예제에서 E와 C는 직원과 고객 테이블의 별명으로 각 테이블 이름을 단순화하여 사용하도록 해준다.

테이블들의 결합은 단지 두 개의 테이블 사이의 결합에 그치지 않고 경우에 따라서는 3개, 4개 또는 그 이상의 테이블들에 의한 결합도 이루어질 수 있다. 다음 예제는 4개의 테이블이 결합되어야만 요구하는 검색이 해결되는 것을 보여준다.

예제 19: 대구에 위치한 제일병원이 주문한 제품들의 제품이름, 주문일, 납기일 및 주문량을 구하라. 이 예제는 한 시도에 같은 이름의 고객이 없다는 가정을 한다.

이 질의를 해결하기 위해 데이타베이스 테이블의 속성을 살펴보면 주문일과 납기일은 주문 테이블에 속해 있고 주문량은 주문항목 테이블에, 고객의 고객이름 및 시도는 고객 테이블에, 제품명은 제품 테이블에 각각 속해 있는 것을 알 수 있다. 따라서 본 예제를 풀기 위해서는 4개의 테이블이 소용됨을 알 수 있다.

```
SELECT     제품이름, 주문일, 납기일, 수량
FROM       주문, 주문항목, 고객, 제품
WHERE      고객.고객번호 = 주문.고객번호
AND        주문.주문번호 = 주문항목.주문번호
AND        주문항목.제품번호 = 제품.제품번호
AND        고객이름 = '제일병원'
AND        시도 = '대구' ;
```

제품이름	주문일	납기일	수량
크로아난	2009-06-14	2009-06-28	600
목실린	2009-06-14	2009-06-28	250
아모시실린	2009-06-14	2009-06-28	660
닥스펜	2009-06-14	2009-06-28	260
닥스펜	2010-03-08	2010-03-23	100
아스타펜	2010-03-08	2010-03-23	120
프로세스	2010-03-08	2010-03-23	20
심바테롤	2010-03-08	2010-03-23	40

위의 질의문에서 WHERE 절을 보면 고객번호, 주문번호 및 제품번호가 FROM 절의 4개의 테이블을 결합하는 연결고리로 사용된 것을 알 수 있다.

예제 20: 항생제인 '아모시실린'을 주문한 고객의 고객번호, 고객이름과 주소를 구하라.

```
SELECT     고객번호, 고객이름, 주소
FROM       주문, 주문항목, 고객, 제품
WHERE      고객.고객번호 = 주문.고객번호
AND        주문.주문번호 = 주문항목.주문번호
AND        주문항목.제품번호 = 제품.제품번호
AND        제품이름 = '아모시실린'
ORDER BY   고객번호 ASC ;
```

고객번호	고객이름	주소
1001	무지개약국	노원구 공능동 570
1004	미라약국	광산구 고룡동 34-7
1004	미라약국	광산구 고룡동 34-7
1005	밀양약국	사하구 감천동 5
1010	서부약국	서초구 반포동 56
1011	삼일약국	유성구 방현동 181
1012	제민병원	양천구 목동 210-10
1014	제일병원	북구 검단동 319

위의 질의문을 보면 질의 결과로 요구되는 속성들은 고객 관계에 있고 조건은 제품 관계에 있으나 이 두 관계가 직접적으로 연결될 수 없기 때문에 이 두 관계를 연결하기 위한 연결 고리로써 주문 관계와 주문항목 관계가 사용되었음을 알 수 있다. 위 질의를 실행한 결과를 보면 고객번호 1004인 미라약국에 대한 레코드가 2개나 있는 것을 볼 수 있다. 이것은 미라약국에서 아모시실린을 2회에 걸쳐 주문을 했기 때문이다. 질의의 결과가 틀린 것은 아니지만 같은 고객의 기록을 여러 개 출력할 필요가 없고 또한 해당 고객을 파악하는 데 혼란을 줄 수도 있기 때문에 질의문은 같은 내용의 레코드가 중복되지 않도록 조정할 경우가 있다. 같은 내용의 레코드에 의한 중복은 SELECT 절에 DISTINCT를 사용하면 제거할 수 있다. 위의 질의문에서 "SELECT 고객번호, 고객이름, 주소" 대신에 "SELECT DISTINCT 고객번호, 고객이름, 주소"를 사용하면 중복된 고객번호가 없는 결과를 아래와 같이 산출해 준다.

고객번호	고객이름	주소
1001	무지개약국	노원구 공능동 570
1004	미라약국	광산구 고룡동 34-7
1005	밀양약국	사하구 감천동 5
1010	서부약국	서초구 반포동 56
1011	삼일약국	유성구 방현동 181
1012	제민병원	양천구 목동 210-10
1014	제일병원	북구 검단동 319

예제 21: 항생제인 '아모시실린'을 1번 이상 주문한 시도와 주문수를 구하라.

```
SELECT      시도, COUNT(*) AS 주문수
FROM        주문, 주문항목, 고객, 제품
WHERE       고객.고객번호 = 주문.고객번호
AND         주문.주문번호 = 주문항목.주문번호
AND         주문항목.제품번호 = 제품.제품번호
AND         제품이름 = '아모시실린'
GROUP BY    시도
HAVING COUNT(*) >1;
```

시도	주문수
광주	2
서울	3

(2) 하부 질의(Sub-query) 사용

둘 이상의 테이블에 대한 질의문을 만드는 방법에는 앞에서 사용한 결합(Join)을 사용하는 방법 외에도 다음에 설명하는 하부 질의문을 사용하는 방법이 있다. 이 두 방법을 사용하여 얻는 결과에는 차이가 없으므로 사용자의 기호에 따라 한 가지 방법을 선택할 수 있다.

예제 22: 영업장소가 부산인 고객의 주문번호와 주문일자를 구하라.

이 예제를 풀기 위하여 앞에서 사용하던 결합 방법을 사용하면 다음과 같이 질의문이 작성된다.

```
SELECT    주문번호, 주문일
FROM      고객, 주문
WHERE     주문.고객번호 = 고객.고객번호
AND       시도 = '부산' ;
```

위의 질의를 하부 질의문을 사용하여 작성하면 다음과 같다.

```
SELECT   주문번호, 주문일
FROM     주문
WHERE    고객번호 =
         (SELECT  고객번호
         FROM     고객
         WHERE    시도 = '부산');
```

일반적인 결합방법을 사용한 질의문보다 하부 질의문이 컴퓨터 계산상 더 효율적일 수도 있다. 그 이유는 다음과 같다. 일반적인 결합 방법을 사용한 질의문의 경우에는 테이블에 있는 모든 레코드들을 결합에 이용되는 공통 속성을 통해 결합시켜 만든 곱 테이블에서 검색 조건을 충족시키는 레코드들만을 한다. 그러나 하부 질의문을 사용한 질의의 경우에는 하부(또는 내부) 질의에서 사용된 테이블로부터 먼저 검색 조건을 충족시키는 소수의 레코드들만을 추출한 후 이 제한된 레코드들과 외부 질의(Outer Query)에 사용된 테이블을 결합시켜 질의를 처리한다. 이 두 방법에 의한 컴퓨팅 시간을 비교할 경우에는 후자가 더 효율적이다.

구체적으로 위의 질의를 하부 질의문을 사용하여 계산하는 과정을 보자. 첫 번째 하부 질의문 처리 단계에서 시도='부산'이라는 검색조건을 만족시키는 레코드 수는 3으로 원래의 고객 테이블의 레코드 수에 비해 1/7에 불과한 것을 알 수 있다. 검색조건에 따라서 이 레코드가 차지하는 비율은 달라질 수 있으나 근본적으로 외부 질의를 처리하기 위하여 주문 테이블과의 결합에 참여하는 고객 테이블의 레코드 수는 결합 방법보다 줄어들어 계산 시간의 단축을 가져온다. 하부 질의문에서 산출된 1005, 1015, 1017 세 고객번호와 주문테이블의 고객번호와 결합시키면 1015 고객이 선별된다. 따라서 고객 1015가 주문한 주문번호와 주문일이 최종 결과가 된다.

고객번호	고객이름	고객유형	주소	시도	생략
1001	무지개약국	약국	노원구 공능동 570	서울	########
1002	언덕약국	약국	수성구 지산동 456	대구	########
1003	문화약국	약국	송파구 가락동 560	서울	########
1004	미라약국	약국	광산구 고룡동 34-7	광주	########
1005	밀양약국	약국	사하구 감천동 5	부산	########
1006	민생의원	의원	마포구 도화동 208	서울	########
1007	부광약국	약국	성동구 광장동 660	서울	########
1008	부부의원	의원	서구 평리동 631	대구	########
1009	서울의원	의원	도봉구 도봉동 272	서울	########
1010	서부약국	약국	서초구 반포동 56	서울	########
1011	삼일약국	약국	유성구 방현동 181	대전	########
1012	제민병원	병원	양천구 목동 210-10	서울	########
1013	보람약국	약국	동작구 본동 21	서울	########
1014	제일병원	병원	북구 검단동 319	대구	########
1015	정약국	약국	해운대구 반여동 38	부산	########
1016	삼일약국	약국	관악구 신림동 55-5	서울	########
1017	부부약국	약국	중구 광복동 89	부산	########
1018	삼화병원	병원	도봉구 쌍문동 316	서울	########
1019	서부의원	의원	노원구 월계동 321-21	서울	########
1020	김약국	약국	북구 금곡동 45-9	광주	########
1021	제일약국	약국	강서구 가양동 271	서울	########

주문테이블과 결합

주문번호	주문일
20	2009-07-15
26	2009-10-17
8	2009-05-01
28	2009-12-11
29	2010-01-12

하부 질의문을 사용하여 다중 테이블을 검색할 때는 다음과 같은 오류를 범하지 않도록 주의를 기울여야 한다. 예를 들어 앞의 [예제 16]에서 주어진 질의인 "주문번호가 22인 주문의 주문일, 납기일 및 주문 고객의 고객이름과 주소를 구하라."를 해결하기 위하여 아래와 같이 하부 질의를 잘못 표현할 수 있다.

```
SELECT      주문일, 납기일, 고객이름, 주소, 시도
FROM        주문, 고객
WHERE       고객.고객번호 =
            (SELECT  고객번호
             FROM    주문
             WHERE 주문번호 = '22') ;
```

주문일	납기일	고객이름	주소	시도
2009-07-15	2009-07-27	문화약국	송파구 가락동 560	서울
2009-07-24	2009-08-12	문화약국	송파구 가락동 560	서울
2009-08-15	2009-08-30	문화약국	송파구 가락동 560	서울
2009-09-13	2009-09-20	문화약국	송파구 가락동 560	서울
2009-09-22	2009-10-02	문화약국	송파구 가락동 560	서울
2009-10-06	2009-10-21	문화약국	송파구 가락동 560	서울

위의 질의문을 실행한 결과 테이블에서 보는 것처럼 질의 결과가 원하는 바와 다르게 나온 것을 알 수 있다. 이 예제에 대한 바른 결과는 위의 검게 표시된 부분의 한 레코드이다. 결과가 잘못 나온 이유는 다음과 같다. 하부 질의의 제한 조건으로 사용된 '주문번호=22'는 하부 질의에서 단지 해당 고객의 고객번호만을 구하는 데 사용되고 외부 질의에서는 하부 질의 결과가 조건으로 사용된다. 그런데 외부 질의 계산에서 고객과 주문 테이블의 공통속성인 고객번호로 두 테이블을 곱한 결과에 하부 질의에서 산출된 고객번호를 가지고 선별하였기 때문에 위와 같이 원하지 않은 결과가 나온 것이다.

예제 23: 잔고가 평균 잔고를 초과하는 고객의 번호, 이름, 잔고를 구하라.

```
SELECT    고객번호, 고객이름, 잔고
FROM      고객
WHERE     잔고 >
          (SELECT    AVG(잔고)
           FROM      고객);
```

고객번호	고객이름	잔고
1004	미라약국	4,500,000
1005	밀양약국	8,000,000
1008	부부의원	2,600,000
1013	보람약국	1,800,000
1016	삼일약국	3,500,000
1021	제일약국	1,600,000

위의 예는 하부 질의문 즉 내부 질의문에서 집단함수를 사용하여 평균값을 구한 뒤 그 값을 외부 질의문의 조건으로 사용하고 경우를 보여 준다.

예제 24: 제품번호 B101을 포함하는 주문의 주문번호와 날짜를 구하라.

이 예제는 IN을 사용하여 다음과 같은 하부 질의문으로 답을 구할 수 있다.

```
SELECT   주문번호, 주문일
FROM     주문
WHERE    주문번호 IN
         (SELECT   주문번호
          FROM     주문항목
          WHERE    제품번호 = 'B101');
```

주문번호	주문일
4	2009-04-11
12	2009-05-21
17	2009-06-23
20	2009-07-15
31	2010-02-04

같은 질의를 아래와 같이 IN 대신 EXISTS를 사용하여 질의문을 작성하여도 같은 결과를 얻는다.

```
SELECT   주문번호, 주문일
FROM     주문
WHERE    EXISTS
         (SELECT   *
          FROM     주문항목
          WHERE    주문.주문번호 = 주문항목.주문번호
          AND      제품번호  = 'B101');
```

위의 질의문에서 내부 질의문은 외부 질의문에서 사용하는 테이블을 같이 사용하고 있다. 이러한 하부 질의문은 상관 하부 질의(Correlated Subquery)라 한다. 외부 질의문의 주문 테이블이 하부 질의문에서 공통 속성인 주문번호로 주문항목 테이블과의 결합에 사용되고 있는 점에 유의하여야 한다. 이 질의는 주문 테이블의 각 행에 대하여 그 주문번호를 사용하여 하부 질의문을 실행한다. 하부 질의의 실행은 주문의 주문번호와 주문항목의 주문번호가 같고 제품번호가 B101인 행들을 생성한다. 하부 질의의 결과가 하나 이상의 행을 포함하면 그 주문의 주문번호와 주문날짜가 외부 질의의 결과가 된다. 이러한 방법을 주문 테이블의 모든 행에 대하여 실행함으로써 이 질의의 결과를 계산한다.

예제 25: 제품분류가 진통소염제인 제품을 주문한 주문의 주문 번호와 날짜를 구하라.

```
SELECT   주문번호, 주문일
FROM     주문
WHERE    주문번호   IN
         (SELECT   주문번호
          FROM     주문항목
          WHERE    제품번호   IN
                   (SELECT   제품번호
                    FROM     제품
                    WHERE    제품분류 = '진통소염제'));
```

위 예제는 하부 질의가 다중으로 구성될 수 있음을 보여 준다. 같은 질의에 대해 일반적 결합(Join) 방법을 사용하여 다음과 같이 표현할 수도 있으며 그 결과는 마찬가지이다.

```
SELECT   주문번호, 주문일
FROM     주문, 주문항목, 제품
WHERE    주문.주문번호 = 주문항목.주문번호
AND      주문항목.제품번호 = 제품.제품번호
AND      제품분류 = '진통소염제' ;
```

주문번호	주문일
3	2009-04-11
4	2009-04-11
5	2009-04-19
10	2009-05-11
11	2009-05-15
12	2009-05-21
13	2009-06-01
15	2009-06-03
16	2009-06-14
17	2009-06-23
20	2009-07-15
23	2009-09-13
26	2009-10-17
27	2009-10-26
31	2010-02-04
33	2010-03-08

(3) ALL 또는 ANY 사용

예제 26: 판매 직원 3007이 서비스하는 고객의 잔고보다 많은 잔고를 가진 고객의 번호, 이름, 잔고, 판매 직원번호를 구하라.

```
SELECT   고객번호, 고객이름, 잔고, 인사번호
FROM     고객
WHERE    잔고 > ALL
         (SELECT  잔고
          FROM    고객
          WHERE   인사번호 = '3007');
```

고객번호	고객이름	잔고	인사번호
1002	언덕약국	1,200,000	3009
1004	미라약국	4,500,000	3003
1005	밀양약국	8,000,000	3008
1008	부부의원	2,600,000	3003
1012	제민병원	1,400,000	3010
1013	보람약국	1,800,000	3004
1014	제일병원	1,000,000	3006
1016	삼일약국	3,500,000	3008
1018	삼화병원	1,200,000	3010
1021	제일약국	1,600,000	3005

위의 예제에서 하부 질의문의 결과는 인사번호 3007인 직원이 담당하고 있는 세 명의 고객 잔고인 300,000, 650,000, 800,000의 세 값을 생성한다. 하부 질의문 앞에 ALL은 모든 결과 값을 의미하므로 외부 질의문의 WHERE 절 조건은 잔고가 하부 질의문 실행 결과에서 생성되는 모든 값보다 커야 조건이 충족되게 된다. 따라서 위의 예제는 아래와 같이 최대값 하나만으로 비교하는 질의문으로 표현할 수도 있다.

```
SELECT   고객번호, 고객이름, 잔고, 인사번호
FROM     고객
WHERE    잔고 > ALL
         (SELECT      MAX(잔고)
          FROM        고객
          WHERE       인사번호 = '3007');
```

예제 27: 판매 직원 3007이 서비스하는 어떤 고객의 잔고보다 많은 잔고를 가진 고객의 번호, 이름, 잔고, 판매 직원번호를 구하라.

```
SELECT   고객번호, 고객이름, 잔고, 인사번호
FROM     고객
WHERE    잔고 > ANY
         (SELECT    잔고
          FROM      고객
          WHERE     인사번호 = '3007');
```

고객번호	고객이름	잔고	인사번호
1001	무지개약국	500,000	3006
1002	언덕약국	1,200,000	3009
1004	미라약국	4,500,000	3003
1005	밀양약국	8,000,000	3008
1006	민생의원	800,000	3005
1008	부부의원	2,600,000	3003
1009	서울의원	800,000	3005
1010	서부약국	500,000	3009
1011	삼일약국	650,000	3007
1012	제민병원	1,400,000	3010
1013	보람약국	1,800,000	3004
1014	제일병원	1,000,000	3006
1015	정약국	800,000	3007
1016	삼일약국	3,500,000	3008
1017	부부약국	500,000	3009
1018	삼화병원	1,200,000	3010
1019	서부의원	650,000	3003
1020	김약국	800,000	3002
1021	제일약국	1,600,000	3005

이 예제는 예제 24의 경우와는 다르게 하부 질의문 앞의 ANY는 결과 값 중 어느 값이라도를 의미하므로 외부 질의문의 WHERE 절 조건은 잔고가 하부 질의문 실행 결과에서 생성되는 어느 값보다 크기만 하면 조건이 충족되게 된다. 따라서 위의 예제는 아래와 같이 최소값 하나만으로 비교하는 질의문으로 표현할 수도 있다. 즉 같은 질의를 아래와 같이 MIN을 사용하는 하부 질의문으로 답할 수도 있다.

```
SELECT    고객번호, 고객이름, 잔고, 인사번호
FROM      고객
WHERE     잔고 > ALL
          (SELECT     MIN(잔고)
           FROM       고객
           WHERE      인사번호 = '3007');
```

다음 질의는 그림 5-3 의 SELECT 문의 모든 절을 사용하는 예이다.

예제 28: 주문 금액이 5,000,000원을 초과하는 주문의 고객번호, 주문번호, 주문날짜, 총 주문액을 주문번호 순으로 구하라.

```
SELECT      고객번호, 주문.주문번호, 주문일, SUM(수량 * 단가) AS
            총주문금액
FROM        주문, 주문항목, 제품
WHERE       주문.주문번호 = 주문항목.주문번호
AND         주문항목.제품번호 = 제품.제품번호
GROUP BY    주문.주문번호, 고객번호, 주문일
HAVING      SUM(수량 * 제품.단가) > 5000000
ORDER BY    주문.주문번호 ;
```

고객번호	주문번호	주문일	총주문금액
1004	1	2009-03-01	5526000
1009	2	2009-04-02	8486000
1008	5	2009-04-19	5808000
1001	10	2009-05-11	9060000
1002	11	2009-05-15	6324000
1018	13	2009-06-01	5460000
1021	15	2009-06-03	11600000
1010	17	2009-06-23	5577000
1003	22	2009-08-15	7066000
1018	32	2010-02-15	5116000

5.5 요 약

데이타베이스 관리 시스템은 데이타베이스를 관리하는 소프트웨어로서 데이타베이스를 정의하고 조작하는 기능을 갖고 있다. 데이타 정의어는 선택된 데이타베이스 구조를 정의하기 위하여 사용되고 데이타 조작어는 데이타베이스에 저장된 자료를 검색하고 갱신하는 데 사용된다. 데이타베이스 관리 시스템에서 사용되는 데이타 정의어로는 CREATE TABLE, DROP TABLE, ALTER TABLE, CREATE INDEX, DROP INDEX, CREATE VIEW, DROP VIEW 등이 있는데 이들은 테이블의 생성, 삭제, 정의 변경, 색인 생성 및 삭제, 가상테이블 생성 및 삭제에 사용된다. 데이타 조작어로는 SQL과 같은 4세대 언어나 QBE 같은 그래픽 언어가 있다. 이들 조작어들은 자료의 검색, 삭제, 입력, 갱신에 사용된다.

SQL을 사용한 데이타 검색은 한 개의 테이블에 대한 검색을 하는 단순한 검색으로부터 두 개 이상의 테이블에 대하여 검색하는 복잡한 검색이 있다. 두 개 이상의 테이블에 대하여 검색하는 다중 테이블 검색은 업무목적에 맞는 데이타를 얻기 위하여 상호 연관된 테이블들을 결합시켜서 검색하는 방법이다. 이 검색에서는 테이블을 결합하기 위한 시간을 요구하기 때문에 처리 속도가 지연된다. 다중 테이블 검색을 위한 질의를 만드는 방법에는 결합 외에 하부 질의문을 사용하는 방법도 있다.

주요용어

관계대수어	관계해석어
SQL	SQL 표준
데이타 정의어	데이타 조작어
데이타 형식	질의어
SQL	내장함수
결 합	하부 질의문

연습문제

01 관계형 대수어와 관계형 해석어에 대하여 설명하라.

02 SQL 표준은 어떻게 변천하였는지 간단히 설명하라.

03 데이타 정의어와 데이타 조작어를 설명하라.

04 SQL 데이타 정의어의 종류를 써라.

05 가상 테이블은 무엇이며 어떻게 만드는가?

06 인덱스의 장단점을 무엇이며 어떻게 만드는가?

07 기존 테이블의 구조를 변경하려면 어느 명령을 어떻게 하여야 하는가?

08 SELECT 문의 기본 구조는 어떻게 이루어져 있는가?

09 다음과 같은 대학 데이타베이스에 대하여 아래 질문에 답하기 위한 SQL을 작성하라.

> 학생(학번, 성명, 전공)
> 교수(교수명, 연구실)
> 개설과목(과목번호, 과목명, 교수명)
> 수강(학번, 과목번호, 학점)

① 모든 학생의 학번과 전공을 구하라.
② 90점 이상을 받은 학생의 학번과 과목번호를 구하라.
③ '김영철'교수의 과목을 수강한 학생의 학번과 과목명을 구하라.
④ 개설과목의 수를 구하라.
⑤ 과목을 수강한 학생수를 동일 학생의 중복 없이 구하라.
⑥ 전체 학점의 평균을 구하라.
⑦ 학생별로 학점의 평균을 구하라.

⑧ 한 과목이라도 90점 이상을 받은 학생이 수강한 과목명과 학생의 성명을 구하라.

학생

학번	성명	전공
14601	남윤철	경영학
14602	서정은	회계학
14603	이영식	전산학
....	....	....

교수

교수명	연구실
김영철	A301
이철규	B706
박철순	B403
....	....

개설과목

과목번호	과목명	교수명
146451	데이타베이스	김영철
146470	경영학원론	이철규
146583	법학개론	한상식
....	....	....

수강

학번	과목번호	학점
14601	146451	79
14601	146470	85
14602	146470	97
14603	146451	83
14604	146583	76
....	....	....

10 아래의 데이타베이스 스키마에 대하여 다음 질의를 SQL로 표현하라.

> 저자(저자번호, 성명, 도서번호)
> 도서(도서번호, 도서명, 출판사)
> 출판사(출판사번호, 출판사명, 주소, 전화번호)
> 보유도서(도서번호, 지점번호, 보유권수)
> 지점(지점번호, 지점명, 주소)
> 대출(도서번호, 지점번호, 사용자번호, 대출일, 반납예정일)
> 사용자(사용자번호, 이름, 주소, 전화번호)

① 천안점이 소유하는 '데이타베이스시스템'은 몇 권인가?

② 각 지점별로 '데이타베이스시스템'의 소유권수를 구하라.

③ 도서를 전혀 대출하지 않은 사용자의 이름을 구하라.

④ 오늘이 만기일인 대구점에서 대출한 책에 대하여 도서명과 사용자의 이름과 주소를 구하라.

⑤ 각 지점별로 지점명과 대출된 도서의 총 수를 구하라.

⑥ 5권 이상의 도서를 대출한 사용자의 이름, 주소, 그리고 도서 수를 구하라.

⑦ '정약용'이 저술한 각 도서에 대하여 도서명과 '서울본점'의 보유수를 구하라.

11 아래의 데이타베이스 스키마에 대하여 다음 질의를 SQL로 표현하라.

> 공급업자(공급자번호, 공급자이름, 지위, 소재지)
> 부품(부품번호, 부품이름, 색깔, 무게, 위치)
> 작업(작업번호, 작업이름, 작업자수, 소재지)
> 발송(공급자번호, 부품번호, 작업번호, 수량)
> 가정: 공급업자와 작업의 소재지 그리고 부품의 위치는 모두 지역명(도시)이다.

① 대전에 위치한 공급자의 이름을 구하라.

② 100Kg 이상의 부품이 위치하는 도시의 이름을 구하라.

③ 30명 이상의 작업자가 일하는 작업의 이름을 도시별로 구하라.

④ 100Kg 이상의 부품을 발송하는 공급자의 이름을 구하라.

⑤ 공급자와 작업이 공존하는 지역을 구하라.

⑥ 공급자번호 17로부터 발송을 받는 작업의 이름을 구하라.

⑦ 어떤 작업에도 발송되지 않는 부품의 이름을 구하라.

⑧ 부품번호 32를 어떤 작업에든 발송하는 공급자의 이름을 구하라.

⑨ 어떤 작업에도 발송되지 않는 부품의 이름을 구하라.

⑩ 부품번호 32를 어떤 작업에도 발송하지 않는 공급자의 이름을 구하라.

⑪ 어떤 작업에든 적어도 붉은 색 부품을 하나 이상 발송하는 공급자의 이름을 구하라.

⑫ 하나 이상의 공급자로부터 발송되는 부품의 부품번호를 구하라.

⑬ 모든 부품을 공급하는 공급자의 이름을 구하라.

제6장

고급 SQL과 QBE

이 장을 읽은 뒤에 독자들은 다음 사항을 이해해야 한다.

학습목표

- 동일 테이블 결합, 외향 결합
- 집합 연산자
- 데이타 갱신 SQL
- 내장 SQL
- QBE

이 장에서는 5장에서 다루지 않은 고급 SQL의 사용법과 QBE에 대하여 소개한다. 5장에서 본 다중 테이블 결합은 기본적으로 두 개 이상의 다른 테이블의 공통된 속성의 값을 비교하여 결과 테이블을 구성한다. 그러나 하나의 테이블 만으로 결합을 구하여 질의에 답하거나 두 테이블이 결합에서 공통된 속성 값을 가지지 않더라도 모든 행의 결합으로 결과 테이블을 구성할 필요가 있다. 이러한 질의를 위한 고급 SQL 사용 방법으로 먼저 동일 테이블 간의 결합의 예를 소개하고 특수한 경우에만 사용하는 외향 결합에 대하여 설명한다. 또 5장에서 본 관계형 대수어의 집합 연산자를 대부분의 관계형 데이타베이스 관리 시스템의 SQL은 지원하므로 그 사용 방법을 알 필요가 있다.

SQL은 데이타베이스의 데이타를 갱신하는 명령문을 작성하는 것도 지원한다. 데이타의 입력, 삭제, 그리고 갱신의 데이타 조작은 INSERT, DELETE, UPDATE 문으로 만들어진다. 5장에서 주로 살펴 본 SELECT는 데이타베이스의 데이타를 변경시키지 않으면서 읽기만을 하지만 데이타 갱신을 위한 명령문은 데이타를 읽고 변경한다.

이 장에서는 또 내장 SQL과 QBE에 대한 기초적 개념과 사용 방법을 살펴본다. SQL이 상호작용적 인터페이스를 통하여 사용자에 의하여 입력되고 즉시 처리되는 것뿐만 아니라 호스트 프로그래밍 언어에 내장되는 애플리케이션에 사용되기도 한다. 관계형 데이타베이스 관리 시스템의 데이타를 상호작용적으로 접근하는 그래픽 형태의 언어로 QBE가 있다. QBE는 사용자에게 그래픽 형태의 테이블 템플릿을 통하여 질의 조건을 명시하게 한다.

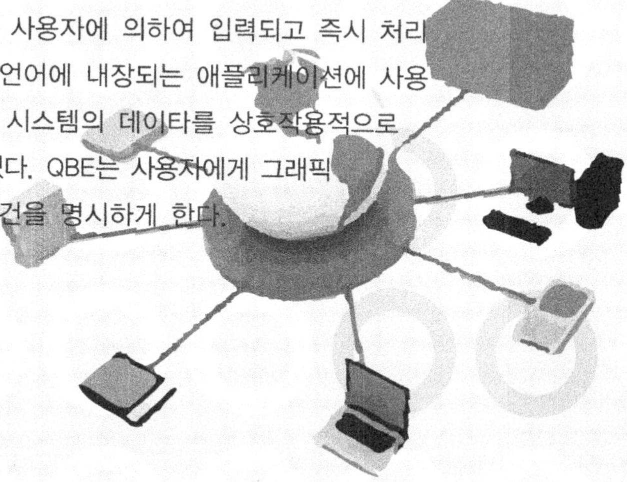

6.1 고급 질의 SQL

6.1.1 특별 결합

(1) 동일 테이블 결합

때로는 하나의 테이블이 자신과 결합을 해서 질의에 답을 구할 수 있는 경우가 있다. 이렇게 하나의 테이블이 자신과 결합을 하는 것을 동일 테이블 결합(Self-Join)이라 한다. 동일 테이블 결합에서는 한 테이블에 두 이름을 부여하는 방법으로 앞에서 설명한 별명(Alias)을 사용하게 된다.

아래 테이블은 건강제약의 직원 테이블을 변형한 것이다. 부록에 있는 직원 테이블에서 매니저 인사번호 속성을 추가하였다. 매니저 속성은 각 직원의 상사의 인사번호를 말한다. 이 테이블은 4장 그림 4-18의 b와 같은 순환관계성을 나타내는 개체를 테이블로 만든 것에 해당한다. 각 직원의 매니저를 찾는 것은 직원 사이의 순환적 관계를 보는 것이 된다. 이것은 예제 1과 같이 동일 테이블의 결합으로 해결할 수 있다.

직원

인사번호	주민등록번호	성명	성별	소속	직책	입사일	매니저인사번호
1001	650817-1482093	손영일	남	총무	부장	1986-03-01	
1002	791210-1438292	이강호	남	총무	대리	2000-09-01	1001
1003	800312-1363633	박재철	남	총무	사원	2004-03-01	1002
1004	820411-1342342	최철용	남	총무	사원	2006-12-01	1002
2001	640227-1235373	서상길	남	재무	부장	1987-05-23	
2002	860912-1763744	김남수	남	재무	사원	2008-03-10	2001
2003	870911-2442344	정호남	여	재무	사원	2009-01-05	2002
3001	660222-1453232	김철수	남	판매	이사	1988-10-31	
3002	760610-1848349	이상호	남	판매	부장	1989-11-01	
3003	761109-2939834	홍나영	여	판매	과장	2000-03-01	3001
3004	790719-2377331	나영희	여	판매	대리	2002-03-10	3002
3005	800202-2334347	김은희	여	판매	대리	2004-12-01	3003
3006	850119-2663733	정보라	여	판매	사원	2007-12-01	3004
3007	850210-2389223	이다솜	여	판매	사원	2008-02-01	3004
3008	841029-2423424	김정희	여	판매	사원	2008-03-20	3004
3009	841202-1932933	이원일	남	판매	사원	2008-12-01	3005
3010	850713-1673633	최영식	남	판매	사원	2008-01-20	3005
4001	730125-1737292	전판국	남	구매	과장	2001-01-20	
4002	751202-1323232	이종길	남	구매	대리	2002-07-01	4001
4003	851208-1323434	박만길	남	구매	사원	2010-03-01	4002

예제 1: 위의 직원 테이블로 각 직원에 대하여 인사번호, 성명, 매니저 인사번호, 매니저 성명을 구하라.

```
SELECT      F.인사번호, F.성명, S.인사번호, S.성명
FROM        직원 F, 직원 S
WHERE       F.매니저인사번호 = S.인사번호
ORDER BY    F.인사번호
```

F.인사번호	F.성명	S.인사번호	S.성명
1002	이강호	1001	손영일
1003	박재철	1002	이강호
1004	최철용	1002	이강호
2002	김남수	2001	서상길
2003	정호남	2002	김남수
3003	홍나영	3001	김철수
3004	나영희	3002	이상호
3005	김은희	3003	홍나영
3006	정보라	3004	나영희
3007	이다솜	3004	나영희
3008	김정희	3004	나영희
3009	이원일	3005	김은희
3010	최영식	3005	김은희
4002	이종길	4001	전판국
4003	박만길	4002	이종길

위의 예제는 하나의 테이블로 결합을 해서 답을 구해야 되며, 한 테이블에 대한 두 이름은 F(irst)와 S(econd))를 사용하였다. WHERE 절에는 직원의 매니저 인사번호가 그 직원의 매니저의 인사번호와 매칭되도록 하는 조건을 명시하였다. 이 조건이 만족되는 경우에 직원의 인사번호와 성명을 그 직원의 매니저 인사번호와 성명과 같이 리스트하게 된다. 전체적인 결과는 직원의 인사번호 순으로 나열되도록 ORDER BY를 포함하였다.

예제 2: 건강제약 데이타베이스에서 서울을 제외한 같은 도시에 있는 고객들의 번호, 이름, 도시를 구하라.

```
SELECT      F.고객번호, F.고객이름, S.고객번호, S.고객이름, F.시도
FROM        고객 F, 고객 S
WHERE       F.시도 = S.시도
AND         F.시도 <> 서울
AND         F.고객번호 < S.고객번호
ORDER BY    F.고객번호, S.고객번호;
```

F.고객번호	F.고객이름	S.고객번호	S.고객이름	시도
1002	언덕약국	1008	부부의원	대구
1002	언덕약국	1014	제일병원	대구
1004	미라약국	1020	김약국	광주
1005	밀양약국	1015	정약국	부산
1005	밀양약국	1017	부부약국	부산
1008	부부의원	1014	제일병원	대구
1015	정약국	1017	부부약국	부산

이 질의문의 결과 테이블은 각 고객에 대하여 서울을 제외한 같은 시도에 있는 다른 고객을 선정하여 두 고객의 이름과 시도를 리스트하였다. 이 예제의 FROM 절에는 고객 테이블이 F와 S라는 별명으로 두 번 사용되었다. WHERE 절에 고객 테이블의 시도가 매칭되도록 하는 조건을 명시하였으며 같은 고객번호가 지속적으로 비교되는 것을 막기 위하여 F.고객번호 < S.고객번호 조건을 사용하였다.

(2) 외향 결합

경우에 따라서는 결합에 참여하는 한 테이블의 레코드가 다른 테이블의 레코드와 매칭이 되지 않더라도 그 테이블의 모든 레코드를 결과에 포함시키기를 원할 때가 있다. 이것은 외향 결합을 통해서 해결할 수 있다.

외향 결합은 왼쪽 외향 결합, 오른쪽 외향 결합, 그리고 완전 외향 결합의 세 가지 유형이 있으나 완전 외향 결합은 거의 사용되지 않는다. 왼쪽 외향 결합(Left Outer Join)에서는 왼쪽 테이블(SQL 문에서 먼저 리스트되는 테이블)의 행이 오른쪽 테이블(SQL 문에서 나중에 리스트되는 테이블)의 행과 매칭이 되지 않더라도 모두 결과

에 포함된다. 오른쪽 테이블의 행은 다른 테이블의 행과 매칭되는 것만 결과에 포함된다. 이에 반해 오른쪽 외향 결합(Right Outer Join)에서는 오른쪽 테이블의 모든 행이 왼쪽 테이블의 행과 매칭되는 것과 상관없이 결과에 포함된다. 왼쪽 테이블의 행은 다른 테이블의 행과 매칭되는 것만 결과에 포함된다. 그러나 왼쪽 외향 결합을 사용할지 또는 오른쪽 외향 결합을 사용할지의 선택은 기준으로 삼는 테이블의 위치에 따른 명칭일 뿐 그 용도에 있어서는 차이가 없다. 여기서는 왼쪽 외향 결합의 예만 보기로 한다. 한편, 완전 외향 결합(Full Outer Join)은 두 테이블의 모든 행이 다른 테이블의 행과 매칭되는 것과 관계없이 결과에 포함되는 결합이다.

예를 들어 아래의 학생 테이블과 수강신청 테이블을 보면 학생 테이블에 있는 모든 학생이 수강신청 테이블에 들어 있지 않다. 이 테이블의 학생들 중에는 아직 수강신청을 미루고 있는 학생도 있기 때문에 현재의 수강신청 테이블에 있는 학생 명단과 학생 테이블에 있는 학생 명단이 일치될 수 없기 때문이다. 즉, 학번 10123, 10125, 10127 학생은 수강신청을 하지 않았다. 그러나 전체 학생의 수강신청 현황을 알고자 할 때는 이들을 포함한 수강신청 상태를 보고 싶을 경우가 있다.

학생

학번	성명	학과
10123	홍길동	경영학과
10124	김기수	경영정보학과
10125	장명수	경영정보학과
10126	강철수	경영학과
10127	이미원	경영학과

수강신청

학생번호	과목번호	과목명
10124	C46970	경영정보론
10124	K48762	데이타베이스
10126	C46970	경영정보론
10126	F27569	경영학원론
10126	J49370	인사관리

이러한 정보는 학생 테이블을 수강신청 테이블과 왼쪽 외향 결합시킴으로써 얻을 수 있다. 일반 결합에서와는 달리 두 테이블을 왼쪽 외향 결합시키면 아래의 학생-수강신청C 테이블에서와 같이 현재 두 테이블에서 일치되는 학번을 지닌 학생 명단 외에도 학생 테이블에만 기록되어 있는 학번을 지닌 학생의 명단도 같이 나타난다. 이때 이들 학생들에 대한 수강신청에 관한 내용들은 공란으로 남게 된다.

학생-수강신청C

학번	성명	학과	과목번호	과목명
10124	김기수	경영정보학과	C46970	경영정보론
10124	김기수	경영정보학과	K48762	데이타베이스
10126	강철수	경영학과	C46970	경영정보론
10126	강철수	경영학과	F27569	경영학원론
10126	강철수	경영학과	J49370	인사관리
10123	홍길동	경영학과		
10125	장명수	경영정보학과		
10127	이미원	경영학과		

예제 3: 건강제약 데이타베이스에서 모든 주문에 대하여 주문을 처리한 직원의 인사번호, 성명, 주문번호, 주문날짜를 구하고 동시에 다른 직원의 인사번호, 성명도 같이 보이도록 하라.

```
SELECT      직원.인사번호, 성명, 주문번호, 주문일
FROM        직원
LEFT JOIN   주문
ON          직원.인사번호 = 주문.인사번호
ORDER BY    직원.인사번호;
```

인사번호	성명	주문번호	주문일
1001	손영일		
1002	이강호		
1003	박재철		
1004	최철용		
2001	서상길		
2002	김남수		
2003	정호남		
3001	김철수		
3002	이상호		
3003	홍나영	5	2009-04-19
3003	홍나영	9	2009-05-11
3003	홍나영	1	2009-03-01
3004	나영희	8	2009-05-01
3004	나영희	3	2009-04-11
3005	김은희	2	2009-04-02
3005	김은희	7	2009-04-29
3006	정보라	31	2010-02-04
[illegible]	정보라	[illegible]	[illegible]-05-11

모든 직원을 포함시키기 위해서 직원 테이블을 왼쪽(처음 리스트) 테이블로 하는 왼쪽 외향 결합을 하였다. 주문을 처리한 적이 없는 직원도 포함하였으나 주문번호와 주문일은 공값으로 나타난다.

6.1.2 집합 연산자 사용

SQL에는 5장에서 살펴 본 관계형 대수의 집합 연산자와 같은 개념을 가진 두 테이블의 합집합, 교집합, 차집합을 구하는 연산자가 있다. 두 테이블의 합집합(Union)은 첫 번째 테이블, 두 번째 테이블, 또는 두 테이블에 있는 모든 레코드를 포함하는 테이블이다. 두 테이블의 교집합(Intersection 또는 Intersect)은 두 테이블에 공통으로 있는 레코드를 포함하는 테이블이다. 두 테이블의 차집합(Difference, Minus, 또는 Except)은 첫 번째 테이블에는 있으나 두 번째 테이블에는 없는 레코드들로 구성된 테이블이다. Difference 연산자로 Oracle은 Minus를 사용하고, SQL Server와 MySQL은 Except를 사용한다. 집합 연산자를 사용하는 질의문의 형식은 다음과 같다.

```
( 하부 질의문 ) UNION ( 하부 질의문 )
( 하부 질의문 ) INTERSECT (하부 질의문 )
( 하부 질의문 ) DIFFERENCE(MINUS, EXCEPT) ( 하부 질의문 )
```

다음에서 건강제약 데이타베이스를 사용하여 집합 연산자를 사용하는 질의문을 작성하는 방법을 살펴보자.

예제 4: 건강제약 데이타베이스에서 판매 직원 3006이 담당하고 있는 고객과 판매 직원 3006이 주문을 받은 적이 있는 고객 모두의 고객번호와 이름을 구하라.

```
SELECT      고객번호, 고객이름
FROM        고객
WHERE       인사번호 = 3006
UNION
SELECT      고객.고객번호, 고객이름
FROM        고객, 주문
WHERE       고객.고객번호 = 주문.고객번호
AND         주문.인사번호 = 3006;
```

고객번호	고객이름
1001	무지개약국
1005	밀양약국
1010	서부약국
1014	제일병원
1015	정약국
1016	삼일약국
1020	김약국

위의 질의문의 실행 결과는 두 개의 SELECT 문의 결과 테이블을 합한 테이블이다. 첫 번째 SELECT 문은 판매 직원 3006이 서비스하는 고객의 고객번호와 고객이름 속성을 가진 테이블을 얻고, 두 번째 SELECT 문은 판매 직원 3006이 주문을 받은 고객의 고객번호와 고객이름 속성을 가진 테이블을 얻게 된다. 이 두 테이블은 구조가 같으므로 합집합을 가능하게 한다.

예제 5: 건강제약 데이타베이스에서 판매 직원 3006이 담당하고 있는 고객 중 주문을 한 적이 있는 고객의 번호와 이름을 구하라.

```
SELECT      고객번호, 고객이름
FROM        고객
WHERE       인사번호 = 3006
INTERSECT
SELECT      고객.고객번호, 고객이름
FROM        고객, 주문
WHERE       고객.고객번호 = 주문.고객번호;
```

위의 질의문이 예제 4의 질의문과 다른 점은 교집합을 구한다는 점이다. 위 질의문의 실행 결과는 두 개의 SELECT 문의 결과 테이블의 공통부분만 선택하여 만들어 진다. MS ACCESS와 같은 일부 데이타베이스 관리 시스템에서는 INTERSECT 연산자가 지원되지 않는다. 이런 경우에는 아래와 같은 하부 질의문으로 바꾸어 질의에 답할 수 있다.

```
SELECT   고객번호, 고객이름
FROM     고객
WHERE    인사번호 = 3006
AND      고객번호 IN
         (SELECT  고객번호
          FROM    주문);
```

고객번호	고객이름
1001	무지개약국
1014	제일병원

예제 6 : 건강제약 직원 중 '직책'이 '사원'이 아닌 모든 직원들을 구하라.

```
SELECT   인사번호, 성명, 직책
FROM     직원
MINUS
SELECT   인사번호, 성명, 직책
FROM     직원
WHERE    직책 = '사원';
```

위의 질의문의 실행 결과는 두 개의 SELECT 문의 결과 테이블의 차를 구하여 만든 테이블이다. INTERSECT와 마찬가지로 MS ACCESS를 포함한 일부 데이타베이스 관리 시스템에서는 MINUS 연산자가 지원되지 않는다. 따라서 MINUS 연산자를 사용하지 않으면서 아래와 같은 질의문으로 질의에 답할 수 있다.

```
SELECT   인사번호, 성명, 직책
FROM     직원
WHERE    인사번호 NOT IN
         (SELECT  인사번호
          FROM    직원
          WHERE   직책 = '사원');
```

인사번호	성명	직책
1001	손영일	부장
1002	이강호	대리
2001	서상길	부장
3001	김철수	이사
3002	이상호	부장
3003	홍나영	과장
3004	나영희	대리
3005	김은희	대리
4001	전판국	과장
4002	이종길	대리

6.2 데이타 갱신 SQL

SQL 조작어는 UPDATE, DELETE, INSERT 등의 세 가지 데이타 갱신 명령을 갖고 있다.

6.2.1 UPDATE

이 명령은 데이타베이스에 저장된 값을 변경시키고자 할 때 사용한다. UPDATE 문의 기본 구조는 다음과 같이 UPDATE, SET, WHERE 및 ;로 이루어져 있다.

```
UPDATE   (테이블 이름)
SET      (갱신할 속성 조건)
WHERE    (검색 조건) ;
```

위의 구조에서 UPDATE 절에는 변경하고자 하는 속성을 포함하는 테이블 이름을 기입하고 SET 절에는 변경하고자 하는 속성의 이름과 함께 변경할 값을 넣어준다. WHERE 절에는 사용자가 변경하고자 하는 범주를 나타내 주는 데이타의 제한조건을 명시해 준다. 다음 예제를 통하여 건강제약 데이타베이스에서의 UPDATE 명령의 용법을 살펴보기로 하자.

예제 1: 주문번호가 14이고 제품번호가 A104인 주문의 주문 수량이 120개로 변경되었다. 이 사실을 데이타베이스에 반영하라.

```
UPDATE   주문항목
SET      수량=120
WHERE    주문번호 = 14
AND      제품번호 = A104 ;
```

6.2.2 DELETE

상황에 따라 필요없는 레코드를 삭제할 경우에 쓰는 명령이다. DELETE 문의 기본 구조는 다음과 같이 DELETE, FROM, WHERE 및 ;로 이루어져 있다.

```
DELETE
FROM     (테이블 이름)
WHERE    (검색조건) ;
```

위의 구조에서 FROM 절에는 변경하고자 하는 레코드를 포함하는 테이블 이름을 기입하고 WHERE 절에는 사용자가 삭제하고자 하는 범주를 나타내 주는 데이타의 제한조건을 명시해 준다. 다음 예제를 통하여 DELETE 명령의 용법을 살펴보기로 하자.

예제 2: 고객번호 1015인 고객의 주문을 모두 삭제하라.

```
DELETE
FROM     주문
WHERE    고객 번호 = 1015 ;
```

위와 같이 기존 테이블에서 레코드를 삭제할 경우에는 이 테이블과 연결된 테이블에도 신경을 써야 한다. 즉, 위의 DELETE 명령에 의하여 주문 테이블에 있는 주문번호가 모두 삭제되었으나 이와 연결되어 있는 주문항목 테이블에 있는 주문번호는 아직 그대로 남아 있어서 주문항목 테이블의 주문번호를 사용하여 주문 사항을 거꾸로 추적할 경우에는 이에 해당되는 기록이 없게 된다. 따라서 위와 같은 문제를 해결하기 위해서는 다음과 같은 DELETE 명령을 동시에 실행시켜야 한다.

```
DELETE
FROM     주문항목
WHERE    주문번호 IN
         (SELECT   주문번호
          FROM     주문
          WHERE    고객번호 = 1015);
```

6.2.3 INSERT

기존 테이블에 레코드를 추가시킬 경우에 사용하는 명령이다. INSERT 명령의 기본 구조는 다음과 같이 INSERT, INTO, VALUES 및 ;로 이루어져 있다.

```
INSERT
INTO      (테이블 이름)
VALUES    (입력 자료 목록)
```

위의 구조에서 INTO 절에는 새로운 레코드를 입력하고자 하는 테이블이름을 기입하고 VALUES 절에는 사용자가 입력하고자 하는 자료 값을 테이블에 정의된 속성의 순으로 나열해 준다. 다음 예제들을 통해서 볼 수 있듯이 테이블에 있는 전 속성에 해당되는 자료를 입력하는 경우와 일부 자료를 입력하는 경우는 그 사용법에 있어서 약간의 차이가 있다.

예제 3: 다음 고객을 고객테이블에 추가하라.

고객번호: 1024, 고객이름: 장철약국, 고객유형: 약국,
주소: 성동구 옥수동 321, 시도: 서울, 우편번호: 170-123,
전화번호: 851-2345, 신용한도: 5,000,000, 잔고: 5,000,000, 인사번호: 3007

```
INSERT
INTO      고객
VALUES    (1024, '장철약국', '약국', '성동구 옥수동 321', '서울',
           '170-123', '851-2345', '5000000', '5000000', '3007') ;
```

예제 4: 다음 고객을 고객테이블에 추가하라.

고객번호: 1027, 고객이름: 강수의원

```
INSERT
INTO      고객(고객번호, 고객이름)
VALVES    (1027, '강수의원');
```

[예제 3]과 [예제 4]의 차이점은 다음과 같다. [예제 3]에서는 모든 속성에 대하여 입력될 자료가 있기 때문에 속성 이름을 명시할 필요가 없으나 [예제 4]에서는 일부 속성에 대하여만 입력될 자료가 있기 때문에 해당 속성명을 명시하여 주어야만 한다.

6.3 내장 SQL

6.3.1 내장 SQL 기초

SQL이 비절차적 언어이므로 질의문을 만드는 것이 절차적 언어인 호스트(Host) 프로그래밍 언어로 질의에 답하는 것보다는 간단하다고 할 수 있다. 그러나 SQL은 호스트 언어처럼 표현력이 강력하지 못해 사용자와의 상호작용이나 반복문(While)과 조건문(If)과 같은 다양한 표현 방법을 제공하지 않는다. 따라서 데이타베이스 애플리케이션 개발에서 호스트 언어 프로그램에 SQL 문을 내장하여 데이타베이스 접근 부분은 SQL이 담당하게 하고 호스트 언어로 다른 일반적 표현을 하는 것이 필요하다.

내장 SQL 애플리케이션은 SQL 문을 절차적 프로그래밍 언어 즉 호스트 언어에 내장시켜 사용하는 것이다. 내장 SQL 문은 호스트 프로그래밍 애플리케이션 내부에 내장된다. 일반적으로 내장 SQL 문은 C, C++ 등과 같은 호스트 프로그램 언어에 내장된다. 내장 SQL 애플리케이션은 호스트 언어의 컴퓨팅 능력과 SQL의 데이타 조작 능력을 결합한 것이다.

내장 SQL 애플리케이션은 데이타베이스에 연결하여 내장 SQL 문을 실행한다. 이것을 위해 내장 SQL 애플리케이션은 애플리케이션 컴파일(Compilation)과 링크(Linking)에 앞서 다음과 같은 두 예비 단계를 거친다. 먼저 내장 SQL 문을 포함하는 소스 화일을 준비한다. 그 다음에 애플리케이션의 내장 SQL 문을 타겟 데이타베이스에 바인딩(Binding)한다. 내장 SQL 애플리케이션을 사전컴파일(Precompile)한 다음 바인딩하고 나면 호스트 프로그래밍 언어 개발 도구를 사용하여 컴파일하여 링크할 준비가 된다. 이것이 필요한 SQL 라이브러리에 링크되면 실행 프로그램이 만들어지게 된다.

내장 SQL 문을 호스트 언어 프로그램에 포함시킬 때에는 두 언어 사이의 인터페이스 문제를 고려하여야 한다. 두 언어 사이의 데이타 구조가 불일치하는 문제와 데이타 형식 호환성이 해결되어야 한다. 호스트 언어는 단일 변수 또는 터플 위주의 처리 방식을 지원하는데 비하여 SQL은 터플 집합 위주의 처리 방식을 지원한다. 데이타 구조의 다른 점을 해결하는 방법은 커서(Cursor) 사용이다. 커서는 한 번에 한 터플씩 가져오는 수단이며 터플 집합의 각 터플을 가리키는 포인터로 생각할 수 있다.

6.3.2 정적 또는 동적 내장 SQL

내장 SQL 애플리케이션은 정적 또는 동적으로 실행될 SQL 문의 내장을 지원한다. 즉 내장 SQL 애플리케이션의 SQL 문은 정적(Static) 또는 동적(Dynamic)으로 실행될 수 있다. 정적으로 실행되는 SQL 문에서는 사전컴파일 시간에 구문(Syntax)이 완전히 알려져 있다. SQL 문이 정적으로 실행되기 위해서는 SQL 문의 구조가 완전히 규정되어야 한다. 예를 들어 SQL 문에서 사용되는 테이블과 열의 이름이 사전컴파일 시간에 완전히 알려져야 한다. 런타임(Run Time)에 알려질 수 있는 정보는

SQL 문이 참조하는 호스트 변수(Host Variable)의 값이다. 그러나 데이타 형식과 같은 호스트 변수 정보는 사전컴파일 되어야 한다. 애플리케이션이 실행되기 전에 정적으로 실행되는 SQL 문은 사전컴파일, 바인딩, 컴파일 되어야 한다.

동적 내장 SQL 프로그램은 애플리케이션을 개발할 때 SQL 문의 구조를 완전히 알고 있지 않아도 된다. 동적 내장 SQL 문은 데이타베이스 객체에 대한 정보가 질의가 실행될 때 입력받아도 된다. 동적으로 실행되는 SQl 문은 런타임에 애플리케이션에 의해 구축되고 실행된다. 검색될 테이블과 열의 이름과 같이 SQL 문의 주요 부분이 사용자에 의해 입력되도록 하는 상호작용적 애플리케이션이 동적 SQL에 적합한 상황의 좋은 예이다.

(1) 정적 내장 SQL 프로그램의 예

다음 프로그램은 DB2 데이타베이스 관리 시스템을 위한 정적 내장 SQL 프로그램의 예이다. 이 프로그램은 비디오 타이틀, 비디오 번호, 감독 속성의 데이타를 포함하고 있는 비디오 테이블이 존재하는 것을 가정한다.

내장 SQL 프로그램에서 SQL 통신 영역(SQLCA; SQL Communications Area)은 데이타 구조를 사용하여 C 프로그램에 내장된 SQL 문에 발생하는 에러(Error)들을 사용자에게 알려 준다. EXEC SQL은 EXEC SQL부터 세미콜론(;) 사이에 있는 문장이 내장된 SQL 문임을 사전컴파일러에게 알려 주기 위한 명령이다. 사전컴파일러는 내장된 SQL 문을 C 컴파일러에서 허용되는 함수 호출로 전환한다. 호스트 변수(Host Variable)는 DB2로 전달될 때 변수 이름 앞에 콜론을 추가한다.

이 프로그램의 주요 활동은 데이타베이스의 비디오 테이블에서 비디오 터플을 하나씩 받아 그 터플의 비디오 타이틀을 프린트하는 것이다. 이것을 위해 DB2에서 터플을 하나 씩 받기 위하여 커서 c1을 선언하고, 터플을 받아 처리하기 위해서 커서를 오픈한 다음, 터플을 받아서 비디오 타이틀을 프린트한다.

```
#include <stdio.h>

EXEC SQL INCLUDE SQLCA;

EXEC SQL BEGIN DECLARE SECTION;
 char db_name[8];
 char video_title[30];
 short video_id;
 char director[20];
EXEC SQL END DECLARE SECTION;

EXEC SQL WHENEVER SQLWARNING CONTINUE;
EXEC SQL WHENEVER SQLERROR CONTINUE;
EXEC SQL WHENEVER NOT FOUND CONTINUE;

void main() {

strcpy(db_name, "class_db");

EXEC SQL CONNECT TO :db_name;

if (sqlca.sqlcode != 0) {
        printf("Connect failed!: reason %ld\n", sqlca.sqlcode);
        exit(1);
}

EXEC SQL DECLARE c1 CURSOR FOR
        SELECT video_title
        FROM video;

EXEC SQL OPEN c1;

do {

  EXEC SQL FETCH c1 into :video_title;
  if (SQLCODE != 0) break;

  printf("%s\n",video_title);

} while (1);
```

```
EXEC SQL CLOSE c1;
EXEC SQL CONNECT RESET;
}
```

(2) 동적 내장 SQL 프로그램의 예

아래 프로그램은 DB2 데이타베이스 관리 시스템을 위한 동적 내장 SQL 프로그램의 예이다. 이 프로그램은 정적 내장 SQl 프로그램과 마찬가지로 비디오 테이블이 데이타베이스에 존재하는 것을 가정한다. 정적 내장 SQL 프로그램과 달리 이 동적 내장 SQL 프로그램에서는 출력물(속성의 수와 데이타 유형)이 컴파일 시간에는 정해져 있지 않다.

```
#include <stdio.h>

EXEC SQL INCLUDE SQLCA;

EXEC SQL BEGIN DECLARE SECTION;
 char  db_name[8];
 char  qstring[100];
 char  video_title[30];
 short video_id;
 char  director[20];
EXEC SQL END DECLARE SECTION;

void main() {

strcpy(db_name, "class_db");

EXEC SQL CONNECT TO :db_name;

if (SQLCODE != 0) {
        printf("Connect failed!: reason %ld\n", sqlca.sqlcode);
        exit(1);
}

strcpy(qstring, "SELECT video_title FROM video");
```

```
EXEC SQL PREPARE Q1 FROM :qstring;

if (SQLCODE != 0) {
        printf("PREPARE failed!: reason %ld\n", sqlca.sqlcode);
        exit(1);
}

EXEC SQL DECLARE c1 CURSOR FOR Q1;

EXEC SQL OPEN c1;

do {

  EXEC SQL FETCH c1 into :video_title;
  if (SQLCODE != 0) break;

  printf("%s\n",video_title);

} while (1);

EXEC SQL CLOSE c1;
EXEC SQL CONNECT RESET;
}
```

6.4 QBE(Query-By-Example) 언어

QBE는 IBM 연구소에서 사용자에게 친근한 형태로 개발한 관계형 질의어이다. QBE는 테이블이 다음 그림과 같은 형태로 주어지는데 이 테이블은 템플리트(Template)라고 불린다. QBE가 SQL과 다른 점은 사용자가 명백한 구조적 질의를 만들 필요가 없다는 것이다. 사용자의 질의는 화면에 제공되는 템플리트에 필요한 요구 사항을 채우는 것으로 대치된다.

고 객	고객번호	고객이름	……

위의 그림에서 첫 번째 칸의 고객은 관계의 이름을 나타내며 두 번째 이하의 고객번호, 고객이름 등은 속성 이름을 나타낸다. 따라서 QBE를 사용할 경우에 사용자는 더 이상 관계 이름이나 속성 이름을 기억해야 할 필요가 없다. 사용자는 질의어를 구성하기 위하여 필요한 문법에 구애 받을 필요가 없이 데이타 갱신이나 검색을 하기 위하여 필요한 상수나 변수명을 템플리트의 속성 밑에 채우기만 하면 된다.

6.4.1 데이타 검색

QBE에서 검색 질의는 관계 템플리트의 해당 열에 상수나 변수를 채움으로써 만들어진다. 템플리트에 조건을 나타내는 상수값을 넣을 때는 그 값을 그대로 입력하면 되나 질의의 최종 결과 이전의 중간 계산 결과나 임의의 예제 값은 앞에 '_'(Underscore)로 시작하는 변수 이름을 입력한다. 건강제약 데이타베이스를 사용하여 다음의 예제를 통하여 데이타 검색을 이해하여 보도록 하자.

예제 1: 무지개약국의 주소와 전화번호를 출력하라.

고 객	고객번호	고객이름	주 소	……	전화번호	……
		무지개약국	P.		P.	

앞에서 배운 SQL과 비교하기 위하여 [예제 21]에 대한 SQL 명령문을 보면 다음과 같다.

```
SELECT   주소, 전화번호
FROM     고객
WHERE    고객이름 = '무지개약국' ;
```

위의 QBE에서 나타낸 표현을 분석하면 다음과 같다. 즉, 조건이 되는 고객이름 = '무지개약국'은 고객이름 칸에 입력시켜 주고 출력을 원하는 주소와 전화번호 칸에는 P.를 입력하여 주면 된다. 질의 결과로 출력되는 칸에 입력되는 P.는 프린트(print)를 나타내는 것으로 QBE에서 사용되는 명령어이다. 위의 예제에서 만일 고객이름인 무지개약국도 같이 출력하고 싶으면 무지개약국 대신에 P.무지개약국으로 입력하면 된다.

예제 2: 고객의 잔고가 20,000원 이상인 고객의 이름을 출력하라.

고 객	고객번호	고객이름	......	잔 고	......
		P.		>=20000	

이 예제에서와 같이 QBE에서도 수학적 비교 연산 조건의 사용도 가능하다.

예제 3: 고객의 영업 지역이 서울이거나 경기도인 고객의 이름, 주소 및 전화번호를 출력하라.

고 객	고객번호	고객이름	주 소	시 도	......	전화번호	......
		P.	P.	서 울		P.	
		P.	P.	경기도		P.	

이 예제의 조건은 OR 조건으로서 서로 다른 행에 조건이 명시되어 있다. 이와 같이 OR로 이어진 조건이 하나 이상일 경우에는 반드시 각행에 P.를 명시해 주어야 한다.

예제 4: 영업 지역이 서울이거나 경기도인 고객 중 잔고가 20,000원 이상인 고객의 이름을 출력하라.

이 예제는 AND와 OR 조건이 함께 들어 있는 예제인데 QBE에서의 AND와 OR에 대한 사용 규칙을 보면 앞에서 설명하였듯이 OR의 경우에는 서로 다른 행에 조건이 추가되어야 하나 AND의 경우에는 같은 행에 조건이 명시된다.

고 객	고객번호	고객이름	주 소	시 도	......	전화번호	......
		P.	P.	서 울		>=20000	
		P.	P.	경기도		>=20000	

질의에서 요구하는 조건이 복잡해지면 사용자는 위의 그림과 같은 처리 방법 외에 함수키(Function Key)를 사용하여 조건 상자(Condition Box)를 열어서 사용할 수도 있다. 조건 상자를 이용하여 [예제 4]에 대한 해를 구하는 QBE는 다음과 같다.

고 객	고객번호	고객이름	주 소	시 도	......	잔 고	......
		P.		_CX		_RX	

조건상자

_RX>=20000 AND (_CX=서울 OR _CX=경기도)

QBE에서 자료의 집단화를 시키기 위해서는 집단화의 기준이 되는 항목에 GROUP을 나타내는 접두어 G.를 입력하여 표시하는데, 집단화된 데이타의 처리에 사용되는 집단 함수들은 SQL과 마찬가지로 AVG., MAX., MIN. 및 SUM. 등이 있으며 이와 함께 데이타의 수를 세는 CNT.도 있다. 또한, 데이타의 정렬시 데이타를 오름차순 또는 내림차순으로 정렬하도록 하는 명령으로 AO.(Ascending Order)와 DO.(Descending Order) 등이 사용된다.

예제 5: 주문한 제품에 대하여 제품번호별 총주문수량을 제품번호에 따라 오름차순으로 출력하라.

주문항목	주문번호	제품번호	수 량
		P. G. AO.	P. SUM.

이 예제에서 보듯이 QBE에서는 P.G.와 같이 여러 개의 명령어가 함께 사용될 수 도 있다.

예제 6: 제품번호가 D102이고 주문수량이 320인 주문에 대한 주문일과 납기일을 출력하라.

주 문	주문번호	주문일	납기일	인사번호	고객번호
	_OX	_PX1	_PX2		

주문항목	주문번호	제품번호	수 량
	_OX	D102	320

결과테이블			
	P._OX	P._PX1	P._PX2

이 예제는 2개의 테이블 간의 결합(join) 과정을 보여 준다. 이 예제에서 데이타가 검색되는 과정을 살펴보면 다음과 같다. 먼저 주문항목 테이블에서 제품번호가 '10052'이고 수량이 '30'인 주문번호를 찾아낸 후 주문 테이블에서 이 주문번호를 갖는 주문일과 납기일을 찾아 출력한다. 위와 같이 QBE에서 결합을 사용할 경우에는 QBE가 제공하는 결과 테이블을 사용한다.

6.4.2 데이타 변경

데이타베이스의 내용을 변경시키는 조작은 자료의 삽입, 삭제 및 갱신을 들 수 있다. 이 세 가지 조작을 지원하기 위하여 QBE에서는 I., D. 및 U.를 사용한다.

삽입과 삭제 조작은 템플리트에서 관계이름이 있는 열 밑에 I.나 D.를 입력시킴으로써 실행시키고 갱신의 경우에는 갱신될 속성의 열에 U.를 입력시켜 실행시킨다. 건강제약 데이타베이스에서 데이타 변경 작업은 다음 예제와 간단히 처리할 수 있다.

예제 7: 주문 테이블에 주문번호 '26'인 새로운 주문을 삽입시켜라.

주 문	주문번호	주문일	납기일	인사번호	고객번호
I.	26	09-10-17	09-11-02	3010	1005

특정 터플을 테이블에서 삭제하는 방법은 삽입 방법보다 더 간단하다.

예제 8: 주문번호 '18'인 터플을 주문 테이블에서 삭제하라.

주 문	주문번호	주문일	납기일	인사번호	고객번호
D.	18				

한 터플의 속성 내용을 갱신하기 위해서는 갱신하고자 하는 속성에 새로운 값을 입력하고 입력 값 앞에 U.를 입력시켜 주면 된다.

예제 9: 예제 1에서 삽입된 주문번호 '26' 주문의 납기일을 2009년 11월 2일에서 2010년 1월 31일로 갱신하라.

주 문	주문번호	주문일	납기일	인사번호	고객번호
	26		U.10-01-31		

6.5 요약

이 장에서는 SQL의 고급 주제를 다루고 있다. 먼저 하나의 테이블이 자신과 결합을 해서 질의에 답을 구하는 동일 테이블 결합이 사용될 때가 있다. SQL에서 동일 테이블 결합은 한 테이블에 두 이름을 부여하는 방법으로 결합을 표시한다. 외향 결합은 결합에 참여하는 한 테이블의 레코드가 다른 테이블의 레코드와 매칭되지 않더라도 그 테이블의 모든 레코드를 결과에 포함시킨다. SQL에서 두 테이블의 구조가 같을 때 두 테이블의 합집합, 교집합, 차집합을 구할 수 있다. SQL의 집합연산자는 Union, Intersection(Intersect), Difference(Minus 또는 Except)가 있다.

SQL이 비절차적 언어이므로 질의문을 만드는 것이 절차적 언어인 호스트(Host) 프로그래밍 언어로 질의에 답하는 것보다는 간단하지만 호스트 언어처럼 표현력이 강력하지 못하다. 따라서 데이타베이스 애플리케이션 개발에서 호스트 언어 프로그램에 SQL 문을 내장하여 데이타베이스 접근 부분은 SQL이 담당하게 하고 C, C++ 등과 같은 호스트 언어로 다른 일반적 표현을 하는 것이 필요하다. 내장 SQL 문을 호스트 언어 프로그램에 포함시킬 때에는 두 언어 사이의 데이타 구조가 불일치하는 문제와 데이타 형식 호환성이 해결되어야 한다. 데이타 구조의 다른 점을 해결하는 방법은 커서 사용이다. 내장 SQL 애플리케이션의 SQL 문은 정적 또는 동적으로 실행될 수 있다.

QBE는 IBM 연구소에서 사용자에게 친근한 형태로 개발한 그래픽 관계형 질의어이다. QBE가 SQL과 다른 점은 사용자가 명백한 구조적 질의를 만들 필요가 없다는 것이다. 사용자의 질의는 화면에 제공되는 템플리트에 필요한 요구 사항을 채우는 것으로 대치된다.

주요용어

동일 테이블 결합	외향 결합
왼쪽 외향 결합	오른쪽 외향 결합
집합 연산자	UNION
INTERSECT	MINUS
INSERT	DELETE
UPDATE	QBE

연습문제

01 건강제약 데이타베이스에서 모든 고객에 대하여 고객번호, 고객이름, 직원번호, 직원이름을 리스트하는 SQL 문을 작성하라. 단 고객을 담당하지 않는 직원도 결과 테이블에 포함시켜라.

02 다음 데이타베이스를 가지고 질의 (a)와 (b)에 대하여 답하라.

> 전국우편번호(<u>우편번호</u>, 시도, 동, 하위주소)
> 수강생(<u>학번</u>, 이름, 주소, 우편번호, 전화번호)
> 강사(<u>강사번호</u>, 이름, 주소, 우편번호, 전화번호)

(a) 같은 우편번호를 가진 강사를 구하라.

(b) 수강생 또는 강사 테이블에서 사용되지 않는 전국의 우편번호를 리스트하기 위하여 집합 연산자를 사용하는 SQL 문을 작성하라.

03 다음 데이타베이스를 가지고 질의 (a)와 (b)에 대하여 답하라.

> 학생(<u>학번</u>, 이름, 주소, 우편번호, 전화번호, 휴학일, 복학일)
> 수강등록(<u>과목번호</u>, <u>학번</u>, 수강등록일)

(a) 복학일과 같은 날에 수강등록한 학생을 리스트하기 위하여 집합 연산자를 사용하는 SQL 문을 작성하라.

(b) 어떤 과목에도 수강등록하지 않은 학생을 리스트하기 위한 SQL 문을 집합 연산자, 하부 질의문, 그리고 상관 하부 질의(Correlated Sub-query) 사용의 세 가지 방법으로 작성하라.

04 정적과 동적 내장 SQL에 대하여 설명하라.

05 SQL과 QBE의 차이점은 무엇인가?

06 다음과 같은 대학 데이타베이스에 대하여 아래 질문에 답하기 위한 SQL 문을 작성하라.

> 학생(학번, 성명, 전공)
> 교수(교수명, 연구실)
> 개설과목(과목번호, 과목명, 교수명)
> 수강(학번, 과목번호, 학점)

학생

학번	성명	전공
14601	남윤철	경영학
14602	서정은	회계학
14603	이영식	전산학
....	....	....

교수

교수명	연구실
김영철	A301
이철규	B706
박철순	B403
....	....

개설과목

과목번호	과목명	교수명
146451	데이타베이스	김영철
146470	경영학원론	이철규
146583	법학개론	한상식
....	....	....

수강

학번	과목번호	학점
14601	146451	79
14601	146470	85
14602	146470	97
14603	146451	83
14604	146583	76
....	....	....

① 모든 학생의 학번과 전공을 구하라.

② 90점 이상을 받은 학생의 학번과 과목번호를 구하라.

③ '김영철' 교수의 과목을 수강한 학생의 학번과 과목명을 구하라.

④ 개설과목의 수를 구하라.

⑤ 과목을 수강한 학생수를 동일 학생이 중복되지 않게 구하라.

⑥ 전체 학점의 평균을 구하라.

⑦ 학생별로 학점의 평균을 구하라.

⑧ 한 과목이라도 90점 이상을 받은 학생이 수강한 과목명과 학생의 성명을 구하라.

제4부

데이타베이스 시스템 구축

제7장 데이타베이스 개발 과정

제8장 데이타베이스 응용

제7장
데이타베이스 개발 과정

학습목표

이 장을 읽은 뒤에 독자들은 다음 사항을 이해해야 한다.

- 데이타베이스 개발의 의미
- 시스템 개발 수명주기
- 데이타베이스 개발 수명주기

데이타베이스는 주의를 기울여 설계하여 구축한 데이타의 저장고로서 정보시스템의 일부분에 해당한다. 정보시스템의 일부분인 데이타베이스 개발은 일반적 정보시스템 개발 방법과 마찬가지로 단계적으로 개발하는 과정을 통하여 개발된다. 데이타베이스 개발팀에게 중요한 것은 시스템 개발 수명주기가 데이타베이스 설계와 응용 프로그램 개발을 계획하고 평가하는 커다란 그림을 제공한다는 사실이다.

그러면 데이타베이스 개발에서 왜 시스템 개발 수명주기를 다루는가? 데이타베이스 개발은 정보시스템의 테두리 안에서 이루어지기 때문이다. 간단히 말하면, 정보시스템 개발 수명주기에서 데이타베이스 설계를 떼어 놓기가 어렵고 그 반대의 경우도 마찬가지이다. 데이타베이스는 정보시스템의 수명주기와 같이 수명주기를 갖고 있다. 데이타베이스 개발 수명주기(Database Development Life Cycle)는 시스템개발 수명주기에 맞추어져 있고 또한 유사한 단계를 갖고 있다.

본 장에서는 데이타베이스 개발을 위한 방법론에 대한 전체적인 흐름을 제시하여 데이타베이스 개발 과정에 대한 이해를 돕고자 한다. 먼저 정보시스템을 개발하는 데 가장 많이 사용되는 접근방법인 전통적 시스템 개발 수명주기에 대하여 요약한다. 다음 유사한 방법론을 사용하여 데이타베이스 개발을 수행하는 데이타베이스 개발 수명주기를 설명한다.

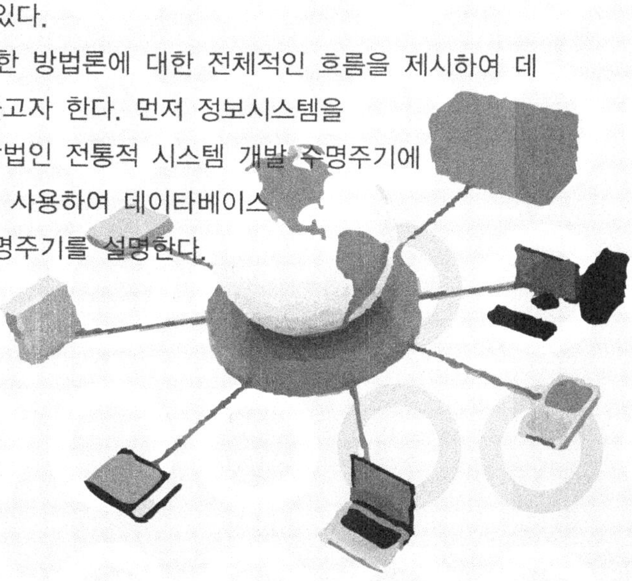

7.1 시스템 개발 수명주기

그림 7-1 에서와 같이 전통적인 시스템 개발 수명주기(System Development Life Cycle; SDLC)는 다섯 단계의 절차로 이루어져 있다. 이 절차는 모든 정보시스템 개발에서 공통적으로 발견되는 요소들에 초점을 맞춘 것으로 폭 넓게 적용될 수 있는 일반적인 것이다. 다만 한 가지 유의할 점은 대부분의 과정과 절차들은 개발되는 시스템의 크기, 형태, 또는 복잡성과는 독립적이라는 것이다. 그러면 각 단계에 대하여 간단히 살펴보기로 하자.

[그림 7-1] 시스템 개발 수명주기

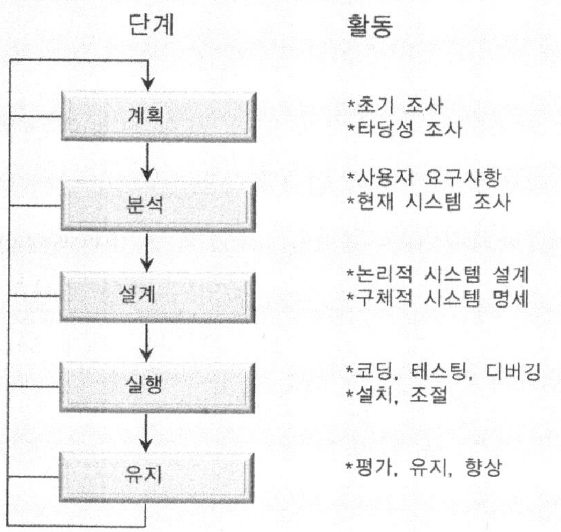

7.1.1 계획 단계

정보시스템 개발은 조직의 전략적 계획(Strategic Planning)의 틀에서 이루어져야 한다. 미래지향적으로 준비되는 전략적 계획은 조직의 경영과 운영에 관한 계획을 결정하는 데 가장 필수적인 문서가 된다. 조직의 전략적 계획은 첫째, 조직의 목적을 지원하는 구체적 목표를 파악하고 이 목적이 성취될 수 있도록 하는 전략과 정책을 결정할 수 있도록 하여야 하며 둘째, 자원의 배분을 통제하고 셋째, 전사적인 비지니스 모델을 확인하고 넷째, 기업의 필요에 맞추어 정보시스템의 설계와 구현을 할 수 있도록 수립하여야 한다.

전략적 계획이 수립되면 필요한 정보시스템을 선택하여 우선순위에 따라 자원을 할당하여 개발하게 된다. 선택된 정보시스템의 개발을 시작하면 시스템 개발 수명주기가 시작된다. 시스템 개발 수명주기의 계획단계에서는 회사의 일반적 개요와 목적을 파악하고, 정보의 흐름과 그 범위에 대한 초기 평가를 한다. 이 평가에서는 다음과 같은 중요한 질문에 대한 해답을 제시하여야 한다.

- 기존 시스템은 계속 사용될 수 있는가?
- 기존 시스템이 수정되어야만 하는가?
- 기존 시스템을 대체할 것인가?

시스템 개발 수명주기의 초기 조사팀은 위와 같은 문제에 대한 대안을 개발, 연구 및 평가하여야 한다. 새로운 시스템이 필요하다고 결정이 났다면 그 다음 질문은 새로운 시스템 개발이 가능한가라는 것이다. 가능성 조사(Feasibility Study)에서는 하드웨어와 소프트웨어의 기술적인 관점과 비용 등의 문제를 조사하여 보고서를 제출한다. 최고경영자는 보고서를 토대로 하여 최종 결정을 하게 되고, 새로운 시스템을 개발하기로 결정하게 되면 분석단계를 시작한다.

7.1.2 분석 단계

시스템 개발 수명주기의 분석 단계에서는 사용자 요구사항에 대한 철저한 조사가 진행된다. 계획 단계에서 제시된 질문을 분석 단계에서는 한층 더 자세히 조사한다. 이를 위하여 개별적인 필요에 대한 마이크로분석과 조직 전체의 필요에 대한 매크로 분석을 다음과 같은 질문을 중심으로 실행하여야 한다.

- 현재 시스템 사용자의 정확한 요구사항은 무엇인가?
- 사용자 요구사항이 전체 조직의 정보 요구사항에 적합한가?

기존의 하드웨어와 소프트웨어 시스템도 이 분석 단계에서 조사된다. 이러한 분석을 통하여 시스템의 기능, 노출된 문제와 잠재적 문제, 그리고 새로운 가능성에 대한 더 나은 이해를 얻는다.

7.1.3 설계 단계

설계 단계에서는 논리적 설계와 구체적 설계가 이루어진다. 논리적 설계에서는 예상되는 출력 요구사항, 입력, 프로세스, 그리고 적합한 개념적 데이타 모델을 기술하여야 한다. 논리적 설계를 위해 개발팀은 데이타흐름도(Data Flow Diagram: DFD) 또는 개체관계성도와 같은 도구들을 사용한다.

모든 데이타의 처리는 데이타흐름도와 같은 시스템 분석도구를 사용하여 기술되고 문서화된다. 개체관계성도를 완성하기 위해서는 개체관계성 데이타 모델을 사용하는 개념적 데이타 모델 활동을 통하여 데이타베이스에 포함되어야 할 모든 개체, 그들의 속성, 그리고 개체간의 관계성을 발견하고 기술하여야 한다.

구체적 설계에서는 개발팀이 시스템의 입력, 출력, 그리고 프로세스에 대한 설계를 완성한다. 이 설계에서는 화면 양식, 메뉴, 보고서 등과 같은 입·출력 설계와 응용 프로그램과 같은 프로세스 설계를 포함할 뿐만 아니라, 기존 시스템에서 새로운 시스템으로 전환하는 과정도 구체화한다. 이 단계에서는 사용자의 훈련에 대한 원칙과 방법도 마련되어 경영자의 승인을 받기 위해 제출되어야 한다.

7.1.4 실행 단계

실행 단계에서는 하드웨어, 데이타베이스 관리 시스템, 그리고 응용 프로그램을 설치하고 앞 단계에서 도출된 데이타베이스 설계가 실행된다. 실행 단계의 초기부분에서는 시스템이 실제 업무에서 사용 가능하도록 코딩(Coding), 테스팅(Testing), 그리고 디버깅(Debugging)의 사이클로 들어간다. 실제의 데이타베이스가 정의되고 테이블과 뷰(View)를 만들고 사용자 권한 등을 부여함으로써 데이타베이스 시스템이 업무에 맞추어진다.

다양한 기능을 제공하는 CASE(Computer-Aided Software Engineering)와 여러 종류의 클라이언트/서버(Client/Server)시스템 개발 도구들은 필요한 응용 프로그램을 계획된 기간 내엔 합당한 예산으로 개발하는데 도움을 주고 있다. 또한 이러한 도구로 만든 응용 프로그램의 보편성과 정교함은 시스템의 활동 수명을 연장시켜 준다.

시스템은 실무에서 사용이 가능할 때까지 철저한 테스트를 거쳐야 한다. 전통적으로 새로운 시스템의 실행과 테스트는 전체 시스템 개발 시간의 50 내지 60퍼센트를 차지한다. 그러나 매우 정교한 응용 프로그램발생기(Application Generator)와 디버깅 도구가 도입되면서 코딩과 테스트 시간을 상당히 줄여주고 있다. 테스트가 끝나면 마지막으로 문서가 검토되고 인쇄된다. 사용자도 새로운 시스템 사용을 위한 훈련을 받는다. 이 단계의 종결과 함께 시스템은 완전 가동을 시작하게 되지만 계속적으로 평가되고 조정된다.

7.1.5 유지 보수 단계

실행 단계를 거쳐 시스템이 가동되기 시작하면 사용자의 시스템에 대한 변경 요구가 시작된다. 이러한 변경은 일반적으로 다음과 같은 세 가지 형태의 유지 보수 활동으로 나타난다.

- 시스템의 문제점에 대처하는 교정적 유지 보수(Corrective Maintenance)
- 비지니스 환경 변화에 따른 적응적 유지 보수(Adaptive Maintenance)
- 시스템의 향상을 도모하는 완전성 유지 보수(Perfective Maintenance)

위와 같은 어떠한 구조적 변화에 대한 요구도 시스템 개발 수명주기가 새로 시작되게 만든다. 시스템의 실제 활동 수명은 그 시스템에 대하여 인지된 유용성에 달려있다. 어떤 시스템의 활동 수명이 단축되는 주요 요인으로는 시스템의 처리 속도와 확장성 및 시스템의 유지비용을 들 수 있다. 처리 속도와 확장성이 요구되는 시스템의 경우는 급속한 기술 발전으로 인하여 새로운 시스템 개발 수명주기를 시작하게 된다. 또한 시스템의 유지비용이 높아지면 그 시스템의 유용성은 감소되어진다.

이상에서 본 시스템 개발 수명주기는 순차적으로 진행되어 끝나고 마는 일회성 과정이라기보다는 반복적인 과정이다. 예를 들면, 계획 단계의 가능성 조사의 구체적 사항들은 초기 평가를 정리하는 데 도움이 된다. 또 시스템분석 단계의 사용자 요구사항 조사에서 발견된 구체적인 사항들은 계획 단계의 가능성 조사를 정리하는 데 도움을 준다. 이렇게 시스템 개발 활동은 각 단계의 구체적 과제가 서로 연관되어 진행되면서 목표한 시스템이 완성될 때까지 계속된다.

7.2 데이타베이스 개발 수명주기

데이타베이스 개발은 데이타베이스 설계와 구축 과정을 말한다. 데이타베이스 설계의 목적은 완전하고, 데이타의 중복이 제거되고, 정규화되고, 그리고 완전히 통합된 개념적, 논리적, 그리고 물리적 데이타베이스 모델을 만드는 것이다. 데이타베이스 구축은 데이타 저장 구조를 창조하여 요구되는 사용자 데이타를 데이타베이스에 적재하고 데이타 관리에 대한 준비를 하는 것을 포함한다.

데이타베이스 개발은 정보시스템 개발의 커다란 테두리 안에서 그 수명주기를 갖게 된다. 데이타베이스 개발 수명주기는 그림 7-2와 같이 일곱 단계로 나누어 볼 수 있다. 데이타베이스 개발 수명주기를 정보시스템 개발 수명 주기와 비교하여 보면 다음과 같은 주요한 관계가 있음을 알 수 있다.

- 데이타베이스 설계 과정은 시스템의 분석 및 설계와 밀접하게 관련되어 있다.
- 시스템 분석가 또는 시스템 프로그래머는 데이타베이스의 설계에 대해서도 책임이 있다. 이들의 활동이 데이타베이스의 데이타를 유용한 정보로 전환시키는 절차를 만들어 내기 때문이다.
- 데이타베이스 개발은 순차적 과정이 아니다. 오히려 이것은 전 단계를 추적할 수 있도록 설계되어 계속적인 피드백을 제공하는 반복과정이다.

[그림 7-2] 데이타베이스 개발 수명주기

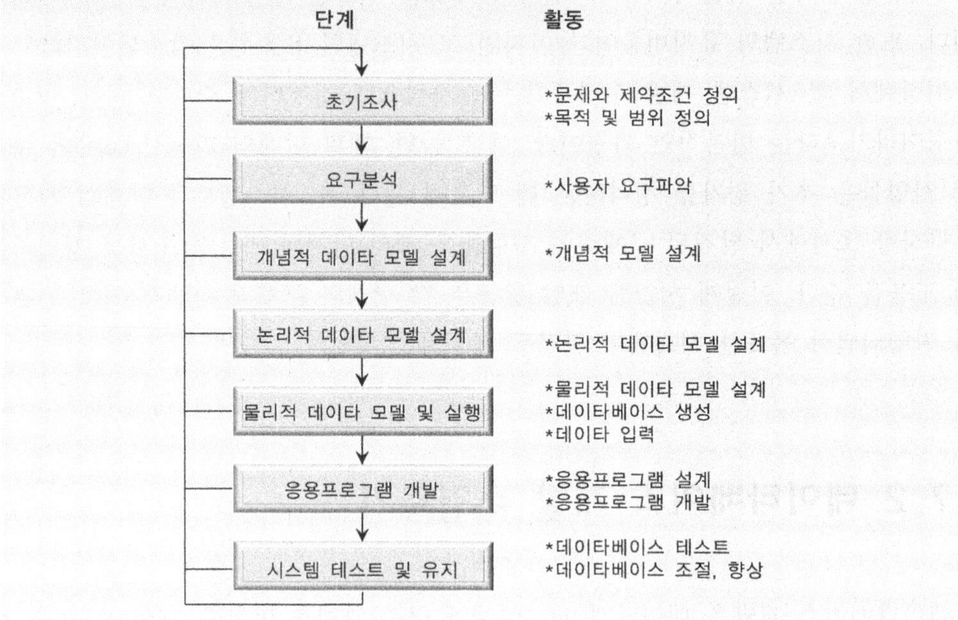

7.2.1 데이타베이스 초기 조사 단계

데이타베이스 개발 수명주기의 첫 단계인 초기 조사에서는 문제 및 기회를 정의하고 데이타베이스 개발의 목적, 범위, 그리고 경계를 정한다. 데이타베이스 개발팀은 문제를 정의하는 데 도움이 되는 추가적 정보를 얻기 위하여 정보의 공식적 및 비공식적 출처를 모두 주의 깊게 조사하여야 한다. 이러한 정보를 바탕으로 개발팀은 완전한 것과 가능한 것의 차이를 알아 개발에 반영해야 한다.

데이타베이스 개발에는 두 가지의 한계가 존재하는데 개발의 범위와 경계가 그것이다. 데이타베이스 개발의 범위는 운영 요구사항에 근거한 설계의 한계를 말한다. 개발되는 데이타베이스 시스템의 범위에 전체 회사, 하나 또는 몇 개의 부서, 또는 한 부서의 하나 또는 몇 개의 기능을 포함할 것인가를 정해야 한다. 데이타베이스 설계의 범위를 아는 것은 필요한 데이타 구조, 개체의 유형과 수, 데이타베이스의 물리적 크기, 그 외의 것들을 정의하는 데 도움을 준다.

7.2.2 데이타베이스 요구분석 단계

(1) 데이타 요구 파악

데이타베이스 요구분석 단계에서는 필요한 데이타를 파악하는 작업이 수행된다. 이를 위해 개발팀의 노력은 다음 사항에 집중되어야 한다.

- 어떤 종류의 정보가 필요한가? 즉, 어떤 산출물(보고서와 질의 등)이 시스템에서 생산되어야 하는가?
- 어디에서 정보가 발견되어 지는가? 발견된 정보는 어떻게 추출되는가?
- 정보를 생산하기 위하여 어느 데이타 요소가 필요한가? 데이타 속성은 무엇인가? 데이타 사이에 무슨 관계가 있는가? 데이타의 양은 얼마인가? 얼마나 자주 데이타가 사용되는가? 필요한 정보를 생산하기 위하여 어떤 데이타 전환이 사용되는가?
- 누가 정보를 사용하는가? 어떻게 정보가 이용되는가? 최종사용자의 관점은 무엇인가?

개발팀은 여러 출처로부터 위의 질문에 대한 답을 구한다. 데이타베이스 개발팀과 사용자는 현재와 미래에 필요한 데이타에 관해 사용자 관점에서 정확한 기술을 할 수 있도록 협력하여야 한다. 개발팀은 데이타와 그 특성을 파악하기 위해 사용자가 사용하는 기존 시스템(수동시스템 또는 컴퓨터시스템)을 연구한다. 특히 데이타 유형과 그 양을 발견하기 위해 기존 시스템의 입·출력 화면과 화일 등을 충분히 조사해야 한다.

(2) 비지니스 규칙 파악

정확한 데이타 모델을 개발하기 위해서 개발팀은 회사의 데이타에 대한 완전한 이해를 가져야 한다. 수집한 데이타 그 자체가 전체 비지니스를 설명하지는 않는다. 그러므로 개발팀은 데이타와 관련된 비지니스 규칙을 파악하여야 한다. 비지니스 규칙은 정책, 절차, 또는 특정 기업 환경 내의 원칙에 대한 이야기체의 기술 형태로 정의될 수 있다. 비지니스 규칙은 비지니스 환경 내의 행동을 창조하고 강화한다. 비지니스 규칙은 회사의 관점에서 데이타의 주요하면서도 독특한 특성을 간단한 언어로 기술한 것이다. 비지니스 규칙의 예를 보면 다음과 같은 것이 있다.

- 근무자의 기본 근무시간은 8시간이며 이 이상의 근무는 연장근무로 본다.
- 회사의 고객 명부에 등재되어 있는 고객만을 고객으로 처리한다.
- 항공권 구입이 허가되는 출장지는 적어도 200km 이상 떨어진 곳이어야 한다.
- 주문 처리가 안 된 상품은 출하할 수 없다.
- 광역시 이상의 도시만을 1급 출장지로 간주한다.
- 오전 9시 이후 출근자는 지각으로 처리한다.

비지니스 규칙의 주요한 출처는 회사 매니저, 정책 입안자, 부서 매니저, 그리고 회사 절차, 표준, 그리고 운영 매뉴얼과 같은 문서들이다. 비지니스 규칙을 가장 직접적이면서 빨리 아는 방법은 사용자와의 직접 인터뷰를 통해서이다.

개발팀은 비지니스 규칙을 파악함으로써 회사 업무가 어떻게 돌아가는가와 회사의 운영에 사용되는 데이타의 역할을 충분히 이해하게 된다. 따라서 개발팀은 회사의 비지니스 규칙을 파악하고 데이타의 본질, 역할, 그리고 범위에 대한 영향을 분석해야 한다. 비지니스 규칙 파악은 새로운 시스템의 설계 시 다음과 같은 몇 가지 중요한 이점을 준다.

- 비지니스 규칙은 데이타에 대한 회사의 관점을 표준화한다.
- 비지니스 규칙은 사용자와 개발팀간의 의사소통 수단이 된다.
- 비지니스 규칙은 개발팀이 데이타의 본질, 역할, 그리고 범위를 이해할 수 있게 한다.
- 비지니스 규칙은 개발팀이 적합한 제약조건을 파악하도록 한다.

요구분석 단계에서는 많은 시간을 사용자와의 대화에 사용해야 된다. 데이타베이스 개발이 매우 기술적인 문제이기는 하지만 그것은 또한 매우 사람 중심적인 것이기도 하다. 따라서 데이타베이스 개발팀은 뛰어난 의사전달자이어야 하며 훌륭하고 성숙된 대인관계 기술을 소지해야 한다.

7.2.3 개념적 데이타 모델 설계

데이타베이스 개발 수명주기의 세 번째 단계에서 다섯 번째 단계까지는 데이타베이스 설계에 관한 활동으로 이것을 좀 더 자세하게 표현하면 그림 7-3 과 같다. 그림 7-3 의 각 활동에 대한 자세한 이해가 실제에서 데이타베이스 설계와 실행을 성공적으로 수행하는 데 도움을 준다.

회사의 목적과 운영을 지원할 데이타베이스의 개발을 위해서는 개념적 데이타 모델 설계 단계가 데이타베이스 개발 수명주기의 가장 중요한 단계라고 할 수 있다. 개념적 설계 단계에서는 데이타 모델 활동을 통하여 현실 세계의 객체들을 나타내는 추상적 데이타베이스 구조를 정의한다. 개념적 설계는 소프트웨어 그리고 하드웨어와는 독립적이어서 나중에 선택되는 어떠한 하드웨어와 소프트웨어 플랫트폼에서도 실행될 수 있다.

데이타 모델 활동에서 가장 중요한 원칙은 필요한 모든 데이타가 데이타 모델에 있고 모델에 있는 모든 데이타가 필요한 것이어야 한다는 것이다. 즉, 데이타베이스

[그림 7-3] 데이타베이스 설계 단계

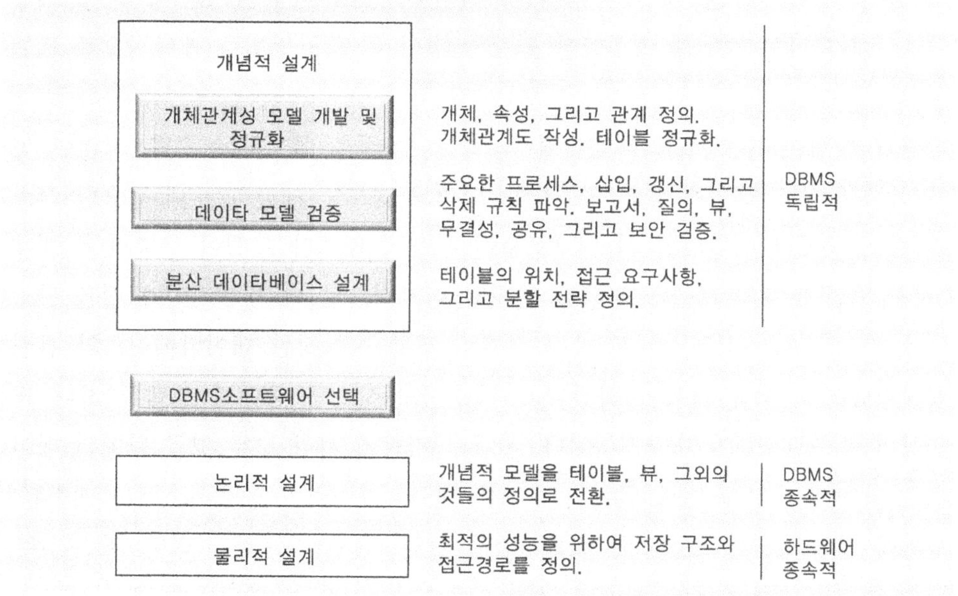

응용 프로그램에 의해 필요한 모든 데이타요소들은 데이타 모델에 정의되어야 하고, 모델에 정의된 모든 데이타 항목은 적어도 한 데이타베이스 응용 프로그램에 의해 사용되어져야 한다.

그러나 한 가지 유의할 점은 이와 같은 최소한의 데이타 요구 원칙을 적용할 때 지나친 단기적 관점에 치우치는 편견은 피해야 한다는 것이다. 당장의 비지니스 데이타 요구뿐만 아니라 미래의 데이타 요구에도 초점을 맞추어야 한다. 그러므로 데이타베이스 설계는 미래에 발생할 수정과 첨가를 위한 여유를 두어서 정보자원에 대한 기업의 투자효과가 지속될 수 있도록 하여야 한다.

(1) 상향식 설계와 하향식 설계

개념적 데이타베이스를 설계하는 데는 상향식 및 하향식 설계 두 가지 일반적 접근방법이 있다. 하향식 설계 방법은 일반적인 것에서부터 구체적인 것으로 진행된다. 하향식 설계는 데이타 집합을 먼저 파악하고 그 다음에 각 데이타 집합을 위한 데이타 요소들을 정의한다. 이러한 과정은 개체 유형을 파악하고 각 개체의 속성을 정의하는 일을 포함한다. 상향식 설계는 먼저 데이타 요소를 파악하고 이들을 데이타 집합으로 그룹화하는 방법이다. 다시 말하면, 먼저 속성을 정의하고 그 다음에 그들을 그룹화하여 개체를 형성한다. 그림 7-4 이 두 접근방법을 개략적으로 표현한 것이다.

하향식 설계 방법은 조직의 전략적 목적, 그 목적을 실행하는 수단, 그러한 목적에 이르기 위하여 필요한 정보 요구사항, 그리고 정보를 제공하는 데 필요한 시스템에 관한 연구에서 시작되며 이 연구로부터 추상적 데이타 모델이 구축된다. 개발팀은 먼저 고급 단계의 데이타 모델을 가지고 점차적으로 더 세부적인 모델을 만드는 작업을 하게 된다. 이 과정에서 중간 단계의 모델은 특정한 데이타베이스와 관련된 응용시스템이 파악될 때까지 확장되고 이들 응용시스템 중에서 선택된 하나 또는 그이상의 응용시스템이 개발되어진다. 시간이 지남에 따라 모든 고급 단계의 데이타 모델은 하위 단계의 모델로 전환되고 모든 데이타베이스와 응용시스템이 개발된다.

상향식 설계 방법에서는 기존 정보시스템의 입·출력 자료를 고려하거나, 기존 수작업 시스템의 문서를 분석하거나, 사용자가 필요로 하는 새로운 보고서, 폼, 질의 등을 인터뷰나 질의서 같은 방법으로 파악하여 요구사항 명세를 만든다. 이후 개발팀은 요구사항 명세를 사용하여 데이타 모델을 개발하고 그 모델로부터 데이타베이스를 설계하고 구축한다.

[그림 7-4] 상향식/하향식 설계

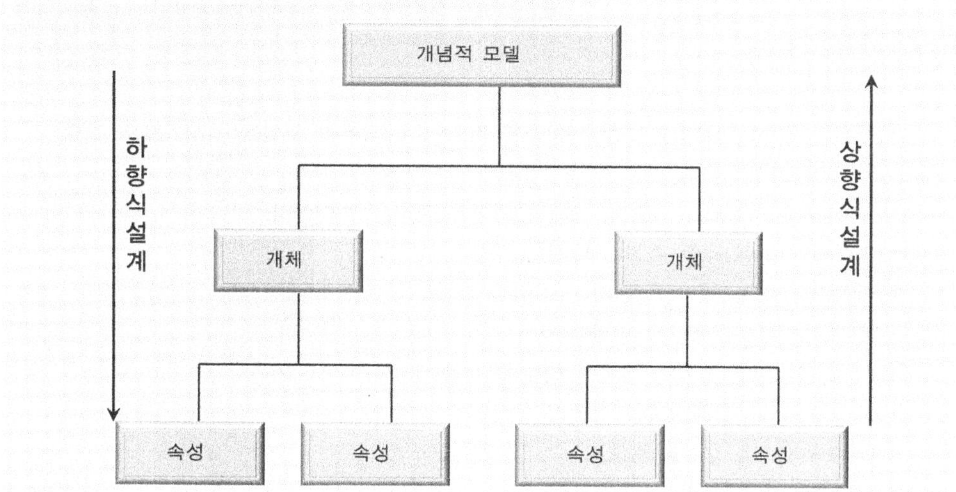

현실적으로 하향식 또는 상향식 설계 방법은 병용되어 사용되는 경우가 많다. 예를 들면, 하향식 접근 방법을 통하여 조직 전체에 대한 데이타 선정 계획을 하고 구체적인 프로젝트를 선정하는 방법이 사용될 수 있다. 하향식 또는 상향식의 선택은 종종 문제의 범위나 개인적 선호에 달려 있다. 이 두 방법론이 서로 배타적이 아니라 보완적이지만 상향식 접근방법은 적은 수의 개체, 속성, 관계, 그리고 트랜잭션을 가진 작은 데이타베이스에 더 생산적일 것이다. 개체, 속성, 관계, 그리고 트랜잭션의 수, 다양성 및 복잡성의 내용이 분명한 경우에는 하향식위주의 접근방법이 더 효과적일 수 있다.

(2) 개체관계성 데이타 모델 개발과 정규화

개념적 데이타 모델 설계의 목적은 데이타베이스 구조, 의미, 상호관계성, 그리고 제약에 대한 완전한 이해를 얻기 위한 것이다. 개념적 데이타베이스 스키마는 데이타베이스 내용에 대한 기술로서 그 가치는 매우 크다. 사용자나 응용 프로그램 개발자 모두에게 개념적 데이타베이스 스키마에 대한 올바른 이해가 중요하므로 개체관계성 데이타 모델과 같은 표현력이 높은 일반적인 데이타 모델의 사용이 요구된다.

개체관계성 데이타 모델을 사용하여 개념적 모델을 개발하는 과정은 다음과 같은 활동을 포함한다.

- 조직의 업무에 대한 기본적 사실들을 파악한다. 이러한 사실들은 시스템의 주요 개체가 된다.
- 개체, 속성, 관계성, 기본키, 그리고 외부키 규칙을 정의한다.
- 속성의 처리에 대한 결정을 내린다.
- 개체간의 관계성을 정의한다.
- 불필요한 삼진관계성은 피한다.
- 1:1 관계에서 외부키의 배치에 대한 결정을 내린다.
- 상응하는 개체관계성도를 그린다.
- 데이타 모델을 정규화한다.
- 모든 데이타 요소의 정의를 데이타사전에 포함시킨다.

모든 객체(개체, 속성, 관계성, 뷰 등)는 데이타사전에 정의된다. 데이타사전은 자료이상과 중복성 문제를 제거하는 데 도움을 주는 정규화과정에서 사용된다. 개발팀은 비지니스 규칙을 개념적 모델에 통합하여야 한다. 비지니스 규칙은 보통 개체간의 관계에 대한 본질을 정의한다. 따라서 개발팀은 해당 비지니스 규칙들을 분석하고 정의한 후 사용자들을 통하여 확인하고 통합한다.

개체관계성 데이타 모델이 시스템의 요구사항을 만족시키기까지는 여러 번의 수정 사이클을 거칠 수도 있다. 실제에서는 초기 개체관계성 데이타 모델이 완성되고 나면, 요구되는 시스템 수요에 응할 수 있는 데이타베이스 설계를 정확히 하도록 하여 만족할 만한 수준에 이를 때까지 테스트와 수정을 요구한다. 이 과정은 반복적으로 이루어지며 매우 자연적인 것이다. 개체관계성 모델은 설계 청사진이 아니라 의사소통수단임을 기억해야 한다. 그러므로 초기 개체관계성 데이타 모델은 제안된 시스템의 사용자들에게 "이것이 진정 당신이 의도하는 시스템인가?"라는 질문을 던질 수 있는 것이어야 한다.

(3) 데이타 모델 검증

제안된 응용 프로그램이 데이타베이스 모델에 의해 지원될 수 있는가를 확증하기 위하여 개체관계성 모델은 제안된 시스템 응용 프로그램에 대하여 검증되어야 한다. 검증(Verification)은 비지니스 거래와 시스템 및 사용자 요구사항에 기초한다. 유효성을 확인하는 과정에서 개념적 데이타 모델에 추가적인 개체와 속성이 필요하다면 이들을 추가하도록 해야 한다.

7.2.4 논리적 데이타베이스 설계

논리적 데이타베이스 설계는 특정한 데이타베이스 관리 시스템에서 사용하는 데이타 모델을 정한 다음에 시작된다. 데이타베이스 관리 시스템이 선택한 데이타 모델에 따라 개념적 설계는 선택된 데이타 모델에 맞는 논리적 모델로 나타내진다. 이 단계에서의 논리적 설계는 소프트웨어에 종속적이다. 다시 말하면, 논리적 설계는 개념적 설계를 선택된 데이타베이스 관리 시스템의 내부 데이타 모델로 번역하는 것이다. 이것은 모델내의 모든 객체를 선택된 데이타베이스 관리 시스템에서 사용되는 특정한 구조로 바꾸는 것이다. 예를 들면, 관계형 데이타베이스 관리 시스템에서의 논리적 설계는 테이블과 인덱스의 정의뿐만 아니라 데이타베이스의 올바른 사용 방법도 구체화한다. 관계형 데이타 모델의 틀 안에서 테이블은 누구에 의해 사용될 수 있고, 테이블의 어느 부분을 어떤 사용자에게 사용하도록 허용할 것인가 등과 같은 질문에 대한 답은 적합한 접근 권리와 뷰를 정의하는 것에 해당된다.

데이타베이스 관리 시스템의 선택은 정보시스템의 원만한 운영에 결정적 요인이다. 따라서 선택에 앞서 제안된 데이타베이스 관리 시스템의 장점과 단점을 주의 깊게 조사하여야 한다. 회사마다 데이타베이스 관리 시스템의 구매 결정에 영향을 주는 요소가 다르기는 하나 가장 보편적인 것들을 보면 다음과 같다.

- 데이타베이스 관리 시스템 기능 및 도구
  응용 프로그램 개발 도구, QBE 유무, 스크린 페인터, 보고서 작성기, 응용 프로그램 발생기, 데이타사전, 데이타베이스 관리자 기능, 질의 기능, 사용의 용이성, 성능, 보안, 동시성 제어, 트랜잭션 처리
- 지원 데이타 모델
  계층형, 망형, 관계형, 또는 객체지향형 데이타 모델
- 이동성
  플랫폼, 시스템, 그리고 프로그래밍 언어
- 데이타베이스 관리 시스템 하드웨어 요구사항
- 가격
  구매, 유지, 운영, 라이센스, 설치, 훈련, 그리고 전환 비용

7.2.5 물리적 데이타베이스 설계 및 실행

물리적 데이타베이스 설계는 데이타베이스의 저장과 접근 특성을 선택하는 과정이다. 저장 특성은 하드웨어에 의해 지원되는 장치의 유형, 시스템에 의해 지원되는 데이타 접근 방법의 유형, 그리고 데이타베이스 관리 시스템의 함수이다. 물리적 설계는 저장장치의 데이타 위치뿐만 아니라 시스템의 성능에도 영향을 준다. 물리적 설계는 PC보다는 미니컴퓨터나 메인프레임 컴퓨터에서 더 전형적으로 행해지는 매우 기술적인 책무에 해당된다. 현재는 복잡한 미니컴퓨터나 메인프레임 컴퓨터 환경에서도 데이타베이스 관리 시스템 소프트웨어가 설계와 실행의 물리적부분의 몫을 맡고 있기 때문에 데이타베이스 개발이 훨씬 쉬워졌다. 관계형 데이타 모델이 복잡한 컴퓨터의 물리적 특성을 사용자로부터 감추어 준다는 이점에도 불구하고 관계형 데이타베이스 관리 시스템의 성능은 물리적 계층의 특성의 영향을 받는다. 예를 들면, 시스템의 성능은 탐색시간(Seek Time), 섹터 및 블락(페이지) 사이즈, 버퍼 풀(Buffer Pool)의 사이즈, 디스크 플래터(Platter)와 읽기/쓰기 헤드의 수 등과 같은 저장수단 특성의 영향을 받는다. 또 색인의 유무와 같은 요소는 관계형 데이타베이스 관리 시스템의 데이타 접근 속도와 효율성에 상당한 영향을 미친다.

응용 프로그램의 요구사항에 답하고, 저장될 데이타의 양을 정하고, 그리고 성능을 예측하는 적정 접근 방법을 정하기 위해 데이타요구(Data Request)의 유형은 주의

깊은 분석을 요구한다. 데이타베이스 관리 시스템에 따라서는 데이타베이스 정의와 사용자 데이타를 저장하는데 필요한 공간을 자동적으로 영구적 저장 장치에 예약해 두기도 한다. 이것은 데이타 접근 시간을 줄이고 시스템의 성능을 향상시키기 위해 데이타가 연속적으로 이웃한 위치에 저장되도록 하는 것이다. 물리적 설계는 데이타가 분산되어 저장되는 경우 통신 처리율에 의해 데이타 처리성능이 영향을 받기 때문에 더욱 복잡해진다.

IBM의 DB2와 같은 관계형 데이타베이스 관리 시스템에서 데이타베이스의 구축은 저장 그룹, 테이블 공간, 그리고 테이블의 생성을 요구한다. 테이블 공간은 하나 이상의 테이블을 포함한다. 데이타베이스가 새로 만들어지면 데이타베이스 테이블에는 데이타가 적재되어야 한다. 기존 시스템에서 사용되던 데이타의 적재는 일반적으로 데이타베이스 인터페이스 프로그램을 사용하는 방법, 주문형 프로그램을 개발하여 사용하는 방법, 또는 전환 프로그램을 사용한다.

7.2.6 데이타베이스 응용 프로그램 개발

실제에서 SQL 인터페이스를 통한 데이타베이스에 대한 접근은 데이타베이스 전문가들이나 할 수 있는 일이다. 대화형 SQL인터페이스는 매니저, 사무원, 그리고 비서들과 같은 초보적 사용자들의 언어가 못된다. 따라서 시스템 개발자들은 초보적 사용자들이 메뉴 구동형이고, 폼 중심이고, 기능적으로 맞춤이 되어 있고, 직감적이며 쉬운 사용자 인터페이스를 가진 시스템을 사용하도록 응용 프로그램을 개발해 주어야 한다.

7.2.7 데이타베이스 테스트 및 유지

테스트와 평가 단계는 응용 프로그램 개발과 병행하여 일어난다. 데이타가 데이타베이스에 적재되면 데이타베이스 관리자는 시스템의 성능, 무결성, 동시성 제어, 그리고 보안 통제에 대한 테스트를 하고 조절한다. 데이타베이스 성능은 데이타베이스 실행에서 가장 중요한 요소 중의 하나이다. 데이타베이스 성능의 중요한 요소는 데이타 배치, 접근 경로 정의, 색인의 사용, 그리고 버퍼 사이즈 등과 같은 시스템과 데이타베이스 구성 파라메터들이다.

데이타베이스 실행에서 시스템의 성능이 평가 기준에 적합하지 않으면 시스템을 향상시키기 위하여 몇 가지 조치를 취할 수 있다.

- 디자이너는 시스템과 데이타베이스 관리 시스템의 구성 파라메터를 조절한다.
- 물리적 설계를 수정한다.
- 논리적 설계를 수정한다.
- 관리 시스템이나 하드웨어를 업그레이드한다.

회사의 데이타베이스에 저장된 데이타는 허가없는 사용자의 접근으로부터 보호되어야 하는데 이를 위한 조치로는 다음과 같은 것들이 있다.

- 물리적 보안은 데이타베이스의 권한을 가진 사용자에게만 물리적 접근을 개방하는 것이다.
- 암호 보안은 허가된 사용자들에게 접근의 권한을 부여하는 방법이다.
- 접근 권리는 데이타베이스 소프트웨어를 사용하여 만들어질 수 있다.
- 감사 추적(Audit Trail)은 보통 접근 위반을 점검하기 위하여 데이타베이스 관리 시스템에 의하여 제공된다.

데이타베이스 관리자는 정규적인 유지 활동을 수행할 준비가 되어 있어야 한다. 요구되는 정기적 유지 활동은 다음과 같다.

- 예방적 유지・보수 활동(백업)
- 교정적 유지・보수 활동(원상복귀)
- 적응적 유지・보수 활동(성능 향상, 개체 및 속성의 추가 등)
- 신・구 사용자에 대한 접근 허가 할당과 유지
- 시스템 감사의 효율성, 효용성의 향상 및 시스템 성능의 감시를 위한 데이타베이스 접근 통계의 수집
- 시스템이 발생한 통계에 기초한 정기적 보안 감사
- 내부적 청구 또는 예산 목적의 정기적 시스템 사용 요약

데이타의 가용성은 정보전쟁에서 결정적인 것이다. 그러나 데이타베이스는 우발적인 데이타 삭제, 정전, 그 외의 원인에 의한 데이타 손실을 입을 수 있다. 데이타 백업과 원상복귀 절차는 데이타베이스 관리자에게 일관성 있는 데이타의 가용성을 보장하는 중요한 안전장치이다.

운영 단계의 시작은 시스템의 진화 과정을 불가피하게 시작한다. 새로운 정보 요구사항이 나타날 것을 고려하면, 추가적 보고서와 새로운 질의 포맷은 응용 프로그램의 변화와 데이타베이스 구성요소와 내용에 대한 변경을 요구할 것은 자명하다. 잘 설계된 데이타베이스일지라도 그러한 변화를 더 이상 수용할 수 없게 되면 전체 데이타베이스 개발 수명주기는 새로이 시작된다.

7.3 요 약

데이타베이스 개발 수명주기에서 설명된 많은 활동이 시스템 개발 수명주기의 활동을 연상시킨다는 것을 발견하고 놀라지 않아야 한다. 결국시스템 개발 수명주기는 데이타베이스 개발 수명주기의 활동이 일어나는 틀이다.

데이타베이스 설계에서 가장 어려운 문제의 하나는 데이타베이스 설계자, 프로그래머, 그리고 최종사용자가 데이타를 보는 관점이 서로 다르다는 것이다. 데이타 관점이 다르기 때문에 데이타베이스 설계가 조직의 실제 운영을 반영하지 못해서 최종사용자의 요구와 데이타 효율성 요구사항을 충족시키지 못하는 설계로 끝나게 될 수도 있다. 따라서 좋은 데이타베이스를 설계하기 위해서는 데이타베이스 설계자, 프로그래머, 그리고 사용자의 의사소통이 잘 이루어져야 한다.

다행히도 조직의 데이타 요구를 만족시킬 수 있는 데이타베이스 설계가 가능하도록 강력한 데이타베이스 설계 방법과 도구가 많이 개발되었으나 아직도 훌륭한 데이타베이스 설계는 예술이며 과학이다.

주요용어

시스템 개발 수명주기
데이타베이스 개발 수명주기
상향식 설계
하향식 설계
데이타 모델 검증
데이타베이스 테스트

연습문제

01 시스템 개발 수명주기와 데이타베이스 개발 수명주기의 관계를 설명하라.

02 데이타베이스 개발 수명주기를 간략히 설명하라.

03 데이타베이스 요구분석 단계의 주요한 과제는 무엇인가?

04 데이타베이스 개발 수명주기의 데이타베이스 설계 단계에서는 어떤 구체적 활동이 이루어지는가를 설명하라.

05 상향식 또는 하향식 개념적 데이타 모델 설계를 비교 설명하라.

06 데이타베이스 관리 시스템 선택에서는 어떤 요소들을 고려하여야 하는가?

07 데이타베이스 시스템의 성능을 향상시키기 위해서는 데이타베이스 설계와 관련하여 어떤 조치를 취할 수 있는가?

08 1장에서 간단하게 소개된 솔로전기수리를 위한 데이타베이스를 개발하는 과정을 간략하게 기술하라. 최소한의 필요한 가정은 임의로 만들어도 된다.

09 1장과 3장에서 사용된 윈윈컨설팅(주)을 위한 데이타베이스를 개발하는 과정을 간략하게 기술하라. 최소한의 필요한 가정은 임의로 만들어도 된다.

10 조직의 크기에 따라 데이타베이스 개발 과정이 어떻게 달라질 것인지에 대하여 설명하라.

제8장
데이타베이스 응용

학습목표

이 장을 읽은 뒤에 독자들은 다음 사항을 이해해야 한다.

- 데이타베이스 개발 과정
- 데이타베이스 응용 프로그램 설계와 개발 방법
- 마이크로소프트 액세스의 기본 기능

데이타베이스 응용시스템을 설계하고 개발하는 과정에는 어떠한 이론과 기술들이 필요한 것일까? 이제 앞에서 배운 여러 가지 데이타베이스 기술이 실제의 데이타베이스 응용시스템 개발 과정에서 어떻게 개별적으로 적용되고 또 전체적으로 통합되는가에 대한 실례를 볼 때이다.

본 장에서는 1장에서 소개된 건강제약(주) 사례를 통하여 실제 업무처리를 위한 정보시스템 개발에서 필요한 데이타베이스 응용시스템의 개발 과정을 개략적으로 보여준다. 즉, 거래에서 파생되는 정보처리를 위한 데이타베이스와 그와 관련된 응용 프로그램 개발 과정의 예를 구체적으로 제시하고, 마이크로소프트의 액세스 데이타베이스 관리 시스템을 사용한 데이타베이스 구축과 응용 프로그램 개발과정을 예시한다.

실제에 가까운 사례를 통한 정보시스템 개발 연습은 지금까지 설명된 개념과 기술에 대한 이해와 연결을 쉽게 할 것이고 또 이러한 간접 경험은 현실에서 데이타베이스 설계와 실행을 성공적으로 수행하는 데 도움을 줄 것이다. 또 본 장은 보통 데이타베이스 이론과 과목에서 행해지는 데이타베이스 개발 그룹 프로젝트에서 다루는 설계와 개발에 관련된 주요한 과정을 보여주어 그룹 프로젝트에 대한 도움을 주는 역할도 한다.

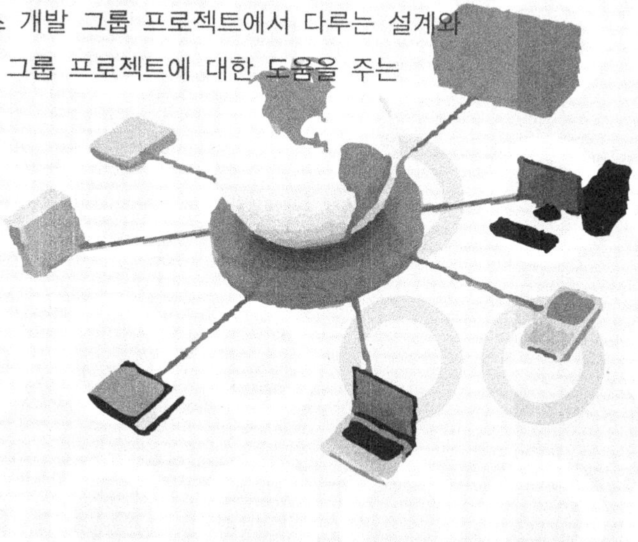

8.1 건강제약(주) 데이타베이스 응용시스템 개발

건강제약(주)의 운영에 관한 개괄적인 소개는 1장의 사례연구를 통하여 주어진 바 있다. 건강제약에서는 모든 거래처리가 온라인으로 되고 있으며 데이타 입력이나 관리는 PC를 통하여 이루어지고 모든 데이타는 데이타베이스에 저장되어 관리된다. 본 장에서는 건강제약의 거래처리 시스템과 경영정보 시스템의 요구 중 일부만을 해결하는 데이타베이스 응용시스템의 개발 과정에 대하여 간략하게 소개하고자 한다.

데이타베이스 응용시스템은 데이타 정의, 질의, 화면, 보고서, 트랜잭션(Transactions), 그리고 데이타베이스의 데이타를 입력, 관리 및 출력할 모든 프로그램을 포함한다. 앞 장에서 설명한 것처럼 다른 정보시스템과 마찬가지로 데이타베이스 응용시스템도 단계적으로 개발되는데 여기서는 그 개발 활동 전체를 예로 제시하려는 것이 아니라 다음과 같은 두 가지 중요한 과정만을 보이고자 한다. 이 두 과정 중 첫 번째는 데이타베이스 설계이고 두 번째는 데이타베이스 구축과 응용 프로그램 개발이다.

건강제약의 거래처리와 경영정보에 필요한 정보요구 사항으로부터 개념적 데이타베이스를 설계하는 과정은 다음과 같다. 첫째, 각 응용 프로그램의 데이타 요구사항을 파악하여 개체와 그들의 속성 및 개체 사이의 관계성을 정의한다. 둘째, 이것을 종합하여 건강제약의 데이타베이스를 위한 개념적 데이타베이스 설계를 개체관계성도로 표현하고 이것을 바탕으로 상응하는 논리적 데이타베이스인 관계형 데이타베이스 테이블을 설계한다.

위와 같은 데이타베이스 설계가 끝나면 데이타베이스 실행과 응용 프로그램 개발은 다음과 같은 과정으로 이루어진다. 첫째, 실제의 소규모 프로젝트에서와 같이 마이크로소프트 액세스를 사용하여 설계과정에서 파악된 데이타베이스를 정의하고 마이크로소프트 액세스의 폼(Form) 기능을 사용하여 데이타를 입력하는 과정을 보인다. 둘째, 데이타베이스가 구축된 뒤에 거래처리를 돕는 폼을 개발한 뒤 이 폼을 사용하여 거래처리를 하는 과정을 설명한다. 셋째, 데이타베이스에서 정보를 조작하여 질의에 답하도록 하기 위해 사용되는 질의어와 질의의 결과를 일정한 형식으로 제시 또는 출력하게 해주는 보고서(Report) 기능에 대해서 설명한다. 마지막으로 전체적인 응용 프로그램에 대한 인터페이스가 될 수 있는 메뉴 시스템 개발 방법을 설명한다.

8.2 요구사항 분석

건강제약의 일반적인 정보처리 요구조건은 이미 1장에서 밝힌 바 있다. 문제의 단순화를 위해 여기서는 건강제약의 요구조건 중에서 거래처리 요구사항과 경영정보 및 의사결정지원을 위한 요구사항에 국한하여 이를 분석하는 과정을 보기로 한다.

8.2.1 거래처리 요구사항

데이타베이스 시스템에서 거래처리란 기업의 업무와 관련한 데이타 처리라고 볼 수 있다. 즉, 고객의 주문접수, 고객의 주소 변경 처리, 그리고 고객으로의 송장 발부 등이 그 예이다. 고객의 주문 상태를 보여주거나, 제품의 재고량을 파악하거나, 또는 고객의 신용 상태를 점검하는 것과 같이 간단한 질의도 거래처리로 간주된다. 이러한 거래처리는 데이타베이스 내용의 변경(추가, 삭제, 갱신)을 가져오므로 데이타베이스의 입력 및 관리와 연관되어 있다.

건강제약의 거래처리는 여러 가지 형태로 일어나고 있지만 여기에서는 주문 처리, 고객 관리 및 제품 관리 거래 처리를 중점으로 다루기로 한다. 물론, 고객의 주문이 접수되면 이 주문에 대한 제품 출하가 있게 되고 이에 따라 대금 결제 등의 업무처리가 요구된다. 본 장에서는 이러한 업무처리를 모두 다룰 수 없기 때문에 이들 업무 중 고객의 제품 주문에 따른 업무만을 국한하여 다루고 나머지는 관심있는 독자들의 연습과제로 남겨두기로 한다.

그림 8-1 은 건강제약의 주문처리 업무에 국한된 개략적인 개체관계성도를 보여준다. 그림 8-1 에 나타난 기본적인 트랜잭션은 고객 주문의 처리 및 고객과 제품에 관한 정보 입력과 관리이다. 상세한 건강제약 업무에 대한 개체관계성도는 그림 8-10

에서 볼 수 있으며, 모든 업무와 관련한 트랜잭션은 데이타베이스 시스템 개발의 논리적 설계 단계에서 기업에 대한 자세한 시스템 분석을 통하여 확인된다.

[그림 8-1] 건강제약의 주문처리 초기 개체관계성도

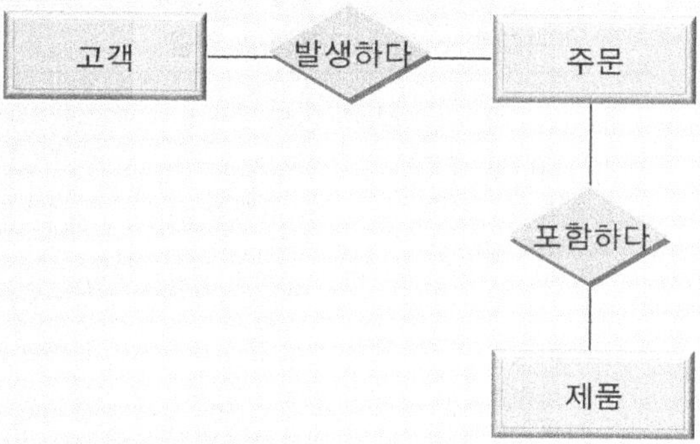

(1) 고객 정보

그림 8-2a는 요구사항 분석을 통하여 만들어진 고객에 관한 정보를 보여주는 화면이다. 이 그림에서 보듯이 각 고객은 고유의 고객번호를 할당받게 되는데 이는 관계형 데이타베이스 관리 시스템을 사용하여 데이타베이스 테이블을 만들 때 고객테이블의 기본키가 된다. 기본키는 고객에 관한 데이타를 입력할 때 같은 고객번호의 재입력을 막아 레코드의 유일성을 보장해 준다. 약국, 병원, 또는 의원으로 분류되는 고객의 유형은 고객유형이라는 속성으로 기록된다. 고객의 주소는 주소와 시/도 그리고 우편번호를 분리하여 기록하는데 이는 고객을 지역 또는 우편번호로 분류하여 작업을 하는 응용 프로그램을 지원하기 위한 것이다. 신용한도는 고객의 신용거래 한도 금액을 나타내며 잔고는 고객의 모든 주문에 대한 미수금 잔고를 나타낸다. 담당사원은 고객의 주문을 처리한 사원을 알기 위해 기록된다. 그림 8-2b의 개체와 속성은 고객에 관한 정보를 나타내는 데 사용되는 개체와 속성을 파악하여 분류·표시한 것이다.

시스템 개발자는 데이타베이스 응용 프로그램을 개발할 때 위와 같은 고객 정보 화면으로 인도하는 메뉴시스템을 만들어 사용자에게 제공할 수 있다. 예를 들어

그림 8-3 과 같은 고객 관리 메뉴를 만들어 주면 사용자는 메뉴를 통하여 고객 데이타에 대한 입력, 수정, 삭제 등 원하는 형태의 업무를 처리할 수 있다.

[그림 8-2] 고객정보 화면

[그림 8-2a] 고객정보 열람

고객 정보

고객번호:	1001
고객이름:	무지개약국
고객유형:	약국
주 소:	노원구 공능동 570
시 도:	서울
우편번호:	139-240
전화번호:	948-5828
신용한도:	12,000,000원
잔 고:	500,000원
담당사원:	정보라

[그림 8-2b] 연관 개체 및 속성

개체	속성
고객	고객번호, 고객이름, 고객유형, 주소, 시도, 우편번호, 전화번호, 신용한도, 잔고
직원	성명

[그림 8-3] 고객관리 메뉴

고객관리 메뉴

1. 새로운 고객 입력
2. 고객 열람 및 수정
3. 고객 신용 현황
4. 종료

마우스를 움직여 원하는 항목을 선택한 후 마우스를 눌러 실행시키시오.

(2) 제품 정보

그림 8-4a는 제품 정보를 보여주는 화면 설계로 건강제약의 직원들이 제품에 대한 데이타를 입력, 관리하고 간단한 현황 점검을 할 때 사용된다. 각 제품은 고유의 제품 번호를 가지고 있는데 이는 이 테이블의 기본키로 사용된다. 고객 데이타 입력에서와 마찬가지로 제품 데이타를 입력할 때는 기본키 속성에 의하여 같은 제품을 중복으로 입력할 수 없게 된다. 제품이름, 제품분류, 규격, 가격 및 재고량이 제품에 관한 정보로 사용된다. 여기서 재고량은 각 제품의 재고 상태를 나타내 준다. 그림 8-4b의 개체와 속성은 제품에 관한 정보를 나타내는 데 사용되는 개체와 속성을 파악하여 분류·표시한 것이다.

[그림 8-4] 제품 정보

[그림 8-4a] 제품 정보 화면

제품 정보

제품번호: A101
제품이름: 크로아난
제품분류: 항생제
규격: 625mg-정제
용량: 100
가격: 2,000원

[그림 8-4b] 연관 개체 및 속성

개체	속성
제품	제품번호, 제품이름, 제품분류 규격, 용량, 가격

제품 정보에 대한 처리는 제품 입력, 수정, 삭제 등을 들 수 있는데 이와 같은 처리는 고객에서와 마찬가지로 그림 8-5 와 같은 메뉴시스템에 의하여 쉽게 이루어질 수 있다.

[그림 8-5] 제품 관리 메뉴

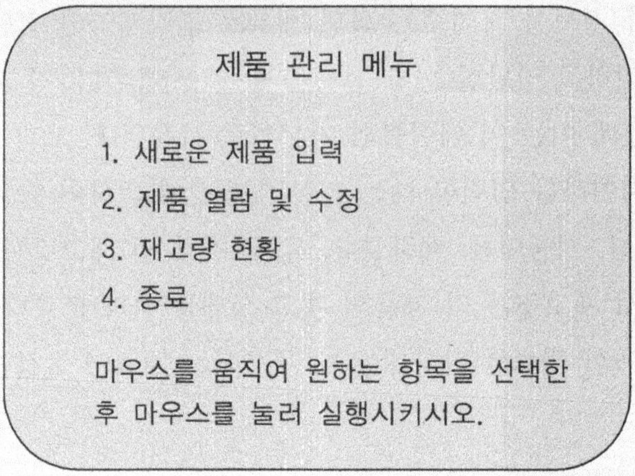

(3) 고객주문정보

그림 8-6a는 건강제약의 고객주문 형태를 보여주는 화면이다. 고객으로부터의 주문은 주문서 용지로부터 온라인시스템을 이용하여 입력된다. 각각의 주문에는 고객의 주문을 추적하기 위하여 고유의 주문번호가 부여되는데 이 주문번호는 고객이 부여하는 주문번호와는 상관없이 건강제약이 내부적으로 설정한 규칙에 의하여 부여하거나 시스템이 부여하는 일련번호를 사용한다. 이 고객 주문 화면에는 주문을 받은 날인 주문일과 모든 제품을 납품하기로 되어 있는 납기일이 포함되어 있다. 주문한 고객에 관한 데이타는 고객 테이블에 저장되어 있는 고객정보를 이용하여 기입한다. 새로운 고객이 주문을 할 경우에는 먼저 고객 데이타를 고객 테이블에 입력한 후 이를 이용하여 주문처리 하도록 한다.

고객이 주문한 제품 데이타는 제품 테이블에 들어 있는 데이타가 사용된다. 각 제품의 주문량은 고객 테이블이나 제품 테이블에 있는 데이타가 아니기 때문에 주문일, 납기일과 마찬가지로 주문 담당 사원이 입력한다. 고객주문정보와 관련된 개체들은 주문, 고객, 제품 및 직원이며 이 개체에 속한 속성들은 그림 8-6b와 같다. 이 그림에서 보듯이 고객 주문에 관한 정보는 한 개체의 범주를 넘는 데이타를 요구한다. 이는 고객 주문이 주문에 따른 주문일, 납기일 외에 주문한 고객과 제품에 대한 데이타를 참조하기 때문이다.

[그림 8-6] 고객주문정보

[그림 8-6a] 고객주문화면

고객주문

주문번호 : 26

주 문 일 : 2009/10/17　　납기일 : 2009/11/02　　담당자: 최영식

고객이름 : 무지개약국

주소　　: 139-240 서울 노원구 공능동 570

전화번호 : 948-5828

제품번호	제품이름	규격	가격	수량	금액
A106	아모시실린	500mg-캅셀제	900	200	180,000
B104	아스타펜	325mg-정제	6,600	290	1,914,000
			합계		2,094,000
			부가세		209,400
			총합계		2,303,400

[그림 8-6b] 연관 개체 및 속성

개체	속성
주문	주문번호, 주문일, 납기일
고객	고객이름, 주소, 시도, 우편번호, 전화번호
제품	제품번호, 제품이름, 규격, 가격
직원	성명

8.2.2 경영정보 요구사항

경영정보 요구사항은 정보를 이용한 의사결정에 필요한 데이타뿐만 아니라 기업 활동의 상태에 대한 점검을 위한 데이타도 포함한다. 어떤 정보는 데이타베이스에 저장된 데이타를 바로 참조하여 얻을 수 있으나 정보에 따라서는 데이타베이스에 저장된 데이타들을 요약하거나 합산하는 등의 가공을 통하여 산출된다.

건강제약의 경영정보 요구의 간단한 예는 개별 고객들의 신용한도를 보는 것이다.

예를 들면, 경영자의 질의가 "고객인 무지개약국의 신용한도는 얼마인가?"라고 하자. 이러한 질의에 답하기 위한 방법의 하나로 그림 8-7 과 같은 질의 처리 화면을 만들어 볼 수가 있다.

[그림 8-7] 질의 처리 화면

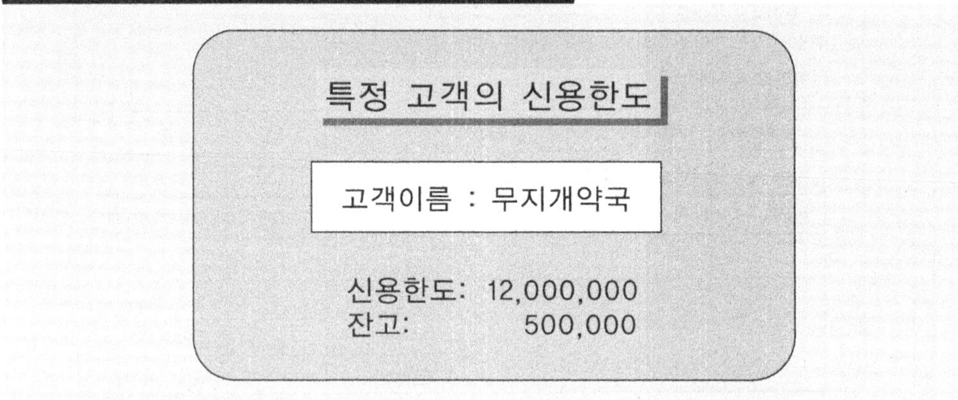

이 질의 처리 화면에서 보듯이 고객이름 난에 무지개약국이라고 고객이름을 입력하면 응용시스템이 고객 테이블을 참조하여 해당 고객의 레코드를 색출하여 이 고객의 신용한도 12,000,000원과 잔고 500,000원을 보여준다. 이와 같은 질의 처리 화면은 경영자의 의사결정에 도움을 줄 수 있다.

또 다른 간단한 경영정보 요구사항의 예는 일일주문 보고서이다. 그림 8-8 에서 보듯이 이 보고서는 특정한 날에 받은 모든 주문을 고객의 이름순으로 보여준다. 경영자는 이 보고서를 화면에서 보고 그날의 주문현황을 파악한 후 프린트하여 보관할 수도 있다. 이 보고서의 각 행은 한 주문서의 데이타를 요약한 것이며 주문과 고객에 관한 데이타를 연결하여서 준비되는 것이다.

[그림 8-8] 일일주문 보고서

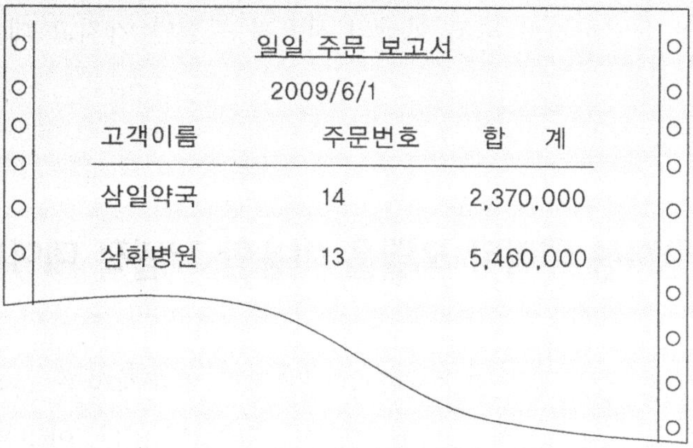

일일 주문 보고서

2009/6/1

고객이름	주문번호	합 계
삼일약국	14	2,370,000
삼화병원	13	5,460,000

그림 8-9는 각 고객의 주문내역을 보여 주는 보고서이다. 이 보고서는 일정기간에 행해진 고객의 주문상황을 고객별로 보여 주기 때문에 이 보고서를 통하여 각 고객의 구매 성향과 구매량 등을 고객별로 파악할 수 있다.

[그림 8-9] 고객주문정보 화면

고객별 주문 내역

2010년 2월 1일 부터 2010년 2월 28일 까지

고객이름	주문번호	수량	제품번호	주문일
김약국				
	31			
				2010/2/4
		50	D102	
		35	C103	
		60	B101	
삼화병원				
	32			
				2010/2/15
		70	G102	
		50	G101	
		90	F102	
		40	A105	

앞에서도 언급하였듯이 전체적인 업무를 반영하기 위해서는 다른 많은 경영보고서가 필요하지만 생략하기로 하고 이상의 사용자 관점만 가지고 데이타베이스 설계를 살펴보기로 하자.

8.3 개체관계성 데이타 모델을 이용한 개념적 데이타 모델 개발

이제 건강제약의 거래처리 요구사항과 경영정보 요구사항을 분석하였으므로 각 응용시스템에 해당하는 개별적인 요구사항을 종합할 수 있다. 이것은 개별 응용시스템에서 파악된 데이타를 통합함으로써 가능하다.

개체관계성 데이타 모델을 사용한 개념적 데이타 모델 개발은 앞의 3장에서 설명한 것처럼 개체와 관계성을 정의하는 작업으로 시작된다. 개체와 그 속성 파악 작업의 결과는 앞 절에서 각 요구사항을 설명하면서 제시하였으며 파악된 개체와 속성은 요구사항을 나타내는 그림 아래에 기록하였다. 이를 다시 간단히 살펴보면 다음과 같다.

그림 8-2 의 고객 정보 화면 설계로부터 고객과 직원 개체가 정의되고 고객 개체의 모든 속성과 직원 개체의 성명 속성이 파악되었다. 그림 8-4 의 제품 정보 화면 설계에서는 제품 개체와 그 속성이 파악되었으며, 그림 8-6 의 고객 주문 화면에는 주문, 고객, 제품, 직원 개체가 포함되어 있고 이들 개체 속성의 일부가 파악되었다.

위에서 살펴본 화면 설계는 고객 주문 처리에 초점을 맞춘 관계로 파악된 개체는 이 업무에 관련된 것들이다. 고객과 제품 개체에 대한 속성은 모두 파악되었으나 직원 개체의 속성은 성명 하나 밖에 파악되지 않은 관계로 업무상 직원 개체에 필요한 속성을 포함시키기로 한다. 이렇게 하여 파악된 개체와 속성은 표 8-1 과 같이 정리된다.

개체와 속성을 파악한 다음에는 개체 사이의 관계성을 파악하여야 하는데 개체들 사이의 관계성은 다음과 같다. 고객과 직원 사이에는 판매를 '담당한다'라는 관계성이 존재하고 직원과 주문 사이에는 '기록한다'라는 관계가 존재하며 주문과 고객 사

〈표 8-1〉 파악된 개체와 속성

개 체	속 성
고 객	고객번호, 고객이름, 고객유형, 주소, 시도, 우편번호, 전화번호, 신용한도, 잔고
주 문	주문번호, 주문일, 납기일, 수량
제 품	제품번호, 제품이름, 제품분류, 규격, 용량, 단가
직 원	인사번호, 주민등록번호, 성명, 소속부서, 직책, 입사일

이에는 '발생된다'라는 관계가 존재한다. 주문 개체는 고객, 직원, 그리고 제품 개체와 연계되어 있어 주문을 개체가 아닌 관계성으로 생각할 수도 있으나 주문을 관계성으로 정의할 경우에는 주문에 관련된 질의를 할 때마다 주문 관계성을 통해서만 질의 결과가 만들어지는 비효율적인 설계가 된다.

표 8-1에서 주문 개체에 수량 속성을 포함시켰으나 이것은 바람직한 설계가 아니다. 그 이유는 각 주문서에 제품을 하나만 기록할 때는 문제가 없으나 일반적으로 둘 이상의 제품이 주문서에 기록되기 때문에 수량 속성이 다중값을 가지게 되어 각각의 제품에 연계될 수 없기 때문이다. 따라서 수량 속성은 다른 독립적 개체의 속성이 되어야 한다.

더 효율적인 설계는 그림 8-6의 고객 주문 화면에서 제품에 관한 표를 중심으로 윗부분은 주문의 머리에 해당하고 아래의 표 부분이 주문의 몸체에 해당한다는 점을 인식하고 설계하는 것이다. 고객 주문의 머리 부분은 주문에 관한 일반적 내용과 고객 및 직원 개체를 포함하고, 주문 내용인 표 부분은 제품에 대한 내용과 주문된 수량을 기록하고 있다. 고객 주문 머리 부분은 그대로 주문 개체로 부르고 주문 몸체 부분에 새로운 개체인 주문항목을 정의하여 관계성을 정의하는 것이 이해를 돕고 또 그것을 기초로 하여 개발된 데이타베이스 시스템의 성능에도 도움을 준다. 따라서, 위의 주문 개체를 아래와 같이 주문과 주문항목 개체로 분리 인식하는 것이다.

개 체	속성
주 문	주문번호, 주문일, 납기일
주문항목	수량

새로이 정의된 주문항목과 주문 사이에는 '포함한다'라는 관계성이 존재하고, 주문항목은 또 제품과 '관련된다'라는 관계성을 가진다. 이 설계에서 고객 주문의 머리 부분인 주문 개체는 고객과 직원 개체에 연계되고 몸체 부분인 주문항목 개체는 제품 개체에 연계되어 개념적 데이타 모델의 명료성이 분명하게 드러나는데 이에 대한 표현은 그림 8-10에 잘 나타나 있다. 이와 같이 파악된 개체 사이에 존재하는 관계성을 정리하면 표 8-2와 같다.

〈표 8-2〉 관계성 정의

관 계 성	관련된 개체
담당한다	고객, 직원
발생된다	고객, 주문
기록한다	직원, 주문
포함한다	주문, 주문항목
관련된다	주문항목, 제품

그림 8-10은 지금까지 파악된 모든 개체 및 속성을 포함한 개체관계성도이다. 앞의 각 응용시스템에 대한 개체관계를 종합하여 표현한 그림 8-10은 건강제약의 개념적 데이타 모델이 된다.

데이타베이스 설계자는 그림 8-10에 표현된 기본키 및 관계성의 사상수 제약조건 이외에도 다른 제약 조건 즉, 비지니스 규칙들을 정리하여 데이타베이스 개발 후기 단계에서 이들이 제대로 반영되었는지를 확인할 필요가 있다.

개념적 데이타베이스 설계의 다음 단계는 개체관계성 모델로 표현된 데이타베이스를 관계형 데이타 모델에 의한 데이타베이스 모델로 전환하는 것이다.

[그림 8-10] 건강제약 개체관계성도

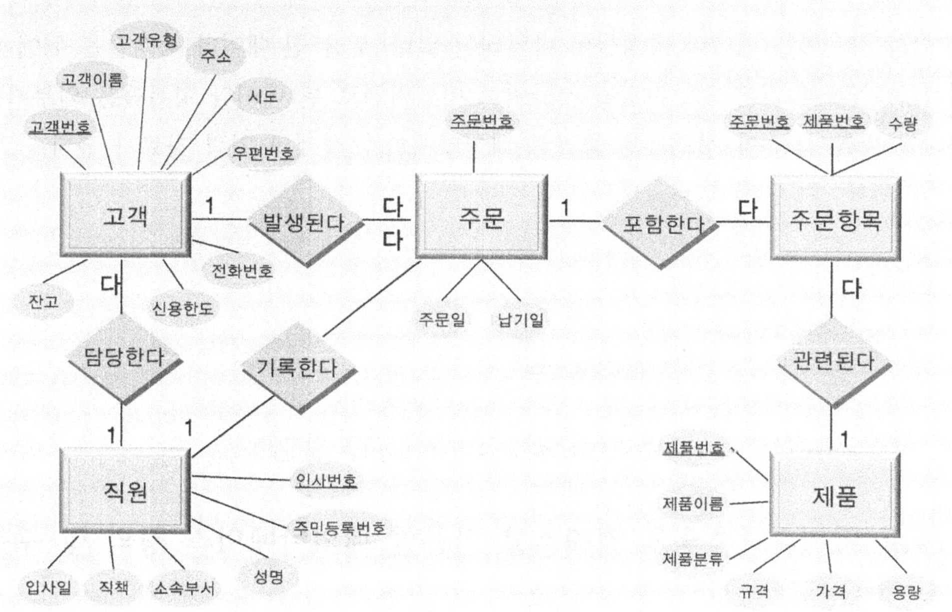

8.4 관계형 데이타 모델에 의한 데이타베이스 설계 및 구축

메인프레임을 이용한 대용량 데이타베이스 개발이 아닌 서버나 PC 중심의 데이타베이스 개발에서는 관계형 데이타베이스 관리 시스템이 주로 사용된다. 관계형 데이타베이스 관리 시스템을 사용하는 경우 개념적 데이타 모델이 완성되면 논리적 데이타 모델로 관계형 데이타베이스가 설계되고 물리적 모델 설계에 관한 복잡한 과정 없이 데이타베이스를 정의하고 데이타를 적재할 수 있다.

8.4.1 논리적 데이타베이스설계

개체관계성 모델로 표현된 데이타베이스를 관계형 데이타 모델에 의한 데이타베이스 모델로 전환하는 구체적인 절차는 제4장에서 자세히 설명되었으므로 여기서는 단지 이미 전환된 결과인 다섯 개의 데이타베이스 화일 또는 테이블을 소개한다. 각 테이블 이름 다음에는 데이타 속성들이 나열되어 있다. 밑줄 친 데이타 속성들은 뒤에 테이블을 만들 때 기본키로 지정될 것들이고 이탤릭체로 된 데이타 항목들은 외부키로 지정될 것들이다. 이 정보들은 물리적 데이타베이스 설계의 입력 자료가 된다.

고객(<u>고객번호</u>, 고객이름, 고객유형, 주소, 시도, 우편번호, 전화번호, 신용한도, 잔고, *인사번호*)
주문(<u>주문번호</u>, 주문일, 납기일, *고객번호*, *인사번호*)
주문항목(<u>주문번호</u>, <u>제품번호</u>, 수량)
제품(<u>제품번호</u>, 제품이름, 제품분류, 규격, 용량, 단가)
직원(<u>인사번호</u>, 주민등록번호, 성명, 소속부서, 직책, 입사일)

8.4.2 마이크로소프트 액세스를 이용한 데이타베이스 정의 및 구축

데이타베이스 관리 시스템을 사용하는 데이타베이스의 설계는 다음 사항들을 지정해 주는 명령을 실행시킴으로써 완성된다.

- 데이타베이스 테이블 또는 화일
- 각 데이타베이스 테이블에 포함될 데이타 요소
- 개념적 데이타 모델에 있는 개체간의 관계를 실행하는 구조적 요소
- 효율적인 운영을 위한 데이타베이스의 물리적 특성
- 무결성과 통제를 위한 규칙

본 절에서는 마이크로소프트사의 액세스(MS ACCESS)를 사용하여 데이타베이스를 정의하고 실행하는 과정을 보이도록 한다. MS ACCESS에서 새로운 데이타베이스를 생성하는 과정은 MS ACCESS를 시작하여 그림 8-11의 화면을 통하여 진행된다. 새 데이타베이스 화일을 생성하기 위해서는 그림 8-11a에서 새 데이타베이스 아이콘을 클릭하면 오른 쪽 하단에 그림 8-11b가 나오는데 여기에 데이타베이스 화일 이름을 입력하고 우측의 를 클릭하여 이 화일이 저장될 폴더(디렉토리)를 선택한 다음 만들기 버튼을 클릭하여 저장한다. MS ACCESS에서는 데이타베이스가 하나의 화일 이

름으로 저장되는데 본 실습을 위한 데이타베이스의 이름은 그림 8-11b 에 나타나 있듯이 '업무관리'로 하였다.

[그림 8-11] MS ACCESS 데이타베이스 화일 생성 초기화면

[그림 8-11a]

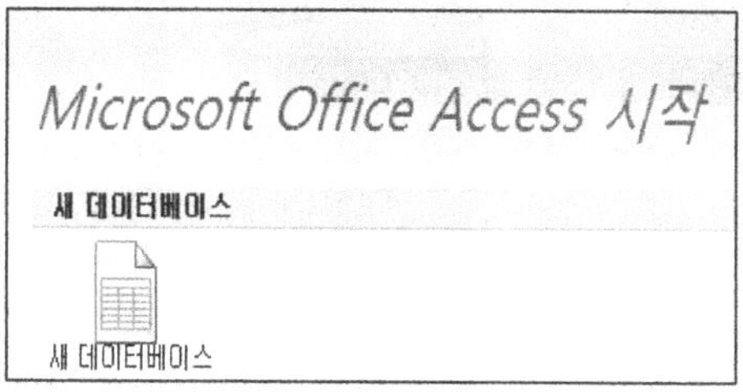

[그림 8-11b]

데이타베이스 화일을 만든 다음에는 테이블을 비롯한 여러 가지 데이타베이스 객체를 만들어야 한다. 이러한 작업을 위해 MS ACCESS는 그림 8-12a 의 상단에 있는 만들기 메뉴를 클릭하면 그림 8-12b 의 상단에서 보는 바와 같은 도구(버튼)들이 나타난다. 즉 MS ACCESS의 데이타베이스는 그림 8-12b 에서 보듯이 테이블, 폼, 보고서, 쿼리 및 매크로 등의 생성 도구를 포함하고 있다.

데이타베이스를 만들기 위해서는 우선 데이타베이스에서 사용될 테이블을 정의해 주어야 한다. 테이블 설계를 위해서는 그림 8-12a 에서 홈 메뉴를 클릭한 후 그림 8-12c 에서 (디자인) 보기 버튼을 클릭하여 나타나는 그림 8-12d 와 같은 팝업 화면을 통해 데이타베이스에서 사용할 테이블 이름을 (여기서는 '제품')을 정해준다.

[그림 8-12] 업무관리 데이타베이스 생성 화면

[그림 8-12a]

[그림 8-12b]

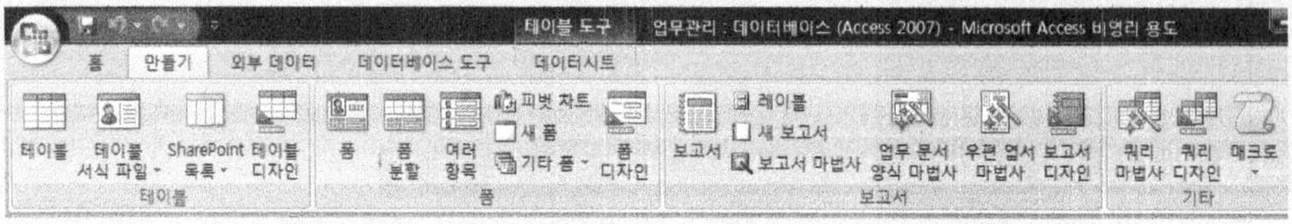

[그림 8-12c]

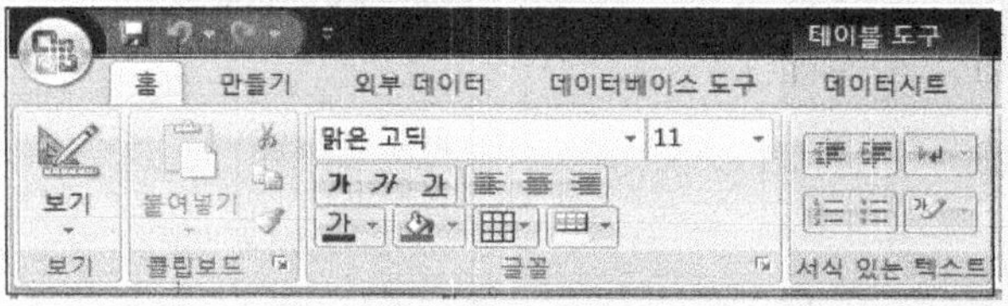

[그림 8-12d]

MS ACCESS에서는 5장에서 본 SQL에서와 달리 데이타베이스의 테이블을 정의하기 위하여 명령어 형식의 데이타 정의어를 사용하는 것보다 그림 8-13과 같은 테이블 구조를 사용하는 것이 간편하다. 이 테이블의 구조는 필드이름, 데이타 형식, 설명의 세 부분으로 이루어져 있다. 각 필드는 특정한 데이타 형식(Data Type)을 갖게

[그림 8-13] 테이블 정의 초기 화면

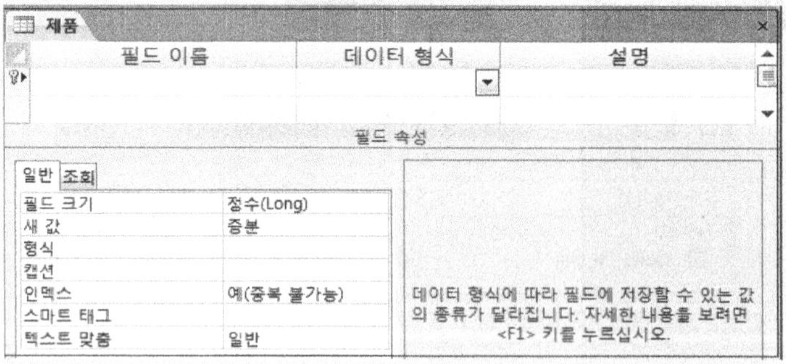

되며 데이타 형식은 데이타 무결성 제약을 실현하는 하나의 방편이다. 즉, 지정된 데이타 형식이 아닌 데이타는 받아들이지 않거나 입력되어도 지정된 데이타 형식으로 사용될 것임을 말한다. 따라서 각 필드의 데이타 형식은 데이타의 내용과 사용 목적을 고려하여 바르게 선택되어야 한다.

이제 그림 8-13을 이용하여 테이블을 설계하는 과정을 구체적으로 살펴보기로 하자. 그림 8-14는 '제품' 테이블 설계 결과 화면인데 논리적 데이타베이스 설계에 의해 확정된 제품 테이블 스키마를 MS ACCESS 테이블로 설계한 결과를 보여 준다.

[그림 8-14] MS ACCESS에서의 테이블 설계

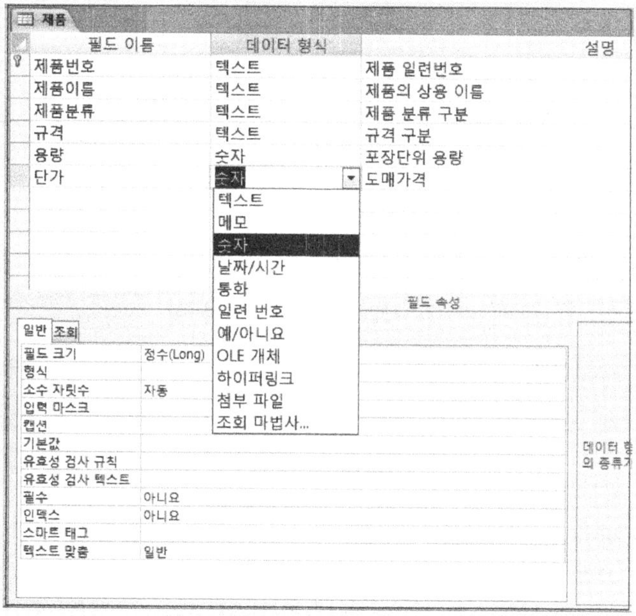

이 테이블의 설계 과정을 살펴보면 다음과 같다. '필드이름' 열에는 제품 테이블에서 사용할 속성들인 제품번호, 제품이름 등을 입력하고 '데이타 형식' 열에는 각 속성의 해당 데이타 형식인 텍스트, 숫자, 날짜/시간 등을 지정해 주면 된다. 예를 들면, 제품번호의 데이타 형식은 숫자로 정의해 줄 수도 있으나 제품번호의 구분을 세분할 경우에는 문자와 숫자의 혼합형을 사용하므로 이 필드의 데이타 형식은 텍스

트로 정한다. 한편, 제품번호 필드이름 왼쪽에 키(열쇠) 모양이 표시되어있는데 이는 MS ACCESS에서 기본키로 설정된 속성을 표시하는 방법이다. 이 방법을 통해 MS ACCESS는 기본키 필드에 중복된 값을 허용하지 않는 조건을 가진 색인(인덱스)을 만든다. 데이타 형식의 입력은 그림의 단가 데이타 형식에서 보여주듯이 각 데이타 형식에 준비되어 있는 컴보 박스를 클릭하여 선택할 수 있다.

MS ACCESS에서 사용되는 데이타 형식에 대한 세부적인 내용은 표 8-3 에 나타난 바와 같다. '설명' 열에는 속성 이름의 의미를 알 수 있도록 각 속성에 대한 부가적인 설명을 첨부하거나 주의 사항 등을 입력한다.

〈표 8-3〉 MS ACCESS 데이타 형식

데이타형식	설 명
문자열	문자 데이타 형으로 문자, 문자와 숫자의 혼합을 255자까지 사용
메 모	65,535자까지의 문자열 사용
숫 자	수치 처리를 위한 데이타 형으로 세부내용을 <표 8-4>에 첨부되어 있음
날짜/시간	연, 월, 일의 날짜와 시간을 위한 데이타 형
통 화	수치식에서 사용되는 화폐값과 숫자형 값을 나타내는 데이타 형
일련번호	새 레코드가 추가될 때마다 1씩 증가하는 일련번호 데이타 형
예/아니오	yes/no, true/false, on/off 중 하나의 값만 포함하는 데이타 형
OLE 개체	다른 종류의 소프트웨어에서 생성된 문서, 그래픽, 소리 등을 연결하거나 포함시키는 방법으로 사용
하이퍼링크	하이퍼링크 주소를 이용하여 다른 문자열과의 연결을 시켜주는 데이타 형식

한편, MS ACCESS는 그림 8-14 의 하단에 있는 '필드 속성'에서 각 필드 데이타의 크기, 표현 형식, 유효성 검사 규칙 등을 기입하여 각 필드의 특성을 좀 더 정확하게 정할 수 있게 하고 있다. 표 8-4 는 MS ACCESS 데이타 형식 중 숫자 데이타 형식의 속성을 좀 더 자세하게 설명하고 있다.

〈표 8-4〉 MS ACCESS 숫자 데이타 형식의 속성

속 성	설 명
바이트	0에서 255까지의 숫자를 저장
정 수	-32,768에서 32,767까지의 숫자를 저장
정수(Long)	-2,147,483,648에서 2,147,483,647까지의 숫자를 저장
실수(Single)	음수는 -3.402823E38에서 -1.401298E -45까지 양수는 1.401298E-45에서 3.402823E38까지의 숫자를 저장
실수(Double)	음수는 -1.79769313486231E308에서 -4.94065645841247E -324까지 양수는 4.94065645841247E -324에서 1.79769313486231E308까지의 숫자를 저장

제품 테이블 정의와 같은 방법으로 업무관리 데이타베이스의 나머지 테이블을 정의할 수 있다. 그림 8-15는 제품 테이블을 제외한 건강제약 업무관리 데이타베이스의 고객 테이블, 주문 테이블, 주문항목 테이블 및 직원 테이블의 정의를 보여준다.

[그림 8-15] 건강제약 테이블 정의

[그림 8-15a] 고객 테이블 정의

고객

필드 이름	데이터 형식	설명
고객번호	숫자	고객고유번호
고객이름	텍스트	대리점 이름
고객유형	텍스트	약국,의원,보건소,병원 등 고객유형
주소	텍스트	고객 주소 - 시/도, 우편번호를 제외
시도	텍스트	시/도
우편번호	텍스트	우편번호
전화번호	텍스트	
신용한도	숫자	책정 신용한도
잔고	숫자	현재 잔고액
인사번호	숫자	고객 담당 인사번호

[그림 8-15b] 주문 테이블 정의

주문

필드 이름	데이터 형식	설명
주문번호	일련 번호	주문서 번호 - 시스템 일련번호
주문일	날짜/시간	주문 날짜
납기일	날짜/시간	배달 예정일
고객번호	숫자	주문한 고객 번호
인사번호	숫자	주문을 받은 직원번호

[그림 8-15c] 주문항목 테이블 정의

주문항목

필드 이름	데이터 형식	설명
주문번호	숫자	주문서 번호
제품번호	텍스트	제품번호
수량	숫자	주문 제품 수량

[그림 8-15d] 직원 테이블 정의

직원

필드 이름	데이터 형식	설명
인사번호	숫자	직원 인사번호
주민등록번호	텍스트	개인 주민등록번호
성명	텍스트	직원 이름
성별	텍스트	남, 녀
소속부서	텍스트	근무 부서
직책	텍스트	직책
입사일	날짜/시간	회사 입사일

그림 8-14와 그림 8-15의 단계를 거쳐 테이블의 정의가 끝나면 그림 8-16과 같이 테이블을 포함한 건강제약 업무관리 데이타베이스 화면을 얻을 수 있다.

[그림 8-16] 건강제약 업무관리 데이타베이스 화면

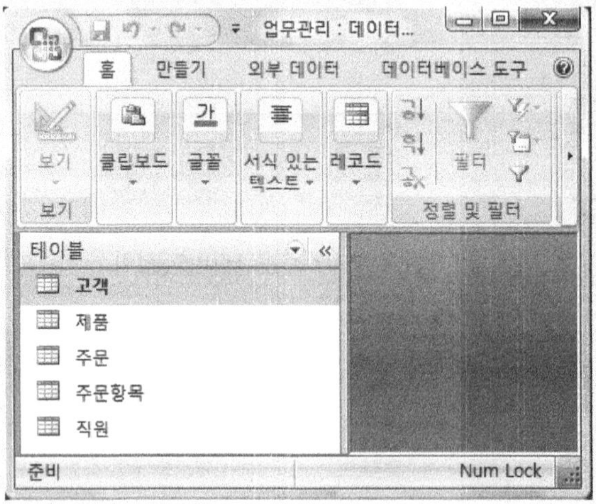

앞에 설명한 테이블 설계 과정은 처음 테이블을 설계할 때 쓰는 방법이다. 일단 한 개 이상의 테이블을 정의한 후에 정의된 테이블의 설계를 변경하고자 하면 그림 8-16과 같은 화면에서 설계를 변경하고자 하는 테이블을 선택한 후 디자인 보기를 누르면 해당 테이블의 설계 화면으로 들어가 설계를 변경시킬 수 있다.

업무상 필요한 테이블의 정의가 모두 끝나면 이 테이블에 데이타를 입력해야 한다. 데이타를 입력하는 방법은 두 가지 방법이 있다. 첫 번째 방법은, 예를 들어, 고객 테이블에 데이타를 입력하고자 할 경우에는 그림 8-16에서 정의된 테이블 중에서 고객 테이블을 더블클릭해서 고객 테이블을 열어 테이블에 입력하는 것이고 두 번째 방법은 MS ACCESS의 폼(Form) 기능을 이용하여 입력 폼을 만든 후 이 폼을 이용하여 데이타를 입력하는 것이다. 위의 두 가지 방법 중 어느 것을 택하더라도 문제는 없다. 그러나 기업 업무상 사용하던 기존 고객에 대한 데이타를 빨리 입력하기 위해서는 첫 번째 방법을 써도 무난하나 새로운 고객이 계속적으로 접수되고 이 고객의 데이타를 입력하여야 하는 경우에는 회사의 정보시스템을 운영하는 입장에서 볼 때 두 번째 방법이 추천된다. 두 번째 방법에 대해서는 다음 8.5절의 응용시스템 개발에서 설명하기로 한다.

업무관리 데이타베이스의 테이블 설계 및 데이타 입력에 대한 이해가 되었으면 이제 이들 테이블 사이의 관계를 살펴보기로 하자. 앞에서 본 그림 8-10의 건강제약 개체관계성도에는 개체 사이의 관계성이 정의되었다. 이것이 데이타베이스 테이블 설계에서도 실현되어야 한다. 예를 들어, 고객과 주문 개체 사이의 '일 대 다' 관계는 데이타베이스 설계에서 고객 테이블의 주키인 고객번호를 주문 테이블의 외래키로 정하여 참조 무결성을 이루게 되는데 이를 위해서는 고객 테이블과 주문 테이블의 고객번호 필드가 같은 데이타형식으로 정의되어야 한다.

건강제약 데이타베이스 테이블 사이의 관계가 어떻게 형성되어 있는지 알아보기로 하자. 그림 8-16의 데이타베이스 도구 메뉴를 클릭해서 나오는 화면에서 관계 아이콘을 클릭하면 그림 8-17과 같이 '관계 화면'이 열린다.

두 테이블 사이의 관계를 정의하기 위해서는 두 테이블의 공통된 필드들을 연결시키면 된다. 예를 들어 고객 테이블과 주문 테이블 사이의 관계를 설정하기 위해는 고객 테이블의 고객번호 필드를 마우스의 왼쪽 버튼으로 누른 상태에서 드래깅서하여 주문 테이블의 고객번호 필드 위에다 갖다 놓는다. 이런 방법으로 화면에서 두 필드를 연결하면 그림 8-18과 같은 '관계 편집 화면'이 열린다.

[그림 8-17] 관계 화면

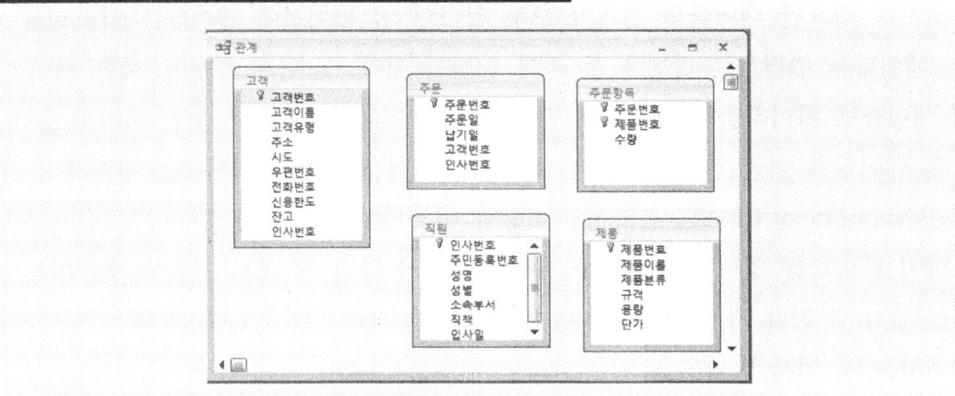

[그림 8-18] 관계 편집 화면

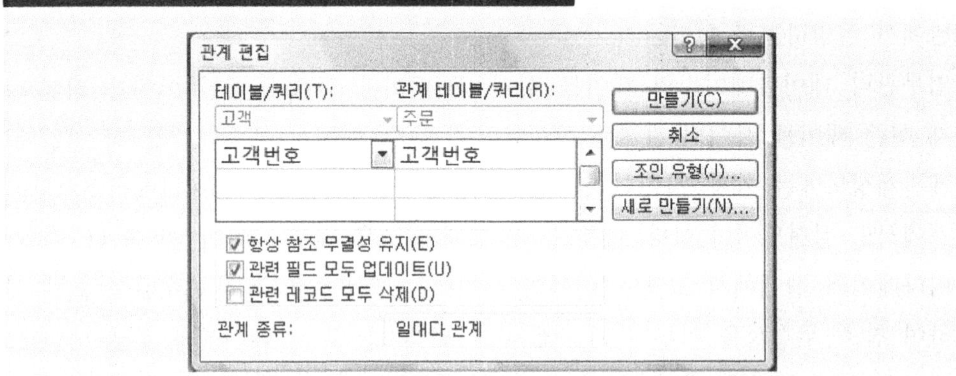

'관계 편집 화면'에서는 고객 테이블의 고객번호와 주문 테이블의 고객번호 사이의 관계를 '일 대 다 관계'로 정의할 것임을 보여 준다. 또 두 테이블 사이의 참조 무결성을 정의하기 위해서 '항상 참조 무결성' 유지와 '관련 필드 모두 업데이트'에 체크를 한다. 이렇게 고객 테이블과 주문 테이블 사이의 관계 설정을 마치고 만들기 버튼을 클릭하면 그림 8-19와 같이 두 테이블이 '일대다(∞)'로 연결되었음을 볼 수 있다.

[그림 8-19] 고객 테이블과 주문 테이블 관계

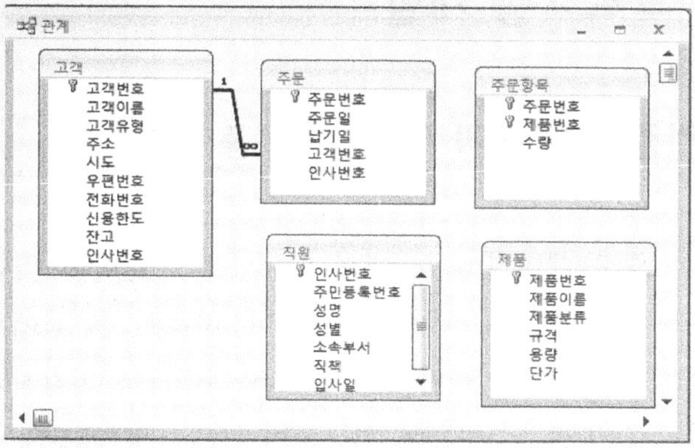

[그림 8-20] 업무관리 데이타베이스 테이블 관계

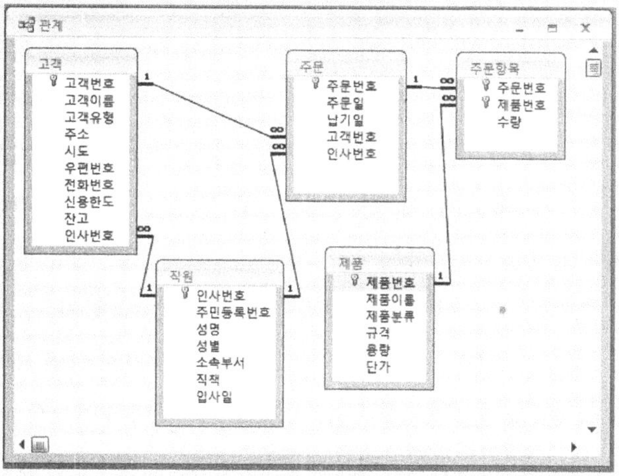

같은 방법으로 다른 테이블 사이의 관계도 공통된 필드를 연결함으로써 테이블 사이의 관계를 정의하면 그림 8-20과 같은 전체 테이블 사이의 관계를 얻을 수 있다. 테이블간의 관계가 바르게 설정되어 있지 않으면 데이타베이스의 내용이 바르지 않을 수도 있다. 테이블 사이의 관계는 뒤의 그림 8-31에서 보는 바와 같이 복수 테이블과 관련된 질의 설계에서 확인할 수도 있는데, 데이타베이스 설계 단계에서 정의된 대로 테이블 사이의 관계가 설정되어야만 의도한 질의 결과를 얻을 수 있다.

8.5 응용 프로그램 개발

8.5.1 거래처리를 위한 폼과 열람/수정 폼 개발

거래처리 업무는 주로 데이타베이스에서 데이타를 추출하여 화면에 제시하고 또 입력을 가능하게 하는 화면을 통하여 이루어진다. 따라서 본 절에서는 앞에서 설계된 테이블에 새로운 데이타를 입력하거나 입력된 데이타를 열람하거나 갱신하는 데 사용될 폼들을 MS ACCESS 폼 기능을 이용하여 개발하는 과정을 보기로 한다.

(1) 고객과 제품 화면 개발

데이타 입력 폼의 개발은 만들기 메뉴를 클릭하여 그림 8-12b의 화면에서 시작한다. 폼을 만드는 방법에는 그림 8-21a에서 보듯이 몇 가지 방법이 있는데 이 중 '새 폼'이나 '폼디자인'을 이용한 폼 설계는 사용자가 처음부터 자기 기호에 맞게 설계할 경우에 사용하는 것이기 때문에 이 경우에는 폼 설계를 위한 숙련된 기술이 요구된다. 따라서 처음 폼 설계를 시작하는 입장에서는 '기타 폼' 메뉴에 들어 있는 '폼 마법사'를 사용하여 새로운 폼을 만드는 방법을 사용하기로 하자.

우선 고객 입력 폼을 개발하는 과정을 예로 들어 살펴보기로 한다. 그림 8-12a의 아이콘 중에서 '기타 폼'을 클릭한 후 '폼 마법사'를 선택하면 그림 8-21b 화면이 열린다. 그림 8-21b에서 '테이블/쿼리' 컴보박스는 새로 만드는 폼에 연결되는 데이타의 원본이 되는 테이블이나 쿼리를 입력 또는 선택하게 한다. 선택된 테이블이나 쿼리로 부터 제공되는 필드(사용할 수 있는 필드) 중 '>'나 '>>'를 이용하여 사용자가 폼에 사용하기 원하는 필드들을 선택한 후 다음 버튼을 클릭하면 그림 8-21c 화면이 나타난다. 여기에서 일반적으로 입력 폼이면 컬럼 형식을 선택하고 열람을 위한 폼이면 테이블 형식을 선택한다. 폼 모양을 지정(예, 컬럼 형식)하고 나면 그림 8-21d 화면으로 옮겨진다. 그림 8-21d에서 폼 제목을 목적에 맞게 입력한(예, 고객입력) 후에 '폼 정보를 보거나 입력'을 선택해 주고 마침을 누르면 그림 8-21e에 있는 고객

입력 화면이 개발된다.

그림 8-21e의 고객입력 폼은 폼을 만드는 과정의 초기의 상태를 보여준다. 이를 좀 더 세련되게 만들기 위해서 폼의 제목을 붙여주고 좌변과 하변에 있는 스크롤 막대나 레코드 선택기 같은 것들을 제거해 주면 그림 8-21g와 같은 화면을 만들 수 있다.

그림 8-21e를 그림 8-21g로 바꾸는 과정을 살펴보기로 하자. 그림 8-21e에 있는 고객 입력 폼과 같이 이미 만들어져 있는 폼의 모양을 수정하고자 하면 테이블 설계를 변경할 때와 마찬가지로 그림 8-21e 화면 좌측 상단의 보기 버튼을 누른 뒤에 디자인 보기를 클릭하면 그림 8-21f가 나타난다. 이 화면에서 폼의 설계를 변경하면 된다.

[그림 8-21] 고객 입력 폼 설계 과정

[그림 8-21a] 폼 설계 초기 화면

[그림 8-21b] 폼에 사용할 데이타 원본 선택

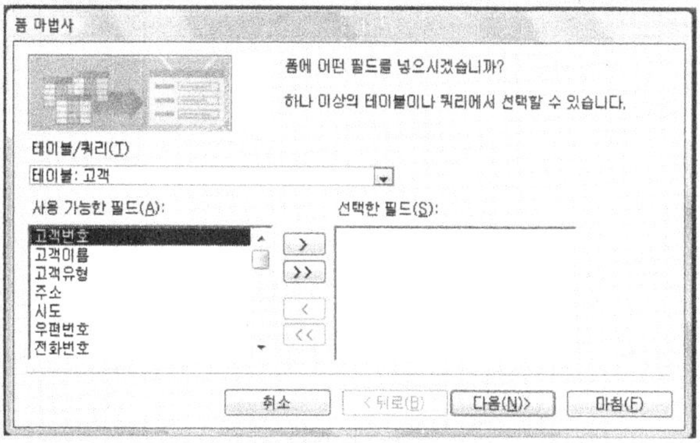

[그림 8-21c] 폼 형식 지정

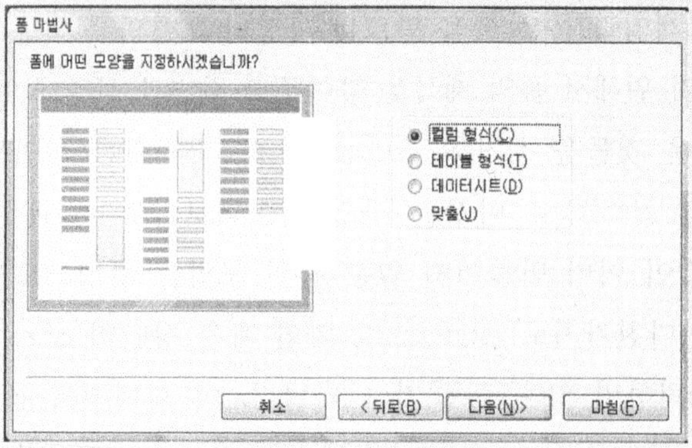

[그림 8-21d] 폼 성격 지정

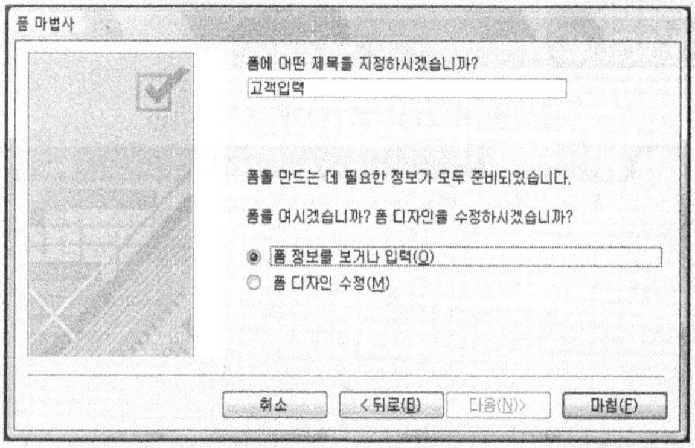

[그림 8-21e] 완성된 초기 고객입력 폼

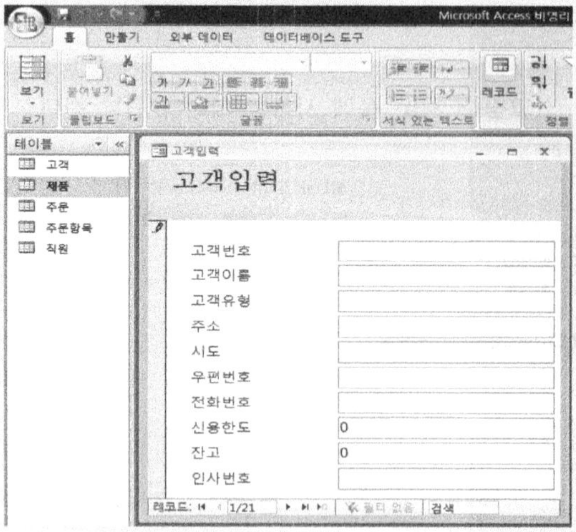

[그림 8-21f] 디자인 변경을 위해 연 고객입력 폼

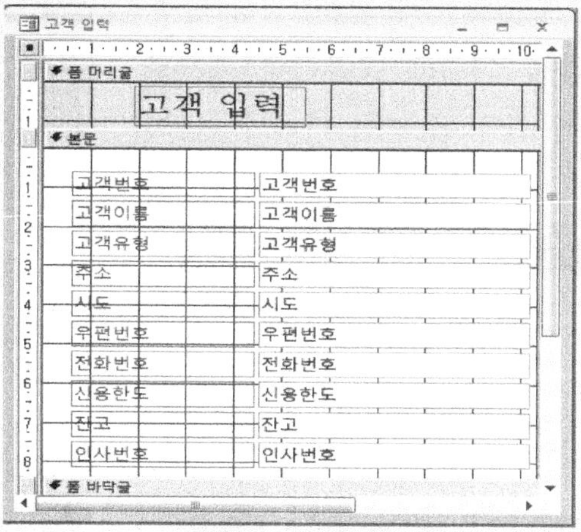

[그림 8-21g] 설계 변경이 완료된 고객입력 폼

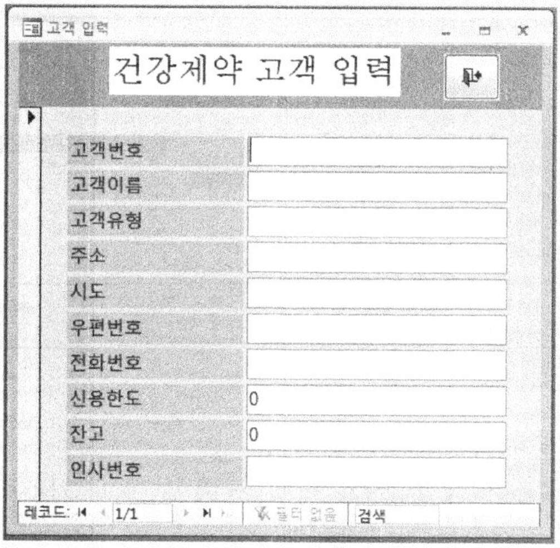

폼의 설계를 변경하는 첫 번째 단계로 폼의 머리글 부분에 나타나 있는 폼의 제목을 새로 변경할 수 있다. 또 폼의 편리한 사용을 위해 폼을 닫는 단추를 만들어 놓는 것이 좋다. 폼을 닫는 단추를 만드는 과정은 다음과 같다. 그림 8-21f 가 열릴 때 메뉴 부분에 그림 8-22 와 같은 액세스 폼 기능과 관련된 도구들을 모아 놓은 도구상자가 있다. 폼의 '폼 닫기' 단추를 만들기 위해서는 도구상자에 있는 명령 단추인 xxxx 를 사용한다. 이 명령 단추를 클릭한 후 마우스에서 손을 뗀 후 폼의 머리글 부

분에서 다시 클릭하면 그림 8-23과 같은 '명령 단추 마법사' 화면이 나온다. 여기서 명령 종류로 '폼 작업'을 그리고 오른쪽의 매크로 함수로 '폼 닫기'를 선택하면 그림 8-21g에 있는 것과 같은 폼 닫기 단추가 만들어진다.

[그림 8-22] 도구 상자

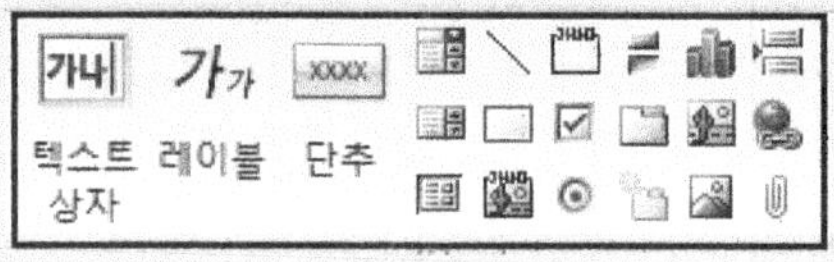

[그림 8-23] 명령 단추 마법사

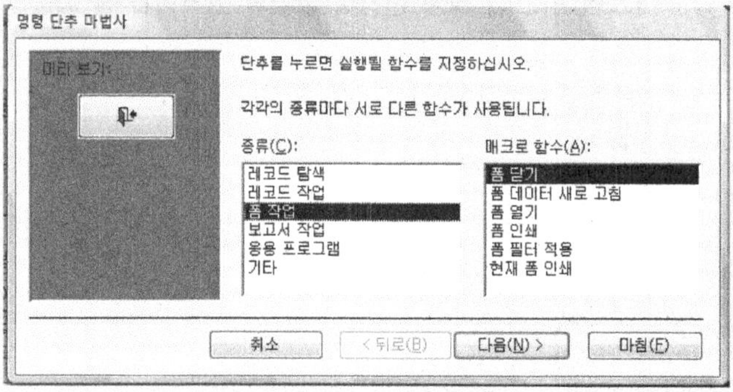

이렇게 몇 가지 기능을 추가하고 포맷을 한 그림 8-21g를 그림 8-21e와 비교해 보면 그림 8-21g가 그림 8-21e에 비하여 입력 폼의 모양과 기능이 향상된 것을 알 수 있다.

폼을 입력 폼으로 만들 것인가 또는 열람 가능하고 수정 가능한 폼으로 만들 것인가 하는 선택은 폼을 설계할 때 설계하는 폼에 대한 특성을 정의해 주는 데 달려 있다. 그림 8-24는 각 폼에 대한 특성 또는 각 폼에 있는 개체 각각에 대한 특성을 조정해 주는 특성 조정 화면의 일부를 보여 준다. 이 화면은 폼을 설계 화면으로 열었을 때 MS ACCESS 메뉴에서 속성시트( )를 누르면 열리며 폼과 함께 열어 사용할 수 있다. 이 속성 시트는 현재 설계하고 있는 폼의 모든 특성을 기록하고 있는데, 예를 들어 설계하고 있는 폼의 레코드 원본이 무엇인가는 이 화면의 첫 행에 있는

'레코드 원본'에 나타나 있다. 여기서는 '고객' 테이블의 데이타가 레코드 원본임을 알 수 있다.

폼을 입력 폼으로 사용할 것인지 열람/수정 폼으로 사용할 것인지 하는 것도 조정할 수 있다. 즉, 그림 8-22g의 폼은 고객 입력 폼으로 사용하기 위해서 이 속성 시트에서 '데이타 입력' 특성을 '예'로 하였으나 이를 '아니오'로 바꾸어 주면 이 폼은 편집, 추가, 삭제가 가능한 열람/수정 폼으로 바꾸어 사용할 수 있다. 그림 8-22g를 이용하여 데이타를 입력한 후 열람/수정 폼을 만들어 보면 입력된 레코드 현황을 확인해 볼 수 있다. 그러나 이 형태로는 레코드를 한 개씩 밖에 볼 수 없어 불편한 것을 알 수 있다. 이러한 불편을 없애기 위해서는 열람/수정 폼을 만들 경우에는 설계 과정에서 폼의 모양 지정을 단일 폼 형식인 '컬럼 형식' 대신에 연속 폼 형식인 '데이타 시트'로 해주어야 된다. 또한 그림 8-24에 있는 각각의 특성을 사용하면 폼의 모양, 색, 글씨체 및 폼의 기능 등을 개발자의 의도에 따라 바꿀 수 있다.

[그림 8-24] 특성 조정을 위한 속성 시트

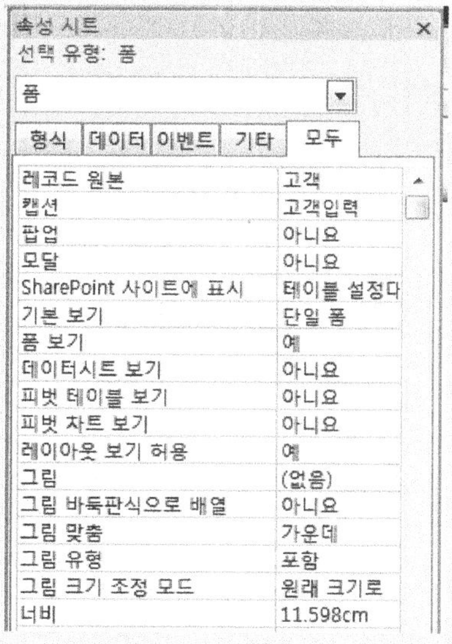

제품 데이타의 입력을 위한 폼은 고객 입력 폼의 설계와 유사한 설계과정을 거쳐서 만들 수 있으며 완성된 폼은 그림 8-25와 같다.

[그림 8-25] 제품 입력 폼

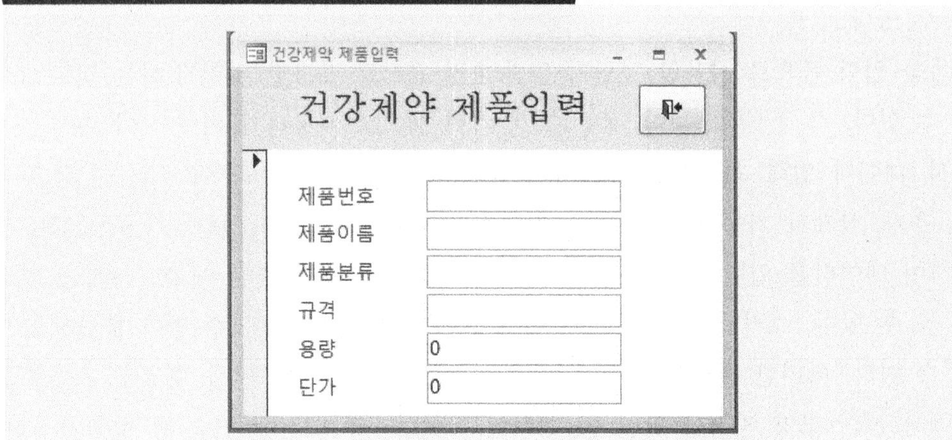

(2) 주문 화면 개발

주문 입력 화면 개발은 앞의 고객이나 제품 입력 화면 절차와 같이 간단하지가 않다. 그 주된 이유는 주문과 주문항목 사이의 '1대다' 관계에서 비롯된다. 즉, 일반적으로 한 주문에 여러 개의 제품이 주문되기 때문에 주문 입력 폼은 고객이나 제품 입력 폼과 같이 단일 폼으로 개발할 수 없고, 주폼/하위폼(Mainform/Subform) 개념으로 개발된다. 주폼의 레코드 원본은 주문 테이블이 되고 하위폼의 레코드 원본은 제품 테이블과 주문항목 테이블을 결합시킨 질의가 된다. 이들 주폼과 하위폼 사이의 연결은 주문 테이블의 주문번호와 주문항목 테이블의 주문번호에 의해서 이루어진다.

주문 입력 폼과 같은 주폼과 하위폼을 연결시키는 폼을 만드는 방법은 두 가지가 있다. 첫 번째 방법은 폼 마법사를 사용하여 하위 폼을 포함하는 폼을 만드는 방법이고, 두 번째 방법은 폼을 다른 폼으로 끌어 하위 폼을 만드는 방법이다. 본 장에서는 두 번째 방법을 이용하여 그림 8-26에 나타나 있는 주문입력 폼의 설계과정을 설명하기로 한다.

그림 8-26을 보면 하단에 '주문서브' 폼이 삽입되어 있는 것을 알 수 있는데 이 '주문서브' 폼이 하위폼이다. 이 폼의 속성시트 화면을 보면 주폼과의 연결이 어떻게 이루어지는가를 보여 준다. 즉, '기본 필드 연결'과 '하위 필드 연결'은 주폼과 하위폼의 연결을 나타내는 속성인데 이 속성이 모두 주문번호로 되어 있다.

[그림 8-26] 주문 입력 폼의 설계

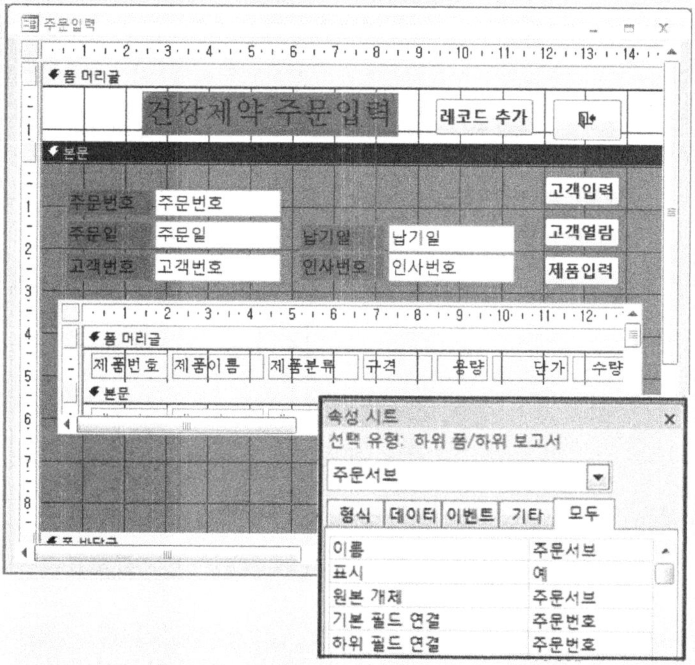

그림 8-26의 '주문서브'폼의 왼쪽 모서리를 마우스로 누르면 다음 그림 8-27과 같이 '주문서브'폼의 설계 화면을 볼 수 있다. 그림 8-26의 설계는 그림 8-27을 먼저 설계한 다음에 삽입하는 순서로 일어나지만 주문 화면 전체 디자인을 보여 주기 위하여 그림 8-26을 그림 8-27보다 앞에 제시하였다.

그림 8-27의 '레코드 원본'은 제품 테이블과 주문항목 테이블을 결합시켜 만든 질의어인 'q주문sub'로서 이 질의의 SQL 문은 다음과 같다.

```
SELECT    주문항목・제품번호, 주문항목・주문번호, 제품・제품이름, 제품・
          제품분류, 제품・규격, 제품・용량, 주문항목・수량, 제품・단가
FROM      제품, 주문항목
WHERE     제품・제품번호 = 주문항목・제품번호 ;
```

[그림 8-27] 주문서브 폼 설계 화면

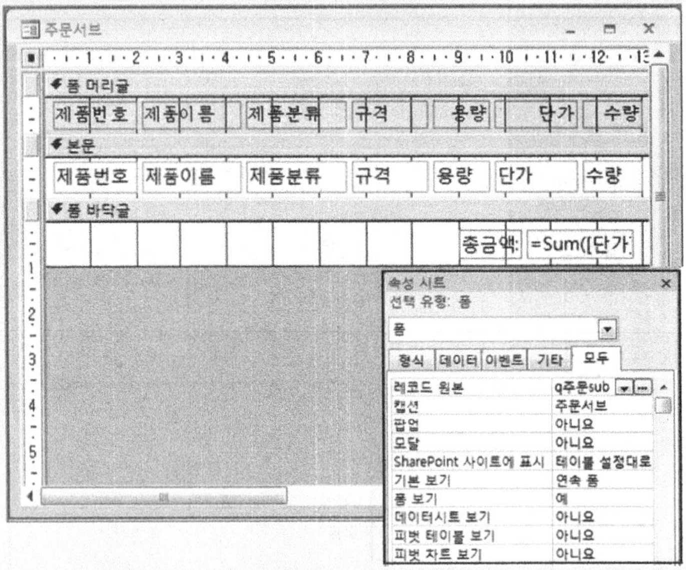

MS ACCESS에서 주문서브 폼의 레코드 원본인 'q주문sub' 질의어 작성은 위와 같이 SQL 질의어로 작성할 수 있으나 다음에서 설명하듯이 QBE에 기초한 그래픽 질의를 이용하여 작성할 수도 있다. 그러므로 다음에서 그래픽 질의를 이용한 'q주문sub' 질의 설계를 배운 후에 이를 이용하여 주문 입력 화면의 나머지 부분을 설명하기로 한다.

1) 데이타 검색/조작을 위한 질의 설계

MS ACCESS에서 그래픽 질의의 설계는 그림 8-12b의 화면에서 '쿼리 디자인'을 선택하면 질의에 사용될 테이블 리스트가 있는 그림 8-28 화면이 열린다.

[그림 8-28] 질의 설계 초기 화면

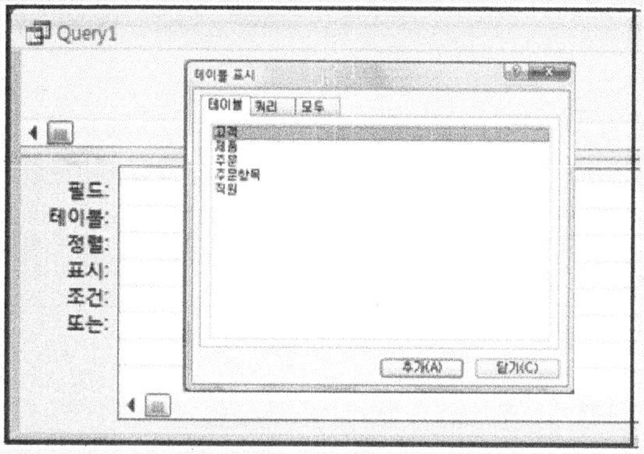

그림 8-28를 이용한 그래픽 질의 설계 과정을 5.2.2절의 [예제 20]의 예제를 중심으로 살펴보기로 하자.

예제 20: 항생제인 '아모시실린'을 주문한 고객의 고객번호, 고객이름과 주소를 구하라.

이 예제의 결과를 얻기 위해서 필요한 테이블들은 5장의 [예제 20]에서 보았듯이 고객, 주문, 주문항목, 제품 테이블 들이다. 이 테이블들을 그림 8-28에서 선택하고 추가 단추를 누르면 그림 8-29의 상단에 보여주는 바와 같이 테이블들이 나타나면서 테이블 간에 공통적으로 있는 속성들에 의하여 테이블들이 자동적으로 결합되는 모양을 보여 준다.

MS ACCESS는 이 테이블들을 이용하여 그림 8-29의 하단의 질의 설계를 표현하는 과정은 다음과 같다.

첫째, '필드' 부분에는 출력에 필요한 속성들인 고객번호, 고객이름, 주소를 고객 테이블에서 선택하여 주고, 조건 처리에 필요한 제품이름 속성은 제품 테이블에서 선택해 준다. 둘째, 조건에 사용되는 제품이름 속성 밑의 '조건' 부분에는 "아모시실린"을 입력한다. 셋째, 출력시키고자 하는 속성들에 대하여 '표시' 부분을 체크해 준다.

[그림 8-29] 질의 설계

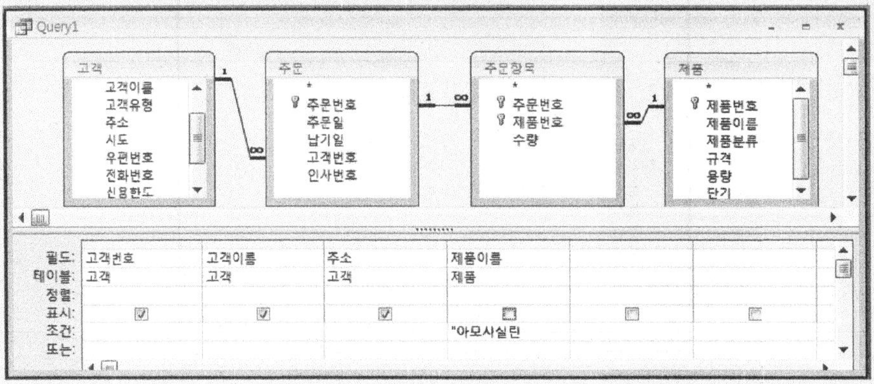

MS ACCESS에서 위와 같은 QBE 형태의 그래픽 질의는 그림 8-30과 같은 SQL형태로도 볼 수 있다. 이 SQL문을 앞의 5장에서 사용하던 SQL문과 비교해 보면 결합 부분에서 형식적인 표현의 차이가 있음을 알 수 있다. 즉 MS ACCESS는 자연 결합을 내향 결합으로 표현하고 있다.

[그림 8-30] ACCESS SQL

```
SELECT 고객.고객번호, 고객.고객이름, 고객.주소
FROM 제품 INNER JOIN ((고객 INNER JOIN 주문 ON 고객.고객번호 = 주문.고객번호)
INNER JOIN 주문항목 ON 주문.주문번호 = 주문항목.주문번호) ON 제품.제품번호 = 주
문항목.제품번호
WHERE (((제품.제품이름)=아모시실린
));
```

위와 같이 만들어진 질의의 결과 테이블들은 MS ACCESS에서 사용되는 폼의 레코드 원본으로 사용될 수 있다. 다만 이 질의로 생성된 테이블은 물리적으로 존재하는 테이블이 아니고 기억장치에 일시적으로 존재하는 테이블이다.

여기서 다시 주문 입력 폼을 완성하는 과정으로 돌아가 보기로 하자.

그림 8-27 화면의 하위폼의 레코드 원본으로 사용되는 질의인 'q주문sub'는 그림 8-29와 유사한 방법으로 설계할 수 있으며 그 설계 화면은 그림 8-31과 같다.

[그림 8-31] 주문 열람 폼의 하위폼 질의 설계

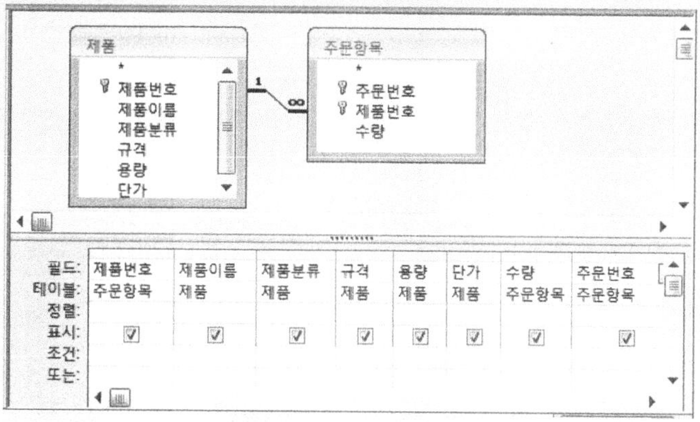

'q주문sub'를 이용한 하위폼이 완성되면 이를 주폼과 연결시켜야 된다. 주폼은 주문테이블을 레코드 원본으로 하여 컬럼 형식으로 열어서 만든다. 주폼이 만들어지면 주폼을 먼저 디자인 보기로 열은 상태에서 미리 만들어 놓은 하위폼인 주문서브 폼을(그림 8-16 화면에서 테이블 리스트 대신에 폼 리스트를 화면에 띄우고 이 중 주문서브 폼을 선택) 마우스로 누른 상태로 주폼의 하단부에 끌어다 놓으면 된다. 마지막으로 데이타 입력을 위한 폼으로 만들기 위해서는 속성 시트에서 '데이타 입력' 속성을 '예'로 바꾸어 주어야 한다. 위와 같은 설계과정을 거쳐 완성된 주문 입력 화면은 그림 8-32와 같다.

그림 8-32는 주문 데이타를 입력시키고 있는 중간 상태를 보여 주고 있다. 주문번호는 데이타 형식이 일련번호로 지정되었으므로 자동적으로 기록되는 번호로서 주문일을 입력하는 순간에 자동적으로 기존의 마지막 주문번호 다음의 번호가 나타난다. 그림 8-32에서는 하위폼 외에 몇 가지 추가된 특이한 명령단추들을 볼 수 있다. 이 중 레코드 추가 명령 단추를 누르면 입력한 데이타를 데이타베이스의 해당 테이블에 삽입시키고 다음 데이타를 입력하도록 화면을 대기 상태로 만들어 준다. '고객입력', '고객열람' 및 '제품열람' 명령 단추는 그 단추를 눌렀을 때 해당 이름을 가진 폼이 열리도록 하는 것이다. 이 명령 단추들의 작성은 앞에서 설명한 '폼 닫기' 단추의 작성 방법과 유사하게 도구 상자의 XXXX 단추를 사용하여 작성할 수 있다. 이 명령 단추들을 폼에 첨가시키는 이유는 데이타를 입력할 때 고객과 제품 데이타를 참

[그림 8-32] 주문 입력 폼

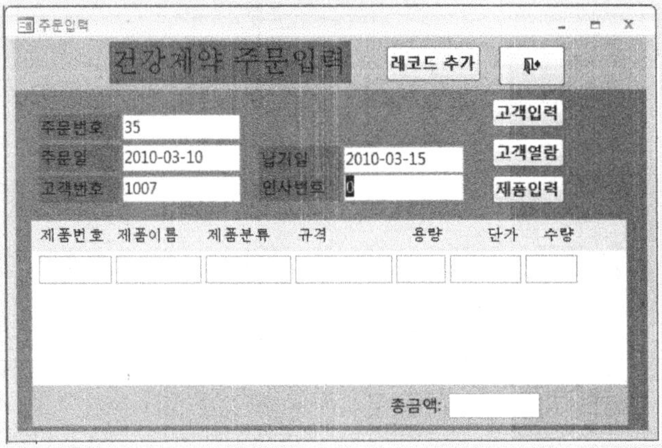

조하여 정확한 데이타를 입력할 수 있도록 하는 데 있다. 특히, '고객입력' 단추는 주문 고객이 새로운 고객일 경우에 고객 입력 폼을 열어 고객을 고객 테이블에 먼저 입력시키고 주문 처리를 할 수 있는 길을 제공해 준다. 이러한 명령 단추는 업무처리 시스템에서 필요한 사항이라 삽입한 것이다.

하위폼인 주문서브에 데이타를 입력시키는 과정은 다음과 같이 설계되어 있다. 제품번호 'A103'을 입력하면 제품에 관한 나머지 사항이 자동으로 표시되고, 커서의 위치는 수량을 입력시키는 칸으로 이동되어 입력을 기다리도록 설계되어 있다. 제품번호를 입력하면 제품에 관한 나머지 사항이 자동으로 표시되는 이유는 주문서브 폼의 레코드 원본인 'q주문sub'가 주어진 제품번호에 따라 실행된 결과이다. 제품번호와 수량의 입력을 완료하고 '레코드 추가'를 누른 후 주문 테이블과 주문항목 테이블을 열어보면 주문 데이타가 테이블에 입력된 것을 알 수 있다. 그림 8-28의 하단에서 보는 것과 같이 입력이 끝난 부분까지의 총 주문 금액을 알고자 하면 도구 상자의 '텍스트상자'를 이용하여 하위폼의 '폼바닥글' 부분에 도구 상자의 텍스트상자 아이콘을 이용하여 입력란을 하나 만들고 이 입력란의 속성 시트 화면의 컨트롤 원본에 '=sum([단가]*[수량])'을 입력시켜주면 된다. 이 총금액은 단지 화면에서 확인을 위해 사용되며 테이블에는 저장되지 않는다.

주문 입력 폼이 완성되었으면 이에 맞추어 주문 열람 폼을 만들 필요가 있다. 주문 열람 폼을 만드는 가장 간단한 방법은 주문 입력 폼을 복사한 후에 필요 없는 부분은 삭제하고 용도에 맞게 조정해 주면 된다. 특히, 데이타 입력을 위한 폼으로 만들 때 속성 시트에서 '데이타 입력' 속성을 '예'로 했었는데 이를 여기서는 '아니오'로 바꿔 주는 것을 잊지 말아야 한다. 그림 8-33은 이 과정을 거쳐 만들어진 주문 열람 폼이다.

[그림 8-33] 질의를 응용한 주문 열람 화면

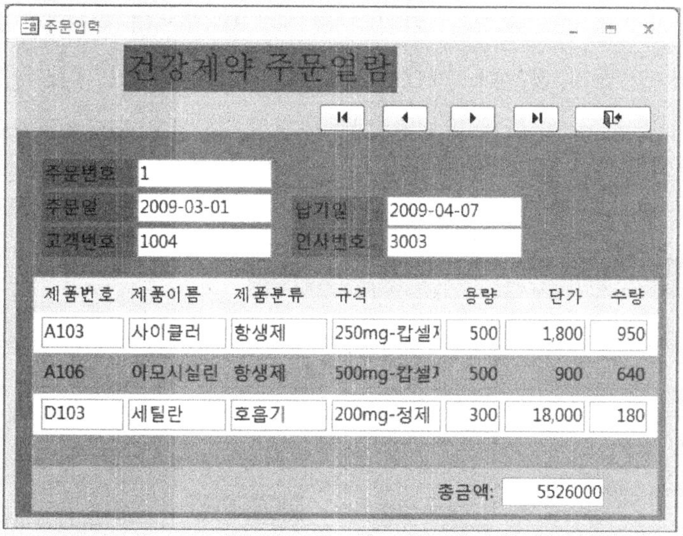

위의 그림 8-33은 주문, 주문항목, 제품 테이블을 이용하여 어느 고객의 주문 상태를 열람하는 화면이다. 이 화면을 보면 고객번호 1004인 고객이 2009년 3월 1일에 제품번호 A103, A106, D103인 사이클러, 아모시실린, 세틸란을 각각 950개, 640개, 180개를 주문하여 총합계 5,526,000원 어치를 주문한 것을 알 수 있다. 또한 그림 8-33에서 는 레코드 이동을 나타내는 단추로서 각각 맨 처음, 이전, 다음, 마지막 레코드로의 이동을 나타낸다.

(3) 정보 검색 폼 개발

한편, 정보 검색 요구도 폼 기능을 사용하여 해결할 수 있다. 경영정보 처리 요구

의 한 예로서 그림 8-34는 특정 고객의 신용한도에 관한 경영자 질의에 답하는 화면이다.

그림 8-34는 고객이름 난에 신용한도와 잔고를 알아보고자 하는 고객의 이름을 입력하면 그 고객의 신용한도와 잔고를 보여 주도록 설계되었다. 즉, 무지개약국을 입력하고 엔터키를 누르면 무지개약국의 신용한도 12,000,000과 잔고 500,000을 보여준다. 이것은 앞에서 파악된 요구사항의 하나인 그림 8-7 을 실현한 것이다.

그림 8-34의 설계는 그림 8-21a에서 '폼 디자인' 아이콘을 클릭하여 열리는 빈 폼에 세 개의 입력란을 만들어 주고 각각에 이름을 붙여 주면 된다. 단, 이 폼에 대한 '레코드 원본'은 만들지 않는다. 간단하게 보이는 그림 8-34의 정보 검색 화면 개발은 이제까지 설명한 질의 설계 방법으로는 해결할 수 없고 MS ACCESS 프로그램을 이용해야만 한다.

[그림 8-34] 정보 검색 화면

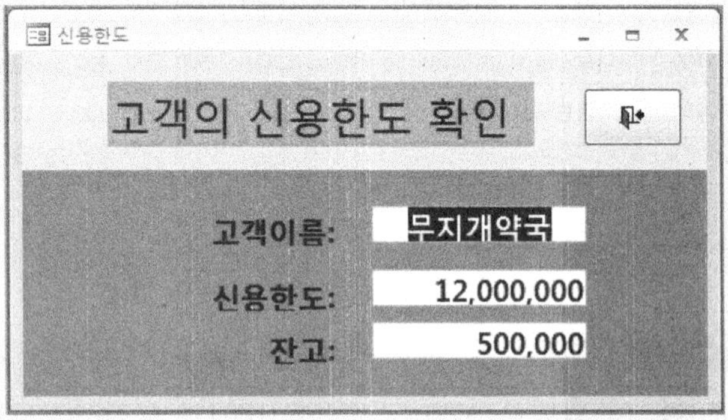

MS ACCESS 프로그램을 작성하기 위해서는 먼저 그림 8-34 폼을 디자인 화면으로 연 후 '고객이름' 란을 클릭한 후 메뉴에서 속성시트를 클릭한다. 이 때 열리는 그림 8-35의 '고객이름' 개체의 속성 시트 화면에 있는 After Update를 클릭하고 [...] 버튼을 클릭한 후 '코드 작성기'를 선택하면 프로그램이 입력되기 전의 그림 8-36이 나타나는데 이 화면에서 Private Sub 고객이름_AfterUpdate()와 End Sub 사이에 그림 8-36과 같은 MS ACCESS 프로그램 코드를 입력하여야 한다.

[그림 8-35] After Update 작성 방법

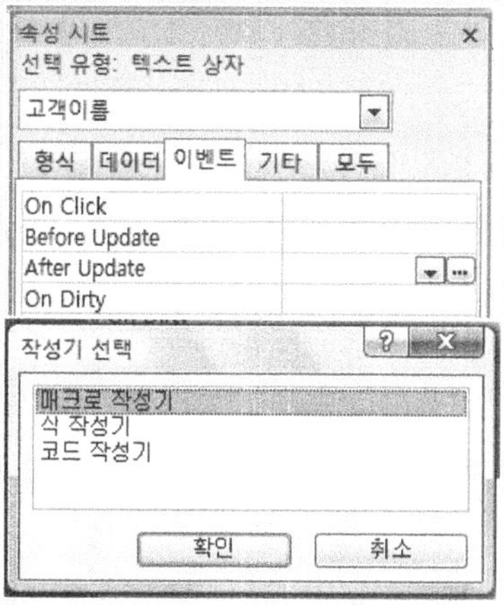

[그림 8-36] 고객이름 After Update 프로그램

업무관리 - Form_신용한도 (코드)

고객이름 | AfterUpdate

```
Private Sub 고객이름_AfterUpdate()

Dim sq As String
Dim myr As Recordset
Dim mydb As Database

sq = "SELECT 고객이름, 신용한도, 잔고 "
sq = sq & " FROM 고객;"

Set mydb = CurrentDb()
Set myr = mydb.OpenRecordset(sq)

myr.MoveFirst
Do Until myr.EOF
   If myr![고객이름] = Me![고객이름] Then
     Me![신용한도] = myr![신용한도]
     Me![잔고] = myr![잔고]
     Exit Do
   End If
   myr.MoveNext
Loop

End Sub
```

그림 8-36의 프로그램이 실행되는 과정은 다음과 같다. 먼저, SQL의 실행 결과가 들어 있는 테이블은 myr이라는 변수에 저장된다. 다음, 그림 8-34에서 입력되는 고객이름은 이 myr 테이블에 있는 레코드들의 고객이름들과 일일이 비교되어 일치하는

고객이름이 발견되면 그 고객이름이 속한 레코드의 신용한도 값과 잔고 값을 그림 8-34의 고객이름과 잔고에 기록한다. 그림 8-36의 프로그램에 대한 설명은 다음과 같다.

1. Dim은 프로그램에 사용할 변수를 선언하기 위해서 사용된다. 즉, Dim을 사용하여 sq, myr과 mydb를 각각 string, recordset과 database를 나타내는 변수로 선언해준다.
2. SQL "SELECT 고객이름, 신용한도, 잔고 FROM 고객;"이 sq라는 변수로 저장되어 MS ACCESS 프로그램에 내장되어 실행된다.
3. mydb 변수는 현재 사용 중인 데이타베이스인 CurrentDB로 설정해 준다.
4. myr = mydb.OpenRecordset(sq)는 myr 변수에 SQL의 실행 결과가 들어 있는 테이블을 저장한다.
5. myr.MoveFirst는 프로그램 실행의 현 위치를 나타내는 커서를 myr 테이블의 첫 번째 레코드로 이동시키고 myr.MoveNext는 커서를 다음 레코드로 이동시킨다.
6. Do‥‥Loop 구문은 Do 문에서 요구하는 특정 조건이 만족될 때까지 레코드 세트를 계속 체크할 수 있도록 반복 루프를 제공한다.
7. If ‥‥ End If 구문에서는 그림 8-34에서 입력되는 고객이름을 myr 테이블에 있는 레코드들의 고객이름들과 일일이 비교하여 서로 일치하는 고객이름이 발견되면 그 고객이름이 속한 레코드의 신용한도 값과 잔고 값을 그림 8-34의 고객이름과 잔고에 기록하도록 한다.
8. 위 프로그램에서 사용되고 있는 Me!는 현재 사용 중인 폼 이름을 넣는 대신에 사용될 수 있는 것으로 Access에서 허용하는 프로그램 기법이다.

8.5.2 경영정보 보고서 작성

앞 절에서는 MS ACCESS를 사용하여 데이타 테이블을 정의하고, 필요한 질의를 만들고, 이를 이용하여 폼을 만들어서 회사 업무 처리에 응용하는 방법을 배웠다. 설계된 질의를 저장해 두면 필요할 때마다 현재의 데이타로 된 정보를 볼 수 있다.

여기서 한 걸음 더 나아가면 MS ACCESS의 보고서 기능을 사용하여 질의 결과를 관리자 또는 경영자에게 적합한 모양으로 포맷하여 정기 또는 수시로 보고할 수 있도록 보고서를 개발할 수도 있다. 일반적으로 보고서와 앞에서 본 폼과의 차이는 보고서는 폼과는 달리 데이타를 화면이나 프린터로 출력시킬 수 있으나 데이타에 대한 삽입, 삭제, 또는 갱신을 할 수 없다는 것이다.

지금부터 보고서 설계에 관해서 살펴보기로 하자. 앞에서 우리는 고객의 신용한도를 조회하는 폼을 설계하여 보았다. 본 절에서는 전체 고객의 신용한도를 알아보는 보고서를 작성하도록 해보자.

보고서의 설계도 그림 8-12b에서 '보고서 마법사'를 클릭하면 그림 8-37a 화면이 열린다. 이 화면에서 고객의 신용한도 속성이 들어 있는 '고객' 개체를 데이타 원본으로 선택하고 고객 테이블에 들어 있는 속성 중 그림 8-37b에서와 같이 고객의 신용한도를 조회하는 데 필요한 속성들만을 선택하면 된다. 이 후 나머지 보고서 작성 절차를 따라가면 그림 8-37b와 같은 고객의 신용한도 조회 보고서가 작성된다. 그림 8-37b의 보고서는 MS ACCESS에서 자동으로 생성한 보고서를 약간 변경한 형태이다. 그림 8-37b와 같이 보고서는 화면에서 볼 수 있을 뿐만 아니라 이를 프린트할 수도 있다.

[그림 8-37] 고객 신용한도 보고서 설계 과정

[그림 8-37a] 고객 신용한도 보고서 설계 초기 화면

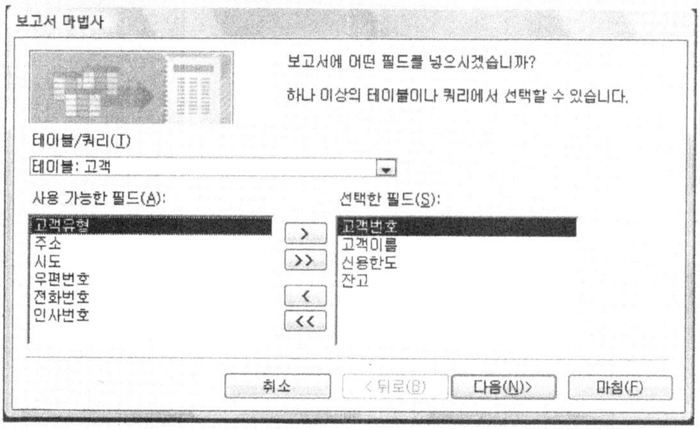

[그림 8-37b] 고객 신용한도 조회 보고서

고객 신용한도 조회 보고서

고객유형	고객이름	고객번호	신용한도	잔고
병원				
	삼화병원	1018	11,000,000	1,200,000
	제민병원	1012	6,000,000	1,400,000
	제일병원	1014	20,000,000	1,000,000
약국				
	김약국	1020	7,500,000	800,000
	무지개약국	1001	12,000,000	500,000
	문화약국	1003	15,000,000	300,000
	미라약국	1004	8,000,000	4,500,000
	밀양약국	1005	17,000,000	8,000,000
	보람약국	1013	14,000,000	1,800,000
	부광약국	1007	9,000,000	200,000
	부부약국	1017	7,000,000	500,000
	삼일약국	1011	8,500,000	650,000
	삼일약국	1016	18,000,000	3,500,000
	서부약국	1010	9,000,000	500,000
	언덕약국	1002	8,000,000	1,200,000

보고서 작성도 폼 작성과 마찬가지로 그림 8-37의 보고서처럼 하나의 테이블을 레코드 원본으로 하여 작성할 수도 있으나 그림 8-9와 같은 기간별 고객 주문에 관한 보고서를 작성하기 위해서는 레코드 원본을 질의로 해야 한다. 그림 8-9와 같은 보고서 작성을 위한 MS ACCESS SQL 문은 다음과 같다.

```
SELECT      고객.고객이름, 주문.주문번호, 주문항목.제품번호, 주문항목.수량, 주
            문.주문일
FROM        고객, 주문, 주문항목
WHERE       고객.고객번호 = 주문.고객번호
 AND        주문.주문번호 = 주문항목.주문번호
 AND        주문.주문일 Between #4/1/2009# And #5/20/2009#
ORDER BY    고객.고객이름;
```

이 SQL 문을 이용한 보고서 작성은 독자들의 연습 문제로 남기도록 한다. 단, 보고서 작성 시에 그룹화는 고객이름으로 해주어야 한다. 한편, 기존 테이블이나 쿼리

결과에 대한 내용을 보기 위한 보고서도 작성할 수 있다. 이러한 보고서를 만들기 위해서는 단지 테이블을 지정하고 그림 8-12b에 있는 메뉴에서 '보고서'를 클릭해 주면 지정해 준 테이블에 대한 보고서가 자동적으로 산출된다.

8.5.3 전체 시스템을 위한 메뉴 개발

이제까지 우리는 거래 처리를 위한 테이블, 폼 및 보고서의 설계와 작성을 하는 방법을 배웠다. 그러나 본 장에서는 건강제약의 거래처리 시스템 중 일부에 국한된 폼이나 보고서의 설계에 대해서만 언급한 것임을 주지해야 한다. 폼이나 보고서는 모두 테이블에 기초하고 있으며 일반적으로 각각의 테이블에 대하여 입력 폼과 열람/수정 폼이 작성되어야 한다. 또한 작성된 폼이나 보고서는 데이타베이스 내에 산재해 있으나 이들을 활용하기 위한 인터페이스가 있는 것이 바람직하다. 이것은 체계적인 메뉴 시스템으로 구현될 수 있다. 이 메뉴 시스템은 앞의 그림 8-3이나 그림 8-5에서 이미 설계된 바가 있는데 이들을 종합하여 재구성하면 다음 그림 8-38과 같은 메뉴 시스템으로 구현할 수 있다.

[그림 8-38] 건강제약 메뉴 시스템

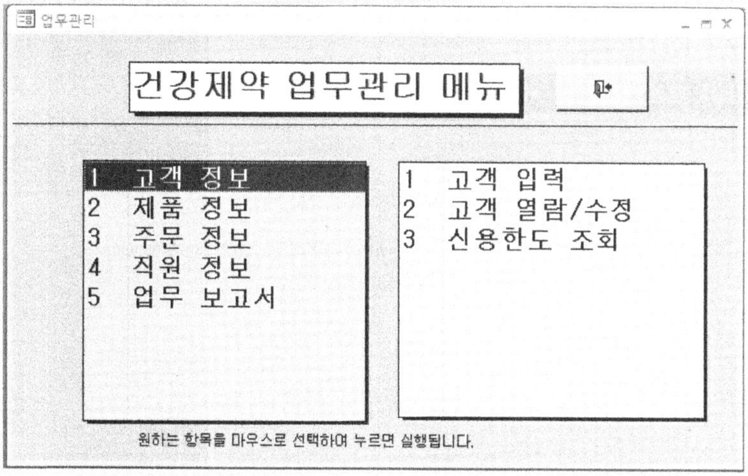

그림 8-38의 메뉴 시스템은 다음과 같이 작동한다. 즉, 좌측의 상자에 있는 메뉴 중에 하나를 선택하면 우측 상자에 그 메뉴의 하부 메뉴가 나타나며 이 하부메뉴 중 하나를 클릭하면 선택된 메뉴에 해당되는 폼 또는 보고서를 열어 업무를 수행할 수 있다. 예를 들어 그림 8-38의 좌측 메뉴에서 '1 고객 정보'를 선택하면 우측 메뉴 칸에 '1 고객 입력, 2 고객 열람/수정, 3 신용한도 조회'의 세 메뉴가 나타나는데 만일 고객의 신용한도를 조회하고자 하면 마우스로 3번을 눌러 신용한도 조회 폼을 열어 작업을 하면 된다. 다음에서 위 메뉴 시스템을 설계하고 구현하는 과정을 살펴보기로 하자.

(1) 메뉴 시스템 개발

그림 8-38과 같은 메뉴 시스템 개발은 그림 8-34의 신용한도 폼 개발과 마찬가지로 그림 8-21a에서 '폼 디자인' 아이콘을 클릭하여 열리는 빈 폼에서 시작된다. 그림 8-38에서 두 개의 목록 상자를 볼 수 있는데 이들을 만드는 과정은 약간의 차이가 있다. 목록 상자를 만들기 위해서는 그림 8-22의 도구 상자에서 '목록 상자'를 나타내는 를 누른 후 폼의 바탕에서 사각으로 마우스를 끌어주면 된다. 이때, 그림 8-39와 같은 '목록 상자 마법사' 화면이 뜨는데 여기서부터 첫 번째 목록 상자(목록상자 1)와 두 번째 목록 상자(목록상자 2)를 만드는 방법이 달라진다.

[그림 8-39] 목록 상자 값 지정 선택 마법사

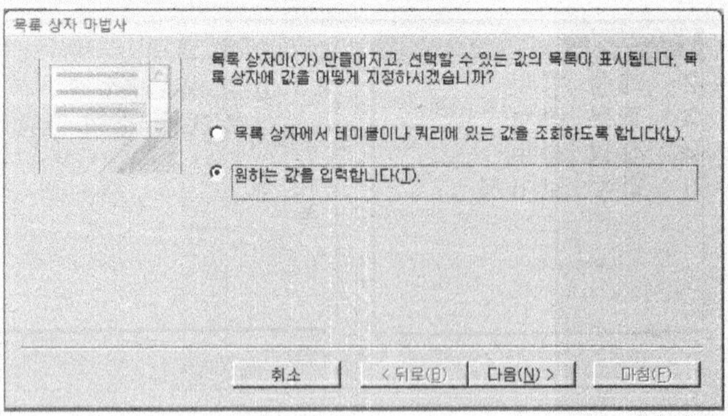

1) 목록 상자 1 만드는 과정

그림 8-39에서 '원하는 값을 입력합니다'를 선택한 후 열 개수는 2로 하고 이어 열리는 화면에서 '사용할 수 있는 필드'를 'col1'로 선택해 주고 작성을 완료한다. 이때, 목록 상자 레이블의 이름은 중요치 않으니 임의로 정해도 된다. 이와 같이 만들어진 목록 상자를 활성화시키기 위해서는 속성 시트를 열어 다음 단계를 밟아야 한다.

1. '이름'은 List1로 한다(이 이름은 만드는 과정에 따라 List0, List3 등 자동으로 주어진다. 그러나 뒤에 사용될 프로그램과 일치시키고 통일된 설명을 위하여 이에 맞추기 바란다).
2. '행 원본'에 사용자가 필요로 하는 메뉴를 다음 예와 같이 입력한다(예, 1;고객정보;2;제품정보;3;주문정보;4;직원정보;). 여기서 주의할 점은 번호와 메뉴 내용 사이에 반드시 세미콜론(;)을 사용해야 된다는 것이다.
3. 'After Update'에 그림 8-34를 만들 때 배운 방법을 이용해 다음과 같이 프로그램을 입력 시킨다 (여기서 List2는 뒤에 만들 목록 상자 2의 이름을 나타낸다).

```
Private Sub List1_AfterUupdate( )
  Me![List2].Requery
End Sub
```

2) 목록 상자 2 만드는 과정

목록 상자 2는 그림 8-39에서 '목록 상자에서 테이블이나 쿼리에 있는 값을 조회하도록 합니다'를 선택하여 작성이 시작되나 목록 상자 1의 작성과 달리 한 가지 사전 작업을 요구한다. 이것은 사용자가 필요로 하는 업무 내용 전체(사용하고자 하는 전체 폼)를 포함하고 있는 테이블을 작성하는 것이다. 그림 8-40은 본 서에서 다루는 건강제약을 기초로 작성된 업무 관리 메뉴 테이블(프로그램에서 사용될 테이블 이름은 menutable임)을 보여준다.

그림 8-40에서 menu1은 목록 상자 1을 작성할 때 행 원본에서 사용된 번호를 나타내고 menu2는 각 번호와 연관된 하부 메뉴의 일련번호이다. menuname은 하부 메

뉴의 명칭이고 formname은 이 하부 메뉴를 구현 시킨 폼의 실제 이름으로서 목록 상자의 메뉴를 마우스로 누르면 열리는 폼 이름이다.

[그림 8-40] 건강제약 업무 관리 메뉴 테이블

menutable

menu1	menu2	menuname	formname
1	1	고객 입력	고객입력
1	2	고객 열람/수정	고객열람
1	3	신용한도 조회	신용한도
2	1	제품 입력	제품입력
2	2	제품 열람/수정	제품열람
3	1	주문 입력	주문입력
3	2	주문 열람/수정	주문열람
4	1	직원 입력	직원입력
4	2	직원 열람/수정	직원열람
5	1	보고서 출력	보고서출력form

이제 목록 상자 2를 작성하는 과정을 보자. 목록 상자 2를 위한 질의어인 qmenutable을 작성한다. qmenutable 작성은 그림 8-40의 menutable을 이용하여 그림 8-41에 나타난 바와 같이 하고 qmenutable로 저장한다(주의: menu1에 대한 조건에 쓰여진 '[forms]![업무관리]![list1]' 중 [업무관리]는 목록 상자가 수록된 폼의 이름이다. 이 폼의 이름은 프로그램과 일치시켜야 한다.).

[그림 8-41] 목록상자 2를 위한 질의어(qmenutable) 설계

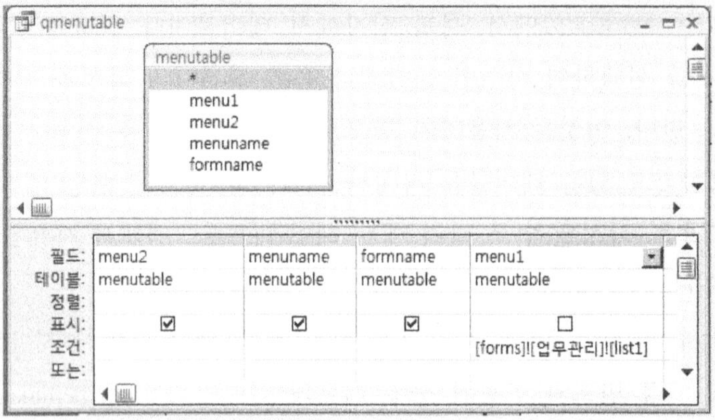

그림 8-39에서 '목록 상자에서 테이블이나 쿼리에 있는 값을 조회하도록 합니다'를 선택하면 그림 8-42와 같이 테이블 목록이 들어 있는 목록상자 마법사가 열리는데 여기서 '쿼리'를 선택한 다음 qmenutable을 선택한 후 나오는 화면에서 menu2와 menuname을 선택하고 완료시키면 된다.

[그림 8-42] 원천 자료 선택 마법사

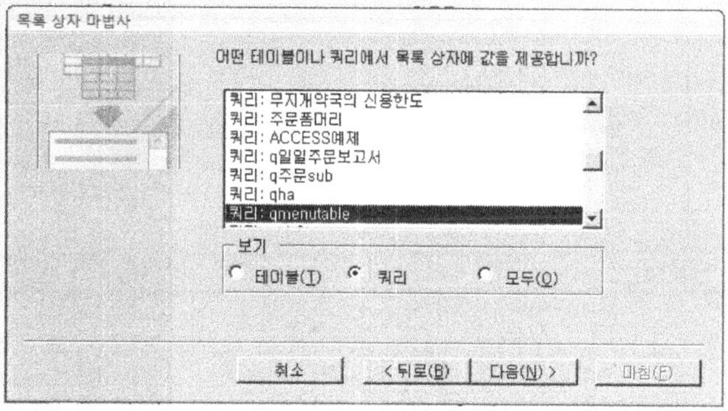

위와 같이 만들어진 목록 상자2를 활성화시키기 위해서는 목록상자 1과 마찬가지로 속성 시트를 열어 다음 단계를 밟아야 한다.

1. '이름'은 List2로 한다.
2. '행 원본'에는 이미 qmenutable을 이용하여 선택된 menu2와 menuname이 설정되어 있는 것을 확인할 수 있다.
3. 'On Click'에 목록상자 1과 마찬가지로 그림 8-34를 만들 때 배운 방법을 이용해 그림 8-43과 같은 프로그램을 입력 시킨다

그림 8-43의 프로그램에 대한 설명은 그림 8-36 고객이름 After Update 프로그램에 대한 설명과 유사하므로 여기서는 생략하기로 한다. 한 가지 주의할 점은 그림 8-43의 중간부분에 있는 If …… Then은 편집상 편리를 위해 두 줄로 되어 있으나 실제 프로그램 작성을 할 때는 한 줄로 만들어야 한다.

[그림 8-43] 목록상자 2 ON Click 프로그램

업무관리 - Form_업무관리 (코드)

List2 | Click

```
Private Sub List2_Click()

 Dim myr As Recordset
 Dim mydb As Database

 Dim stDocName As String
 Dim stLinkCriteria As String
 Set mydb = CurrentDb()
 Set myr = mydb.OpenRecordset("menutable")

 myr.MoveFirst
 Do Until myr.EOF
   If (myr![menu1] = Val(Forms![업무관리]![List1]))
   And (myr![menu2] = Val(Forms![업무관리]![List2])) Then

     stDocName = myr![FormName]
     DoCmd.OpenForm stDocName, , , stLinkCriteria
     Exit Do
   End If
   myr.MoveNext
 Loop

End Sub
```

8.6 요 약

특정 데이타베이스 시스템 개발에서 제일 먼저 실행되는 과제는 요구 분석을 하는 것이다. 이 단계에서는 현재 시스템을 검토하고, 그 시스템이 지원하는 사업 분야의 성격에 대한 분석을 하고, 필요한 데이타에 대한 가장 상위 수준에서의 기술을 한다. 개념적 데이타베이스 설계에서는 개발하려는 정보시스템의 전반적 데이타 요구사항을 분석한다. 이 과제의 범위는 하나의 정보시스템이 필요로 하는 데이타에 제한된다. 개념적 데이타베이스 설계는 다음 단계인 논리적 데이타베이스 설계에서 설계의 범위를 정의하는 데 도움을 준다.

논리적 데이타베이스 설계에서는 데이타베이스에 의해 지원되는 기업프로세스에 대한 자세한 검토를 한다. 물리적 데이타베이스 설계 단계에서는 데이타베이스를 구축할 컴퓨터 저장장치를 정하고, 데이타베이스 관리 시스템에 맞는 물리적 구조를 정의한다. 또한 이 단계에서는 예상되는 경영정보와 의사결정지원 보고서를 생산할 프로그램의 개요를 만든다. 응용 프로그램 개발 단계에서는 데이타의 입력과 보고를

위하여 데이타베이스를 처리할 프로그램을 작성하고, 테스트하고 설치한다.

본 장에서는 데이타베이스 설계에서 응용 프로그램 개발까지의 과정을 건강제약 사례를 가지고 MS ACCESS에서 실행하는 방법을 설명하였다. 데이타베이스 응용시스템 개발은 앞의 데이타베이스 정의, 테이블 설계, 폼 또는 보고서의 설계 및 개발에서 본 바와 같이 여러 단계를 걸쳐 진행된다. 모든 폼이나 보고서의 설계는 모두 데이타베이스 테이블에 기초해서 작성되기 때문에 업무에 필요한 모든 응용시스템의 개발은 테이블 설계와 병행되어야 한다.

주요용어

데이타베이스 응용시스템	거래(비지니스 트랜잭션)
폼	속성 시트
도구상자	보고서
MS ACCESS 프로그램	메뉴 시스템

연습문제

01 MS ACCESS를 사용하여 1장과 3장에서 소개된 윈윈컨설팅(주)을 위한 데이타베이스를 구축하고 필요하다고 생각되는 응용 프로그램을 5개 선정하여 개발하라.

02 3명이 그룹이 되어 직접 접할 수 있거나 사전 지식이 있는 업체 또는 다른 조직을 선정하여 특정 업무에 필요한 데이타베이스를 구축하고 필요한 응용 프로그램을 개발하는 프로젝트를 실행하라. 프로젝트는 7장에서 제시하는 방법론에 따라 진행하고 단계마다 간략한 보고서를 제출한다. 또 데이타베이스 구축과 응용 프로그램 개발은 MS ACCESS 또는 MS SQL Server를 사용하여 실행하라.

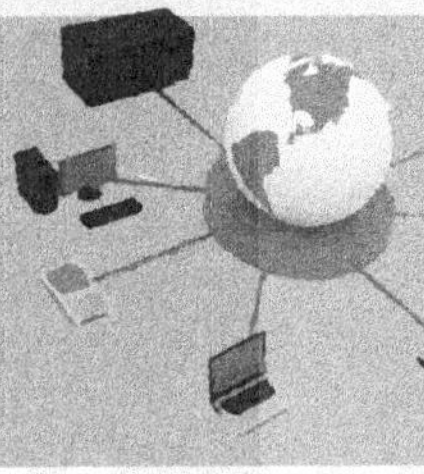

제5부

데이타베이스 관리 및 기술

제9장
병행 제어와 데이타베이스 복구

학습목표

이 장을 읽은 뒤에 독자들은 다음 사항을 이해해야 한다.

- 트랜잭션의 개념 및 특성
- 병행 제어
- 데이타베이스 실패와 복구 방법

이 장에서는 실제의 거래를 처리하기 위한 데이타베이스 관리 시스템의 거래처리 기능을 중점적으로 살펴본다. 거래는 제품의 판매나 통장에 입금하는 것과 같은 사건이다. 많은 사용자가 동시에 일으키는 거래를 바로 처리하고 관리하는 기능은 데이타베이스 관리 시스템의 주요한 기능 중의 하나이다.

데이타베이스 관리 시스템에서 거래처리는 특정한 특성을 갖는 트랜잭션(Transaction) 개념으로 해결하고 있다. 데이타베이스 관리 시스템은 사용자가 동시에 많은 거래를 일으켜 트랜잭션을 병행으로 실행할 때나 거래 처리 도중 시스템의 실패와 같은 사정으로 트랜잭션 실행을 끝내지 못할 경우에도 데이타베이스를 바른 상태로 유지하여야 한다. 이 장에서는 데이타베이스 관리 시스템이 모든 거래를 실행하기 위하여 사용하는 트랜잭션은 어떤 특성을 가지고, 트랜잭션의 병행 실행은 어떻게 이루어지고, 시스템의 문제로 인한 트랜잭션 실행 중단은 어떻게 해결되는가를 설명하고자 한다.

9.1 트랜잭션

9.1.1 트랜잭션

사용자가 데이타베이스의 데이타를 검색하거나 변경할 때마다 트랜잭션은 생성된다. 데이타베이스 트랜잭션은 하나 이상의 SQL 문으로 되어있다. 트랜잭션은 테이블의 내용을 출력하는 단순한 SELECT 문으로만 되어 있거나 데이타를 갱신하는 여러 개의 UPDATE 문으로 되어 있을 수도 있다. 각 SQL 문은 여러 입·출력 작동을 요구한다.

트랜잭션은 완전히 실행이 되거나 아니면 완전히 취소되어야 하는 논리적 작업 단위이다. 예를 들자면, 여러 UPDATE 문으로 된 트랜잭션에서 일부분은 실행되고 나머지가 실행되지 않는 경우는 생길 수 없다는 것이다. 이것을 설명하기 위하여 다음 트랜잭션을 예로 보자. 건강제약이 고객인 '무지개약국'에게 진코바 80mg 정제 30개를 50,000원에 외상으로 판매하는 거래는 아래와 같이 두 개의 SQL문장으로 되어있다. 하나는 제품 테이블의 재고량을 판매된 제품의 수만큼 감소시키는 것이고 다른 하나는 그 고객의 잔고를 외상 매출한 금액만큼 증가시키는 것이다.

```
UPDATE   제품
         SET     재고량 = 재고량 - 30
         WHERE   제품이름 = '진코바'
         AND     규격 = '80mg 정제';
UPDATE   고객
         SET     잔고 = 잔고+50000
         WHERE   고객이름 = '무지개약국';
```

여기서 데이타베이스 관리 시스템이 트랜잭션의 첫 번째 UPDATE 문 즉, 제품 테이블의 재고량을 줄이는 과정은 문제없이 끝냈으나, 두 번째 UPDATE 문 즉, 잔고 변경을 실행하던 중에 정전으로 컴퓨터가 멋었다고 하자, 컴퓨터를 계속 작동케 할 예비 발전시설이 없다면 컴퓨터의 작동 중지로 두 번째 UPDATE 문은 완결될 수 없다. 이렇게 되면 제품 테이블의 재고량은 제품의 판매를 반영하기 위하여 변경되었으나 고객 테이블에는 신용매출에 관한 기록이 변경되지 않았으므로 데이타베이스는 일관성이 없는 상태로 남게 된다. 따라서 다른 트랜잭션의 실행을 위해 데이타베이스를 사용할 수 없다. 이런 경우 데이타베이스 관리 시스템은 일관성이 있었던 이전의 상태로 데이타베이스를 복구하였다가 이 트랜잭션을 다시 실행하여야 한다.

데이타베이스의 일관성을 보장하기 위하여 각 트랜잭션은 하나의 일관성 있는 상태에서 시작하여서 종료될 때에는 다른 일관성 있는 상태가 되도록 실행되어야 한다. 위의 예에서 두 SQL 문이 모두 실행되어야 판매 거래 내용이 바르게 데이타베이스에 기록되고 데이타베이스는 일관성이 있는 상태로 유지된다. 데이타베이스가 일관성이 없는 상태에 있다는 것은 트랜잭션이 무결성과 비지니스 규칙을 파괴하여 일관성이 없는 데이타베이스로 만든다는 의미이다. 데이타베이스의 무결성을 보장하기 위해 데이타베이스 관리 시스템은 모든 트랜잭션이 특정한 특성을 유지하도록 하기 위하여 그 실행을 통제한다.

9.1.2 트랜잭션의 특성

모든 트랜잭션은 데이타베이스의 일관성을 유지하기 위해 원소성(Automicity), 지속성(Durability), 직렬성(Serializability), 고립성(Isolation)의 특성을 가져야 한다. 각 특성에 대하여 보면 다음과 같다.

- **원소성** : 트랜잭션의 실행은 모든 부분이 완료되어야 한다. 만일 그렇지 못할 경우 트랜잭션은 취소되어야 한다. 이 특성은 트랜잭션의 가장 기본적 특성으로서 트랜잭션이 하나의 분리될 수 없는 논리적 작업 단위이어야 함을 뜻한다.
- **지속성** : 데이타베이스의 일관성 있는 상태의 영속성을 의미한다. 즉 트랜잭션의 실행이 완료되면 데이타베이스는 하나의 일관성 있는 데이타베이스 상태에 이르게 되고 그 상태는 시스템에 오류가 있더라도 지속되게 하여야 한다는 것을 의미한다.
- **직렬성** : 여러 트랜잭션이 병행 실행될 때 병행 실행의 결과는 트랜잭션들이 직렬로 실행된 결과와 같아야 함을 말한다. 이 특성은 많은 트랜잭션이 병행으로

실행되어야 하는 다중 사용자 시스템과 분산 데이타베이스 시스템의 중요한 특성이다.

- **고립성** : 한 트랜잭션의 실행에 사용되는 데이타는 그 트랜잭션이 실행을 완료할 때까지 다른 트랜잭션의 실행에 사용될 수 없다는 것을 말한다. 이 특성도 직렬성 특성과 마찬가지로 많은 사용자가 동시에 데이타베이스를 갱신하는 다중 사용자 시스템과 분산 데이타베이스 시스템의 중요한 특성이다.

단일 사용자 데이타베이스 시스템에서는 어떤 순간에도 한 개의 트랜잭션이 실행되므로 자동적으로 데이타베이스의 직렬성과 고립성은 보장된다. 따라서 단일 사용자 데이타시스템에서는 트랜잭션의 원소성과 지속성이 보장되도록 하여야 한다.

메인프레임 또는 근거리 통신망을 플랫폼으로 하는 다중 사용자 데이타베이스 시스템에서는 많은 트랜잭션이 병행으로 처리되어야 하는데, 이러한 다중 사용자 데이타베이스 관리 시스템은 병행 처리 속에서도 데이타베이스의 일관성과 무결성을 유지하기 위하여 트랜잭션의 직렬성과 고립성을 보장하는 장치를 가지고 있다. 이것을 데이타베이스 관리 시스템의 병행 제어 기술이라고 하는데 병행 제어에 대한 자세한 설명은 다음 절에서 하기로 한다.

9.1.3 SQL 트랜잭션 관리

미국 표준연구소(American National Standards Institute; ANSI)는 데이타베이스 트랜잭션을 다루는 SQL 표준을 정의하였다. 이 표준에 따르면 트랜잭션 관리는 COMMIT(완료)와 ROLLBACK(원상복구)의 두 명령을 사용한다. 그리고 이 표준은 트랜잭션이 시작되면 다음 네 가지 사건 중의 하나가 발생할 때까지 모든 SQL문을 실행하여야 한다고 규정하고 있다.

① COMMIT 명령을 실행한다. COMMIT 명령은 SQL 트랜잭션의 제일 마지막 문장으로 트랜잭션을 종료한다. 이 경우 모든 데이타베이스 변경은 영구히 기록된다.

② ROLLBACK 명령을 실행한다. 이 경우에 데이타베이스에 기록된 모든 변경은

취소되고 데이타베이스는 이전의 일관성 있는 상태로 되돌아간다.

③ 프로그램의 끝에 성공적으로 도달한다. 이때에는 모든 변경이 데이타베이스에 영구히 기록된다. 이것은 COMMIT 명령의 실행과 동일한 경우이다.

④ 프로그램이 비정상적으로 끝난다. 이때에는 데이타베이스에 기록된 변경이 취소되고 데이타베이스는 이전의 일관성 있는 상태로 되돌아간다. 이것은 ROLLBACK 명령의 실행과 동일한 경우이다.

앞에서 본 판매 거래 처리 예에 COMMIT 명령을 사용하여 보면 다음과 같이 된다.

```
UPDATE 제품
  SET       재고량 = 재고량 - 수량
  WHERE     제품이름 = '진코바'
  AND       규격 = '80mg 정제';
UPDATE 고객
  SET       잔고 = 잔고+총합계
  WHERE     고객이름 = '무지개약국';
COMMIT
```

위의 예에서 UPDATE 명령이 응용 프로그램의 제일 마지막 명령이고 응용 프로그램이 정상적으로 완료된다면 COMMIT 명령에 의해 트랜잭션은 종결되고 데이타베이스에 변경된 내용은 영구히 기록된다.

일반적으로 SQL 문이 시작되면 트랜잭션은 시작된다. 그러나 모든 상용 데이타베이스 관리 시스템이 ANSI의 표준을 따르지는 않는다. 많은 데이타베이스 관리 시스템은 트랜잭션 관리를 위해 트랜잭션의 시작과 끝을 알리는 BEGIN TRANSACTION과 END TRANSACTION 문장을 사용한다.

9.1.4 트랜잭션 일지

데이타베이스 관리 시스템은 데이타베이스를 갱신하는 모든 트랜잭션을 기록하는 트랜잭션 일지(Transaction Log)를 사용한다. 프로그램의 비정상적 중단을 알리는

ROLLBACK 명령에 이르거나 네트웍 고장 또는 디스크 파손과 같은 시스템 실패가 발생하면 데이타베이스 관리 시스템은 이전의 일관성 있는 데이타베이스로 복구를 실행할 때 트랜잭션 일지에 기록된 정보를 사용한다. 데이타베이스 관리 시스템에 따라서는 트랜잭션 일지를 이전의 일관성 있는 상태로 돌리는 복구뿐만 아니라 데이타베이스를 최신의 일관성 있는 상태로 만드는 전방향 복구에도 사용한다. 전방향 복구에 대하여는 9.3절에서 자세히 다룬다.

데이타베이스 관리 시스템은 데이타베이스를 변경하는 트랜잭션을 실행할 때 트랜잭션 일지를 자동적으로 갱신한다. 트랜잭션 일지에는 트랜잭션에 관련된 데이타베이스 부분 즉, 테이블, 레코드 및 필드의 이전과 이후 이미지가 기록된다. 이전 이미지(Before Image)는 변경되기 전의 내용이고 이후 이미지(After Image)는 변경된 후의 내용이다. 트랜잭션의 시작과 종료도 물론 기록된다. 트랜잭션 일지의 사용이 데이타베이스관리 시스템에게 추가적인 처리 부담을 주지만 손상된 데이타베이스를 복구시키기 위해 지불하는 대가라 볼 수 있다.

표 9-1 은 앞의 판매 처리를 위한 두 SQL UPDATE 문의 실행을 기록하는 트랜잭션 일지이다. 만일 시스템이 실패하면 데이타베이스 관리 시스템은 트랜잭션 일지에서 COMMIT되지 못하거나 종료되지 않은 모든 트랜잭션을 찾아내서 얻은 정보를 사용하여 이들 트랜잭션이 변경한 데이타베이스의 내용을 원상태로 돌려놓는다.

〈표 9-1〉 트랜잭션 일지의 예

거래번호	테이블	레코드번호	속 성	이 전	이 후
1011	START TRANSACTION				
1011	제 품	749398	재고량	3980	3950
1011	고 객	349830	잔 고	150000	155000
1011	END TRANSACTION COMMIT				

트랜잭션이 완료되기 전에 ROLLBACK 명령이 실행되면 데이타베이스 관리 시스템은 모든 트랜잭션이 아니라 그 트랜잭션에 관련된 데이타베이스 부분만 원상태로 복구한다. 이것은 이전에 실행된 트랜잭션의 지속성을 유지하기 위한 것이다. 완료된 트랜잭션은 영향을 받지 않는다.

9.2 병행 제어

병행 제어는 다중 사용자 데이타베이스 시스템의 동시적 트랜잭션 실행을 조정하는 기술이다. 병행 제어의 목적은 다중 사용자 데이타베이스 시스템에서 트랜잭션의 직렬성을 보장하는 데 있다. 데이타베이스가 여러 사용자에 의해 공유되는 다중 사용자 데이타베이스 시스템에서 트랜잭션이 SELECT 문과 같이 데이타베이스를 검색만 하는 경우에는 문제가 없으나 UPDATE 문이 포함된 트랜잭션과 다른 트랜잭션의 병행 실행은 데이타 무결성과 일관성에 문제를 일으킬 수 있다. 그러한 문제의 대표적인 예가 갱신 분실인데 다음에서 이 문제를 통하여 병행 제어의 필요성을 보고 그 해법을 살펴보자.

9.2.1 갱신 분실

갱신 분실의 문제를 설명하기 위해 앞 장에서 본 건강제약 데이타베이스의 제품 테이블을 예로 사용한다. 이제 진코바 80mg 정제의 현재 재고량이 3950라고 하자. 또 제품 테이블을 갱신하는 두 개의 트랜잭션 T1과 T2가 두 사용자에 의해 각각 요구되었다고 하자.

트랜잭션 T1 : 진코바 80mg 정제 100개 구입
트랜잭션 T2 : 진코바 80mg 정제 30개 판매

표 9-2 는 정상적인 상황에서 두 트랜잭션 T1과 T2가 순서대로 실행된 결과를

보여 주고 있다. 두 트랜잭션이 직렬로 실행되면 진코바의 최종 재고량은 4020이 되는 것으로 나타나 있다.

〈표 9-2〉 정상적 트랜잭션 실행

시 간	거 래	단 계	저장된 값
1	T1	재고량 읽기	3950
2	T1	재고량=3950+100	
3	T1	재고량 쓰기	4050
4	T2	재고량 읽기	4050
5	T2	재고량=4050-30	
6	T2	재고량 쓰기	4020

그런데 같은 T1과 T2 트랜잭션을 처리하는 데 있어서 다음과 같은 경우에는 다른 결과를 초래한다. T2 트랜잭션이 T1 트랜잭션이 재고량을 읽고 난 뒤 바로 같은 재고량을 읽었다고 하자. 그 뒤 T1 트랜잭션은 먼저 재고량에다 새로 구입한 진코바 80mg 정제의 수를 더한다. 이어서 T2 트랜잭션도 읽은 재고량에서 판매한 진코바 80mg 정제의 수를 뺀다. 이제 T1은 계산한 결과를 제품 테이블의 진코바 80mg 정제 레코드의 재고량 필드에 기록한다. T2 역시 계산한 결과를 같은 자리에 기록한다. 이렇게 되면 데이타베이스에는 T1의 계산결과는 없어지고 T2 트랜잭션의 결과인 3920만 남아 있게 된다. 이러한 결과를 갱신 분실(Lost Update)이라고 하며 이 과정은 **표 9-3**에 정리된 바와 같다.

표 9-3에서 보듯이 T1 트랜잭션의 실행과 T2 트랜잭션의 실행이 사이사이에 교차되게 진행되어 직렬성이 보장되지 않은 것을 알 수 있다. 데이타베이스 관리 시스템에는 트랜잭션 실행의 바른 순서를 정해주는 스케줄러가 있으며 그 스케줄러는 트랜잭션의 병행 실행에서 일어날 수 있는 갱신 분실과 같은 문제를 해결하는 방법으로 차단(Lock) 또는 타임스탬프(Time Stamp) 같은 방법을 사용한다.

〈표 9-3〉 갱신 분실의 예

시 간	거 래	단 계	저장된 값
1	T1	재고량 읽기	3950
2	T2	재고량 읽기	3950
3	T1	재고량=3950+100	
4	T2	재고량=3950-30	
5	T1	재고량 쓰기	4050
6	T2	재고량 쓰기	3920

9.2.2 차단 방식

위의 갱신 분실 예에서 보듯이 여러 UPDATE 문이 실행될 때 데이타베이스는 순간적으로 일관성을 갖지 못할 수 있다. 그러므로 한 트랜잭션이 데이타를 갱신할 때 다른 어떤 트랜잭션도 그 데이타에 접근할 수 없게 해야 한다. 이 방법의 하나가 차단인데 차단은 현재 실행 중인 트랜잭션에게 그 데이타를 독점적으로 또는 공유하면서 사용할 수 있는 권한을 준다. 다중 사용자를 위한 데이타베이스 관리 시스템은 차단 기구를 가지고 있다. 모든 차단에 관한 정보는 차단 관리자(Lock Manager) 프로그램에 의해 관리되며 차단 관리자는 트랜잭션이 사용하는 차단을 할당하고 통제하는 기능을 한다. 차단을 실행시킬 때는 차단 단위와 차단 유형을 고려해야 하며 또한 차단의 실행에 의하여 발생되는 교착상태(Deadlock)의 문제를 함께 고려해야 한다.

(1) 차단 단위

차단에 의하여 트랜잭션이 사용하고 있는 데이타의 크기를 차단 단위라고 하는데, 데이타베이스 관리 시스템은 데이타베이스, 테이블, 페이지, 레코드, 또는 필드를 차단 단위로 사용한다. 한 트랜잭션이 전체 데이타베이스를 차단할 수 있게 하면 다른 트랜잭션은 실행을 시작하지 못하고 차단을 건 트랜잭션이 실행을 완료하고 차단을 해제한 뒤에 시작될 수 있다. 이와 같은 데이타베이스 차단(Database Locking)은 한 트랜잭션이 데이타베이스 전체를 독점하므로 효율적인 방법이 못되어 거의 사용되지 않고 있다. 테이블 차단(Table Locking)은 한 트랜잭션이 사용할 테이블을 차단한 뒤 독점적으로 사용하게 하는 방법으로 다른 트랜잭션은 그 트랜잭션이 사용을 끝내고 차단을 해제해야 사용할 수 있게 된다. 물론 다른 트랜잭션은 다른 테이블에 차단을 걸고 독점적으로 사용할 수 있으므로 한 데이타베이스에서 두 트랜잭션 이상이 동시에 실행될 수 있다. 한 트랜잭션이 하나 이상의 테이블을 사용할 때 테이블 차단은 그 트랜잭션이 사용할 모든 테이블에 차단을 걸게 해주어야 하므로 앞에서 본 데이타베이스 차단보다 약간은 데이타베이스의 공유를 허용하나 그래도 다중 사용자를 효율적으로 지원하는 정교한 방법은 못 된다. 좀 더 세부적인 차단 방법은 페이지 차단(Page Locking)이다. 데이타베이스 테이블은 보통 디스크의 여러 블럭 또는 페이지에 저장되어 있으므로 테이블 전체를 차단하는 것보다 디스크의 블럭 또는 페이지 단위로 차단하는 것이 테이블을 여러 트랜잭션에게 공유될 수 있게 한다. 페이지는 보통 4KB, 8KB, 16KB 등의 일정한 크기로 되어 있는데, 각 테이블은 여러 페이지로 나누어져 저장되고 각 페이지는 여러 레코드를 포함한다. 이러한 페이지 차단 방법은 상용 데이타베이스 관리 시스템에서 가장 많이 채택되는 방법이다.

차단은 페이지 수준보다 더 구체화되어 레코드나 필드에 적용될 수 있다. 레코드 차단(Record Locking)은 같은 테이블의 같은 페이지에 있는 다른 레코드를 두 트랜잭션이 차단할 수 있게 하는 방법으로 페이지 차단보다 덜 제한적이다. 또 데이타베이스 관리 시스템은 같은 레코드의 다른 필드가 두 트랜잭션에 의해 차단될 수 있게 할 수 있다. 그러나 레코드 수준이나 필드 수준의 차단은 데이타의 가용성을 높이기는 하나 차단을 관리하는 업무 자체가 너무 복잡하고 부담이 되어 오히려 트랜잭션 실행의 속도를 떨어뜨리게 하므로 거의 사용하지 않는다. 많은 상용 데이타베이스 관리 시스템은 사용자가 차단 수준을 정할 수 있게 하는데 위에서 본 바와 같이 차단의 수준이 높아지면 통제는 수월하나 다량의 자원을 차단하여 활용도가 줄어든다. 반대로 차단의 수준이 낮아지면 자원의 공유를 촉진하여 활용도는 높아지나 차단 관리 업무가 증대되어 차단의 효율성이 떨어진다.

(2) 차단 유형

차단의 유형은 크게 독점 차단(Exclusive Lock)과 공유 차단(Shared Lock)으로 나누어진다. 독점 차단은 한 트랜잭션이 충돌의 가능성이 예상될 때 데이타베이스를 독점적으로 사용할 목적으로 차단을 걸어 놓는 것이다. 공유 차단은 한 트랜잭션이 데이타베이스에 대해 검색만을 원하는 다른 트랜잭션과 데이타베이스를 공유할 의도로 차단을 거는 것이다.

독점 차단은 다른 트랜잭션이 데이타베이스의 내용을 변경시키는 것은 물론 검색조차 할 수 없게 하여 차단을 건 트랜잭션만의 독점적 사용권한을 부여한다. 따라서 변경을 실행하려는 트랜잭션은 반드시 독점 차단을 실행하여 일어날 수 있는 다른 트랜잭션과의 충돌을 막아야 한다. 공유 차단은 검색만 실행하려는 트랜잭션이 데이타베이스에 대해 다른 트랜잭션도 검색을 허용하여 활용성을 높이려는 방안이다. 공유 차단을 한 트랜잭션이 그 데이타베이스의 내용을 변경하려면 독점 차단을 하여야 하는데, 이것은 다른 트랜잭션이 그 데이타베이스에 차단을 하지 않았을 때 가능하다.

〈표 9-4〉 페이지 단위의 독점적 차단의 예

시 간	거래	단 계	저장된 값
1	T1	제품 페이지 차단	
2	T1	재고량 읽기	3950
3	T1	재고량=3950+100	
4	T1	재고량 쓰기	4050
5	T1	제품 페이지 차단 해제	
6	T2	제품 페이지 차단	
7	T2	재고량 읽기	4050
8	T2	재고량=4050-30	
9	T2	재고량 쓰기	4020
10	T2	제품 페이지 차단 해제	

표 9-4 는 앞에서 본 두 트랜잭션 T1과 T2가 독점적 차단을 페이지 단위에 사용하는 예를 보여 준다. 표 9-4 를 보면 트랜잭션 T1이 먼저 진코바 80mg 정제 레코드가 있는 페이지에 대하여 독점적 차단을 하고 진코바 80mg 정제 레코드의 재고량 필드를 갱신하고 있다. 트랜잭션 T1이 갱신된 레코드를 다시 데이타베이스에 저장하고 그 페이지에 대한 차단을 해제할 때까지는 트랜잭션 T2가 같은 페이지에 대하여 차단을 요구하여도 차단 매니저는 기다리라는 응답만 주므로 트랜잭션 T2는 실행을 시작할 수 없다. 트랜잭션 T1이 차단을 해제한 뒤에야 트랜잭션 T2는 같은 페이지에 독점적 차단을 하고 실행을 시작할 수 있다.

차단은 데이타 일관성 유지를 가능하게 하는 방법이지만 다음과 같은 문제를 일으킬 수도 있다. 첫째, 차단을 사용하는 트랜잭션의 스케줄이 직렬성을 갖지 못할 수 있고 둘째, 트랜잭션 스케줄이 교착상태를 일으킬 수 있다는 것이다. 다음에서 설명하는 것처럼 직렬성의 문제는 2단계 차단 방법으로 또 교착상태 문제는 교착상태 발견과 예방 방법을 사용함으로써 해결할 수 있다. 이에 대해 살펴보기로 하자.

(3) 2단계 차단

2단계 차단(Two-Phase Looking)은 트랜잭션이 어떻게 차단을 하고 해제하는가에 대한 규칙이다. 2단계 차단은 다음 두 단계로 차단을 걸고 해제한다.

① 확장단계 : 트랜잭션은 실행에 필요한 모든 차단을 설치한다. 이 단계에서는 어떤 차단도 해제해서는 안 된다.

② 수축단계 : 이 단계에서는 트랜잭션이 차단을 해제한다. 새로이 차단을 설치해서는 안 된다.

그림 9-1 은 2단계 차단을 그림으로 표시한 것이다. 트랜잭션은 시간 1, 2, 3에서 다른 페이지에 차단을 설치한다. 이 과정을 확장단계라고 하며 요구되는 모든 페이지에 차단을 설치할 때까지 설치된 차단을 해제하지 않는다. 필요한 모든 페이지를 확보한 다음 트랜잭션은 데이타를 갱신하는데 이 단계를 차단단계라고 한다. 모든 연산이 끝나면 차단을 해제하는데 이 과정을 수축단계라고 한다. 2단계 차단은 직렬

성을 보장해 주나 다음에 설명하는 교착상태를 예방하지는 못한다.

[그림 9-1] 2단계 차단

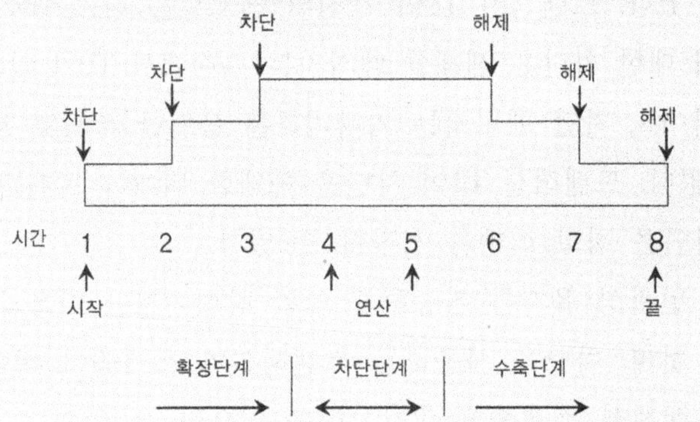

(4) 교착상태

교착상태의 예를 보기 위해 다음 두 트랜잭션이 **표 9-5** 에서와 같이 실행되는 경우를 생각해 보자.

T1 = 페이지 X에 저장되어 있는 필드 A와 페이지 Y에 저장되어 있는 필드 B를 변경
T2 = 페이지 Y에 저장되어 있는 필드 B와 페이지 X에 저장되어 있는 필드 A를 변경

시간 1에 T1이 필드 A를 변경하기 위하여 페이지 X를 차단한다. 다른 트랜잭션이 페이지 X를 차단하지 않았으므로 차단은 성공한다. 시간 2에 T2가 필드 B를 변경하기 위하여 페이지 Y를 차단한다. 역시 다른 트랜잭션이 페이지 Y를 차단하지 않았으므로 차단은 성공한다. 문제는 시간 3에 T1이 필드 B를 변경하기 위하여 페이지 Y를 차단하려 할 때 일어난다. 트랜잭션 T2가 이미 페이지 Y를 차단하였으므로 트랜잭션 T2는 차단이 트랜잭션 T1에 의해 해제될 때까지 기다려야 한다. 마찬가지로 시간 4에서 트랜잭션 T2가 필드 A를 변경하기 위하여 페이지 X를 차단하려 하는데 페이지 X는 이미 트랜잭션 T1에 의해 차단되었으므로 트랜잭션 T1이 해제할 때까지 기다려야 한다. 트랜잭션 T1과 T2는 서로 다른 트랜잭션이 차단을 해제해 줄 때까지 기다리는데 이것은 풀릴 수 없는 교착상태이다.

〈표 9-5〉 교착상태의 예

시 간	거 래	차단요구	차단 매니저
1	T1	제품페이지 X차단	OK
2	T2	제품페이지 Y차단	OK
3	T1	제품페이지 Y차단	WAIT
4	T2	제품페이지 X차단	WAIT

위의 예는 두 트랜잭션이 병행 실행될 때 교착상태가 일어나는 것을 보여 주었으나 다중 사용자가 사용하는 실제의 데이타베이스 관리 시스템에서는 많은 트랜잭션이 병행으로 실행되므로 교착상태가 일어날 확률이 높다, 교착상태를 해결하는 방법으로는 다음 세 가지가 주로 사용된다.

- **교착상태 예방** : 교착상태가 일어날 가능성이 있으면 새로운 차단을 요구하는 트랜잭션이 취소되게 하는 방법이다. 트랜잭션이 취소되면 모든 차단은 해제되고 그 트랜잭션에 의해 변경된 내용은 원상태로 복구된다. 취소된 트랜잭션은 다시 스케줄된다. 이 방법은 교착상태가 일어날 수 있는 조건을 회피함으로써 교착상태를 예방하는 것이다.
- **교착상태 발견** : 데이타베이스 관리 시스템은 교착상태가 발생했는가를 정기적으로 검사한다. 교착상태가 발견되면 하나의 트랜잭션을 골라 취소시켜 다른 트랜잭션의 실행이 계속되게 한다. 차단 매니저는 차단 상태를 점검하여 앞의 표 9 5에서와 같이 교착상태가 발견되면 두 트랜잭션 중에서 하나를 취소시킨다. 그러면 다른 트랜잭션이 원하는 차단이 가능하므로 실행될 수 있다.
- **교착상태 회피** : 트랜잭션은 실행을 시작하기 전에 필요한 모든 차단을 먼저 확보한다. 이 방법은 트랜잭션의 실행에 필요한 모든 차단을 확보하게 함으로써 충돌로 인한 다른 트랜잭션의 원상복구를 피한다. 그러나 교착상태를 피하기 위하여 차단을 직렬로 할당하는 방법이 자원의 활용도를 떨어뜨려 효율성이 떨어지는 단점도 있다.

9.2.3 타임스탬프 방법

타임스탬프(Time Stamp) 방법은 각 트랜잭션에 고유한 타임스탬프를 할당하여 병행 실행되는 트랜잭션을 스케줄하는 것이다. 타임스탬프 값은 데이타베이스 관리 시스템이 실행하는 트랜잭션에 명시된 순서를 정하여 표시한 값이다. 타임스탬프는 고유성과 단조성의 특성을 갖는다. 고유성(Uniqueness)은 어느 두 타임스탬프도 같은 값을 갖지 않는다는 것이고 단조성(Monotonicity)은 타임스탬프의 값은 항상 증가한다는 원칙이다. 타임스탬프 방법의 한 가지 단점은 데이타베이스에 저장되는 데이타 값이 두 개의 타임스탬프 필드를 요구한다는 것이다. 하나는 최근에 읽은 시간을 나타내고 다른 하나는 최근에 갱신된 시간을 기록하기 위해서다. 따라서 타임스탬프는 기억장치의 공간을 차지하고 데이타베이스 처리 속도를 늦추게 된다.

9.3 복 구

조직의 데이타베이스를 관리하는 데이타베이스 관리자는 데이타베이스가 피해나 손상을 입지 않도록 충분한 방어를 갖추어야 하고, 문제가 발생할 것에 대비하여 빠른 복구 절차를 준비해 두어야 한다. 또 데이타베이스 관리 시스템에는 이러한 문제로부터 빠르고 정확하게 데이타베이스를 복구할 수 있는 장치들이 마련되어 있어야 한다. 여기서는 여러 가지 데이타베이스 실패로부터 데이타베이스 관리 시스템이 어떻게 데이타베이스의 일관성과 무결성을 유지하는가에 대해 살펴보고 데이타베이스 관리자가 취할 수 있는 정책과 절차에 대해서는 다음 장에서 보기로 한다.

9.3.1 복구 장치

데이타베이스 관리 시스템은 데이타베이스 복구를 위한 다음 세 가지 기본적 장치를 제공한다.

- **백업** : 전체 데이타베이스를 주기적으로 백업하는 장치
- **일지** : 트랜잭션과 데이타베이스 변경 내용의 기록 장치
- **검사시점 장치** : 주기적으로 모든 처리 작업을 중단하고 모든 화일과 기록 내용을 일치시키는 장치

데이타베이스 관리 시스템의 백업 장치는 전체 데이타베이스의 백업을 만들게 하는 것이다. 하루에 한 번 또는 그 이상 백업을 만들어 안전한 곳에 보관하였다가 데이타베이스가 손실되거나 손상되면 데이타베이스를 복구하는 데 사용한다. 대부분의 상용 데이타베이스 관리 시스템은 여러 가지 옵션을 가진 백업 장치를 제공하고 있다.

데이타베이스 관리 시스템은 트랜잭션과 데이타베이스의 변경 사항을 나중에 감사 추적할 수 있도록 기록하는 장치를 가지고 있다. 이 기록을 일지(Log)라고 하며 두 가지 종류가 있는데 트랜잭션 일지와 데이타베이스 변경 일지가 그것이다. 트랜잭션 일지는 실행된 각 트랜잭션에 대하여 중요한 데이타를 기록한다. 보통 트랜잭션 코드나 고유번호, 트랜잭션 실행 시간, 터미널 번호 또는 사용자 번호, 입력 데이타의 값, 접근된 레코드, 그리고 변경된 레코드 등에 관하여 기록한다. 데이타베이스 변경 일지는 트랜잭션에 의해 변경된 레코드의 이전 이미지와 이후 이미지를 포함한다.

데이타베이스 관리 시스템의 검사시점(Checkpoint) 장치는 새로운 트랜잭션을 받아들이지 않고 실행 중인 트랜잭션을 완료한 다음 기록 화일을 최신 상태에 맞춘다. 즉, 데이타베이스와 트랜잭션 일지를 일치시킨다. 다시 말하면 데이타베이스 관리 시스템은 시스템을 재시작할 때 필요한 데이타를 기록한 검사시점 레코드(Checkpoint Record)를 일지 화일에 기록한다. 데이타베이스와 트랜잭션 일지의 내용이 일치되는 시점을 검사시점이라고 부른다. 이 검사시점은 데이타베이스를 복구할 때 필요한 정보를 제공한다. 데이타베이스 관리 시스템은 검사를 시간당 몇 번씩 정해진 시간에 자동적으로 실행하거나 사용자 응용 프로그램의 명령에 따라 실행한다. 검사가 실행되어야 하는 중요한 이유는 데이타베이스에 문제가 발생하면 데이타베이스 시스템이 가장 최근의 검사시점에서부터 복구를 재시작할 수 있기 때문이다.

복구 매니저(Recovery Manager)는 데이타베이스 관리 시스템에서 문제가 발생했을 때 데이타베이스를 복구하고 사용자 요구를 처리할 수 있게 하는 데이타베이스 관리 시스템의 한 구성요소이다. 복구 매니저는 데이타베이스의 복구를 위해 트랜잭션 일지와 데이타베이스 변경 일지를 사용한다. 필요에 따라서는 백업이 복구에 사용된다.

9.3.2 복구 및 재시작 절차

특정한 상황에서의 복구 절차는 실패의 본질, 데이타베이스 관리 시스템의 복구 장치, 그리고 데이타베이스 운영 정책과 절차에 달려 있다. 다음은 가장 흔히 사용되는 기법들에 대한 간략한 설명이다.

(1) 복구/재실행

복구/재실행은 문제가 발생한 당일 실패가 일어난 시점까지 실행된 트랜잭션을 백업으로 데이타베이스를 복구한 뒤 재실행하는 것을 말한다. 즉 최근 백업된 데이타베이스로 일단 복구를 한 뒤 트랜잭션 일지를 이용하여 백업 시점 이후에 실행된 모든 트랜잭션을 재실행하는 것이다. 이 방법의 장점은 그 절차가 아주 단순하다는 것이다. 데이타베이스 관리 시스템은 앞에서 설명한 데이타베이스 변경 일지를 기록하지 않아도 되고 별다른 재시작 절차도 필요로 하지 않는다. 한편 이 방법의 단점으로는 첫째, 재실행 시간이 엄청나게 클 수도 있다는 점이다. 백업이 얼마나 자주 만들어지는가에 따라 재실행에 걸리는 시간이 달라지기 때문이다. 둘째, 트랜잭션의 실행 순서가 원래 발생된 트랜잭션 순서와 달라질 수도 있다는 것이다. 이 문제는 결정적인 오류를 만들기 때문에, 복구/재실행 방법은 별다른 방법이 없을 경우 마지막 수단으로 사용된다.

(2) 후방향 복구

후방향 복구(Backward Recovery) 또는 원상복구(Rollback)는 데이타베이스 관리 시스템이 잘못된 데이타베이스 변경을 지우는 것이다. 그림 9-2a에서 보는 바와 같이 후방향 복구는 변경된 레코드의 이전 이미지(Before Image) 즉 변경 전 데이타베이스 상태를 데이타베이스에 기록함으로써 데이타베이스를 이전의 상태로 돌려서 잘못된 변경을 재거한다. 후방향 복구는 취소 또는 비정상으로 중단된 트랜잭션이 실행한 변경을 이전 상태로 되돌리는 것이다.

[그림 9-2] 후방향 복구와 전방향 복구

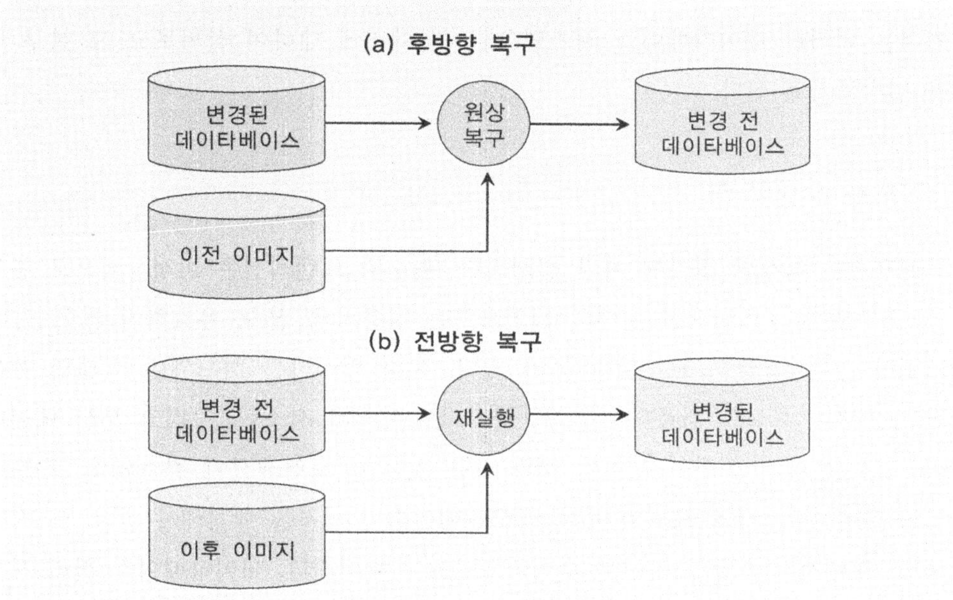

(3) 전방향 복구

전방향 복구(Forward Recovery; Rollforward)는 그림 9-2b에서와 같이 데이타베이스 관리 시스템이 이전의 데이타베이스에 이후 이미지(After Image) 즉 변경 후 데이타베이스 상태를 기록하여 새로운 데이타베이스로 만드는 것이다. 전방향 복구는 빠른 복구방법으로서 복구/재실행보다 훨씬 정확하다. 그 이유는 시간이 많이 걸리는 각 트랜잭션을 재실행하는 절차를 반복하지 않고 또한 많은 이후 이미지가 기록되어 있다 하더라도 가장 최근의 이후 이미지만 다시 기록하기 때문이다.

9.3.3 데이타베이스 실패의 종류와 해결 방법

데이타베이스는 자연적 재해, 하드웨어 실패, 부정확하거나 유효하지 못한 데이타, 프로그램 에러, 컴퓨터 바이러스, 또는 사용자의 실수로 손상되거나 사용이 불가능하게 될 수 있다. 데이타베이스 시스템 내부에서 가장 흔히 일어나는 에러는 취소된 트랜잭션, 부정확한 데이타, 시스템 실패, 그리고 데이타베이스 손상 또는 파괴이다. 여기서는 이러한 데이타베이스 시스템 내부의 에러에 대하여 살펴보고 그 복구 방법을 알아보기로 한다.

(1) 취소된 트랜잭션

트랜잭션은 특정한 절차에 따라 실행된다. 취소된 트랜잭션은 비정상적으로 종료된 트랜잭션이다. 트랜잭션 실패의 원인으로는 사용자의 실수, 유효하지 않은 입력, 하드웨어 실패, 그리고 교착상태 등이 있다. 흔히 일어나는 하드웨어 실패의 예는 원격 터미널과 호스트 컴퓨터 시스템, 클라이언트/서버 시스템, 그리고 분산 데이타베이스 시스템에서 통신이 끊기는 것과 같은 것이다. 트랜잭션이 취소되면 그 트랜잭션이 실행하였으나 완료되지 못한 데이타베이스의 변경을 제거해야 한다. 이 작업은 복구 매니저가 후방향 복구를 수행함으로써 이루어진다. 데이타베이스 관리 시스템은 자동적으로 복구매니저로 하여금 이 작업을 하도록 하고 사용자에게 트랜잭션을 다시 시작하라고 통보하여야 한다.

(2) 부정확한 데이타

데이타베이스에 입력되는 값으로는 유효하나 데이타 내용 그 자체가 부정확한 또는 틀린 데이타가 데이타베이스에 입력되는 경우가 있다. 이러한 데이타 오류는 찾아내기도 쉽지가 않아 많은 다른 트랜잭션이 실행되는 동안에도 그대로 묻혀 있다가 발견될 경우가 있다. 이런 경우에는 다음의 복구 방법 중 하나를 쓸 수 있다.

- 데이타 오류가 빨리 발견되었으면 후방향 복구를 사용한다. 물론 부정확한 데이타 입력 후 실행된 모든 트랜잭션에 관련된 데이타 오류도 고쳐지도록 주의를 기울여야 된다.
- 데이타 오류가 많지 않은 경우에는 일련의 원상회복 트랜잭션을 실행한다.
- 위의 두 방법이 적용될 수 없을 경우는 데이타 오류가 발생하기 전의 가장 최근 검사시점으로부터 데이타베이스 복구를 재시작 한다.

(3) 시스템 실패

시스템 실패의 예로는 정전, 운영자 실수, 통신 불통, 또는 시스템 소프트웨어의 실패 등이 있다. 시스템 실패는 시스템의 일부가 실패한 경우로 데이타베이스는 손상되지 않았음을 뜻한다. 따라서 시스템 실패가 일어나도 트랜잭션의 실행이 진행될 수 있다. 시스템 실패에 대한 복구의 첫 단계는 이전 이미지를 사용하여 트랜잭션을 철회하는 것이다. 그러나 시스템 메모리의 내용이 손실되거나 손상되었을 수 있으므로 시스템의 재시작이 불가능할 수도 있다. 가장 안전한 방법은 시스템 실패가 일어나기 전 가장 최근 검사시점에서 재시작하는 것이다. 데이타베이스는 검사시점 이후에 실행된 모든 트랜잭션의 이후 이미지를 사용하여 전방향 복구를 한다.

(4) 데이타베이스 손상 또는 파괴

데이타베이스 손상 또는 파괴의 가장 흔한 원인은 디스크 손상이다. 이런 경우의 복구에는 데이타베이스 백업이 사용된다. 즉 데이타베이스를 손실 또는 실패 직전의 상태로 돌리는 전방향 복구를 하는 것이다. 또한 데이타베이스가 손실될 때 실행 중이던 트랜잭션은 재시작해야 한다.

지금까지 설명한 데이타베이스 실패의 종류와 그에 따른 복구 방법을 요약하면 표 9-6 과 같다.

〈표 9-6〉 데이타베이스 실패의 종류와 그에 따른 복구 방법

실패의 종류	복구 방법
취소된 트랜잭션	원상복구
부정확한 데이타	후방향 복구 또는 원상회복 트랜잭션 또는 검사시점에서 재시작
시스템 실패	원상복구 또는 검사시점에서 재시작
데이타베이스 파괴	전방향 복구

9.4 요 약

현실 세계의 사건에 해당하는 데이타베이스 트랜잭션은 데이타베이스를 검색 또는 변경하는 명령문의 집합이다. 데이타베이스의 일관성과 무결성을 보장하기 위해 각 트랜잭션은 하나의 논리적 작업 단위로 다루어진다. 즉, 트랜잭션의 일부는 독립적으로 존재할 수 없고 트랜잭션의 모든 부분이 실행되든가 아니면 트랜잭션은 취소되어야 한다.

트랜잭션은 데이타베이스를 하나의 일치된 상태에서 다른 일치된 상태로 변경한다. 일치된 데이타베이스 상태는 모든 데이타 무결성이 만족된 상태를 말한다. 데이타베이스가 항상 일치된 상태에 있게 하기 위해서는 트랜잭션의 원소성, 지속성, 직렬성, 그리고 고립성이 지켜지도록 실행되어야 한다. SQL에서는 COMMIT와 ROLLBACK 명령을 사용하여 트랜잭션의 실행이 일어난다. 데이타베이스 관리 시스템은 데이타베이스를 복구하기 위한 도구로 트랜잭션 일지를 사용한다.

다중 사용자 데이타베이스 관리 시스템에서는 여러 사용자로부터 생성되는 트랜잭션을 병행 실행한다. 이들 트랜잭션이 같은 데이타베이스를 접근하게 되므로 갱신 분실과 같은 문제가 발생할 수 있다. 이러한 문제를 예방 또는 해결하는 방법인 병행 제어는 트랜잭션의 동시 실행을 조정한다. 병행 제어는 여러 트랜잭션이 병행으로 실행된 결과가 그 트랜잭션들을 임의의 순서로 직렬 실행한 결과와 같도록 하는 것으로 차단 또는 타임스탬프를 주로 사용한다.

차단은 트랜잭션에게 특정 데이타베이스 객체를 독점적으로 또는 공유하면서 사용할 수 있는 권한을 준다. 차단은 데이타베이스, 테이블, 페이지, 레코드, 또는 필드에 걸 수 있다. 차단을 통한 직렬성을 보장하기 위하여 2단계 차단을 쓰는데 차단이 둘 이상의 트랜잭션을 교착상태에 빠지게 만들 수도 있다. 교착상태는 한 트랜잭션을 취소함으로써 다른 트랜잭션이 진행하게 하여 해결한다.

데이타베이스는 여러 가지 이유로 문제가 발생할 수 있으므로 완벽한 복구 준비와 절차를 마련해 두어야 한다. 복구를 위한 장치로는 백업, 일지, 그리고 검사 시점이 있는데 상황에 따라 어떻게 이들을 이용하여 데이타베이스 복구를 할 것인가를 결정하여야 한다.

주요용어

트랜잭션	트랜잭션 일지
병행제어	갱신 분실
차단	교착상태
타임스탬프	복구
백업	검사 시점
후방향 복구	전방향 복구
시스템 실패	

연습문제

01 트랜잭션은 논리적 작업 단위이다. 무슨 뜻인가?

02 일치된 데이타베이스 상태란 무엇이며 어떻게 유지되는가?

03 트랜잭션의 특성을 설명하라.

04 트랜잭션 일지는 무엇이며 어떤 역할을 하는가?

05 병행 제어는 왜 필요한가?

06 갱신 분실이란 무엇이며 어떻게 해결할 수 있는가?

07 차단의 단위는 어떻게 결정하여야 하는가?

08 2단계 차단을 설명하라.

09 교착상태란 무엇이며 어떻게 해결하여야 하는가?

10 복구 장치에는 무엇이 있는가?

11 후방향 복구와 전방향 복구를 비교 설명하라.

12 데이타베이스의 실패에는 어떤 것이 있으며 어떻게 대처해야 하는가?

13 데이타베이스 실패의 사례를 수집하여 간략히 기술하라.

14 상용 데이타베이스 관리 시스템의 복구 장치로는 무엇이 제공되는지를 회사의 웹 사이트를 통하여 조사하라.

제10장
데이타베이스 보안과 관리

학습목표

이 장을 읽은 뒤에 독자들은 다음 사항을 이해해야 한다.

- 데이타베이스 보안
- 정보 보호
- 데이타베이스 관리

데이타베이스는 조직의 필수 데이타 자원이므로 그 자원에 대한 보안을 유지하는 것은 매우 중요하다. 데이타베이스의 보안은 데이타를 보호하고 정당한 권한 없이 데이타에 접근하거나 데이타를 변경, 또는 삭제할 수 없도록 하기 위한 정책과 장치를 요구한다. 보안의 도입은 접근 제한이라는 형태의 통제를 시스템에 실현하는 것이다.

데이타베이스 관리자는 조직의 원활한 업무 수행을 위해 데이타에 대한 허가 없는 접근, 수정, 또는 파괴로부터 보호하는 역할도 중요하지만 개인 정보가 누출되지 않게 하는 책임도 있다. 데이타베이스에 대한 보안과 개인 정보의 보호를 위하여 조직에는 어떠한 데이타 자원관리 정책과 절차가 있어야 하는가를 살펴보고자 한다. 또 데이타베이스의 보안과 개인 정보 보호는 데이타베이스 설계에서부터 시작되므로 어떻게 데이타베이스 설계에 데이타베이스 보안과 개인 정보 보호에 대한 장치가 만들어지는가에 대하여 살펴본다. 또한 데이타베이스를 여러 가지 남용과 오용으로부터 보호할 수 있는 방법은 무엇이며 데이타베이스 관리 시스템은 어떤 장치를 제공하는가를 간략히 알아보도록 한다.

10.1 데이타베이스 보안

데이타베이스는 조직의 데이타를 집중시켜 공유되게 함으로써 1장에서 본 많은 이점을 제공하지만 동시에 중요한 자원이 쉽게 침범당할 수 있는 가능성도 지니고 있다. 조직의 데이타 자원을 보호하기 위해서는 보안 정책과 절차와 같은 관리적 행위도 필요하고 그것을 실행하기 위한 구체적 방법이 제대로 구현되어야 한다. 일반적으로 다음의 네 가지 차원에서 데이타베이스 보안에 관한 정책과 기능을 살펴볼 수 있다.

- **인적 요소** : 데이타베이스 보안 정책으로 가장 먼저 다루어져야 하는 것은 인적 요소로서 윤리적, 법적, 그리고 사회적 환경에 관한 것이다.
- **물리적 보안** : 물리적 보안 장치는 컴퓨터 시설에 대한 보호 장치로서 출입문의 통제와 출입자에 대한 일지 기록과 같은 것을 말한다.
- **관리적 통제** : 관리적 통제는 어떤 정보가 어느 집단의 사용자에 의해 접근될 수 있고 또 그 집단의 사용에게 어떤 유형의 접근을 허용할 것인가를 정하는 보안 및 접근 통제 정책을 말한다.
- **소프트웨어 보안 장치** : 데이타베이스의 보호는 운영체계와 데이타베이스 관리 시스템의 보안 장치에 크게 의존하고 있다.

10.1.1 인적 요소

근본적으로 조직의 보호는 인적 자원에 달려 있다. 많은 조직은 비밀정보나 민감한 정보를 다루는 사람의 신원을 점검하기도 한다. 특히 데이타베이스 관리자는 신뢰할 수 있는 사람이어야 한다. 그 이유는 데이타베이스 관리자는 조직의 데이타베이스 사용자에게 데이타베이스 접근 권한을 부여하는 기능을 하기 때문이다.

정보를 훔치거나 다른 조직의 컴퓨터 시설에 허가 없이 접근하여 사용하는 것은 비윤리적인 것은 물론이며 위법이다. 컴퓨터 범죄뿐만 아니라 개인 정보를 원래의 사용 목적에 위반되게 사용하는 행위를 처벌하는 법은 데이타베이스를 보호하는 한 대응 방법이다.

10.1.2 물리적 보안

데이타베이스 보안은 조직의 보안 통제 계획의 일부로서 실행되어야 한다. 조직의 보안 통제는 빌딩의 물리적 보안 장치 특히 컴퓨터실의 보안 장치를 마련함으로써 시작된다. 건물의 설계 때부터 데이타베이스 시스템 시설의 접근 통제가 가능하도록 하는 것이 가장 이상적이다. 구체적으로 말하자면 빌딩에 드나드는 사람에 대해 경비원 확인, 배지 착용, 출입 사인, 또는 손의 지문 확인 등의 방법으로 확인하게 하는 것이다. 또 데이타베이스 시스템이 있는 컴퓨터실에 드나들 때는 추가적 확인 절차를 요구한다. 열쇠의 사용과 컴퓨터 시설과 터미널의 사용 일지를 사용하는 것도 한 가지 방법이다. 물리적 보안은 백업 테이프나 디스크가 보관된 장소의 보안도 포함하며 이들이 운송될 때의 보안도 고려하여야한다.

데이타베이스 접근이 가능한 터미널 또는 개인용 컴퓨터도 물리적으로 보호되어야 하지만 이들 터미널을 통하여 데이타베이스를 접근하려는 사용자를 확인하여야 한다. 사용자는 시스템을 사용하기 위하여 자신의 신분을 밝히고 확인시켜야 한다. 확인(Authentication)은 사용자의 신원을 확인하는 것으로 아래와 같이 여러 방법이 사용되고 있다.

- 사용자만이 아는 것
  사용자를 확인하는 데 가장 간단하면서도 많이 사용되는 방법이 암호이다. 사용자가 시스템에 로그인(Login) 할 때 사용자 계정(Account)과 암호(Password)를 입력하고 시스템에 저장되어 있는 사용자 프로화일(Profile)과 대조한다. 일반적으로 계정과 암호에 의한 확인은 시스템에 처음 로그인 할 때만 사용되나 중요한 데이타에 대하여는 암호 확인을 사용할 때마다 하기도 한다. 사용자 프로화일은 암호화하여 안전하게 저장되어 있어야 한다.
- 사용자만이 가진 것
  허가된 사용자에게 배지, 카드, 또는 열쇠를 주어 사용자를 밝히게 하는 방법이 여기에 속한다. 보통 암호나 질문/답변 방법을 통하여 사용자를 확인하는 방법을 추가로 사용한다.
- 사용자의 특성
  사용자의 물리적 또는 외형적 특성을 파악하고 확인하기 위한 특별한 하드웨어 장치와 소프트웨어를 사용하는 방법이다. 예를 들면, 지문, 목소리, 또는 망막의 모양 등과 같이 사용자의 독특한 특성은 다른 사람이 대신하기가 거의 불가능하므로 본인임을 확인하는 데 가장 믿을 수 있는 대상이다.

10.1.3 관리적 통제

관리적 통제를 통한 데이타베이스 보안 장치는 크게 내부적 통제 절차에 관한 사항과 허가를 통한 접근 통제로 나누어 볼 수 있다.

(1) 내부 통제 절차

조직은 데이타베이스의 민감한 정보나 비밀이 허가 받지 않은 사용자를 통하여 경쟁자나 적대 관계에 있는 기관으로 나가지 않도록 하기 위하여 효과적인 보안 정책을 마련하여야 한다. 데이타베이스 보안 정책은 데이타베이스의 보안에 관한 현재와 미래의 의사결정을 위한 가이드라인이다.

내부 통제 절차는 데이타베이스, 운영체계 및 컴퓨터 시설을 보호하기 위한 보안 정책의 실천 방안이다. 응용 프로그램의 개발은 한 팀에 맡기고 그 응용 프로그램의 인증 검사는 다른 팀에게 맡기는 것과 같은 절차나 비밀번호는 적어도 8자 이상의 문자로 구성하며 정기적으로 변경해야 한다는 규칙이 그 예에 해당한다. 다른 내부 통제 절차에 관한 사항으로는 보안 통제를 데이타베이스 관리자의 역할로 할 것인가 또는 보안 통제를 중앙 집중방식으로 할 것인가 아니면 분산방식으로 할 것인가 하는 문제가 있다. 분산 방식을 채택할 경우 데이타 소유자에게 보안 통제를 맡길 것인가의 여부를 결정해야 하고, 공유된 데이타일 경우 정책적 결정에 의해 데이타베이스 소유자를 정하여야 한다. 내부 통제 절차의 일환으로 보안 통제 장치 변경을 위한 절차도 수립되어 있어야 한다.

(2) 접근 통제

내부 통제 절차만으로 데이타베이스 보안을 완전하게 할 수는 없다. 따라서 사용하고 있는 운영체계와 데이타베이스 관리 시스템이 제공하는 보안 장치를 통한 구체적 접근 통제 정책을 마련하여야 한다. 접근 통제정책은 크게 두 가지로 구별된다.

- **내용 독립적 통제**

  내용 독립적 통제에서는 사용자가 알고 있는 데이타 객체에 대하여는 접근을 허용하는 것이다. 관계형 데이타베이스인 경우 사용자가 테이블과 그 필드 이름을 알면 내용을 볼 수가 있으므로 접근 통제를, 테이블의 내용과는 독립적으로, 데이타 객체의 이름으로 실행할 수 있다.

- **내용 종속적 통제**

  사용자에게 최소한의 접근 권한을 주는 것을 기본 원칙으로 하는 통제 정책에서는 데이타베이스의 접근을 내용에 따라 통제할 수 있다. 즉 데이타베이스 사용자는 접근이 허가된 데이타베이스의 일부만을 검색, 삽입, 갱신 또는 삭제할 수 있다.

실제에서 많이 사용되는 내용 종속적 통제를 설명하기 위해 7장에서 본 건강제약의 고객 테이블에 고객의 판매 실적 등급을 나타내는 '등급' 필드를 하나 추가하기로 하자. 이제 건강제약의 판매부장은 고객의 등급을 변경할 수 있고, 경리직원은 고객의 신용한도를 변경할 수 있으나, 판매부 직원은 고객 정보를 검색만 할 수 있게 하는 접근 통제를 실시할 수 있다. 즉, 판매부장과 경리직원을 위해서는 고객 테이블의 제한된 내용을 변경하게 하기 위해서는 다음과 같은 뷰 테이블을 만들어 변경 권한을 주면 된다.

```
CREATE VIEW 고객등급(고객번호, 고객이름, 등급)
AS        SELECT 고객번호, 고객이름, 등급
          FROM 고객
CREATE VIEW 고객신용한도(고객번호, 고객이름, 신용한도)
AS        SELECT 고객번호, 고객이름, 신용한도
          FROM 고객
```

데이타베이스 사용자의 데이타 접근은 검색, 갱신, 삽입, 그리고 삭제를 하기 위함이다. 이러한 데이타베이스 연산의 유형을 위의 내용 종속적 통제와 결합하면 더 구체적인 보안 통제를 할 수 있다. 예를 들면, 앞에서 설명한 것처럼 건강제약의 판매부장에게 고객등급 뷰 테이블에 대한 갱신권한을 주고 경리 직원에게는 고객신용한도 뷰 테이블에 대한 갱신권한을 줄 수 있다. 이렇게 하면 고객 데이타에 관한 한 등급은 판매부장 그리고 신용한도는 경리 직원에 의해서만 갱신될 수 있다. 일반 직

원은 고객 테이블의 내용을 검색할 수는 있으나 갱신은 할 수가 없다.

조직에서 소수의 사용자는 데이타베이스의 테이블에 있는 레코드에 대한 검색, 삽입, 갱신, 삭제 이외에도 다른 행위를 할 수 있다. 예를 들자면, 데이타베이스 관리자는 데이타베이스 개체의 추가, 제거, 변경, 그리고 접근 통제 양도를 할 수 있다. 그러나 여기서는 이들 소수의 사용자가 아닌 일반 사용자에게 초점을 맞추어 접근 권한의 유형의 예를 가지고 접근 통제를 설명해 보도록 한다.

1) 접근 권한

앞에서 본 바와 같이 내용 독립적 통제 또는 내용 종속적 통제를 접근 유형에 따른 통제와 결합하는 것을 데이타베이스 사용자 전원에게 적용하는 것이 데이타베이스 접근 권한(Authorization)을 정하는 것이다. 이 접근 권한 설정을 표로 나타낸 것이 다음 표 10-1과 같은 접근 권한 행렬(Access Matrix; Authorization Matrix)이다.

접근 권한 행렬은 어느 사용자가 어떤 데이타 객체에 어떠한 접근 권한을 가질 수 있는가를 나타내는 표이다. 표 10-1이 의미하는 바는 다음과 같다. 판매부 직원은 누구나 고객 테이블에 새로운 고객 레코드를 삽입할 수 있으나 등급과 신용한도는 손을 댈 수 없고 회사에서 정한 기본 값이 자동적으로 입력된다. 등급 조정을 판매부 박 상수 부장에 의해서만 가능하고 신용한도 조정은 경리 직원에 의해서만 가능하나 그 한도금액은 1,000만 원 이하로 제한된다. 이것은 물론 사용자의 계좌번호로 경리 직원 여부가 파악된다는 가정을 한 것이다. 또한 응용 프로그램이나 터미널 같은 주체도 접근 권한 부여의 대상임을 보여준다.

〈표 10-1〉 접근 권한 행렬

주 체	객 체	행 위	제약조건
판매부 직원	고객 레코드	검색, 삽입	등급, 신용한도 제외
박상수 판매부장	고객등급 레코드	검색, 갱신	
경리부 직원	고객신용한도 레코드	검색, 갱신	신용한도 1,000만 원 이하
프로그램 31	주문 레코드	검색, 삽입	
터미널 213	주문 레코드	검색, 갱신	주문액 1,000만 원 이하

〈표 10-2a〉 주체별(판매부 직원) 접근 권한 표

	고객 레코드	주문 레코드
검색	Y	Y
삽입	Y	Y
변경	N	Y
삭제	N	N

〈표 10-2b〉 객체별(주문 레코드) 접근 권한 표

	판매부 직원 (계좌번호:SERVICE)	주문 입력 (계좌번호:KINDNESS)	경리부 직원 (계좌번호:PRECISE)
검 색	Y	Y	Y
삽 입	Y	Y	N
변 경	N	Y	Y
삭 제	N	N	Y

대부분의 상용 데이타베이스 관리 시스템으로는 위의 접근 권한 행렬을 직접 만들 수 없기 때문에 주체와 객체별로 접근 권한 표를 만들게 된다. 표 10-2는 표 10-1의 접근 권한 행렬을 실행하는 방법으로 사용될 수 있는데 표 10-2a는 주체별 접근 권한 표이고 표 10-2b는 객체별 접근 권한 표이다. 표 10-2b에서 SERVICE, KINDNESS, PRECISE는 해당되는 접근 권한을 행사하기 전에 입력되어야 하는 사용자 계좌번호를 뜻한다.

표 10-2와 같은 접근 권한 표는 조직의 데이타의 속성과 그 환경을 나타내므로 메타 데이타라고 볼 수 있다. 따라서 이 표도 데이타 테이블과 마찬가지로 데이타베이스에 저장되고 관리된다. 이 접근 권한 표는 매우 민감한 사항이므로 그 자체가 보호의 대상이다. 일반적으로 소수의 인원만이 이 표를 검색하고 삽입, 변경, 그리고 삭제할 수 있다.

2) SQL 접근 통제

표준 데이타베이스 조작 언어인 SQL은 기본적인 SELECT 문장 외에도 데이타베이스 사용자의 접근 통제 정책을 실행할 수 있도록 하기 위하여 GRANT와 REVOKE 문장을 갖고 있다. GRANT 문장은 접근 권한을 부여할 때 사용되고 REVOKE 문장은 사용자로부터 접근 권한을 박탈할 때 사용된다. GRANT 문장의 형식은 다음과 같다.

```
GRANT  <권한 리스트>
ON     <데이타 객체 리스트>
TO     <사용자 이름 리스트>
[WITH GRANT OPTION] ;
```

GRANT 절은 데이타 객체에 대하여 부여하는 접근 권한을 나열하는데 SELECT, INSERT, UPDATE, DELETE, ATLER, 또는 INDEX 중에서 하나 이상을 열거한다. 모든 권한을 부여하고자 할 때는 ALL을 사용하면 된다. ON 절은 권한이 적용될 데이타 객체를 지정하고 TO 절은 그 권한을 부여받는 사용자를 열거하는 데 사용한다. 모든 사용자를 지칭할 때는 PUBLIC을 사용한다. WITH GRANT OPTION은 권한을 부여받은 사용자가 다른 사용자에게 같은 수준의 권한을 부여할 수 있게 할 때 포함된다. WITH GRANT OPTION은 접근 권한을 무한대로 부여할 가능성이 있는 조건이므로 사용할 때 신중한 판단을 요구한다.

다음 예는 판매부 직원에게 고객 레코드의 검색 및 삽입을 허가하는 GRANT 문장이다.

```
GRANT SELECT, INSERT
ON     고객
TO     판매부 직원 ;
```

REVOKE 문장은 접근 통제 권한을 부여한 자가 그 권한을 철회하는 것으로 사용방법은 GRANT와 같으며 다음 형식을 가진다.

```
REVOKE    <권한 리스트>
ON        <데이타 객체 리스트>
FROM      <사용자 이름 리스트>
```

판매부 직원에게 위의 GRANT 문장으로 부여된 권한을 박탈하기 위해서는 다음의 REVOKE 문장을 실행한다.

```
REVOKE SELECT, INSERT
ON        고객
FROM      판매부 직원;
```

WITH GRANT OPTION의 사용으로 접근 권한을 다른 사용자에게 부여한 상위의 사용자는 REVOKE 문을 사용하여 부여한 권한을 철회할 수 있다. 물론 처음으로 권한을 부여한 자가 첫 권한 수여자에게 REVOKE 문장을 실행하면 그 아래 단계에서 권한을 수여 받은 모든 사용자의 권한도 박탈된다.

10.1.4 소프트웨어 보안 장치

운영체계의 사용자 계좌 및 비밀번호 확인 기능과 데이타베이스 관리 시스템의 사용 권한 부여 기능이 주된 데이타베이스 보호 장치로 사용된다. 운영체계는 또 메모리와 보조기억장치에 저장된 데이타에 대한 직접적 접근을 차단하는 기능이 있다. 데이타베이스 관리 시스템은 데이타베이스 보안과 무결성 유지를 위해 앞에서 본 접근 권한 부여 기능뿐만 아니라 병렬 제어, 트랜잭션 관리, 감사와 복구를 위한 데이타 일지 기능을 제공하고 있다. 매우 민감한 정보나 비밀을 보호하는 방법으로는 암호화가 사용된다. 암호화는 데이타를 변환하여 해독키가 없이는 해독할 수 없게 하는 것으로 많은 상용 데이타베이스 관리 시스템은 이 기능을 제공한다. 암호화 기능을 제공하는 상용 데이타베이스 관리 시스템은 물론 해독 기능도 제공하는데 이 해독을 하는 데 사용되는 해독키가 또 다른 보호의 대상이다.

10.2 데이타베이스 관리

데이타 관리와 데이타베이스 관리는 어떤 경우에는 동의어로 또 다른 때에는 다른 의미로 사용된다. 또 데이타 관리자와 데이타베이스 관리자를 구분한다 하더라도 그 기능은 많은 공통부분을 갖는다. 일반적으로 데이타 관리자는 조직 전체의 데이타에 대한 경영자적 관점을 가지고 데이타베이스 관리자는 특정 데이타베이스 관리 시스템을 중심으로 한 기술적 관점을 가진다. 이 점은 표 10-3에 요약되어 있다.

실제 조직에서는 두 직제를 분리하지 알고 한 사람 또는 여러 사람이 두 기능을 동시에 수행하는 경우가 많다. 다음에서 데이타 관리자와 데이타베이스 관리자의 역할을 중심으로 두 기능에 대하여 살펴보자.

〈표 10-3〉 데이타 관리자와 데이타베이스 관리자 활동 비교

데이타 관리자	데이타베이스 관리자
전략적 계획	통제와 감시
장기적 목표 설정	목표 달성을 위한 계획 수행
정책과 표준 설정	정책과 절차 실천, 프로그램 표준 실천
넓은 범위	좁은 범위
장기적(미래지향적)	단기적(일상업무)
경영적 관점	기술적 관점
데이타베이스 관리 시스템 독립적	데이타베이스 관리 시스템 종속적

10.2.1 데이타 관리자

표 10-3에서 보는 것처럼 데이타 관리자는 조직의 모든 데이타를 대상으로 전반적이고 종합적인 관리 전략을 수립하여야 한다. 그러므로 데이타 관리자는 컴퓨터 시스템뿐만 아니라 수작업에서 사용되는 데이타 전체의 통합과 일관성에 책임이 있다. 구체적으로 데이타 관리자는 아래와 같은 데이타 관리 목표를 정하여야 한다.

- 데이타 공유와 가용성
- 데이타 일관성과 무결성
- 데이타 보호와 개인 정보 보호
- 데이타 사용 범위와 특성

데이타 관리에 관한 이슈는 조직의 데이타 필요에 따라 위의 것보다 더 늘어날 수도 있고 줄어들 수도 있다. 데이타 관리자는 조직의 특성에 따라 맞는 목표를 설정하고 그 목표를 성취하기 위하여 적합한 활동을 하나 일반적으로 다음 기능을 수행한다.

- **홍보** : 조직 전체를 대상으로 데이타 관리 기능에 대한 홍보
- **데이타 표준** : 데이타 항목의 이름, 정의, 기술과 처리 규칙 등에 대한 표준 설정
- **데이타 정책** : 데이타 보안 및 분배 등과 같은 조직 전반에 걸친 데이타 정책 수립
- **데이타 충돌 해결** : 모든 관점을 수렴할 수 있는 보고 내용 상충에 대한 해결 절차 수립
- **데이타 투자 수익성** : 데이타에 대한 투자 가치를 향상시킬 수 있는 방법과 기술 모색

10.2.2 데이타베이스 관리자

데이타베이스 관리자의 역할은 데이타 관리자가 설정한 가이드라인을 따라 데이타베이스를 개발하고 이의 사용을 가능하게 하는 것이다. 이것은 한편으로는 데이타베이스를 보호해야 하고 다른 한편으로는 데이타베이스가 사용자에게 혜택이 되도록 가용성을 제공하는 서로 상충되는 목표를 달성해야 하는 것을 의미한다. 또한 데이타베이스 관리자는 데이타베이스와 응용 프로그램의 개발, 운영 및 유지에 대한 책임이 있다. 데이타베이스 관리자는 조직에서 두 가지 역할을 하게 된다. 그 하나는 데이타베이스를 운영하는 데이타베이스 전문가와 데이타베이스를 이용하는 사용자들과의 관계에 초점을 맞춘 관리자적 역할이고 다른 하나는 데이타베이스 관리 시스템의 사용에 관련된 활동으로 기술적 역할이다. 데이타베이스 관리자의 이 두 역할에 대하여 살펴보자.

(1) 데이타베이스 관리자의 관리자적 역할

관리자로서 데이타베이스 관리자는 데이타베이스 관리의 통제와 계획에 중점을 두어야 한다. 그러므로 데이타베이스 관리자는 다음 사항에 대하여 책임을 진다.

- 데이타베이스 관리 자원 즉, 사람과 데이타의 조정, 감시 및 할당
- 데이타베이스 관리 기능을 위한 목표 설정과 전략 수립

이러한 책임을 수행하기 위한 데이타베이스 관리자의 서비스와 이에 관한 활동을 요약하면 표 10-4와 같다.

《10-4》 데이타베이스 관리자의 서비스와 활동

서 비 스	활 동
사용자 지원	계 획
정책, 절차, 표준	조 직
데이타 보안, 개인정보보호, 무결성	테스트
데이타 백업 및 복구	감 시
데이타 분배와 사용	실 행

1) 사용자 지원

데이타베이스 관리자는 조직의 부서에 데이타와 정보 지원 서비스를 제공함으로써 사용자를 지원한다. 데이타베이스 관리자는 사용자를 지원하기 위하여 다음과 같은 구체적 서비스를 제공해야 한다.

- 사용자 요구사항 파악
  데이타베이스 관리자는 사용자의 문제를 파악하고 기술하기 위하여 필요한 데이타를 수집하는 데 도움이 되도록 사용자와 함께 일하여야 한다. 즉, 데이타베이스 관리자는 사용자의 관점과 요구를 정확히 이해하여야 하고 현재와 미래의 정보 요구를 파악할 수 있어야 한다.
- 상충되는 문제 해결

한 사용자의 문제에 대한 해답이 다른 사용자에게는 충돌을 가져올 수 있다. 데이타베이스 관리자는 사용자의 데이타 충돌을 해결하는 권한과 책임을 가지고 있다.

- **정보 요구에 대한 해답 제공**
  데이타베이스 관리자는 사용자의 정보 요구를 해결하는 해답을 제공하여야 한다.
- **응용 프로그램과 데이타의 품질과 무결성 보장**
  데이타베이스 관리자는 응용프로그래머와 사용자에게 데이타 접근과 조정을 위한 표준과 절차를 교육하고 데이타베이스 트랜잭션이 데이타베이스의 무결성을 해치지 않도록 해야 한다.
- **사용자 신뢰 구축**
  데이타베이스 관리자는 사용자 문제에 대한 적절한 해답을 제공하여 사용자의 신뢰를 구축하여야 한다.
- **사용자 훈련과 지원**
  데이타베이스 관리자는 사용자가 바르게 데이타베이스를 사용하도록 훈련하여야 한다.

2) 정책, 절차 및 표준

데이타 관리가 성공하기 위한 주요한 요소 중의 하나는 지속적으로 데이타의 생성, 사용, 분배, 그리고 삭제에 관한 정책, 절차 및 표준을 따르도록 하는 일이다. 데이타베이스 관리자는 정책, 절차, 그리고 표준이 실행되기 전에 그것들을 정의하고 문서화시킨 후 그리고 전달하여야 한다. 표준과 절차는 상호 보완하고 데이타 관리 정책을 연장하는 것이어야 한다. 특히 절차는 사용자와 데이타베이스 관리자의 업무를 지원해야 한다.

따라서 데이타베이스 관리자는 다음과 같은 절차를 정의하여 전달하고 실행되도록 하여야 한다.

- 사용자 데이타베이스 요구사항 수집
- 데이타베이스 설계 및 모델화
- 문서와 이름에 관한 규정
- 데이타베이스 응용 프로그램 설계, 코딩 및 테스트
- 데이타베이스 소프트웨어 선택
- 데이타베이스 보안과 무결성
- 데이타베이스 백업과 복구
- 데이타베이스 유지와 운영
- 사용자 훈련

3) 데이타 보안과 개인 정보 보호

데이타베이스 관리 시스템을 관리하는 데이타베이스 관리자에게는 데이타의 보안과 개인 정보 보호가 큰 관심사이다. 데이타 보안과 개인 정보 보호는 주로 계정 관리와 접근 권한 관리를 통해 이루어진다. 이것은 데이타베이스 관리 시스템이 제공하는 사용자 접근 통제, 뷰 정의, 응용 프로그램 개발 도구 프로그램, 감시 프로그램 등의 기능을 사용하여 가능하다.

사용자 접근 통제는 적어도 다음 절차를 포함한다.

- 사용자 계좌 생성
- 사용자에게 비밀번호 부여
- 사용자 그룹 정의
- 사용자 및 사용자 그룹에게 접근 권한 부여

데이타베이스 관리자는 허가된 사용자가 접근할 수 있는 데이타의 범위를 통제하기 위하여 뷰를 정의할 수 있으며 이는 SQL의 CREATE VIEW 명령을 사용한다. 데이타베이스 접근은 데이타베이스 관리 시스템의 질의와 보고 도구를 사용하여 설정할 수도 있다. 또 데이타베이스 관리자는 데이타베이스의 사용을 감사할 수 있으며 이것은 데이타베이스 관리 시스템의 감사 일지를 사용하여 가능하다. 감사 일지는 모든 사용자의 데이타베이스 연산에 대한 간단한 기술을 기록한다.

4) 데이타 백업과 복구

데이타베이스 관리자는 물리적 데이타 손실이나 데이타베이스 무결성의 파괴가 일어났을 때 데이타베이스를 완전히 복구할 수 있어야 한다. 물리적 재난이나 데이타베이스 무결성의 파괴에 대한 데이타베이스 관리자의 데이타베이스 복구 활동을 재난 관리라고 한다. 재난 관리는 모든 데이타베이스의 돌발 사태에 대한 계획과 복구 절차에 대한 계획, 조직, 그리고 테스트를 포함한다. 데이타베이스를 복구시키기 위한 백업과 복구 방안은 적어도 다음 내용을 포함하여야 한다.

- 주기적 데이타와 응용 프로그램의 백업
- 백업 수단의 적절성 확인
- 안전한 백업 보관
- 하드웨어와 소프트웨어에 대한 물리적 보호
- 데이타베이스 시스템에 대한 접근 통제
- 데이타베이스의 데이타에 대한 보험

5) 데이타의 적시 분배

데이타는 필요한 시간에 요구하는 사람에게 도달되었을 때만 유용하다. 그러므로 데이타베이스 관리자는 데이타가 적시에 필요한 사람에게 올바른 형식으로 전달되도록 하여야 한다. 데이타베이스 관리자는 이것을 위한 적합한 표준과 절차가 마련되고 지켜지도록 해야 한다.

(2) 데이타베이스 관리자의 기술적 역할

데이타베이스 관리자의 기술적 역할은 관리자적 역할의 연장이다. 구체적으로 데이타베이스 관리자는 데이타베이스 관리 시스템의 기능, 형상, 프로그래밍 언어, 데이타 모델 및 설계 방법론 등에 대한 폭 넓은 이해를 갖고 있어야 한다. 데이타베이스 관리자의 기술적 역할은 다음에 열거한 운영에 관한 업무를 포함한다.

- 데이타베이스 관리 시스템과 관련 프로그램 평가, 선택 및 설치
- 데이타베이스와 응용 프로그램의 설계와 실행
- 데이타베이스와 응용 프로그램의 테스트와 평가
- 데이타베이스 관리 시스템, 관련 소프트웨어 및 응용 프로그램의 운영
- 사용자 훈련과 지원
- 데이타베이스 관리 시스템, 관련 소프트웨어 및 응용 프로그램의 유지

1) 데이타베이스 관리 시스템과 관련 소프트웨어 평가, 선택 및 설치

데이타베이스 관리자의 중요한 책임 중의 하나가 조직이 사용할 데이타베이스 관리 시스템, 관련 소프트웨어, 그리고 하드웨어를 선택하는 일이다. 데이타베이스 관리자는 이들의 선택을 위한 평가 및 획득 계획을 수립하고 실행하여야 한다. 평가와

획득 계획은 데이타베이스 관리 시스템, 관련 소프트웨어, 그리고 하드웨어의 기능에만 초점을 맞춘 것이 아니라 조직의 필요에 근거한 것이어야 한다. 다시 말하면 데이타베이스 관리자는 데이타베이스 관리 시스템과 컴퓨터의 획득이 아니라 문제해결을 더 염두에 두어야 한다는 말이다.

데이타베이스 관리 시스템의 성능을 조직의 필요에 부응시키기 위하여 데이타베이스 관리자는 원하는 데이타베이스 관리 시스템의 점검 리스트를 만드는 것이 현명하다. 점검 리스트는 적어도 다음에 열거한 것을 포함하여야 한다.

- 데이타베이스 관리 시스템 모델
- 데이타베이스 관리 시스템의 저장 용량
- 응용 프로그램 개발 지원
- 보안과 무결성
- 백업과 복구
- 병행 제어
- 성능
- 데이타베이스 관리 도구
- 호환성과 데이타 분배
- 이동성과 표준
- 하드웨어
- 데이타 사전
- 제조업자의 훈련과 지원
- 제삼자 도구
- 비용

데이타베이스 관리자는 데이타 관리 전략을 지원하는 방향으로 소프트웨어와 하드웨어가 설치되도록 감독해야 하고, 설치된 시스템 요소를 잘 이해하여야 하고, 그 요소들의 설치, 형상, 그리고 운영 절차에 익숙해야 한다.

2) 데이타베이스와 응용 프로그램 설계와 개발

데이타베이스 관리자는 사용자를 위한 데이타 모델 개발과 설계 서비스를 제공해야 한다. 데이타 모델과 응용 프로그램 개발은 주로 응용 프로그램 개발자들에 의해 이루어지므로 데이타베이스 관리자는 이들이 사용할 표준과 절차를 수립하여 지켜지도록 해야 한다. 또 데이타베이스 모델 개발 과정에서 데이타베이스 관리자는 필요한 지원을 하여야 한다. 데이타베이스 관리자는 응용 프로그램 개발자가 응용 프로그램을 개발할 때 데이타베이스 트랜잭션의 품질 및 무결성을 보장하기 위하여 다음의 서비스를 설계된 응용 프로그램의 검토를 통해 제공한다.

- 트랜잭션이 현실의 사건을 반영한다(정확성).
- 트랜잭션이 데이타베이스 관리 시스템에 과부하를 주지 않는다(효율성).
- 무결성과 표준을 준수한다.

3) 데이타베이스와 응용 프로그램 테스트와 평가

데이타베이스 관리자는 개발된 데이타베이스와 응용 프로그램에 대하여 테스트와 평가를 해야 할 책임이 있다. 테스트는 보통 테스트 데이타베이스를 적재하여 시작한다. 테스트 데이타베이스는 데이타 정의와 무결성 규칙을 점검하는 데 사용된다. 응용 프로그램의 테스트와 평가는 데이타의 생성에서 퇴장까지를 포함한다.

4) 데이타베이스 관리 시스템, 관련 소프트웨어 및 응용 프로그램의 운영

데이타베이스 관리 시스템의 운영은 다음 네 가지로 나누어 볼 수 있다.

- 시스템 지원
- 성능 감시와 조절
- 복구
- 보안 감사와 감시

시스템 지원 활동은 데이타베이스 관리 시스템과 응용 프로그램의 일상 운영에 관련된 모든 작업을 말한다. 즉, 작업 일지 작성, 테이프 교환, 컴퓨터 하드웨어, 디스크, 비상 전원 점검 및 확인 같은 활동이 그것이다. 시스템과 관련된 활동은 특별 프로그램 실행, 새로운 응용 프로그램을 위한 자원 구성 등과 같은 작업이 있다.

성능 감시와 조절은 데이타베이스 관리 시스템, 관련 소프트웨어 및 응용 프로그램이 만족할 만한 수준의 성능을 발휘하도록 하는 것이다. 대부분의 다중 사용자 데이타베이스 관리 시스템은 성능 감시 도구를 제공하므로 데이타베이스 관리자는 이것을 사용하여 시스템이 최적의 성능을 유지하도록 하여야 한다.

데이타베이스 관리자는 데이타베이스, 응용 프로그램 및 트랜잭션 일지를 적당한 간격으로 백업하는 스케줄을 마련하여야 한다. 백업 횟수는 데이타의 중요도에 따라 결정된다. 대부분의 상용 데이타베이스 관리 시스템은 전체 또는 부분적 백업을 스케줄에 따라 자동적으로 만드는 기능을 포함하고 있다. 전체 백업(Full Backup)은 데이타베이스 덤프(Data-base Dump)라고도 하며 전체 데이타베이스를 백업하는 것이다. 부분 백업은 증분식 백업(Incremental Backup)이라고도 하며 지난 번 백업 이후 변경된 부분만 백업하는 방법이다.

5) 사용자 훈련과 지원

데이타베이스 관리자는 응용 프로그램 개발자에게 데이타베이스 관리 시스템과 관련된 도구에 대한 훈련을 시켜야 한다. 또 일반 사용자가 요구하는 기술 지원을 수시로 제공하여야 한다. 훈련과 지원의 일부는 데이타베이스 관리 시스템 공급자에게서 제공되므로 잘 활용하여야 한다.

6) 데이타베이스 관리 시스템, 관련 소프트웨어 및 응용 프로그램의 유지

데이타베이스 관리 시스템, 관련 소프트웨어 및 응용 프로그램의 유지업무는 데이타베이스 관리자의 운영적 활동의 연장이다. 주기적 데이타베이스 관리 시스템의 유지 활동은 저장 장치의 관리를 포함한다. 가장 흔한 관리 활동은 데이타베이스 시스템의 성능을 향상시키기 위하여 데이타베이스를 재구성하는 일이다. 다른 관리 활동은 데이타베이스 관리 시스템과 관련 소프트웨어를 업그레이드하는 것이다.

10.3 요 약

조직의 데이타 자원이 결집되어 있는 데이타베이스는 철저하게 보호되어야 한다. 데이타 보호는 내부에서부터 출발하여야 한다. 즉, 신뢰할 수 있는 사람이 데이타베이스 관리자가 되어야 하고 데이타베이스 사용이 허가된 사용자도 업무를 벗어난 목적으로는 사용하지 못하도록 하는 대책이 마련되어야 한다.

데이타베이스 보호는 조직의 보안 통제의 일부로 물리적인 장치를 통해 취해 질 수 있다. 즉, 데이타베이스를 사용하려는 사용자를 건물 또는 컴퓨터실의 출입 과정에서 통제하는 것이다. 이러한 통제를 거친 사용자도 컴퓨터 시스템을 사용하려 할 때 사용자의 신원을 확인하여야 한다.

조직은 데이타베이스 시스템에 접근이 허가된 사용자를 통제하는 절차를 마련하여 실행해야 한다. 또 데이타베이스 보안을 완전하게 하기 위하여 데이타베이스의 데이타에 대한 접근을 통제하는 방법도 사용해야 한다. 어느 사용자가 어떤 데이타베이스 객체를 어떤 조건하에서 접근하여 무엇을 할 수 있는가를 정의하는 접근 권한 행렬이 일반적으로 접근 권한 부여의 효과적인 방법으로 사용되고 있다. 상용 데이타베이스 관리 시스템에서는 SQL의 GRANT와 REVOKE 명령으로 접근 권한을 부여한다. 응용 프로그램을 통한 데이타 보안과 데이타를 암호화하는 방법도 사용되고 있다.

데이타 보안이 데이타베이스 관리자의 주요한 기능 중의 하나이지만 데이타베이스 관리자는 이밖에도 여러 가지 중요한 역할을 수행한다. 많은 경우에 데이타베이스 관리자는 조직의 데이타에 관한 정책을 수립하는 데이타 관리자 역할도 겸하고 있다. 데이타베이스 관리자는 관리자와 기술자로서의 두 역할을 수행함으로써 조직의 데이타베이스를 관리하고 사용자를 지원하는 책임을 지고 있다.

주요용어

데이타베이스 보완	관리적 통제
접근 권한 행렬	데이타 관리자
데이타베이스 관리자	

연습문제

01 데이타베이스 보안은 왜 중요한가?

02 데이타베이스 보안에서 인적 요소는 왜 중요한가?

03 물리적 보안은 무엇인가?

04 내부적 통제 절차란 무엇인가?

05 데이타베이스 내용과 관련된 접근 통제는 어떻게 하는 것인가?

06 접근 권한 행렬을 설명하라.

07 SQL은 어떻게 접근 통제 지원을 하고 있는가?

08 데이타 관리자와 데이타베이스 관리자의 차이점을 설명하라.

09 데이타 관리자의 두 역할은 무엇인가?

10 데이타베이스 시스템을 사용하는 한 조직의 데이타베이스 관리자를 방문하여 어떤 일을 하고 있는가를 알아보라.

제6부

데이타베이스 기술의 확장

제11장
데이타베이스 기술의 발전

학습목표

이 장을 읽은 뒤에 독자들은 다음 사항을 이해해야 한다.

- 클라이언트/서버 시스템, 분산 데이타베이스 시스템, 병렬 데이타베이스 시스템
- 객체지향 데이타베이스 시스템, 객체-관계형 데이타베이스 관리 시스템
- 웹 데이타베이스, XML
- 모바일 데이타베이스

이 장에서는 데이타베이스 기술이 조직의 거래 처리와 그것으로부터 생성되는 데이타 저장과 관리라는 기본적 요구사항을 만족시킨 다음 새로운 사용자 요구사항을 만족시키기 위해 어떻게 발전되었는가를 요약한다.

지금까지 본 모든 데이타베이스 기술과 관리에 대한 설명은 중앙 집중된 데이타베이스 시스템에 관한 것이었다. 실제에서는 데이타가 여러 컴퓨터에 저장되어 있거나 데이타베이스 요구에 대한 처리가 여러 컴퓨터나 CPU에 의해 실행되는 클라이언트/서버 시스템, 분산 데이타베이스 시스템, 그리고 병렬 데이타베이스 시스템이 사용되고 있다. 또 전형적인 문자와 숫자뿐 만이 아닌 그래픽, 비디오, 그리고 오디오와 같은 새로운 유형의 데이타가 점차 많아짐에 따라 새로운 데이타베이스 기술이 필요하게 되었다. 이러한 사용자 요구를 해결하도록 데이타베이스 설계와 관리를 가능하게 하는 객체지향 개념과 기술이 등장하였다.

인터넷 특히 웹의 보편화는 데이타베이스 기술을 인터넷에 연결하는 방향으로 발전하였다. 웹 데이타베이스는 웹 페이지의 컨텐트와 구조를 분리하여 컨텐트와 데이타를 쉽게 관리할 수 있게 한다. XML은 상이한 애플리케이션과 플랫폼 사이에서도 문서를 교환할 수 있게 하여 인터넷을 통한 데이타 교환을 촉진시키고 있다. 또 스마트 폰과 같은 모바일 기기의 보편화는 이동 중에도 조직의 데이타베이스에 접근하여 업무를 수행할 수 있도록 모바일 데이타베이스 기술의 발전을 가져오고 있다.

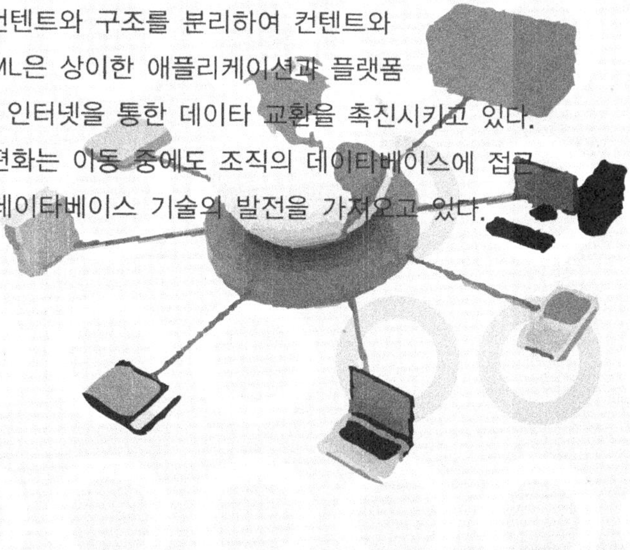

11.1 데이타베이스 시스템 분류

데이타베이스 기술의 발전은 조직의 데이타 요구를 통합하여 중앙 집중된 데이타베이스를 구축하고, 데이타베이스 관리 시스템을 사용하여 이를 조직의 구성원들이 공유하게 하였다. 즉, 다중 사용자 데이타베이스 시스템은 같은 지역 또는 다른 지역의 구성원에게 공유된 데이타베이스를 접근할 수 있게 하였다. 또한, 조직이 분산되어 있는 경우에는 원격 처리시스템으로 사용자가 중앙 집중된 데이타베이스를 원격 접근할 수 있게 하였다. 그러나 점차 조직의 활동 범위가 넓어지고 이에 따른 조직의 확대에 따라 데이타의 분산이 필요하게 되었고 이를 처리하기 위한 분산 처리시스템을 요구하게 되었다. 이러한 요구에 대한 실현은 통신과 네트웍의 발전으로 가능하게 되었다. 데이타의 분산 요구는 데이타를 여러 컴퓨터에 저장하고 관리하는 분산 데이타베이스 시스템을 등장시켰다.

또 PC와 근거리 통신망의 발전은 원격처리시스템에 대한 대안으로 클라이언트/서버 데이타베이스 시스템 아키텍처를 등장시켰다. 서버와 클라이언트 컴퓨터 사이의 역할 분할로 더 많은 사용자에게 빠른 데이타베이스 애플리케이션을 제공하는 것이 그 목적이다. 또 대용량의 데이타에 대한 빠른 계산 능력의 요구는 단일 CPU가 아닌 다중 CPU를 효율적으로 활용하는 병렬 데이타베이스 시스템의 도입을 촉구하게 되었다.

조직의 데이타는 한 컴퓨터 또는 여러 컴퓨터에 저장될 수 있고 그 데이타 처리도 하나 또는 여러 컴퓨터에서 일어 날 수 있다. 데이타베이스가 한 컴퓨터에만 존재하면 중앙 집중된 데이타베이스라고 하고 여러 컴퓨터에 나누어져 저장되어 있으면 분산 데이타베이스라 한다. 또 사용자의 데이타베이스에 대한 요구를 한 컴퓨터에서 전적으로 처리하면 중앙 집중 처리라고 하고 데이타베이스 요구가 여러 컴퓨터에 나누어져 처리되면 분산 처리라 한다. 데이타 저장과 데이타 처리가 하나의 컴퓨터에서 이루어지는가 아니면 여러 컴퓨터에서 일어나고 있는가에 따라 데이타베이스 시스템은 **표 11-1**과 같이 분류된다.

〈표 11-1〉 데이타베이스 시스템 분류

		데이타 저장	
		단일 컴퓨터	복수 컴퓨터
데이타 처리	단일 컴퓨터	중앙 집중 데이타베이스 시스템	
	복수 컴퓨터 (CPU)	화일서버 시스템 클라이언트/서버 시스템	분산 데이타베이스 시스템 병렬 데이타베이스 시스템

지금까지의 모든 데이타베이스 기술과 관리에 대한 설명은 중앙 집중된 호스트 데이타베이스 관리 시스템에 관한 것이었다. 그러나 이 장에서는 데이타가 여러 컴퓨터에 저장되어 있거나 데이타베이스 요구에 대한 처리가 여러 컴퓨터나 CPU에 의해 실행되는 클라이언트/서버 시스템, 분산 데이타베이스 시스템, 그리고 병렬 데이타베이스 시스템에 대하여 개략적으로 살펴본다.

11.2 클라이언트/서버 시스템

11.2.1 클라이언트/서버 시스템의 개념

클라이언트/서버(Client/Server)는 컴퓨터 시스템 개발을 위한 모델을 언급할 때 사용되는 용어로서 이 모델에서는 시스템의 기능을 두 유형의 독립적이고 자율적인 프로세스 즉, 서버와 클라이언트에 분배하는 것을 기초로 한다. 클라이언트는 서버 프로세스에게 특정 서비스를 요구하는 프로세스이고, 서버는 클라이언트가 요구하는 서비스를 제공하는 프로세스이다. 클라이언트와 서버는 같은 컴퓨터에 있을 수도 있고, 네트워으로 연결된 다른 컴퓨터에 있을 수도 있다.

서버와 클라이언트가 다른 컴퓨터에 있을 경우 서버 시스템은 하나 이상의 클라이언트 시스템에게 서비스를 제공하게 되며 이때 클라이언트/서버 모델의 이점이 극대화된다. 더 나아가 클라이언트 시스템은 서버 프로세스가 있는 컴퓨터의 특성이나 장소에 상관없이 네트웍에 연결된 서버 시스템에게 서비스를 요청할 수 있다. 그림 11-1 에서 보는 바와 같이 네트웍은 클라이언트 시스템과 서버 시스템이 통신할 수 있는 수단을 제공한다.

[그림 11-1] 기초적 클라이언트/서버 시스템 모델

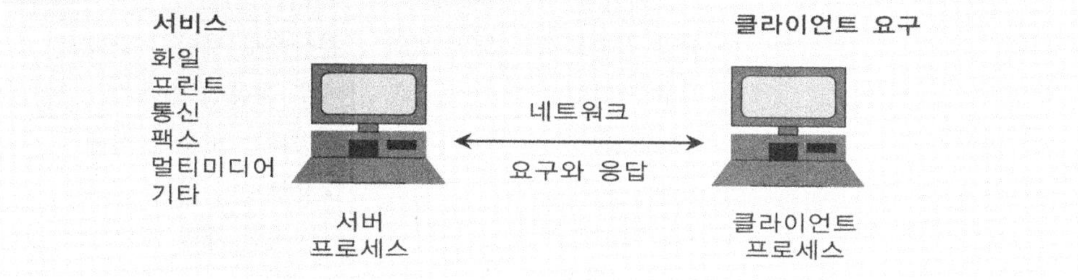

클라이언트/서버 시스템의 힘은 클라이언트의 요구가 어디에서 처리되는가에 있다. 클라이언트/서버 데이타베이스 시스템에서 클라이언트 시스템은 데이타베이스 서버에 데이타를 요구하면 데이타베이스 서버는 조건에 맞는 레코드를 추출하여 네트웍을 통하여 클라이언트 시스템에게 전송한다. 이러한 데이타 처리 작업의 분리는 클라이언트/서버 시스템이 메인프레임을 기반으로 하는 중앙 집중된 데이타베이스 시스템과 다른 점이다. 한 서버 시스템은 여러 클라이언트 시스템에게 서비스를 제공하고 한 클라이언트 시스템은 여러 서버 시스템에 서비스를 요청할 수 있으므로 서버 시스템과 클라이언트 시스템의 관계는 다:다이다.

클라이언트/서버 시스템은 컴퓨터 기술의 진전 특히, PC와 네트웍의 발전으로 가능하게 되었으며 많은 조직에게 전통적 메인프레임 시스템보다 신뢰성과 견고성을 보장하면서 비용과 성능 면에서 효과를 가져다주었다. 표 11-2 는 메인프레임 시스템과 클라이언트/서버 시스템을 비교한 것이다. 표 11-2 에서 보는 바와 같은 PC 기반의 클라이언트/서버 시스템의 이점을 활용하기 위하여 많은 조직이 메인프레임 중심의 환경으로부터 네트웍으로 연결된 PC 환경으로 전환하는 다운사이징(Downsizing)을 실행했다.

〈표 11-2〉 메인프레임 시스템과 클라이언트/서버 시스템 비교

	메인프레임 시스템	클라이언트/서버 시스템
경영	중앙 집중식	분산
제공자	단일 업체 솔루션	여러 업체 솔루션
하드웨어와 소프트웨어	단일 제공자의 특허 등록된 하드웨어와 소프트웨어	다중 제공자
보안	중앙 집중으로 고도의 보안	분산으로 보안이 완화됨
데이타 조종 기능	매우 제한됨	매우 융통성 있음
시스템 관리	통합된 환경	제공되는 도구가 적음
응용 프로그램 개발	• 매우 정형적 • 시간이 걸림 • 주문 잔고	• 융통성이 많음 • 신속한 개발 도구 • 개발 도구가 많음
사용자 플랫폼	• 터미널 사용 • 문자 중심 • 단일 과제 중심 • 제한된 생산성	• PC사용 • 그래픽 인터페이스 • 멀티태스킹 운영체계 • 사용자 도구가 많음

11.2.2 클라이언트/서버 시스템 아키텍처

클라이언트/서버 시스템 아키텍처는 적합한 클라이언트/서버 시스템 실행의 전제 조건이며 시스템을 구성하는 하드웨어와 소프트웨어에 기초한다. 클라이언트/서버 시스템은 다음과 같은 클라이언트, 서버, 그리고 미들웨어로 구성된다.

- 클라이언트는 서버에게 서비스를 요청하는 컴퓨터 프로세스로 전방 응용 프로그램(Front-end Application)이라고도 한다. 이것은 사용자가 주로 클라이언트 프로세스를 사용하는 데서 연유한다.
- 서버는 클라이언트에게 서비스를 제공하는 컴퓨터 프로세스로 후방 응용 프로그램(Back-end Application)이라고도 한다.
- 미들웨어(Middleware)는 클라이언트와 서버가 통신을 하게 하는 컴퓨터 프로세스이며 통신 미들웨어(Communication Middleware)라고도 한다. 미들웨어는 클라이언트와 서버가 데이타와 통제 정보를 교환할 수 있게 하는 여러 층으로 된 소프트웨어이다.

이들 구성 요소가 어떻게 서로 협력하는가는 그림 11-2에 나타나 있다. 클라이언트와 서버 프로세스는 같은 컴퓨터에서 작동할 수도 있으나 일반적으로 두 개 이상의 다른 컴퓨터에서 작동한다.

[그림 11-2] 클라이언트/서버 구성 요소와 그 상호작용

데이타베이스 미들웨어는 네트웍에서 클라이언트와 서버가 통신하는 방법에 따라서 다음과 같이 구분된다.

- 메시지 기반(Messaging-based) 미들웨어
- 원격 절차 호출 기반(Remote-procedure-call-based) 미들웨어
- 객체 기반(Object-based) 미들웨어

미들웨어의 선택은 응용시스템에 달려 있다. 예를 들면, 원격 절차 호출 기반 미들웨어는 데이타 무결성이 중요시되는 완벽한 통합 시스템에 가장 적합하고, 메시지 기반 미들웨어는 데이타 무결성이 덜 중요시되는 응용시스템과 제한된 대역폭의 근거리통신망에 더 효율적이다. 객체 기반 미들웨어는 객체지향 기술에 기초한 새로운 유형으로 시스템 통합과 관리에 새로운 가능성을 열고 있다.

(3) 클라이언트/서버 데이타베이스 시스템

데이타베이스 관리 시스템은 클라이언트/서버 시스템의 중심에 위치하고 있다. 클라이언트/서버 데이타베이스 관리 시스템은 다음 기능을 수행한다.

- 클라이언트 시스템이 사용하는 하드웨어, 소프트웨어, 그리고 네트웍 플랫폼에 상관없이 다중의 이질적 클라이언트로부터 데이타 접근을 투명하게 한다.
- 네트웍을 통한 클라이언트의 데이타베이스 서버에 대한 요구를 가능하게 한다.
- 로칼 서버에서 클라이언트 데이타 요구를 처리한다.
- 네트웍을 통해 클라이언트에게 SQL 결과만을 보낸다.

클라이언트/서버 데이타베이스 관리 시스템은 어디에서 처리가 이루어지고 어느 데이타가 네트웍을 통해 클라이언트 컴퓨터에게 보내지는가 하는 점에서 다른 데이타베이스 관리 시스템과는 다르다. 클라이언트/서버 데이타베이스 관리 시스템은 반드시 데이타의 분산을 요구하지는 않는다. 데이타가 하나 또는 네트웍의 여러 컴퓨터에 저장될 수 있다. 데이타가 여러 컴퓨터에 저장되어 있으면 클라이언트/서버 데이타베이스는 분산 데이타베이스와 근사하게 된다.

11.3 분산 데이타베이스 처리

11.3.1 분산 데이타베이스 시스템

분산 데이타베이스는 지리적으로 분산되어 있으나 논리적으로 연관된 데이타베이스를 네트웍으로 연결된 둘 이상의 컴퓨터에 저장하여 사용하는 것을 말한다. 다음과 같은 예를 들어 설명할 수 있다. 전자제품을 생산하는 A사는 서울에 본사를 두고 부산과 광주에 생산 공장을 운영하며 대전과 대구에 물류센터를 갖고 있는 회사이다. 이와 같은 상황에 있는 A사로서는 직원, 제품 재고 및 생산에 관련된 모든 데이타를 서울의 본사에서 통제하고 관리하기보다는 회사의 전체적 관리를 위한 데이

[그림 11-3] 분산 데이타베이스 시스템 환경

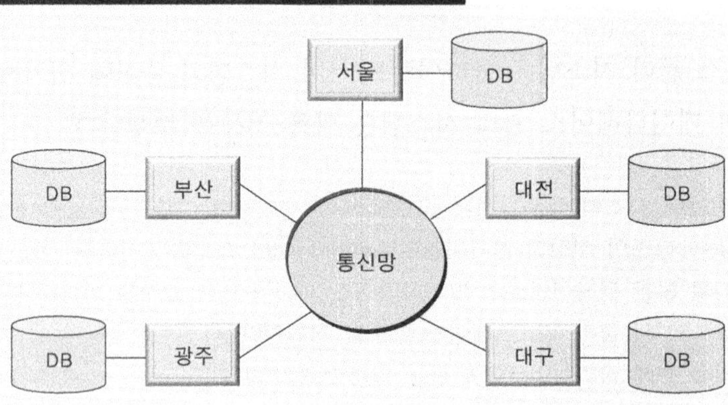

타 이외에는 데이타 생성 지역에서 데이타를 보관하고 통제하고 통신망으로 각 지역의 컴퓨터를 연결하여 이를 통하여 업무를 처리하는 것이 더 효과적이다. 이와 같은 요구를 해결해 줄 수 있는 시스템이 분산 데이타베이스 시스템이다. 이 시스템의 일반적인 환경은 그림 11-3과 같은 형태로 이루어진다.

(1) 분산 데이타베이스 시스템 구성 요소

분산 데이타베이스 시스템의 구성 요소도 2장에서 본 중앙 집중된 데이타베이스 시스템과 마찬가지로 하드웨어, 소프트웨어, 데이타, 사람, 그리고 절차로 되어 있다. 그러나 분산 데이타베이스 시스템은 트랜잭션과 데이타 접근 처리를 담당하는 소프트웨어 요소인 분산 데이타베이스 관리 시스템과 데이타가 여러 컴퓨터에 분산되어 있어 독립적이고 중앙 집중된 데이타베이스를 관리하는 데이타베이스 관리 시스템보다 훨씬 더 복잡하게 설계되어 있다.

1) 분산 데이타베이스 관리 시스템

분산 데이타베이스 관리 시스템은 네트웍으로 연결된 컴퓨터에 논리적으로 연관된 데이타의 저장과 처리를 위해 여러 컴퓨터에 데이타와 처리 기능을 분배하고 있다. 분산 데이타베이스 관리 시스템은 중앙 집중된 데이타베이스 관리 시스템의 모든 기능을 수행하고 그 외에 데이타와 처리의 분산으로 야기되는 필요한 기능도 수행해야 한다. 그리고 이러한 추가적 기능 즉, 데이타와 사용자 요구가 여러 컴퓨터에서 분산되어 처리되고 있는 것을 사용자가 전혀 감지하지 못하게 감추어야 하는데 이것을 무관성(Transparency)이라 한다. 구체적으로 분산 데이타베이스 관리 시스템은 다음 네 가지 무관성을 가지는 것이 바람직하다.

① 위치 무관성

분산 데이타베이스 시스템에서 트랜잭션은 특정 데이타 항목의 위치와는 독립적이어야 한다. 이것은 분산 데이타베이스 관리 시스템의 트랜잭션 관리자 프로그램이 데이타의 위치를 결정할 수 있고 적합한 데이타 관리자 프로그램에게 그 데이타의 처리를 요구할 수 있으므로 가능하다. 분산 데이타베이스 관리 시스템은 데이타의 위치를 기록한 데이타 사전을 사용하여 특정 데이타의 위치를 알 수 있고 필요하면 데이타를 전송하여 처리되게 할 수 있어 트랜잭션을 위치로부터 독립적으로 실행할 수 있다.

② 복제 무관성

분산 데이타베이스 시스템에서 트랜잭션은 데이타가 복제되어 저장되어 있는지 여부와 복제되어 저장되어 있는 경우 사본의 개수와는 상관이 없어야 한다. 즉, 트랜잭션은 모든 데이타가 어느 한 곳에 저장되어 있는 것과 마찬가지로 실행되어야 한다. 이것은 분산 데이타베이스 시스템에서 데이타의 복제와 삭제가 자유로워야 함을 말한다. 복제 무관성도 위치 무관성에서와 마찬가지로 데이타 사전에 복제에 대한 가장 최신 정보가 저장되어 있어야 가능하다.

③ 병행 무관성

분산 데이타베이스를 사용하는 여러 트랜잭션이 동시에 실행될 경우에도 트랜잭션 실행의 결과가 영향을 받지 않아야 하는 것을 병행 무관성이라 한다. 분산 데이타베이스 관리 시스템은 모든 병행 트랜잭션의 실행 결과가 그 트랜잭션들을 임의의 직렬 순서로 하나씩 실행하여 얻은 결과와 논리적으로 일치하면 병행 무관성을 제공하는 것이다. 이것을 위해 9장에서 본 2단계 차단 또는 타임스탬프 방식을 분산 데이타베이스에 적용하는 기법이 이용되고 있으며 이중 2단계 차단 방식이 더 많이 사용된다.

④ 실패 무관성

분산 데이타베이스 관리 시스템에서 트랜잭션이 트랜잭션, 분산 데이타베이스 관리 시스템, 네트웍, 그리고 컴퓨터 중 어느 것의 실패에도 제대로 실행되도록 하는 것이 실패 무관성이다. 분산 데이타베이스 시스템에서 가장 달성하기 어려운 것이 실패 무관성인데 그 이유는 실패의 유형이 다양하고 분산 데이타베이스 시스템에서 병행 제어가 복잡하기 때문이다.

분산 데이타베이스 관리 시스템은 여러 컴퓨터가 데이타에 접근하는 것을 조정하는 역할을 한다. 그림 11-4는 분산 데이타베이스 시스템의 아키텍처를 나타낸다. 각 로칼 컴퓨터는 사용자가 요구하는 트랜잭션 처리를 담당하는 트랜잭션 매니저, 로칼 또는 다른 로칼 사용자의 트랜잭션이 요구하는 데이타를 관리하는 데이타베이스 매니저, 그리고 데이타베이스로 되어 있다. 트랜잭션 매니저는 각 지역 컴퓨터에 분산되어 저장된 데이타에 관한 정보를 데이타 사전에서 찾아서 데이타가 있는 지역 컴퓨터의 데이타베이스 매니저에게 처리를 의뢰한다. 데이타베이스 매니저는 로칼(Local) 또는 다른 로칼의 트랜잭션 매니저의 데이타 접근 요구를 처리하여 트랜잭션 매니저에게 전달한다.

[그림 11-4] 분산 데이타베이스 시스템 아키텍처

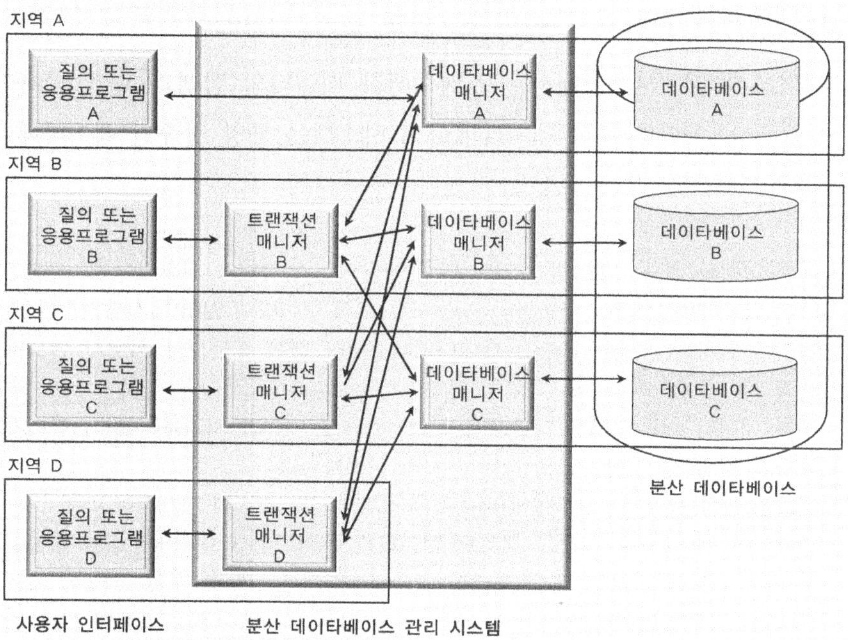

분산 데이타베이스 시스템에서 트랜잭션을 처리하는 과정은 다음과 같다. 사용자 또는 응용 프로그램으로부터 데이타에 대한 요청을 받으면 분산 데이타베이스 관리 시스템은 그 트랜잭션이 로칼(Local) 트랜잭션인가 아니면 글로벌(Global) 트랜잭션인가를 파악한다. 로칼 트랜잭션이란 요구된 데이타 모두가 로칼 컴퓨터에 저장되어 있는 트랜잭션을 말하고 그 외의 경우는 글로벌 트랜잭션이라 말한다. 분산 데이타베이스 관리 시스템은 글로벌 트랜잭션을 실행하기 위해 데이타가 요구되는 컴퓨터를 통제하고 조정하여 트랜잭션을 실행한다.

분산 데이타베이스 시스템에서의 질의 처리는 병렬로 처리할 수 있도록 질의를 분해하여 여러 사이트에 의해 처리될 수 있다. 분산 데이타베이스 시스템의 트랜잭션 처리는 갱신을 포함할 겨우 여러 사이트가 갱신을 처리할 수 있으므로 2단계 실행(Two Phase Commit)을 통해 트랜잭션 차단(Transaction Blocking)과 분산된 교착상태(Distributed Deadlock)를 예방한다. 분산 데이타베이스 시스템에서의 질의 처리에 대한 자세한 설명은 이 책의 수준을 넘으므로 생략하기로 한다.

(2) 분산 데이타베이스 시스템의 장·단점

분산 데이타베이스 시스템에서는 트랜잭션과 데이타의 검색과 변경이 여러 컴퓨터에서 실행된다. 이러한 분산 데이타베이스 시스템은 중앙 집중된 데이타베이스 시스템에 비하여 다음과 같은 장점을 가진다.

- **빠른 데이타 접근** : 데이타가 가장 많이 사용되는 컴퓨터에 저장되어 있어 데이타에 대한 빠른 접근이 가능하다. 사용자는 조직 데이타의 일부만 사용하므로 원거리에 위치하는 중앙 집중된 데이타베이스보다 빠른 접근으로 사용자 필요를 충족시킬 수 있다.
- **빠른 데이타 처리** : 분산 데이타베이스 시스템은 데이타 처리를 여러 컴퓨터가 나누어 할 수 있으므로 빠른 데이타 처리가 가능하다.
- **시스템 확장 용이** : 분산 데이타베이스 시스템에서는 조직이 확대됨에 따라 다른 컴퓨터에 영향을 주지 않고 새로운 컴퓨터를 추가하여 데이타베이스를 확장할 수 있는 융통성이 있다. PC와 웍스테이션 컴퓨터의 등장으로 메인프레임을 사용한 중앙 집중된 데이타베이스 시스템보다 분산 데이타베이스 시스템에 작은 컴퓨터를 추가하는 것이 비용이 적게 든다.
- **데이타 가용성과 신뢰성 증가** : 분산 데이타베이스 시스템에서는 각 컴퓨터가 독립적이므로 한 컴퓨터의 실패가 있어도 다른 컴퓨터가 대신할 수 있고 사용자 요구를 어느 컴퓨터로도 처리가 가능하다.
- **데이타 공유 용이** : 지역적으로 분산되어 운영되는 조직의 데이타는 분산되어 저장되어 있는데 분산 데이타베이스 시스템은 이 분산된 데이타의 공유를 가능하게 해준다.

그러나 분산 데이타베이스 시스템은 위와 같은 장점만 가지는 것이 아니라 아래와 같은 단점도 가지고 있다.

- **관리의 복잡성** : 분산된 데이타의 관리는 복잡하고 이것을 담당하는 분산 데이타베이스 관리 시스템의 기능도 복잡하다. 작업의 성격, 네트웍, 그리고 분산 데이타베이스 관리 시스템의 특성에 따라 중앙 집중된 데이타베이스보다 성능이 떨어질 수도 있다.
- **보안과 통제의 어려움** : 데이타가 여러 컴퓨터에 저장되어 있으므로 보안이 어려워지고 데이타에 대한 접근을 통제하기가 어렵다.
- **시스템 변경의 어려움** : 대부분의 조직에서 이미 중앙 집중식 시스템에 대한 투자를 많이 한 상태이기 때문에 이러한 기존 시스템을 분산 시스템으로 변경시키기 위한 도구나 방법이 없다.

11.3.2 분산 데이타베이스 설계

데이타베이스가 중앙 집중인가 또는 분산인가와는 상관없이 앞 장에서 배운 데이타베이스 설계에 관한 기본적 이론과 개념은 동일하게 적용되지만 분산 데이타베이스의 설계에서는 다음 세 가지 새로운 이슈를 고려하여야 한다. 즉 어떻게 데이타베이스를 단편으로 분할하는가, 어느 단편을 복제할 것인가, 그리고 이 단편과 복제를 어디에 저장할 것인가 하는 문제이다. 데이타 단편화(Data Fragmentation)는 하나의 데이타베이스 객체를 둘 이상의 단편으로 나누는 것을 말한다. 데이타베이스 객체는 사용자 데이타베이스, 시스템 데이타베이스, 또는 테이블이 될 수 있으며 이 단편은 컴퓨터 네트웍의 어느 컴퓨터에도 저장될 수 있다. 데이타 단편에 관한 정보는 분산 데이타 사전에 기록되어 분산 데이타베이스 관리 시스템에 의해 이용된다. 다음에서 한 테이블을 논리적 단편으로 나누는 테이블의 단편화에 대하여 다음과 같은 세 가지 일반적 단편화 전략을 보자.

① 수평적 단편화

수평적 단편화(Horizontal Fragmentation)는 테이블을 행의 부분 집합으로 나누는 것을 말하며 각 단편은 같은 필드를 가지는 독특한 행으로 구성되어 있으며 다른 컴퓨터에 저장될 수 있다. 8장의 건강제약 데이타베이스에서 직원 테이블을 예로 보면 판매부 직원 레코드는 서울의 컴퓨터에 총무부와 재무부 직원 레코드는 본사가 있는 대전 컴퓨터에 저장하는 방법처럼 직원 테이블을 직원의 소속부서에 따라 분할하여 저장할 수 있다. 그림 11-5는 직원 테이블의 수평적 단편화 결과를 보여 준다. 이러한 설계에서 건강제약의 직원 데이타는 많이 쓰이는 부서의 컴퓨터에 저장되어 있으므로 원격 컴퓨터에 저장되어 있을 경우 일어나는 데이타 전송 작업이 경감되게 된다. 그림 11-5에서 판매부의 사원 데이타는 나타내지 않았으나 서울 컴퓨터에 모두 저장되어 있을 수 있다.

[그림 11-5] 수평적 단편화

인사번호	주민등록번호	성 명	소속부서	직책	입사일
1001	550817-3482093	손영일	총 무	부장	81/03/01
1002	691210-3438292	이강호	총 무	대리	90/09/01
1003	710312-6363633	박재철	총 무	사원	96/03/01
1004	700411-2342342	최철용	총 무	사원	94/12/01
2001	640227-6235373	서상길	재 무	차장	87/05/23
2002	670912-8763744	김남수	재 무	대리	89/03/10
2003	690911-3442344	정호남	재 무	사원	93/01/05

인사번호	주민등록번호	성 명	소속부서	직책	입사일
3001	560222-3453232	김철수	판 매	부장	82/10/31
3002	600610-3848349	이상호	판 매	부장	84/11/01
3003	651109-3939834	홍나영	판 매	차장	86/03/01
3004	690719-8377331	나영희	판 매	대리	90/03/10
3005	710202-2334347	김은희	판 매	대리	91/12/01

② 수직적 단편화

수직적 단편화(Vertical Fragmentation)는 한 테이블을 필드의 부분집합으로 나누는 것을 말한다. 각 단편은 독특한 필드들을 가지고 있으며 다른 컴퓨터에 저장될 수 있다. 물론 기본키 필드는 각 단편에 공통으로 포함되어야 한다. 그림 11-6는 직원 테이블의 수직적 단편화 결과를 나타낸다. 직원 테이블의 수직적 단편화 설계는 직원의 기본적 정보인 인사번호, 성명, 소속부서, 그리고 직책 데이타를 모든 사용자가 자주 접근하므로 각 지역에 저장하고, 인사에 관련된 다른 정보 즉, 인사번호, 주민등록번호, 그리고 입사일은 인사부서가 있는 지역의 컴퓨터에 저장하여 접근 경제성과 가용성을 높이려는 것이다.

[그림 11-6] 수직적 단편화

인사번호	성 명	소속부서	직책
1001	손영일	총 무	부장
1002	이강호	총 무	대리
1003	박재철	총 무	사원
1004	최철용	총 무	사원
2001	서상길	재 무	차장
2002	김남수	재 무	대리
2003	정호남	재 무	사원

인사번호	주민등록번호	입사일
1001	550817-3482093	81/03/01
1002	691210-3438292	90/09/01
1003	710312-6363633	96/03/01
1004	700411-2342342	94/12/01
2001	640227-6235373	87/05/23
2002	670912-8763744	89/03/10
2003	690911-3442344	93/01/05

③ 혼합형 단편화

혼합형 단편화(Mixed Fragmentation)는 수평적 단편화와 수직적 단편화를 병용하는 것으로 테이블을 여러 수평적 부분 집합으로 나누고 각 수평적 부분 집합에는 테이블의 속성 중 일부만 포함하고 있는 경우이다.

위와 같은 방법으로 한 테이블을 여러 개의 단편으로 분할한 다음에는 각 단편에 대하여 복제를 몇 개나 만들 것인가를 정해야 한다. 데이타 복제를 만들어 하나 이상의 컴퓨터에 저장하는 이유는 데이타의 가용성을 높이고 빠른 처리를 가능하게 하기 때문이다. 데이타 복제가 장점만을 제공하는 것은 아니다. 복제된 데이타가 일관성 있는 데이타베이스 상태를 유지하도록 하기 위하여서는 복제 관리의 간접비용이 요구된다. 데이타베이스의 일관성을 위하여 분산 데이타베이스 관리 시스템은 단편이 존재하는 모든 컴퓨터에서 갱신이 이루어지도록 해야 한다. 데이타 복제는 데이타베이스의 크기와 사용 빈도에 따라 결정된다. 원격 저장된 데이타가 자주 사용되고 데이타베이스의 크기가 크면 데이타 복제의 효과는 크다.

데이타베이스 복제에는 다음의 세 가지 유형이 있다.

- **완전 복제**
  완전 복제는 각 데이타베이스 단편을 복수로 복제하여 여러 컴퓨터에 저장하는 것이다. 즉, 모든 단편이 복제되어 저장되는 것을 말한다. 그러나 앞에서 말한 간접비용 때문에 실제로는 별로 사용되지 않는다.
- **부분 복제**
  부분 복제는 데이타베이스 단편의 일부만을 복제하여 저장하는 것으로 실제에서 많이 사용되는 방법이다.
- **단일 객체**
  데이타베이스를 복제하여 저장하지 않는 방법으로 각 단편은 한 컴퓨터에만 저장된다.

데이타가 분할되고 단편이 몇 개로 복제될 것인가가 정해지면 그것들을 어느 컴퓨터에 저장할 것인가를 결정하여야 하며 이것을 데이타 할당이라 한다. 데이타 할당 전략은 크게 다음과 같이 나누어 볼 수 있다.

- **중앙 집중**
  전체 데이타베이스를 한 컴퓨터에 저장한다.
- **분할**
  데이타베이스를 몇 개의 부분으로 나누어 여러 컴퓨터에 저장한다.
- **복제**
  데이타베이스 단편의 복제를 여러 컴퓨터에 저장한다.

데이타 할당은 데이타베이스가 분할되고 단편화되는 방법과 밀접하게 연관되어 있다. 또 데이타 할당은 데이타베이스의 성능과 데이타 가용성, 테이블의 크기, 행의 수 및 다른 테이블과의 관계, 그리고 트랜잭션 등의 요소를 고려하여 실시한다. 이상에서 본 바와 같이 컴퓨터 네트웍에 데이타를 분배하는 것은 데이타 분할, 데이타 복제, 그리고 이들의 혼합으로 이루어진다.

11.4 병렬 데이타베이스 처리

지금까지 살펴 본 전통적 데이타베이스 시스템 개념과 기술은 단일 CPU(Central Processing Unit)의 데이타베이스 시스템 아키텍처를 가정하였다. 이러한 전통적 컴퓨터 시스템은 다중의 애플리케이션의 프로세스를 시간 공유(Time-shared) 기법으로 컴퓨팅을 한다. 그러나 오늘날 데이타베이스 서비스를 위한 많은 컴퓨터 시스템은 복수의 CPU가 병렬로 작업하는 아키텍처를 포함한다.

11.4.1 병렬 데이타베이스 시스템

병렬 데이타베이스 시스템은 빠른 데이타베이스 서비스를 제공하는 경제적이면서 고성능의 컴퓨터를 말한다. 과거부터 여러 개의 저렴한 CPU를 결합하여 하나의 고성능 CPU보다 경제적이면서 강력한 컴퓨터를 만들려는 노력은 계속되고 있다. 일반적으로 병렬 데이타베이스 시스템에서는 데이타베이스 서비스를 위해 복수의 CPU가 동등한 책임을 진다. 병렬 데이타베이스 시스템 아키텍처는 크게 두 가지로 나누어 볼 수 있다.

첫 번째 유형의 병렬 데이타베이스 시스템은 메모리 공유 다중 프로세서(Shard-Memory Multiprocessor) 아키텍처를 택한 것이다. 이 아키텍처에서 컴퓨터는 단일 메모리와 공통의 디스크 인터페이스에의 접근을 공유하는 여러 개의 CPU를 가지고 있다. 이것은 전통적 단일 CPU 프로세서에 가장 가까운 병렬 아키텍처이며 이러한 디자인의 도전은 단일 CPU의 성능을 사용하는 CPU의 수의 배수만큼의 성능을 도출하는 것이다. 그러나 이 디자인은 다른 CPU가 공통의 메모리에 동등하게 접근하게 하면서도 한 CPU가 추출한 데이타가 모르는 사이에 다른 CPU에 의해 수정되지 않도록 특별한 주의를 하여야 한다. 이러한 공유된 메모리에 대한 접근 문제는 CPU의 수가 증가할수록 더 어려워진다. 그림 11-7은 메모리 공유 다중 프로세서 아키텍처를 보여 준다.

[그림 11-7] 메모리 공유 다중 프로세서 아키텍처

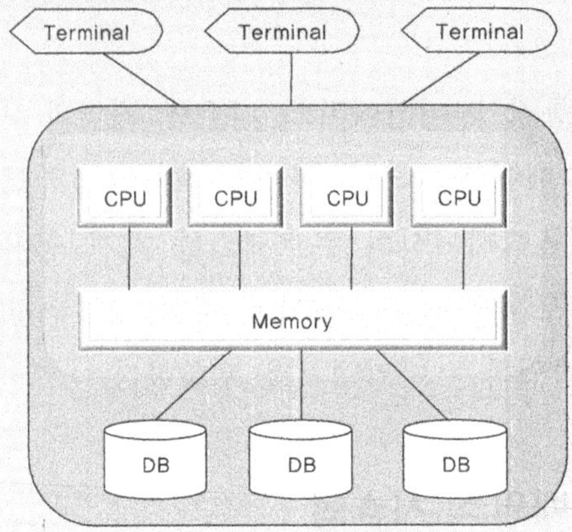

두 번째 유형의 병렬 데이타베이스 시스템은 병렬 무공유(Parallel Shared-Nothing) 아키텍처이다. 이 아키텍처에서는 각자의 메모리와 디스크를 가지는 CPU들이 병렬적으로 연결되어 작동한다. 일반적으로 병렬 데이타베이스 시스템을 말할 때에는 주로 이러한 아키텍처를 의미한다. 이러한 아키텍처에서 데이타베이스 서비스를 책임지는 CPU들은 보통 데이타를 분할하고, 트랜잭션이나 쿼리 같은 작업을 분할하여 메시지를 주고받으며 처리한다. 그림 11-8은 여러 개의 CPU와 메모리 패키지가 고속 네트웍으로 연결된 아키텍처를 보여 준다.

[그림 11-8] 병렬 무공유 아키텍처

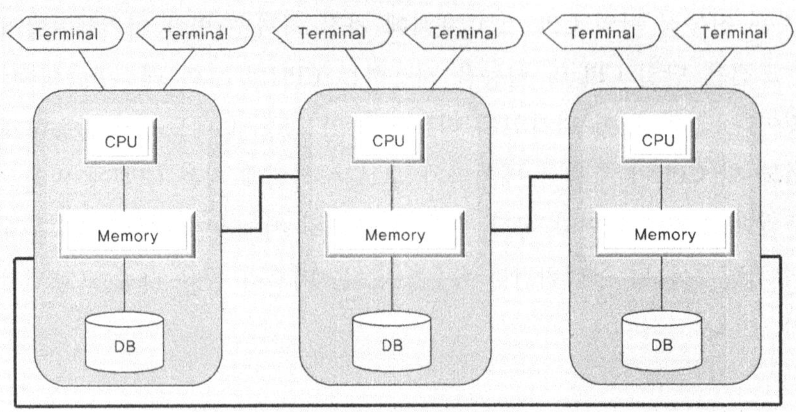

11.4.2 병렬 데이타베이스 질의 처리

병렬 데이타베이스 시스템에서의 질의 처리는 병렬로 처리할 수 있도록 질의를 분해하여 여러 CPU가 처리하는 것이다. 이러한 병렬 처리를 질의 내 병렬처리(Intra-Query Parallelism)라 한다. 질의 내 병렬처리와 같은 병렬 데이타베이스 트랜잭션 및 질의 처리에 대한 고급 개념은 이 책의 범위를 넘으므로 다루지 않기로 한다.

11.5 객체지향 데이타베이스 시스템

오늘날 1980년대 후반부터 이미 표준이 되어버린 관계형 데이타베이스 기술로서는 다루기 힘든 복잡한 데이타 요구 사항이 점차 많이 나타났다. 데이타베이스의 크기도 커졌을 뿐만 아니라 데이타 자체도 전형적인 문자와 숫자만이 아닌 그래픽, 비디오, 그리고 오디오 데이타 유형이 추가되어 기존의 정보시스템의 변화를 요구하였다. 이러한 새로운 유형의 데이타를 다루기 위하여 객체지향 개념을 가진 새로운 기술이 등장하였다.

객체지향은 개념적으로 자율적 데이타 구조인 객체에 기초한 설계와 개발 이론이다. 이 객체지향 개념은 프로그래밍 언어, 설계, 운영체계, 그리고 데이타베이스와 같이 여러 컴퓨터 관련 분야에 영향을 미쳤다.

11.5.1 객체지향 개념

(1) 객 체

객체지향(Object-oriented) 시스템에서는 모든 것이 객체이다. 객체는 고유의 식별성, 내장 특성, 자신 및 다른 객체와의 상호작용 능력을 가지도록 현실 세계의 개체[4]를 추상적으로 표현하는 개념이다. 객체는 속성과 그 객체에 작동하는 절차를

4) 개체는 데이타의 구성 요소와 관계에 관한 것이며 행위(조종 능력)를 기술하지 않는 점에서 객체와 다르다.

포함한 구조를 갖는다. 객체 내부사항 즉, 상태와 행위를 은폐하는 것을 캡슐화(Encapsulation)라 한다.

객체의 상태는 그 속성 즉, 사례변수(Instance Variable)로 기술된다. 각 속성은 고유한 이름, 데이타 유형, 그리고 영역을 갖는다. 예를 들면, 건강제약의 고객 객체가 고객번호, 고객이름, 고객유형, 주소, 시도, 우편번호, 전화번호, 팩스번호, 신용한도, 잔고, 그리고 담당직원의 속성을 가지고, 각 속성은 특정한 데이타 유형의 영역 값을 가질 수 있다. 또 객체의 속성은 하나 또는 그 이상의 다른 객체를 참조할 수 있다. 예를 들면, 고객 객체에서 담당 직원은 직원이라는 다른 객체를 하나의 속성으로 가지고 있다.

객체의 행위는 속성에 작동할 절차로 표현된다. 절차(Method)는 객체의 속성 값을 변경하거나 선택된 객체의 속성 값을 추출하는 데 사용된다. 예를 들면, 건강제약의 고객 객체는 각 고객의 가용신용한도를 계산하는 절차를 가질 수 있다. 가용신용한도 절차는 고객의 신용한도에서 잔고를 빼는 것으로 정의된다. 절차는 이름과 몸체로 구분되며 몸체는 현실 세계의 행동을 나타내는 컴퓨터 명령이다. 절차를 시작하기 위해서 객체에 보내는 메시지에는 메시지를 받는 객체, 절차의 이름, 그리고 요구되는 인수가 열거된다. 객체의 내부 구조는 메시지를 보낸 객체에 의해 직접 접근될 수 없는데 이것이 객체의 무결성과 객체 내부 사항을 은폐하는 것을 가능하게 한다. 객체는 다른, 객체에게 공표한 인터페이스가 있으며 다른 객체는 이 공표된 인터페이스 즉, 절차로 메시지를 보냄으로써 그 절차를 실행할 수 있다.

객체는 독립적으로 존재하며 객체의 식별성은 각 객체의 독특한 객체식별자(Object Identifier; OID)로 표현된다. 객체지향 시스템은 객체가 창조될 때 객체 식별자를 할당하며 어떤 경우에도 변경될 수 없다. 객체식별자는 객체의 속성 값에 의존하지 않는 점에서 선택된 속성에 사용자가 부여한 값에 따라 식별되는 관계형 데이타 모델의 기본키와는 다르다. 객체 식별자는 객체가 삭제될 경우에만 삭제될 수 있으며 삭제된 객체 식별자는 재사용되지 않는다. 또한 객체 식별자는 디스크의 물리적주소와 연관되지 않아 물리적 데이타 독립성이 유지된다.

(2) 클래스 계층과 유전

객체지향 시스템은 유사성과 차이점에 따라 객체를 분류한다. 공통의 특성을 가진 객체들이 모여서 클래스가 된다. 즉, 클래스는 공유되는 구조(속성)와 행동(절차)을 가지는 유사한 객체의 집합이다. 클래스는 그 클래스의 객체를 위한 데이타 구조와 절차 실행에 관련된 상세 사항에 관한 기술을 포함한다. 그러므로 한 클래스의 객체는 모두 같은 구조를 가지고 같은 메시지에 응답한다. 클래스는 유사한 객체의 저장고로 사용되며 클래스의 각 객체는 클래스 사례(Class Instance) 또는 객체 사례(Object Instance)라고 한다. 클래스의 각 객체 사례는 유일한 객체 식별자를 가지는 객체이며 어느 클래스에 속하는지를 알고 있다.

그림 11-9는 앞에서 설명한 건강제약의 고객 객체 클래스와 객체 사례를 보이는 것이다. 그림 11-9의 객체 사례인 무지개약국, 언덕약국, 그리고 문화약국은 같은 속성과 절차를 공유하나 다른 객체 식별자를 가져서 구별된다.

[그림 11-9] 클래스와 사례

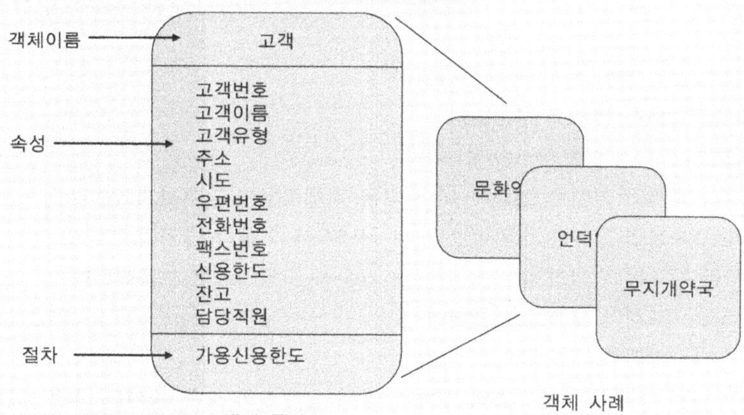

클래스는 클래스 계층으로 조직되고 클래스 계층(Class Hierarchy)의 각 클래스는 단 하나의 부모 클래스를 가지므로 가계도와 유사한 형태로 표현된다. 클래스는 객체를 객체 그룹으로 분류하는 데 사용된다. 예를 들면, 건강제약의 고객을 약국 고객과 병·의원 고객으로 분류하여 객체를 정의할 수 있다. 이때 고객은 약국 고객과 병·의원 고객의 상위 클래스(Superclass)로 약국 고객과 병·의원 고객은 고객의 하위 클래스(Subclass)가 된다.

클래스 계층은 유전이라는 중요한 객체지향 특성을 가능하게 한다. 유전(Inheritance)은 클래스 계층 내에서 객체가 상위에 있는 객체 클래스의 데이타 구조와 행위를 물려받을 수 있는 것을 말한다. 앞에서 예로 든 약국 고객 클래스는 상위 클래스인 고객 클래스의 데이타 구조와 행위를 상속 받을 수 있다. 상위 클래스의 절차는 하위 클래스에서 절차를 재정의 함으로써 무시될 수 있다.

11.5.2 객체지향 데이타 모델

(1) 객체지향 데이타 모델

지금까지 소개한 객체지향 개념이 객체지향 데이타 모델의 핵심 내용이며 객체지향 데이타 모델은 다음과 같은 기본적 특성을 가진다.

- 현실 세계의 개체를 객체로 모델한다.
- 객체는 속성과 절차로 구성된다.
- 속성은 다른 객체를 참조할 수 있다.
- 속성과 절차의 실현은 캡슐화 되어 다른 객체로부터 감추어져 있다.
- 객체는 속성의 값과는 상관없는 객체 식별자에 의해 식별된다.
- 유사한 객체는 속성과 절차의 실현을 기술하는 클래스로 그룹화된다.
- 클래스는 객체의 유형을 기술한다.
- 클래스는 클래스 계층으로 조직된다.
- 클래스 계층에서 한 클래스의 객체는 상위 클래스의 모든 특성을 유전 받는다.

(2) 객체지향 데이타베이스 설계

객체지향 데이타베이스 설계는 객체지향 개념을 데이타베이스 설계과정에 적용하는 것이다. 객체지향 데이타베이스 설계는 데이타와 절차를 하나로 보아 자체로서 완비된 개체로 인식할 것을 요구하며 이것이 객체를 기본 단위로 기술하는 데이타베이스를 개발하게 한다. 이러한 설계의 특성은 전통적 데이타베이스 설계보다 완전하고 의미가 풍부한 데이타베이스 스키마 기술을 낳게 한다.

객체지향 데이타베이스 설계는 반복적이고 점증적이다. 데이타베이스 설계자는 현실 세계의 객체를 파악하고 내부 데이타 표현, 의미 규칙, 연산을 정의한다. 그 다음에 설계자는 유사한 객체를 클래스로 그룹화하고, 절차로 제약조건과 연산을 정의한다. 이 과정이 끝나면 설계자는 다음과 같은 작업을 하여야 한다.

- 기본 데이타 유형과 기존 클래스를 사용하여 클래스 계층을 만든다.
- 기본 데이타 유형과 추상 데이타 유형(Abstract Data Type)을 사용하여 클래스간의 관계성을 정의한다.

객체지향 데이타베이스 설계 과정은 매우 중요하다. 그 이유는 클래스 계층과 클래스 간 관계성을 잘 정의하면 그만큼 최종 모델이 현실세계에 가깝게 표현될 것이기 때문이다. 객체지향 데이타베이스 설계의 어려운 점의 하나는 기존 클래스를 이용하여 새로운 클래스 계층을 만드는 작업이다.

객체지향 데이타베이스 설계는 어느 데이타베이스 모델로도 실현할 수 있다. 그러나 객체지향 데이타베이스 설계가 전통적 데이타베이스 관리 시스템으로 실현되어야 한다면 그 설계는 주의 깊게 전환되어야 한다. 그것은 전통적 데이타베이스 관리 시스템이 추상 데이타 유형, 비정규화된 데이타, 유전, 캡슐화 등과 같은 객체지향 요소들을 지원하지 않기 때문이다. 객체지향 데이타베이스 설계에서 현실적인 어려움의 하나는 설계와 문서화를 돕는 도구가 아직 많지 않다는 점이다.

(3) 개체관계성 데이타 모델과의 비교

객체지향 데이타 모델의 객체는 개체관계성 모델의 개체 또는 관계형 데이타 모델의 터플의 개념과 유사하기는 하나 그것을 더 확장시킨 개념이다. 표 11-3은 객체지향 데이타 모델을 개체관계성 데이타 모델과 비교한 표이다.

객체 개념이 행위, 유전 및 캡슐화와 같은 추가적 특성을 가지고 있어 객체지향 데이타 모델에서는 현실을 표현하는 데 있어 인위적인 요소를 만들지 않아도 되게 한다. 그림 11-10은 주문서를 모델링한 개체관계성도와 객체지향 데이타 모델을 보여준다.

〈표 11-3〉 객체지향 데이타 모델과 개체관계성 데이타 모델의 비교

객체지향 데이타 모델	개체관계성 데이타 모델
유 형	개체 정의
객 체	개 체
클래스	개체 집합
사례변수	속 성
객체 식별자	기본키
절 차	
클래스 계층	개체관계도

그림 11-10을 보면 개체관계성 데이타 모델에서는 주문서라는 현실세계의 개체를 주문과 주문항목으로 나누어 주문을 표현하고 고객 개체는 따로 표현하여 모두 세 개의 개체로 모델링하였다. 그러나 객체지향 데이타 모델은 주문서 객체를 고객, 제품과 같은 다른 객체를 내장하는 하나의 객체로 직접 모델링하여 객체 스키마로 표현하였다.

[그림 11-10] 개체관계성 데이타 모델과 객체지향 데이타 모델 비교의 예

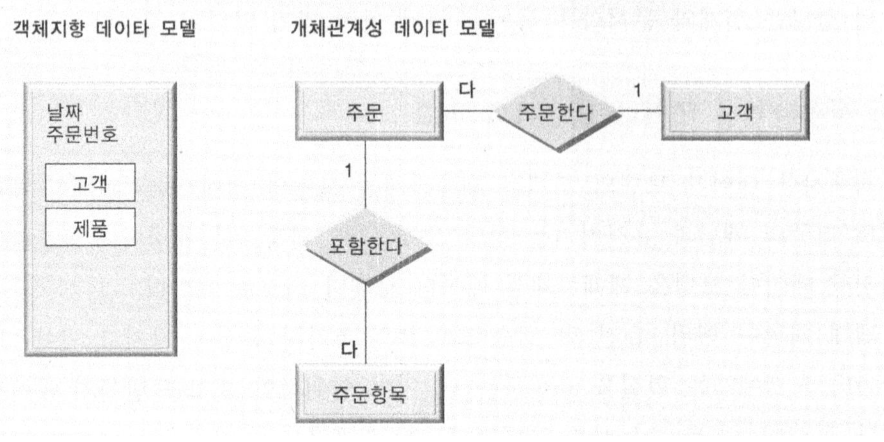

11.5.3 객체지향 데이타베이스 관리 시스템

객체지향 데이타베이스 관리 시스템은 객체지향 개념을 데이타베이스로 확장한 것으로 추상적 데이타 유형, 캡슐화 및 유전을 지원한다. 현재의 객체지향 데이타베이스 관리 시스템은 객체지향 개념과 전통적 데이타베이스 관리 시스템을 결합한 것이다. 그림 11-11은 이것을 요약하여 보여준다.

[그림 11-11] 객체지향 데이타베이스 관리 시스템 개념

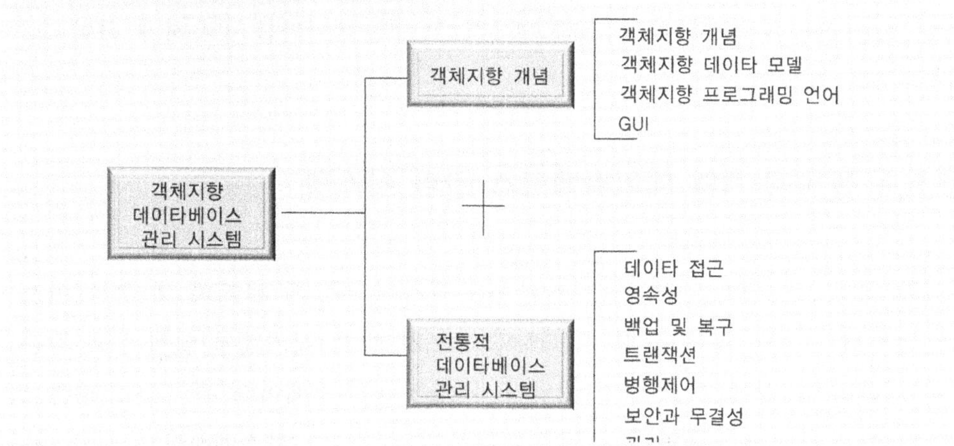

많은 객체지향 데이타베이스 관리 시스템은 객체지향 데이타 모델의 특성 중의 일부만을 가지고 있다. 객체지향 데이타베이스 관리 시스템이 가지고 있는 공통적 객체지향 특성은 다음과 같다.

- 데이타베이스 관리 시스템을 관리하는데 클래스 계층 브라우저와 같은 그래픽 사용자 인터페이스를 사용한다.
- 객체지향 프로그래밍 언어를 지원한다. 데이타 정의 언어와 데이타 조작 언어는 객체지향 프로그래밍 언어에 내장되어 있다.
- 객체지향 데이타베이스 관리 시스템이 지원하는 언어는 응용 프로그램 개발의 모든 것을 가능하게 한다.

객체지향 데이타베이스 관리 시스템과 전통적 데이타베이스 관리 시스템의 가장 현저한 차이점은 객체가 자신 또는 다른 객체와 상호작용을 할 수 있다는 점이다. 즉, 객체는 능동적 데이타베이스 요소이다. 또 다른 주요한 차이점은 객체지향 데이타베이스 관리 시스템이 주체 기반(Identity-based) 시스템이라는 점이다. 관계형 데이타베이스 관리 시스템에서는 기본키를 사용하나 이것은 객체 식별자와 달리 영구성이 없다.

추상적 데이타 유형과 캡슐화는 객체지향 데이타베이스 관리 시스템이 복잡한 데이타 또는 멀티미디어로 확장을 요구하는 응용 프로그램 개발을 쉽게 할 수 있게 해준다. 또한 유전은 객체지향 시스템 내에서 코드와 데이타를 공유하게 하여 그들을 재사용하는 것을 촉진한다.

11.5.4 객체-관계형 데이타베이스 관리 시스템

일반 비지니스 애플리케이션을 지원하기 위하여 개발된 관계형 데이타베이스 시스템은 CAD, CAM, 공학 설계, 시뮬레이션, 모델 개발, 아키텍처 설계 등과 같은 복잡한 애플리케이션에는 잘 맞지 않았다. 관계형 데이타베이스 관리 시스템은 점차 혼합된 매체 데이타의 저장과 검색을 요구하는 비지니스 환경에서도 한계를 나타내기 시작했다. 이러한 요구를 충족하기 위해 등장한 객체지향 데이타베이스 관리 시스템의 도전을 받은 관계형 데이타베이스 관리 시스템은 관계형 데이타 모델을 확장한 확장 관계형 데이타 모델(Extended Relational Data Model) 또는 객체-관계형 데이타 모델(Object-Relational Data Model)로 대응하고 있다.

객체-관계형 데이타베이스의 목적은 개체 관계성 모델과 같은 개념적 데이타 모델과 객체 지향형 모델 방법과 관계형 데이타베이스 사이의의 갭(Gap)을 연결하려는 것이다. 객체-관계형 데이타베이스 관리 시스템은 전통적 관계형 데이타베이스 관리 시스템에 객체-관계 매핑(Object-Relational Mapping) 소프트웨어를 결합하는 방법으로 그 갭을 연결하려 한다. 전통적 데이타베이스 관리 시스템이 제한된 데이타 형식의 데이타를 효율적으로 관리하는데 초점을 맞추는데 대하여 객체-관계형 데이타베이스 관리 시스템은 소프트웨어 개발자가 자신의 데이타 형식과 절차를 데이타베이스 관리 시스템에 통합할 수 있게 하여 추상의 수준을 높이도록 해준다.

객체-관계형 데이타베이스 개념의 상당 부분이 SQL:1999 표준에 포함되었고, 많은 관계형 데이타베이스 관리 시스템은 SQL:1999 표준의 객체 지향 요소를 포함하고 있다. 예를 들면, 오라클(Oracle)사에서 개발한 Oracle은 순수한 객체지향 데이타베이스 관리 시스템은 아니나 객체지향 요소와 저장 기능을 제공하고 있다. 또 관련된 일련의 소프트웨어를 통하여 복합적 데이타 유형과 인터넷을 지원하고 있다. 인포믹스(Intermix)도 Universal Server에서 다중 데이타 유형을 지원하고 있다. 그러나 이러한 접근방법이 순수한 객체 지향형 데이타베이스를 만드는 것은 아니다. 객체 지향형 데이타베이스에서는 객체 지향이 데이타 모델에 내재되어야 하기 때문이다.

11.6 인터넷과 데이타베이스

11.6.1 웹 데이타베이스 개념

인터넷(Internet)과 월드와이드웹(World Wide Web; WWW)의 사용이 증대하면서 웹으로부터 조직의 데이타베이스에의 접근 요구가 점차 커지게 되었다. 또 조직은 데이타베이스를 직접 웹에 연결함으로써 많은 정보 서비스를 할 수 있게 되었다. 조직은 웹의 정보 서비스 기능과 데이타베이스 관리 시스템의 데이타 관리 기능을 상호 보완적으로 사용함으로써 사용자에게 쉬운 방법으로 정보를 접하게 할 수 있다.

웹과 데이타베이스 관리 시스템의 통합은 모든 데이타를 데이타베이스 서버 컴퓨터에 저장하고 클라이언트 컴퓨터를 통하여 데이타를 사용자에게 제공한다. 통합은 여러 가지 형태를 취할 수 있는데 서버의 기능을 확장하거나 또는 클라이언트의 기능을 확장하여 사용자가 데이타베이스의 데이타를 접근하게 할 수 있다. 이러한 내부적 연결 고리는 사용자로부터 은폐되어 있어 사용자는 웹 브라우저(Browser)로 원하는 정보를 접할 수 있고 조직은 사용자로부터 데이타를 수집하여 데이타베이스에 저장할 수 있다.

웹 데이타베이스는 인터넷 데이타베이스이다. 그러므로 웹 데이타베이스는 어디에서도 인터넷을 통해 접근할 수 있다. 웹 데이타베이스는 많은 데이타를 조직화된 포맷으로 저장하여 HTML 코드를 사용하지 않고 PHP(Personal Home Page)와 같은 스크립트 언어를 사용하여 접근할 수 있게 한다. PHP는 HTML에 내장된 스크립트 언어이며, 웹 페이지에 명령을 삽입하게 해준다. PHP는 웹 사이트 방문자는 볼 수 없는 무대 뒤편에서 작동하는 강력한 스크립트 언어로 웹 서버 소프트웨어가 웹 페이지를 브라우저로 보내기 전에 실행한다. 사용자가 PHP 웹 페이지를 방문하면 웹 서버가 어느 부분(컨텐트, 사진 등)은 방문자에게 보여 주고 어느 부분(화일 처리, 계산 등)은 감추는지를 구분하여 PHP 코드를 HTML로 번역한다. HTML로의 번역이 끝나면 웹 페이지를 사용자의 브라우저로 보낸다. PHP는 웹 개발자가 다이내믹하게 생성되는 페이지를 신속하게 개발하게 해준다.

데이타베이스 구동 웹 사이트에서는 웹 페이지가 디스플레이 될 때 마다 데이타베이스로부터 데이타를 가져와 웹 페이지에 포함시킨다. 데이타베이스의 데이타가 변경되면 그 데이타베이스에 연결된 웹 페이지도 자동으로 그것에 맞게 변경된다. 예를 들어, 온라인 뱅킹이나 온라인 쇼핑에서 사용자는 로그인 할 때마다 최신 정보를 접하게 된다. 데이타베이스 구동 웹 사이트는 컨텐트와 데이타베이스의 디자인이 분리된다. 이것은 하나를 수정할 때에 다른 것과 독립적으로 수행할 수 있게 한다.

11.6.2 XML

XML(eXtensible Markup Language)은 마크업 언어이며 공통 표준이다. 마크업 언어는 문서가 어떻게 해석되어야 하는지를 기술하는데 사용된다. XML은 태그(Tag) 사이의 데이타를 기술하기 위해 자신의 태그를 만들도록 허용한다. XML은 데이타가 어떻게 표현되는가가 아니라 데이타가 태그 안에서 조직화하는가에 초점을 맞추고 있다. XML은 데이타 저장과 전송을 위해 주로 사용된다. XML은 문서를 전자적으로 인코딩(Encoding)하는데 사용하는 규칙이며, W3C(World Wide Web Consortium)는 자기 기술 데이타를 저장하는 표준적 방법으로 XML 표준을 만들었다.

XML은 문서에 초점을 맞추고 있지만 웹 서비스와 같은 임의의 데이타 구조를 표현하는 데에도 사용된다. XML은 단순성, 일반성, 그리고 사용성 때문에 널리 채택되고 있다. 주요 특성과 혜택으로는 다음 것들이 있다.

- **데이타 교환** : XML은 애플리케이션이 다른 언어로 개발되었거나 다른 플랫폼에서 운영되더라도 서로 다른 애플리케이션 사이의 데이타 공유를 가능하게 한다. XML의 확장성과 구조적 특성은 데이타 공유와 시스템 상호호환성을 제공하고 다른 컴퓨팅 팀간의 지식 전이를 용이하게 한다.
- **자기 기술 데이타** : XML 문서는 자기 기술 문서이며, 자기 기술 데이타(Self-describing data)는 컨텐트와 구조를 기술하는 데이타이다. 전통적 데이타베이스 시스템의 레코드와 달리 XML 데이타는 관계 스키마, 화일 기술 테이블, 외부 데이타 형식 정의와 같은 것을 요구하지 않고 XML 데이타가 이러한 데이타를 포함하고 있다.
- **독자적 언어 개발** : XML은 특정 목적의 마크업 언어를 개발하게 한다. 커뮤니케이션과 데이타 교환을 위해 수많은 XML 하부 언어(Sublanguage) 또는 XML 애플리케이션이 개발되었다. 예를 들어 금융산업 내에서는 BITS(Banking Industry Technology Secretariat), BIPS(Bank Internet Payment System), IFX(Financial Exchange)와 같은 것들이 사용되고 있다.

11.6.3 모바일 데이타베이스

랩탑(Laptop), 모바일 기기, PDA의 사용이 날로 증가하고 있으며, 앞으로는 이러한 모바일 시스템에서 사용되는 애플리케이션은 더욱 급속하게 증가할 것이다. 모바일 시스템에서 사용되는 애플리케이션은 어떤 형태의 데이타베이스에 대한 요구하게 될 것이다. 이러한 데이타베이스 애플리케이션은 데이타베이스에서 데이타를 다운로드 하여 연결이 끊어지더라도 그 데이타로 오프라인(Off-line) 작업을 할 수 있게 한다. 이러한 모바일 업무의 구체적인 예는 서버 데이타베이스에서 고객 데이타에 접근하여 업데이트하는 것이다.

모바일 데이타베이스(Mobile Database)는 모바일 컴퓨팅 기기로 모바일 네트웍을 통해 접속할 수 있는 데이타베이스이다. 예를 들어 클라이언트와 서버는 무선으로 연결되어 연락처, 가격 정보, 또는 여행한 거리의 리스트와 같은 데이타를 주고받는다. 모바일 데이타베이스를 사용하는 접속과 처리의 유형은 전통적 클라이언트/서버 시스템의 그것과 다르다. 모바일 데이타베이스에 접속하는 스마트 폰(Smart Phone)과

PDA 사용자는 시간과 거리에 상관없이 주요 업무 데이타를 교환한다. 사용자는 모바일 데이타베이스에 데이타를 전송하며 입력하고, 그 데이타는 나중에 서버 데이타베이스와 동기화된다. 주요 데이타베이스 관리 시스템 벤더들은 모바일 데이타베이스를 지원하고 있다. 예를 들어, Sybase SQL Anywhere, IBM DB2 Everyplace(DB2e), Oracle Lite, 그리고 Microsoft SQL Server Compact가 그 예이다. 현재 모바일 데이타베이스는 소매업과 유통업에서만 주로 사용되고 있다. 점차 항공사와 운송업 분야로 범위를 넓혀가고 있는 중이다.

11.7 요 약

이 장에서는 전형적인 기업의 데이타인 숫자와 문자를 효율적으로 저장하고 관리하는 필요를 만족시키는 것 이외에 새로이 실무에서 제시되는 요구에 응답하기 위해 어떤 데이타베이스 기술들이 개발되었는가에 대하여 간략히 소개하고 있다.

데이타베이스 기술은 처음에는 데이타를 통합하여 공유되도록 중앙 집중 방식으로 데이타베이스를 구축하여 조직의 요구를 해결하였으나 조직의 데이타가 여러 곳에서 다량으로 생산되고 저장됨에 따라 새로운 기술이 필요하게 되었다. 데이타를 분산하여 저장하고 처리하기 위해서는 데이타베이스 관리 시스템의 기능이 확장되고 데이타베이스 설계도 이에 맞게 하는 것이 요구되었다. 또 데이타베이스에 대한 사용자의 요구에 대한 처리의 속도를 높이기 위해 하나의 컴퓨터 또는 CPU가 처리하는 아키텍처에서 다수의 컴퓨터 또는 CPU를 활용하는 아키텍처가 요구되었다. 이것은 클라이언트/서버 아키텍처와 병렬 데이타베이스 시스템의 등장을 가져 왔다.

사용자는 데이타베이스 관리 시스템이 문자와 숫자 데이타를 원만히 관리하게 되자 복잡한 형태의 데이타도 데이타베이스 관리 시스템이 다루어 줄 것을 원했다. CAD와 CAM과 같은 복잡한 데이타를 다루고 다양한 형태의 데이타를 활용하는 멀티미디어 응용시스템을 지원하는 데이타베이스 기술로서 객체지향 데이타베이스 관리 시스템이 등장하였다. 객체지향 접근방법은 프로그래밍 언어 분야에서 처음 시작되었으나 객체지향 데이타 모델과 객체지향 분석 및 설계 분야로 그 개념의 적용범위를 넓혀 갔다. 전통적 관계형 데이타베이스 관리 시스템도 객체 지향 모델을 지원하기 위해 확장되어 객체-관계형 데이타베이스 관리 시스템으로 발전되었다.

현재 폭발적인 인기로 확산되고 있는 월드와이드웹과 모바일 기기는 정보가 사용되는 방법을 획기적으로 바꾸어 놓고 있다. 웹 데이타베이스는 웹 페이지가 사용자에게 다이내믹하게 정보를 제공할 수 있게 하였다. 스크립트 언어는 웹 사이트의 컨텐트와 구조를 분리하여 다이내믹한 방법으로 정보를 제공하게 한다. XML은 다른 애플리케이션 또는 플랫폼 사이에서 문서를 교환할 수 있게 하고 있다. 또 모바일 데이타베이스는 모바일 기기 사용자가 언제 어디서라도 데이타에 접근하여 업무를 수행할 수 있게 한다.

주요용어

중앙 집중 데이타베이스 시스템	분산 데이타베이스 시스템
분산 데이타베이스	무관성
단편화	복제
클라이언트/서버 모델	클라이언트/서버 시스템
메모리 공유 다중 프로세서 아키텍처	병렬 무공유 아키텍처
객체지향 데이타 모델	객체지향 데이타베이스 관리 시스템
웹 데이타베이스	XML
모바일 데이타베이스	
객체-관계형 데이타베이스 관리 시스템	

연습문제

01 데이타 저장과 처리의 관점에서 가능한 데이타베이스 시스템 아키텍처를 설명하라.

02 메인프레임 시스템과 클라이언트/서버 시스템을 비교하라.

03 클라이언트/서버 시스템의 구성 요소와 그 상호작용을 설명하라.

04 중앙 집중된 데이타베이스와 분산 데이타베이스의 상대적 장점을 설명하라.

05 데이타베이스를 분산되게 설계하는 방법에 대하여 설명하라.

06 객체지향 데이타 모델은 전통적 데이타 모델과 어떻게 다른가를 설명하라.

07 객체-관계 데이타베이스 관리 시스템을 설명하라.

08 웹 데이타베이스가 실제에서 사용되는 예를 찾아 간략히 설명하라.

09 금융 분야에서 XML이 사용되는 예를 찾아 간략히 설명하라.

10 모바일 데이타베이스가 사용되는 예를 찾아 간략히 설명하라.

제12장
데이타 웨어하우스와 비지니스 인텔리전스

학습목표

이 장을 읽은 뒤에 독자들은 다음 사항을 이해해야 한다.

- 데이타 웨어하우스 디자인
- 온라인 분석처리 기법
- 비지니스 인텔리전스 도구
- 데이타 마이닝과 데이타 분석 기법

최근 기업은 운영 데이타를 저장하여 사용하는 것만이 아니라 이들을 분석, 활용하여 경쟁 우위를 획득하기 위해 데이타 웨어하우스와 비지니스 인텔리전스라는 새로운 데이타 분석 기술을 사용하기 시작했다. 이 장에서는 데이타 웨어하우스, 온라인 분석처리, 비지니스 인텔리전스, 그리고 데이타 마이닝의 개념, 아키텍처, 그리고 도구들에 대하여 살펴보고자 한다.

데이타 웨어하우스는 사용자들이 온라인 거래처리 시스템과 같은 운용 시스템으로 축적된 데이타를 분석하여 비지니스, 다양한 운영들의 성과, 비지니스 경향에 관한 질문에 답하고, 사업을 개선하기 위해 필요한 것에 대한 답을 주는 것을 목적으로 한다. 비지니스 인텔리전스는 쿼리와 보고 도구, 온라인 분석처리 도구, 통계 분석, 예측, 데이타 마이닝, 의사결정시스템, 그리고 중역정보시스템의 결합이다. 데이타 마이닝 도구는 데이타를 분석하고, 데이타 사이에 은폐된 문제 또는 기회를 발견하고, 발견된 것을 기초로 하여 컴퓨터 모델을 개발하고, 그 모델을 사용하여 비지니스를 예측하는 데 사용한다.

12.1 데이타 웨어하우스

12.1.1 온라인 거래처리 시스템의 한계

모든 기업은 거래와 관련된 거래 업무 수행을 지원하는 정보시스템을 가지고 있다. 이러한 시스템을 거래처리 시스템(Transaction System)이라고 한다. 오늘날 대부분의 거래처리 시스템은 주문과 송장 처리와 같은 주요 업무를 온라인으로 지원하면서, 온라인 거래처리(Online Transaction Processing; OLTP) 시스템이라고도 부른다. 온라인 거래처리 시스템은 기업의 업무와 관련된 데이타를 저장하고 있으며 매일 수천 또는 수 만 개의 거래를 처리한다. 온라인 거래처리 시스템의 주요 목적은 데이타의 저장과 갱신을 지원하면서 데이타의 일관성을 유지하는데 있다. 그러므로 온라인 거래처리 시스템의 핵심은 데이타베이스이다.

온라인 거래처리 시스템을 위한 데이타 모델은 앞에서 배운 개체 관계성 모델링 프로세스를 통하여 디자인 되고, 이것은 다시 정규화된 테이블로 구성된 관계형 데이타베이스로 전환된다. 정규화된 관계형 데이타베이스는 수 십 또는 수 백 개 또는 그 이상의 테이블을 포함하며, 이 테이블의 대부분은 다른 테이블과 연계되어 있다. 온라인 거래처리 시스템의 요구사항을 충족하기 위한 이러한 정규화된 데이타베이스에는 모든 정보가 단 한 곳에만 존재하고 쉽고 효율적으로 업데이트 될 수 있게 한다.

기업의 직원들은 업무를 위해 데이타베이스를 근간으로 하는 온라인 거래처리 시스템이나 전사적 자원관리(Enterprise Resource Planning; ERP) 시스템과 같은 운영 시스템(Operational System)에서 사전에 개발된 보고서를 사용한다. 온라인 거래처리 시스템은 일상적 거래처리 업무와 정기적인 표준화된 보고서 생성을 지원하는데 초점이 맞추어져 있다. 그러나 온라인 거래처리 시스템에서 자세한 거래 분석을 통한 전체 비지니스에 대한 이해를 하는 것과 같은 방법으로의 응용은 쉬운 일이 아니다. 예를 들어, 온라인 거래처리 시스템은 "지난해에 수도권에서 가장 많이 팔린 제품은 무엇인가?" 그리고 "그 지역의 어떤 부류의 고객이 그 제품을 구매하였는가?"라는 질문을 효과적으로 처리하기 어렵다. 그것은 온라인 거래처리 시스템이 비지니스의 거래 처리를 주된 목적으로 하는 시스템이기 때문이다.

사용자가 분석 업무를 위해 실시간으로 운영되는 온라인 거래처리 시스템을 비지니스 분석에 직접 사용하는 것은 시스템 자원의 성능과 가용성에 영향을 줄 것이 분명하므로 바람직한 일이 아니다. 이것은 많은 온라인 거래처리 시스템에서의 쿼리 처리는 여러 다른 테이블이 관련되므로 테이블의 결합을 요구한다. 데이타베이스의 사이즈가 어느 정도만 커지면 이것은 상당한 시스템 성능의 저하를 가져와 온라인 거래처리 시스템 본래의 기능을 떨어뜨리게 한다. 따라서 온라인 거래처리 시스템의 데이타베이스의 복잡성과 시스템 성능의 이유로 온라인 거래처리 시스템 사용자는 시스템 개발자가 만들어 놓은 정적(Static)이거나 매개 변수에 의한 보고서로 제한된 정보를 사용하는 것이 일반적이다.

온라인 거래처리 시스템이 사용자들이 바라는 복잡한 분석에 적합하지 않은 또

〈표 12-1〉 온라인 거래처리 시스템과 데이타 웨어하우스 비교

	온라인거래시스템	데이타 웨어하우스
기본 동기	데이타 수집, 입력	정보 제공
분석 능력	낮음	중간
세센당 데이타	제한적	소량에서 중간 정도
결과 데이타	작다	크다
반응 시간	매우 빠름	빠르거나 중간 정도
데이타 단위	세부적	세부적, 요약
데이타 시세	현재	현재, 역사적
접근 방법	미리 정해짐	미리 정해짐, 즉흥적
데이타 모델	데이타 업데이트 목적	쿼리 목적
데이타베이스 최적화	거래 처리 목적	분석 목적
업데이트 빈도	매우 자주	주로 읽기
사용자 상호작용 범위	단일 거래 처리	관련 데이타 컨텐트

다른 이유는 기업의 데이타가 산재해 있기 때문이다. 예를 들면 인사 부서와 관련된 데이타가 인사 시스템에 있고 다음년도 예산 데이타는 스프레드시트에 있는 경우가 흔하다. 따라서 복잡한 분석을 가능하게 하기 위해서는 산재한 데이타를 통합하여 온라인 거래처리 시스템 밖에 두는 것이 바람직하다.

온라인 거래처리 시스템과 같은 운영시스템은 일상적으로 수행되는 업무 처리를 지원하는 목적을 가지고 있으므로 앞에서 본 것처럼 데이타를 분석하여 전략적 정보를 활용하게 하는 의사결정지원 시스템(Decision Support System)으로 사용하기는 적절하지 않다. 이것이 다음에서 보는 데이타 웨어하우스가 등장하게 된 동기이다.

12.1.2 데이타 웨어하우스의 개념

합리적 의사 결정의 기초가 되는 정보를 이용한 의사 결정이 가능하도록 하기 위하여 의사결정지원 시스템이 개발되었다. 그런데 오늘날의 비지니스 문제는 많은 양의 정보를 요구하지만 전통적 의사결정지원 시스템은 조직의 운영 데이타베이스로부터 필요한 모든 정보를 추출하기는 어렵게 되어 있다. 이러한 문제를 해결하기 위하여 등장한 것이 데이타 웨어하우스라는 새로운 데이타베이스 접근방법이다. 데이타 웨어하우스는 운영 데이타베이스나 다른 데이타 원천에서 데이타를 넘겨받아 저장하여서 필요한 데이타를 추출하여 분석할 수 있는 데이타 풀(Data Pool)을 만드는 것이다. 데이타 웨어하우스에 있는 데이타는 정보 생산이 단순하게 될 수 있는 구조로 저장되어 있다. 따라서 데이타 웨어하우스의 데이타는 오늘날의 의사결정지원 시스템인 비지니스 인텔리전스의 주요 데이타 원천이 되고 있다.

데이타 웨어하우스는 사용자들이 비지니스, 다양한 운영의 성과, 비지니스 경향에 관한 질문에 답하고, 사업을 개선하기 위해 필요한 것에 대한 답을 주는 것을 목적으로 한다. 이를 위해 데이타 웨어하우스는 다수의 관점으로 과거 데이타를 정확하게 저장하여 사용자들이 데이타에 직접 접근하게 한다. 데이타 웨어하우스의 창시자라고 불리는 Bill Inmon에 따르면 데이타 웨어하우스(Data Warehouse)는 의사결정을 지원하는 통합되고, 주제 지향적, 시간 변수적, 그리고 비소멸성인 데이타베이스라고 정의된다. 즉 데이타 웨어하우스의 데이타는 온라인 거래처리 시스템과 다른 소스 시스템의 데이타와 분리되어 통합되는데, 이때 시간을 새겨 넣은(Time-stamped) 데이타를 주제 중심(Subject-oriented)으로 조직화하여 비소멸적(Nonvolatile)이게 저장한다. 표 12-2 에서 요약하여 제시한 이 네 가지 데이타 웨어하우스의 요건들을 좀 더 자세히 살펴보면 다음과 같다.

① 통합된 데이타베이스

데이타 웨어하우스는 전체 조직에서 수집한 데이타를 중앙에 집중하여 통합한 데이타베이스이다. 데이타 웨어하우스는 다양한 원천으로부터 다른 포맷의 데이타를 통합한 것이다. 데이타 통합은 모든 데이타 항목을 정의하고 표준화하는 조직적 노력이 요구된다. 이러한 통합이 시간은 걸리지만 한번 완성되면 전체 조직의 상황에 대한 통일된 관점을 제공한다. 데이타 통합은 의사 결정을 향상시키고 회사의 운영을 더 잘 이해하게 하여 전략적 비지니스 기회의 인식을 가능하게 한다.

② 주제 지향적 데이타베이스

데이타 웨어하우스의 데이타는 회사 내의 다양한 기능 분야에서 제기되는 질문에 대한 대답을 제공하기 위해 정리되어야 한다. 데이타 웨어하우스의 데이타는 판매, 마케팅, 재무, 분배, 유통 등과 같은 주제별로 조직되고 요약된다. 데이타 웨어하우스는 제품, 고객, 부서, 지역, 판촉 등과 같은 특정 관심사항에 따라 표현할 수 있도록 데이타를 설계한다. 이러한 데이타 디자인은 전형적 거래처리 시스템의 기능적 또는 프로세스 지향적 데이타 디자인과는 매우 다르다.

③ 시간 변수적 데이타베이스

현재의 거래에 초점을 맞추는 운영 데이타와 달리 데이타 웨어하우스의 데이타는 시간의 변화에 따른 데이타의 흐름을 나타낸다. 데이타 웨어하우스의 데이타는 지난주, 지난달, 또는 지난 5년간에 무엇이 일어났는가에 관한 데이타를 저장한다. 데이타 웨어하우스의 데이타는 통계 또는 다른 모델이 생산한 데이타를 포함하며, 이것은 데이타가 정기적으로 저장될 때 모든 시간 종속적 총계를 다시 계산하도록 한다는 의미에서 시간 변수적(Time Variant)이다. 예를 들면, 지난주의 판매액이 데이타 웨어하우스에 기록될 때 제품, 고객, 점포, 그리고 다른 변수에 관한 주별, 월별, 연별 그리고 다른 시간 종속적 총계를 갱신하는 것이다.

④ 비소멸적 데이타베이스

데이타가 데이타 웨어하우스에 기록되면 거의 업데이트되지 않는다. 왜냐하면 데이타 웨어하우스의 데이타는 회사 전체의 역사를 나타내고 최근 역사를 나타내는 운영 데이타는 계속 추가되기 때문이다. 데이타가 절대로 삭제되지 않고 새로운 데이타가 항상 추가되기 때문에 데이타 웨어하우스는 계속 커진다.

〈표 12-2〉 데이타 웨어하우스와 운영 데이타베이스의 차이점

특 성	운영 데이타베이스 데이타	데이타 웨어하우스 데이타
통 합	유사한 데이타가 다른 표현과 의미를 가진다.	모든 부서를 위한 공통된 정의와 표현으로 모든 데이타에 대한 통일된 관점을 제공한다.
주제지향	데이타가 기능 또는 프로세스 지향적으로 저장된다.	데이타가 데이타와 의사결정에 대한 다중 관점을 가능케 하는 주제지향으로 저장된다.
시간변수	데이타가 현재의 거래를 나타낸다.	데이타가 역사적 성격을 갖는다. 시간 차원이 데이타 분석과 시간비교에 추가된다.
비소멸성	데이타 갱신과 삭제는 일상적이다.	데이타는 변경되지 않는다. 데이타는 운영시스템으로부터 정기적으로 추가되기만 한다. 데이타가 저장되면 변경되지 않는다.

데이타 웨어하우스의 데이타는 여러 가지 변수로 측정한 회사의 역사적 한 순간의 기록에 해당한다. 데이타 웨어하우스는 시간 틀 안에 데이타를 위치하게 하는 시간 식별자(Time ID)를 사용하며 이 시간 식별자는 필요한 요약과 총계를 생산하는데 사용된다. 시간 요소는 데이타 분석가에게 의사결정 분석에서 시간 차원을 고려할 수 있게 하여 어떤 주제에 대한 주별, 월별, 분기별, 그리고 연도별 조사를 가능하게 한다. 데이타가 데이타 웨어하우스에 기록되면 시간 식별자는 데이타에 할당되고 변경되지 않는다.

데이타 웨어하우스는 데이타 분석과 질의 처리를 위한 검색만 가능한 데이타베이스이다. 데이타는 다양한 원천으로부터 추출된 다음 데이타 웨어하우스에 기록되기 전에 전환되고 통합되는 과정 즉, 데이타 추출 과정을 통과하게 된다. 그림 12-1은 운영 데이타베이스로부터 데이타 웨어하우스가 구축되는 과정을 간략하게 도식화한 것이다.

[그림 12-1] 데이타 웨어하우스 개발

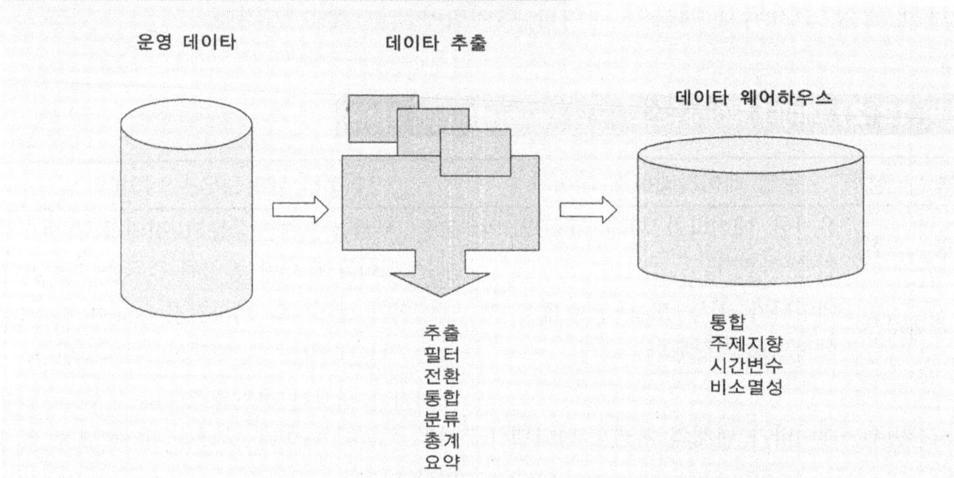

사용자는 데이타를 유용한 형식으로 추출하기 위하여 전방(Front-end) 도구나 응용프로그램을 통하여 데이타 웨어하우스에 접근한다. 데이타 웨어하우스의 개발은 시간, 자금, 그리고 상당한 관리 노력을 요구한다. 따라서 많은 기업은 데이타 웨어하우스를 조직 내의 소그룹의 특별한 요구에 맞춘 데이타 저장고로 개발하는 분산된 접근방법을 택하기도 한다. 이러한 작은 데이타 저장고를 데이타 마트(Data Mart)라 부른다. 즉 데이타 마트는 소그룹을 위한 의사결정을 돕는 단일 주제의 소규모 데이타 웨어하우스이다.

데이타 웨어하우스와 데이타 마트의 차이는 주로 관점에 관한 것이다. 전통적으로 데이타 마트는 특정 주제와 관련한 한 부서의 데이타 웨어하우스 프로젝트라 할 수 있다. 예를 들면, '마케팅 데이타 마트' 또는 '재무 데이타 마트'가 그것이다. 보통 이러한 프로젝트는 회사의 일관성 있는 비전이 없이 독자적으로 실행된다. 따라서 데이타 마트 간의 일관성 있는 차원이 없는 경우가 많아 문제를 일으키기도 한다. 그러나 데이타 웨어하우스는 여러 공동체가 사용할 중앙 집중적 데이타 저장고이다. 데이타 마트가 중앙 데이타 웨어하우스를 정보의 소스로 사용할 때도 있다.

데이타 웨어하우스는 사용자들이 접근할 수 있도록 조직 데이타를 일관성 있게 모아 둔 곳이다. 데이타 웨어하우스는 여러 소스에서 데이타를 추출(Extraction), 전환(Transformation), 적재(Loading)하는 과정을 거쳐 정제된 유효한 데이타 저장고(Repository)이다. 이 데이타는 사용자가 쉽게 업무와 관련된 질의를 만들고 또 그 결과를 바로 얻을 수 있도록 조직화되어 있다. 데이타 웨어하우스의 데이타는 다양한 분석 도구를 통하여 유용한 정보로 사용자에게 제공된다. 그림 12-2는 그림 12-1을 더 구체화하여 다른 관련 요소들과 함께 보여 주는 일반적인 데이타 웨어하우스 아키텍처이다.

[그림 12-2] 데이타 웨어하우스 아키텍처

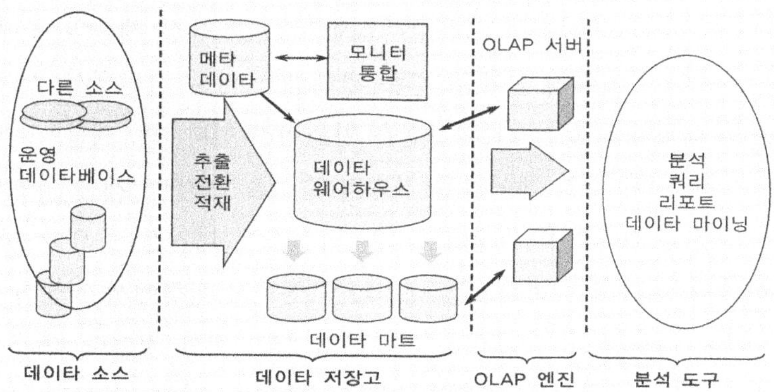

12.1.3 데이타 웨어하우스 디자인

데이타 웨어하우스의 데이타 디자인은 일반적으로 두 가지 접근방법이 사용된다. 첫째는 데이타 웨어하우스의 데이타도 관계형 데이타베이스 모델에 의거하여 정규화된 관계로 디자인하는 것이다. 필요한 테이블은 주제별로 그룹을 만들어 저장된다. 이 방법의 장점은 데이타를 데이타베이스에 저장하는 것이 간단하다는 것이다. 단점은 여러 다른 데이타 소스의 데이타에 대한 자세한 이해가 없이 접근하여 결합한다는 것이다.

두 번째 데이타 웨어하우스 디자인 방법은 통합된 데이타에 대한 이해와 쿼리에 최적화된 스키마(Schema)를 지원하는 차원 모델을 사용하는 것이다. 차원 모델(Dimensional Model)은 주로 거래 데이타의 수치로 구성되는 사실(Fact) 테이블과 사실 데이타에 대한 분석 차원을 표현하는 차원(Dimension) 테이블로 나누어진다. 차원 모델의 장점은 사용자가 데이타 웨어하우스를 이해하고 사용하기가 쉽고 데이타를 추출하는 것이 빠르다. 반면에 단점은 운영 데이타베이스로부터 데이타 웨어하우스로 데이타를 추출, 전환, 적재의 프로세스가 복잡하고 데이타 웨어하우스의 구조를 수정하는 것이 어렵다는 것이다.

차원모델의 중심에는 사용자가 관심을 가지는 판매량, 판매액, 마진 등과 같은 측정치(Measures)를 저장한 사실 테이블이 있다. 사실 테이블은 관련된 측정치를 수집한 것이며, 각 측정치는 사실 테이블의 열(Column)이 된다. 사용자는 사실 테이블의 수치를 여러 가지 다른 관점에서 사용한다. 예를 들면, 특정 제품의 판매량의 합계 그리고 특정 지역의 판매량의 합계는 같은 판매량을 다른 각도에서 바라보는 것이다. 이렇게 같은 데이타를 보는 다른 관점을 차원이라 한다. 즉, 제품, 고객, 지역, 시간 등은 차원의 예이다. 차원 테이블은 기술적 속성을 가지며, 제품 차원의 제품 분류, 색깔, 크기 등이 그 예이다. 데이타 웨어하우스에서 가장 중요한 차원은 시간(Time) 차원이다. 데이타 웨어하우스는 데이타를 역사적 관점에서 저장한 것이고, 시간 차원은 시간에 따른 데이타 분석을 가능하게 하기 위한 것이다. 예를 들면 사용자는 시간 차원을 사용하여 어느 해의 합계를 구할 수도 있고 전년도 대비 증가율을 비교할 수도 있다.

그림 12-3은 비디오 렌탈 비지니스를 분석하는 차원을 보여 준다. 이 디자인은 매출 분석을 제품 분류, 시간, 지역의 차원으로 나누어 할 수 있게 하고 있다. 제품 차원은 모든 제품, 제품 분류, 개별 제품, 시간 차원은 년, 분기, 월, 주, 지역은 광역시/도, 시, 도, 동, 점포의 차원으로 나누어 세부적으로 분석할 수 있다.

[그림 12-3] 다차원

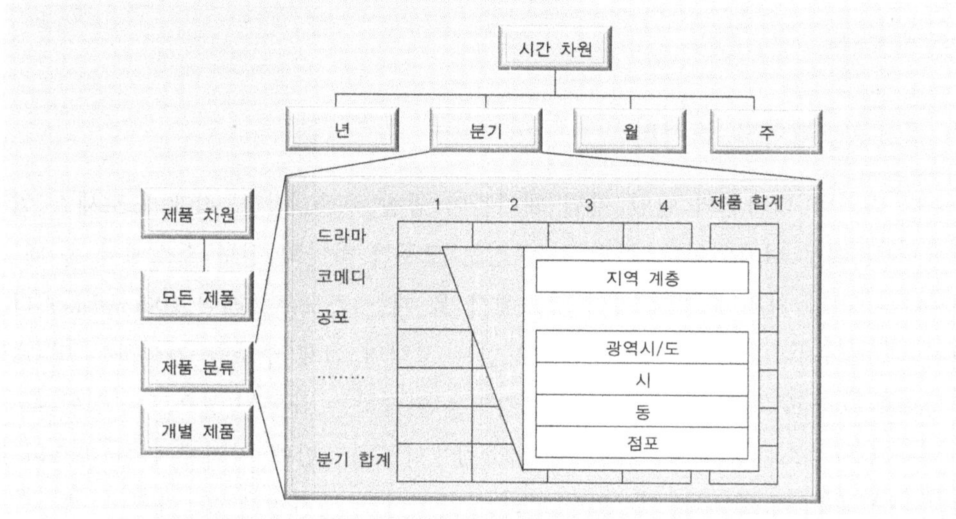

(1) 스타 스키마

다차원 데이타 웨어하우스 모델의 데이타베이스 스키마는 하나 이상의 사실 테이블과 여럿의 차원 테이블을 가진다. 가장 간단한 차원 모델은 그림 12-4와 같이 하나의 사실 테이블과 제품, 시간, 지역, 고객과 같은 각 차원에 대하여 한 개의 테이

[그림 12-4] 스타 스키마

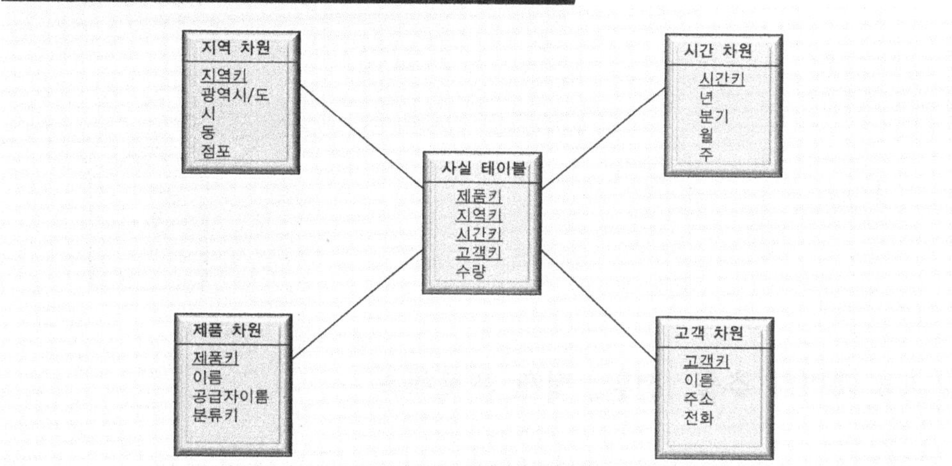

블을 정의하는 '스타(Star)' 차원 모델이다. 이러한 디자인을 스타 스키마(Star Schema)라고 부른다.

(2) 스노우플레이크 스키마

스타 스키마 디자인의 단일 차원 테이블이 종종 추출, 전환, 적재 프로세스 입장에서 가장 쉬운 디자인이다. 특히 차원 정보 모두가 하나의 정보 소스에서 올 때 그러하다. 그러나 차원 속성이 여러 소스에서 올 때는 스노우플레이크(Snowflake) 디자인이 더 매력적이다. 예를 들면 지리 차원은 고객의 실제 주소를 기술하는 몇 개의 속성으로 그리고 그 주소가 있는 판매 지역을 기술하는 다른 속성으로 구성될 수 있다. 즉 고객 주소는 온라인 거래처리 시스템에서 오고, 판매 지역에 관한 마스터 데이타는 엑셀(Excel)에서 올 수 있다. 스노우플레이크 디자인은 또 차원이 계층으로 되어 있을 때 적합하다. 예를 들면, 그림 12-5와 같이 제품 차원이 다시 (제품) 분류 차원으로 나누어지는 경우이다.

[그림 12-5] 스노우플레이크 스키마

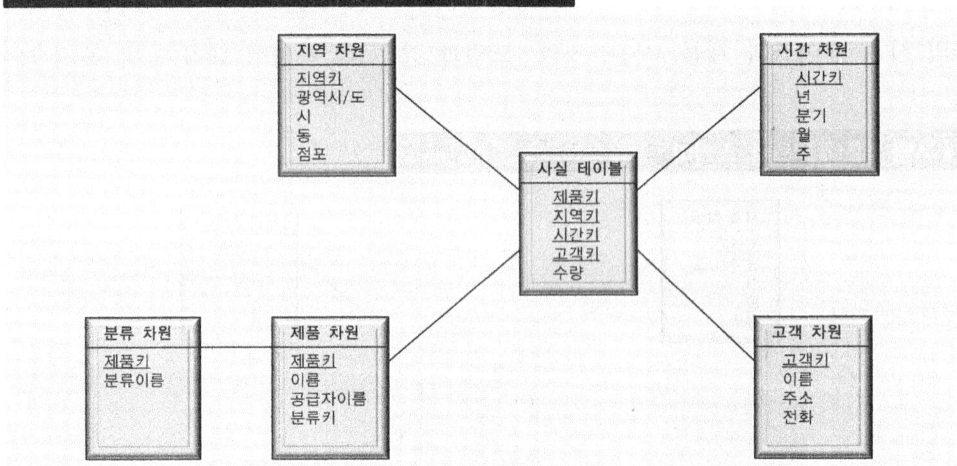

12.1.4 데이타 추출, 전환, 적재 프로세스

데이타 웨어하우스는 다른 시스템과 별도로 존재하므로, 데이타는 여러 소스 시스템(Source System)로부터 추출, 전환, 적재의 프로세스를 거쳐 개발된다. 이 프로세스를 추출, 전환, 적재(Extraction, Transformation, Loading; ETL)라 부른다.

데이타 웨어하우스 개발을 위한 정확한 데이타 추출, 전환, 적재 접근방법은 소스 시스템이나 비지니스 요구사항의 성격과 같은 요소에 따라 다르지만, 전형적인 추출, 전환, 적재 프로세스는 매일 또는 정기적으로 배치(Batch) 프로세스로 일어난다. 이 프로세스의 첫 번째 단계는 소스 시스템에서 데이타를 추출하는 것이다. 두 번째 단계는 추출된 데이타에 대하여 유효한 비지니스(기본) 키가 사용되었는지 여부를 점검하고 데이타 유형이나 포맷(Format)을 비교하여 바른 포맷으로 전환시키는 것이다. 마지막 단계는 전환된 데이타를 데이타 웨어하우스 테이블에 저장하는 것이다. 보통 데이타 적재는 특정 기간의 새로운 데이타 레코드를 데이타 웨어하우스의 기존 레코드에 추가한다.

추출, 전환, 적재 프로세스는 한 시스템에서 다른 시스템으로 데이타를 복사하고 전환하는 것 보다는 데이타의 출판으로 이해하여야 한다. 출판 프로세스는 사용자가 정보에 접근하기 전에 데이타 품질에 상당한 주의를 기울여야 하고 실수나 누락을 파악하여 수정하는 관리 프로세스를 의미한다.

12.1.5 온라인 분석처리

하드웨어, 클라이언트/서버 기술, 그리고 데이타베이스 관리 시스템의 발전은 데이타 웨어하우스의 등장과 함께 온라인 분석처리(Online Analytical Processing; OLAP)라는 새로운 의사결정시스템 요소의 등장을 가져왔다. 온라인 분석처리는 관계형 데이타베이스 관리 시스템 또는 다차원 데이타베이스 관리 시스템으로 지원되는 데이타 웨어하우스의 데이타를 분석하여 새로운 정보를 추출하는 고급 데이타 분석 기법과 도구를 의미한다.

온라인 분석처리 기법과 도구는 데이타를 다차원으로 볼 수 있게 하고 다른 차원에서 통합 또는 총계를 구할 수 있게 한다. 다차원 관점의 데이타 분석에 대한 관심은 비지니스 의사결정자가 데이타를 비지니스 관점에서 본다는 사실에서 기인한다. 매니저는 비지니스 데이타를 다른 비지니스와 연관시켜 본다. 예를 들면, 판매 데이타를 고객과 시간의 관점에서 분석하는 것이다.

(1) 다차원 데이타 분석

다차원 데이타 분석은 데이타를 다차원 구조의 일부로 보는 데이타 처리를 말한다. 그림 12-6에서 보는 것과 같이 온라인 분석처리의 핵심 개념은 행과 열의 2차원 테이블 보다 더 많은 차원을 포함할 수 있는 데이타 구조인 큐브(Cube)이다. 온라인 분석처리의 큐브는 하나 이상의 사실 테이블의 데이타로 구성되며 측정과 차원의 형태로 사용자에게 정보를 제공한다. 온라인 분석처리 기술은 일반적으로 쿼리 언어 외에도 큐브에 복잡한 분석적 논리를 더하는 계산 엔진을 포함한다. 온라인 분석처리의 큐브는 상세한 사실 데이타 이외에도 미리 계산한 요약한 값 즉 통합값(Aggregates)을 저장한다. 그림 12-6에서 보는 제품 분류별 합계가 그 예이다. 적절히 조절된 온라인 분석처리 데이타베이스는 통합값을 사용하여 대부분의 쿼리에 빠르게 반응하여 온라인 분석처리의 성능을 향상 시킨다.

[그림 12-6] 다차원 분석

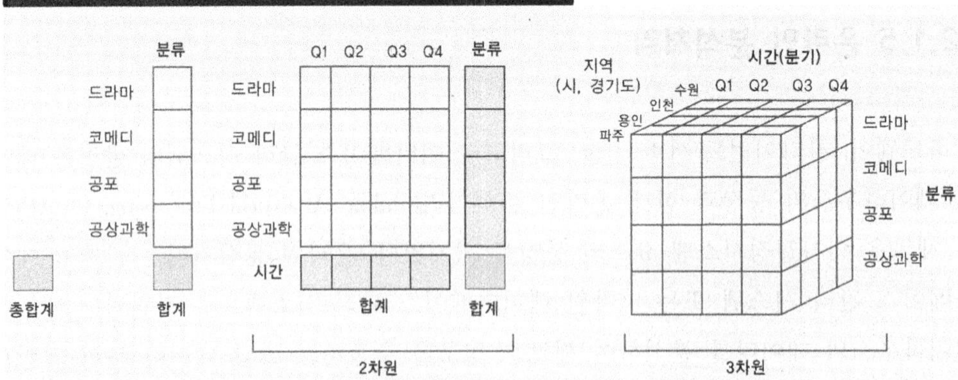

효율적인 의사결정 지원을 위해 온라인 분석처리 도구는 다른 데이타베이스 관리 시스템, 화일 시스템, 또는 외부 데이타 원천에의 접근을 가능하게 한다. 또 통합된 데이타 웨어하우스뿐만 아니라 운영 데이타베이스에의 접근을 허용한다. 이러한 데이타베이스의 데이타에 대하여 드릴 다운(Drill-down)과 롤업(Roll-up)과 같은 고급 데이타 항해가 가능한 기능을 제공한다. 온라인 분석처리의 데이타베이스는 더 자세한 내용을 보기 위해 드릴 다운할 수 있도록 요약된 수준으로 제시된다. 예를 들면, 앞에서 본 비디오 렌탈 비지니스의 판매액을 분석할 때 지역과 제품 분류 차원의 판매액 데이타를 시간 차원의 년 단위로 보다가 3분기의 판매액이 목표를 달성하지 못했다는 것을 발견 한다면, 그 분기를 드릴 다운(Drill Down)하여 월별 판매액 데이타를 보며 어떤 문제가 있는지를 분석할 수 있다. 또 앞의 데이타를 지역 차원을 동 단위에서 시 단위로 분석하기 위해 롤업(Roll Up)할 수도 있다. 그림 12-7은 이것을 그림으로 보여 준다.

[그림 12-7] 드릴 다운과 롤업 연산의 예

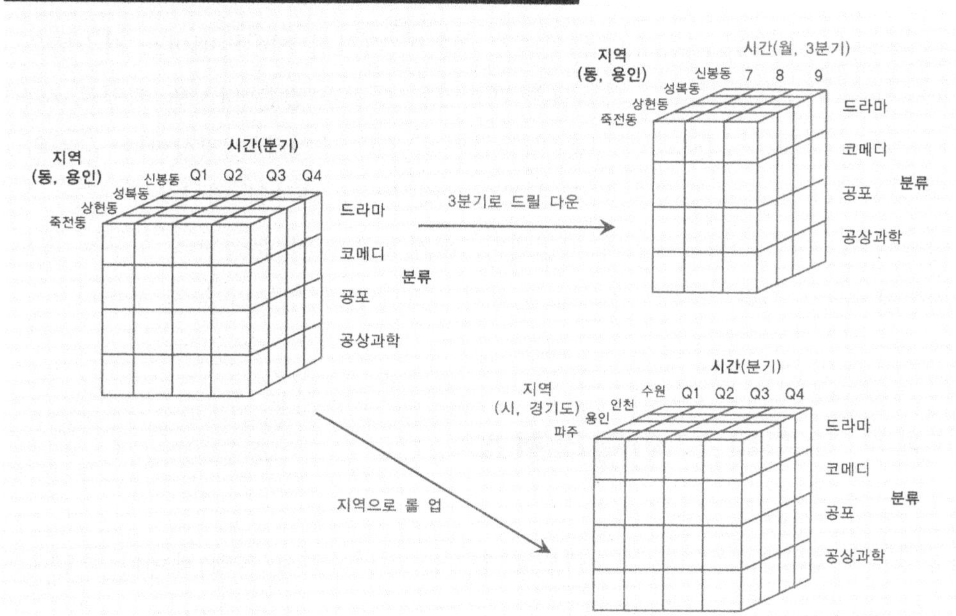

(2) 온라인 분석처리 도구 분류

온라인 분석처리 도구는 11장에서 설명한 클라이언트/서버 아키텍처를 바탕으로 단순하면서도 고급의 사용자 인터페이스를 제공한다. 온라인 분석처리 도구의 성능 결정 요소는 상세한 데이타와 통합된 데이타가 어디에 어떻게 저장되는가이다. 데이타를 저장하는 방법과 처리하는 방식에 따라 온라인 분석처리 도구는 다차원 온라인 분석처리 도구와 관계형 온라인 분석처리 도구로 나누어진다.

관계형 온라인 분석처리(Relational Online Analytical Processing; ROLAP) 도구는 관계형 데이타베이스를 사용하며 온라인 분석처리를 지원한다. 관계형 온라인 분석처리 도구는 특별한 설계 기법으로 관계형 데이타베이스 관리 시스템이 다차원의 데이타 표현을 지원하게 한다. 관계형 온라인 분석처리 도구는 상세 정보와 통합값을 관계형 데이타베이스에 저장한다. 즉 사실 테이블 외에 많은 요약한 값의 테이블이 저장된다. 관계형 온라인 분석처리 도구는 고급 데이타 분석이 가능하도록 SQL언어를 확장하고 복잡한 질의어 처리를 적정화하였다.

다차원 온라인 분석처리(Multi-dimensional Online Analytical Processing; MOLAP) 도구는 다차원 데이타를 저장하고 분석하기 위하여 다차원 데이타베이스 시스템을 사용한다. 다차원 데이타베이스 시스템은 데이타를 행렬과 같은 다차원 배열로 저장한다. 다차원 온라인 분석처리 도구는 최적화된 구조로 데이타를 저장한다. 다차원 온라인 분석처리 도구의 등장은 다차원 데이타베이스가 다차원 데이타를 저장, 관리, 분석하는 데 가장 적합하다는데 기인한다. 관계형 온라인 분석처리 도구는 규모에 적절하게 대응하지만 다차원 온라인 분석처리 도구만큼 성능이 높지 못하다.

12.2 비지니스 인텔리전스

과거에는 비지니스가 정보시스템으로 업무를 처리하면서 거래 데이타의 양은 증가하였음에도 불구하고 그 데이타를 수집하여 분석하는 것은 데이타의 통합이 없었으므로 쉽지 않았다. 그러므로 데이타 분석을 통한 의사결정은 원활하지 않았거나 장기적 의사결정 업무에 한정되었다. 단기적 의사결정은 데이타 분석을 통한 정보에 의한 것이 아니라 의사결정자의 직감이나 전문지식에 의존하였다. 그런데 정보기술의 발전으로 점차 비지니스가 표준화, 자동화, 전문화된 소프트웨어를 사용하면서 대용량 데이타를 추출, 전환, 적재를 거쳐 데이타 웨어하우스를 만들어 분석할 수 있게 되었다. 최근에는 비지니스 인텔리전스라는 사실(또는 데이타) 기반의 넓은 의미의 의사결정지원 시스템의 등장을 가져 왔다.

비지니스 인텔리전스(Business Intelligence)는 비지니스가 시장 행태와 비지니스 맥락에 대한 이해를 돕는데 사용하는 능력, 지식, 기술, 애플리케이션, 그리고 실무를 말한다. 비지니스 인텔리전스는 정보의 수집, 통합, 분석, 해석, 그리고 프리젠테이션의 활동을 포함한다. 따라서 비지니스 인텔리전스는 조직 내에 산재한 모든 데이타를 유용한 정보로 전환하여 궁극적으로 지식으로 만들려는 목표를 추구하도록 설계된 개념, 방법 및 기술의 집합이라고 할 수 있다. 실무적으로 비지니스 인텔리전스는 쿼리와 보고 도구, 온라인 분석처리 도구, 통계분석, 예측, 데이타 마이닝, 의사결정시스템, 그리고 중역정보시스템의 결합이다.

비지니스 인텔리전스의 목적은 판매, 생산, 재무, 그리고 다른 분야에서 의사결정을 돕는데 있다. 과거에는 이러한 정보가 보고 및 분석 도구를 통하여 조직의 분석 전문가 및 경영자에게 전달되었으나, 점차 비지니스 인텔리전스는 일반 직원들이 일상 업무를 수행하는데 사용할 수 있는 지능적 기능, 애플리케이션, 그리고 도구를 통합하여 조직의 모든 부분에 제공되고 있다. 성공적인 비지니스 인텔리전스는 수익을 증대시키거나 운영 프로세스와 실무를 향상시킬 수 있는 전향적 기회를 찾아내는 것과 같은 조직에게 특별히 가치 있는 능력을 창조할 수 있다.

12.2.1 비지니스 인텔리전스 프레임워크

비지니스 인텔리전스는 주로 데이타 웨어하우스나 데이타 마트 때로는 운영 데이타베이스로부터 수집된 데이타를 사용하여 비지니스 운용에 대한 역사적, 현재, 예측적 정보 또는 관점을 제공한다. 비지니스 인텔리전스는 기업의 사용자가 더 좋은 의사결정을 하도록 데이타를 수집, 저장, 분석, 접근을 돕는 애플리케이션과 기술이다. 이러한 개념을 실행하기 위한 일반적 비지니스 인텔리전스 프레임워크는 그림 12-8에서 보는 것처럼 데이타 웨어하우스 환경과 분석 환경의 두 요소로 되어 있다.

[그림 12-8] 비지니스 인텔리전스 프레임워크

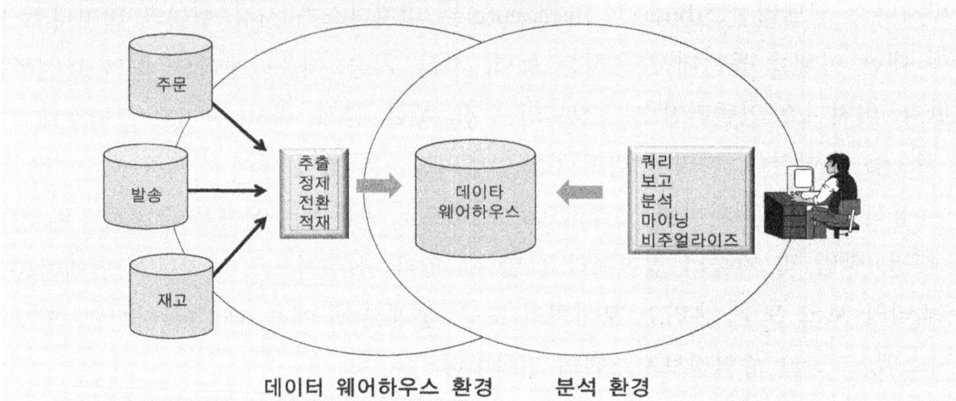

(1) 데이타 웨어하우스 환경

앞에서 살펴 본 것처럼 데이타 웨어하우스 환경에서는 정보기술 팀이 하나 이상의 운영 시스템으로부터 거래 데이타를 추출, 정제, 전환, 그리고 적재하는 활동이 이루어진다. 데이타 웨어하우스 업무는 간단하지 않다. 그것은 소스 데이타인 운영 시스템의 데이타가 일반적으로 쉽게 통합 될 수 없을 정도로 데이타의 일치성과 품질에 문제가 많기 때문이다. 정보기술 팀은 여러 소스의 데이타의 의미와 유효성을 검토하여야 한다. 이 업무는 정보기술 팀의 비지니스에 대한 완전한 이해와 상당한 시간을 요구한다. 데이타 추출, 정제, 그리고 전환 과정이 끝나면 정보기술 팀은 통합된 데이타를 데이타 웨어하우스에 적재한다. 이러한 세밀한 과정을 거쳐 데이타를 통합하여 하나의 일치된 데이타 웨어하우스가 만들어 진다. 일반적으로 데이타 웨어하우스는 쿼리 처리와 보고서 생성에 적합하도록 만들어진 관계형 데이타베이스이다. 때로는 단일 부서의 분석 업무를 위해 데이타 웨어하우스의 일부분으로 데이타 마트를 개발할 때도 있다. 이렇게 체계적이며 확장성을 가지도록 설계된 데이타 웨어하우스는 가치있는 정보 도출을 가능하게 하는 비지니스 인텔리전스 시스템의 기반으로 사용된다.

(2) 분석 환경

분석 환경은 비지니스 인텔리전스 사용자들이 분석 도구를 사용하여 데이타 웨어하우스 데이타를 가지고 쿼리, 보고서 개발, 분석, 비주얼라이즈, 그리고 데이타 마이닝을 하는 영역이다. 대부분의 사용자는 표준화된 보고서 정도만 사용하므로 정보기술 팀은 다양한 분석 템플릿이나 보고서를 개발하여 제공하여야 한다. 사용자는 그러한 도구를 정적인 문서로 사용하거나, 관련된 주제로 보고서를 필터링하거나, 관점 또는 상세 수준을 변경하여 보고서를 수정하여 사용할 수 있다. 많은 기업은 성과를 계획과 비교하는 대시보드(Dashboard)나 스코어카드(Scorecard)와 같은 예외 관련 보고서를 중역들에게 제공하고 있다.

데이타 웨어하우스의 데이타를 좀 더 즉흥적으로 분석하고자 하는 사용자는 정보기술 팀이 쿼리와 보고서 개발을 위해 사용자가 선택할 수 있는 데이타 항목에 대한 카탈로그를 사용한다. 카탈로그 또는 메타 데이타는 사용자로부터 데이타 웨어하우스 시스템의 복잡함을 감추기 위한 것이며 사용자가 쿼리를 정확하게 만들도록 해준다.

(3) 온라인 거래처리 시스템과 비지니스 인텔리전스 시스템의 차이

비지니스 인텔리전스 시스템의 데이타 소스인 데이타 웨어하우스가 온라인 거래처리 시스템의 데이타베이스와 다르다는 것은 표 12-1에 나타나 있다. 시스템 디자인 측면에서도 비지니스 인텔리전스 시스템은 온라인 거래처리 시스템과 차이가 있다. 온라인 거래처리 시스템은 데이타 구조를 비지니스에 따르도록 강요하는 데 비해 비지니스 인텔리전스 시스템은 비지니스에 초점을 맞춘다. 비지니스 인텔리전스 시스템은 하나의 학습 시스템이므로 비지니스의 변화하는 요구에 지속적으로 따라간다. 반면에 거래처리 시스템은 정형화된 비지니스에 데이타 구조를 강제하며 변화하지 않는다. 한번 거래처리 시스템이 만들어 지면 업무가 바뀌지 않는 한 거의 바꾸지 않는다. 그러나 비지니스 인텔리전스 시스템 사용자에게는 시간이 변화하면서 질문도 달라진다.

〈표 12-3〉 온라인 거래처리 시스템과 비지니스 인텔리전스 시스템 디자인 비교

온라인 거래처리 시스템	비지니스 인텔리전스 시스템
프로세스 자동화	의사결정 지원
효율성을 위한 디자인	효과성을 위한 디자인
비지니스의 구조화	비지니스에 적응
이벤트에 반응	이벤트를 예상
거래처리에 최적화	쿼리에 최적화

12.2.2 비지니스 인텔리전스 시스템

비지니스 인텔리전스 시스템 사용자들은 비지니스 질문에 대한 답을 얻기 위해 데이타에 접근하여 조작하는데 데스크탑이나 웹을 통해 분석 도구를 사용한다. 대부분의 비지니스 인텔리전스 벤더들은 조직에서 필요로 하는 거의 모든 유형의 분석을 지원하는 패키지를 제공하고 있다. 또 많은 벤더들은 조달 또는 공급 성과와 같은 구체적 비지니스 분석 요구 사항에 맞춘 솔루션 즉 패키지된 분석 애플리케이션(Packaged Analytic Applications)을 시장에 내놓고 있다.

비지니스 인텔리전스 시스템을 통한 주된 분석은 보고, 분석, 예측의 영역으로 전략적 및 전술적 의사결정을 위해 사용된다. 전략적 의사결정은 장기 계획 목적의 데이타 분석이나 전략적 목표나 목적 달성을 향한 조직의 진도 관리와 관련된다. 균형성과표(Balanced Scorecard), 계획, 예산 등은 전략적 분석을 필요로 한다. 전술적 의사결정은 단기적으로 일어나는 행동과 관련된다. 전술적 의사결정은 전략적 의사결정보다 더 프로세스에 연관된다. 예를 들면 소매업자가 여러 점포에 어떤 상품을 얼마 정도 구매할 것인가를 정하는 것은 전술적 의사결정이다.

운영적 의사결정은 즉시 이루어질 필요가 있다. 사용자는 보통 온라인 거래처리 시스템에 일련의 쿼리를 하여 결과를 종합한다. 능동적 데이타 웨어하우스와 실시간 분석 도구의 등장은 사용자들이 비지니스 인텔리전스 시스템의 역사적, 통합된 데이타의 맥락 내에서 준실시간 분석을 가능하게 한다. 이것은 사용자에게 세부적인 운

영적 의사결정에 더 폭넓고 정확한 관점을 제공한다.

대부분의 사용자는 보고 도구(Reporting Tool)를 사용한다. 보고 도구는 정적이거나, 매개변수적(선택된 변수만 보이는)이거나, 대화형(서치, 드릴 다운, 드릴 어크로스(Drill Across)가 가능한)이다. 보고서가 주요 성과지표의 상태를 나타내는 역동적 대시보드나 스코어카드일 수도 있다. 비지니스 분석가들은 예측 하거나 여러 가지 문제의 원인이나 산업 추세를 조사하기 위하여 많은 시간을 보낸다. 또 기업은 신용카드 사기, 어셈블리 라인에서 어떤 기계가 실패할 것인가, 어떤 고객이 프로모션에 반응할지를 예측하는 모델 또는 다른 모델을 개발하기 위하여 데이타 마이닝 도구를 사용하기도 한다.

분석적 환경의 효과를 최대화하기 위하여서 기업은 분석적 도구를 전사적으로 쓰도록 하여야 한다. 즉 모든 지식노동자는 물론 고객과 공급자도 분석 도구를 사용하게 하는 것이 효과를 높인다. 비지니스 인텔리전스의 효과는 시스템의 사용자 수와 비례한다. 비지니스 인텔리전스 시스템을 더 많이 사용하면 할수록 더 큰 효과를 얻게 된다. 그러나 바른 도구를 바른 유형의 사용자에게 제공하여야 한다. 일주에 몇 번 표준화된 보고 기능을 사용하는 사용자에게 복잡한 온라인 분석처리나 데이타 마이닝 도구를 제공하는 것은 혼란만 가중시킨다. 역사적으로 대부분의 분석적 도구는 전문가들을 위한 것이다. 바로 이것이 최근까지 많은 조직이 사용자들에게 비지니스 인텔리전스 시스템을 사용하게 하는데 실패한 이유이다. 그러나 최근 들어 사용자가 쉽고 편리하게 사용할 수 있는 분석 도구가 공급되고 있어 일반 사용자도 비지니스 인텔리전스 시스템을 자주 사용할 수 있게 하고 있다.

12.2.3 데이타 마이닝

데이타 분석의 목적은 전에 알지 못하던 데이타 특성, 관계성, 종속성, 또는 추세를 발견하는 데 있다. 데이타 분석은 데이타 관계성의 파악과 비지니스 문제와 기회를 포착하기 위함이다. 이러한 데이타 분석이 전통적 의사결정지원 시스템에서는 외부적 자극에 대응하여 사용자에 의해 이루어졌다. 그러나 데이타 웨어하우스에 저장되어 있는 대용량의 데이타를 추출하고 분석하는 일을 자동적 경보에 따라 실행되게 할 수도 있다. 이렇게 데이타 추출과 분석을 자동적으로 이루어지게 하는 도구가 데이타 마이닝 도구이며 비지니스 인텔리전스 시스템의 주요한 요소로 되었다.

오늘날 많은 기업의 데이타베이스는 테라바이트(Terabyte) 단위의 크기를 가진다. 이러한 대용량의 데이타베이스 속에 전략적 정보가 숨어 있다. 그 중요한 정보를 찾아 내는 기술로 데이타 마이닝이 사용되고 있다. 즉 데이타 마이닝(Data Mining)은 데이타에서 주요한 예측에 사용될 패턴과 관계를 발견하는데 사용하는 데이타 분석 도구를 사용하는 프로세스이다. 데이타 마이닝은 비지니스 분석가가 데이타에 존재하는 패턴과 관계를 발견하는 것을 돕는 도구일 뿐이다. 데이타 마이닝은 비지니스를 알거나, 데이타를 이해하거나, 분석 방법을 이해하는 것은 아니다.

데이타 마이닝의 목표는 사용자가 사용할 수 있는 새로운 지식을 생산하는 것이다. 그것은 기업의 거래 데이타, 고객 역사 및 신분 정보, 프로세스 컨트롤 데이타, 신용정보 기관의 외부 정부와 같은 다양한 소스로부터의 데이타에 기초하여 현실세계 모델을 만드는 것으로 이루어진다. 모델은 예측에 사용될 수 있는 패턴이나 관계를 기술한 것이다. 모델은 예측 유형이 분류인지 회귀분석인지에 따라 다른 것을 선택할 수 있다. 분류(Classification)는 특정 사례가 어떤 분류 또는 부류에 속하는지를 예측하는 것이고, 회귀분석(Regression)은 어떤 변수가 어떤 값을 갖는지를 예측하는 것이다. 주로 사용하는 모델에는 분류 예측에 의사결정나무(Decision Tree) 그리고 회귀분석 예측에 신경망(Neural Net) 등이 있다.

데이타 마이닝(Data Mining) 도구는 데이타를 분석하고, 데이타 관계성에 은폐된 문제 또는 기회를 발견하고, 발견된 것을 기초로 하여 컴퓨터 모델을 개발하고, 그 모델을 사용하여 비지니스를 예측하는데 사용한다. 데이타 마이닝 도구는 인공지능, 인공신경망, 연역적 규칙, 그리고 술어논리의 알고리즘에 기초하여 분석을 시작하고 지식을 창조한다. 한 모델을 구축하는 알고리즘(Algorithm)은 여럿이 있을 수 있다. 데이타 마이닝은 최소한의 사용자 관여로 데이타베이스의 데이타를 사용하여 지식 발견 작업을 수행하도록 설계된 방법론이기도 하다.

이러한 데이타 마이닝과 관련된 개념을 이해하고 사용할 상업용 데이타 마이닝 도구를 선택하면 주어진 문제를 해결할 수 있다. 대부분의 데이타 마이닝 도구는 컴퓨터 과학이나 통계학에서 발표된 알고리즘의 변형을 사용하고 있다. 실제에서 중요한 것은 어떤 한 모델이나 알고리즘만 사용할 것이 아니라 데이타의 성격에 따라 적합한 모델과 알고리즘을 선택해야 한다는 것이다. 따라서 가장 좋은 모델을 찾기 위해서는 다양한 도구와 기술이 동원되어야 한다.

데이타 마이닝은 원가 통제나 수익 증대를 비롯한 여러 가지 목적의 분석에 사용될 수 있다. 예를 들면 기업은 고객 라이프 싸이클의 각 단계를 관리하는데 데이타 마이닝을 사용하고 있다. 즉 신규 고객의 확보, 기존 고객으로부터의 수익 증대, 수익성이 높은 고객의 유지 등 고객 분석에 활용된다. 데이타 마이닝은 신용카드 회사와 통신회사들이 사기를 찾아내는데 사용되고 있는 등 다양한 영역에서 사용되고 있다.

12.3 요약

거래처리에서 생성되는 데이타의 효율적 관리가 이루어지면서 데이타를 조직의 의사결정에 효과적으로 활용하려는 요구가 커졌다. 이것에 대한 응답으로 막대한 양의 운영 데이타베이스의 데이타를 활용하려는 노력이 시작되었다. 그 결과로 운영 데이타베이스의 데이타를 추출 분석 과정을 통해 조직이 전략적으로 활용할 수 있는 정보를 제공하기 위해 이러한 정보의 저장고를 구축하게 되었으며 이것이 데이타 웨어하우스이다. 데이타 웨어하우스의 데이타를 분석하는 여러 가지 기법이 개발되었다. 그 대표적인 도구로 온라인 분석처리가 있으며 이 방법은 관계형 데이타베이스 관리 시스템에 직접 사용될 수도 있고 아니면 다차원 데이타베이스를 구축하여 사용할 수도 있다.

최근에는 데이타 웨어하우스 구축이 일반화되면서 비지니스 인텔리전스라는 넓은 의미의 의사결정지원시스템의 등장을 가져 왔다. 비지니스 인텔리전스는 비지니스가 시장 행태와 비지니스 맥락에 대한 이해를 돕는데 사용하는 능력, 지식, 기술, 애플리케이션, 그리고 실무를 말한다. 비지니스 인텔리전스는 정보의 수집, 통합, 분석, 해석, 그리고 프리젠테이션의 활동을 포함한다. 실무적으로는 비지니스 인텔리전스는 쿼리와 보고 도구, 온라인 분석처리 도구, 통계분석, 예측, 데이타 마이닝, 의사결정시스템, 그리고 중역정보시스템의 결합이다. 특히 실무에서 방대한 운영 데이타베이스의 데이타에서 전략적 정보를 도출하는 방법으로 데이타 마이닝 기법이 활발하게 사용되고 있다.

주요용어

거래처리	온라인 거래처리 시스템
운용시스템	의사결정지원시스템
데이타 웨어하우스	데이타 마트
데이타 추출, 전환, 적재	데이타 웨어하우스 아키텍처
스타 스키마	스노우플레이크 스키마
드릴 다운, 롤업, 드릴 어크로스	온라인 분석처리
관계형 온라인 분석처리	다차원 온라인 분석처리
비지니스 인텔리전스	데이타 마이닝

연습문제

01 데이타 웨어하우스의 데이타는 일반 데이타베이스의 데이타와 어떻게 다른가를 설명하라.

02 온라인 거래처리 시스템과 데이타 웨어하우스를 비교하라.

03 데이타 추출, 전환, 적재 프로세스를 간략히 설명하라.

04 데이타 웨어하우스 아키텍처를 간략히 기술하라.

05 다차원 분석을 위한 데이타 웨어하우스 디자인은 어떻게 할 것인가를 설명하라.

06 드릴 다운, 롤업, 드릴 어크로스의 차이점을 설명하라.

07 온라인 분석처리 시스템의 유형을 설명하라.

08 비지니스 인텔리전스란 무엇인가?

09 비지니스 인텔리전스 시스템의 주요 기능은 어떤 것이 있는가?

10 데이타 마이닝이 사용되는 예를 찾아 간략히 설명하라.

11 주요 비지니스 인텔리전스 시스템 또는 도구 벤더들은 어떤 것이 있는지 파악하여 그 웹 사이트를 살펴보라.

부록 1

물리적 데이타베이스 설계

1.1 화일조직

화일조직은 화일 속의 레코드 또는 터플들을 디스크와 같은 이차 저장장치에 물리적으로 정돈하여 저장하는 기술을 의미한다. 레코드들은 이차 저장장치에 물리적 순서로 저장된다. 이 순서는 목적에 따라 정해질 수 있다. 여기서 말하는 목적이란 사용하는 자료처리작업에 의하여 레코드들을 의도한 대로 얻는 것을 말한다. 레코드들을 이 목적에 맞는 순서로 저장하기 위해서는 레코드를 저장하는 화일조직을 선택해야 한다. 화일조직은 순차화일조직(Sequential file organization), 색인화일조직(Indexed sequential file organization), 그리고 해쉬 화일조직(Hashed file organization)으로 나눌 수 있다.

1.1.1 순차화일조직

순차화일조직에서는 그림 A1-1 에서 보듯이 화일 속의 레코드들이 기본키에 따라 순차적으로 저장되어 있다. 이 화일은 레코드 키의 정렬에 의해 유지된다. 화일 속의 각 레코드의 위치는 저장구조에 의해 알 수 없기 때문에 사용자가 특정 레코드를 찾기 위해서는 레코드의 키를 이용하여 화일의 처음 레코드부터 원하는 레코드에

[그림 A1-1] 순차화일조직

이름	나이	성별
김기철	1	남
김민수	2	남
김수용	3	남
김태호	4	남
문창호	5	남
박상규	6	남
박진호	7	남

이르기까지 화일을 읽어 내려가야 한다. 레코드 키의 위치가 중간인 레코드가 삽입되면 삽입되는 레코드 키 이하의 레코드들은 모두 자리를 이동해야 하는 문제가 있다. 이러한 문제점들로 인해 일반적으로 자료 검색에 이용되는 화일에서는 순차화일 조직을 사용하지 않는다.

1.1.2 색인화일조직

색인화일조직에서는 레코드들이 순차적 또는 비순차적으로 저장되어 있다. 그러나 레코드들에 대한 색인이 생성되기 때문에 사용자는 색인을 사용하여 각 레코드 위치를 알 수 있다. 색인이란 우리가 어느 책의 뒤에서나 볼 수 있듯이 특정용어와 이 용어가 기록되어 있는 페이지가 적혀있는 찾아보기와 같은 개념으로 생각하면 된다. 단, 화일조직에서의 색인은 테이블이나 또는 다른 자료구조로서 테이블에 속해 있는 레코드들 중 주어진 조건을 만족시키는 레코드들의 위치를 정해주는 데 사용된다.

색인화일조직은 다음과 같이 색인 순차 화일조직과 색인 비순차 화일조직으로 나누어 설명된다.

(1) 색인 순차 화일조직

색인 순차 화일조직은 데이타베이스 시스템 개념이 도입되기 전인 화일 시스템에서 주로 사용되던 조직이다. 이 조직에서 레코드는 키 값에 의하여 순차적으로 저장되어 있다. 이 화일 조직의 예는 고객인명부와 같은 인명록에서 볼 수 있다 그림 A1-2 .

인명록에서 각 쪽의 제일 처음 레코드는 그 쪽의 첫 번째 사람을 나타내고 마지막 레코드는 해당 쪽의 마지막 사람을 나타낸다. 이 인명에 대한 색인은 그림 A1-2 에서와 같이 간단한 블락색인을 사용하는데 이 경우 찾고자 하는 사람을 매우 빨리 찾을 수 있다. 위와 같이 키 값에 따라 순차적으로 저장되어 있는 레코드들에 대한 색인의 크기는 비순차적으로 저장되어 있는 레코드들에 대한 색인의 크기보다 적어진다. 그림 A1-2 와 그림 A1-3 에 잘 나타나 있듯이 색인 순차 파일조직에서 요구하는 색인의 크기는 비순차 화일조직에서 요구하는 색인의 크기보다 적다. 그러나 이 조직의 유지 면에서 볼 때는 이야기가 달라진다. 즉, 색인 순차 화일조직에서의 색인 유지가 어렵기 때문이다. 새로운 레코드가 화일에 들어오면 순차를 유지하기 위하여 많은 레코드들이 자리를 이용하거나 새로 들어온 레코드를 위하여 분리된 공간을 마련하고 이를 포인터로 연결시켜주어야 한다. 이 분리된 공간은 과잉지역(overflow area)이라고 불린다. 레코드를 과잉지역에 놓고 사용하게 되면 레코드를 읽을 때 매번 추가적 작업이 요구되는 단점이 있다. 그림 A1-4 는 그림 A1-2 에 새로 두 개의 레코드가 추가되었을 때의 상황을 보여준다.

[그림 A1-2] 색인 순차 화일조직

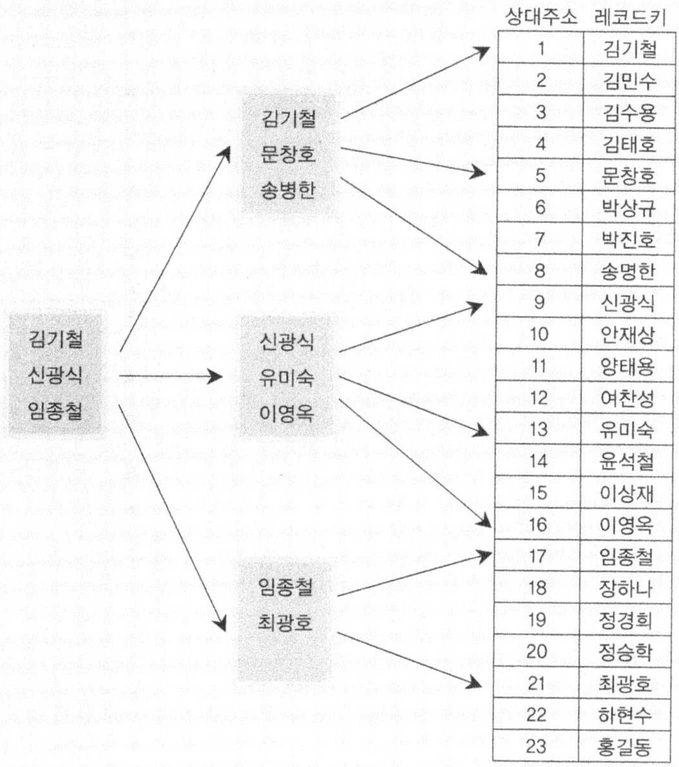

[그림 A1-3] 색인 비순차 파일조직

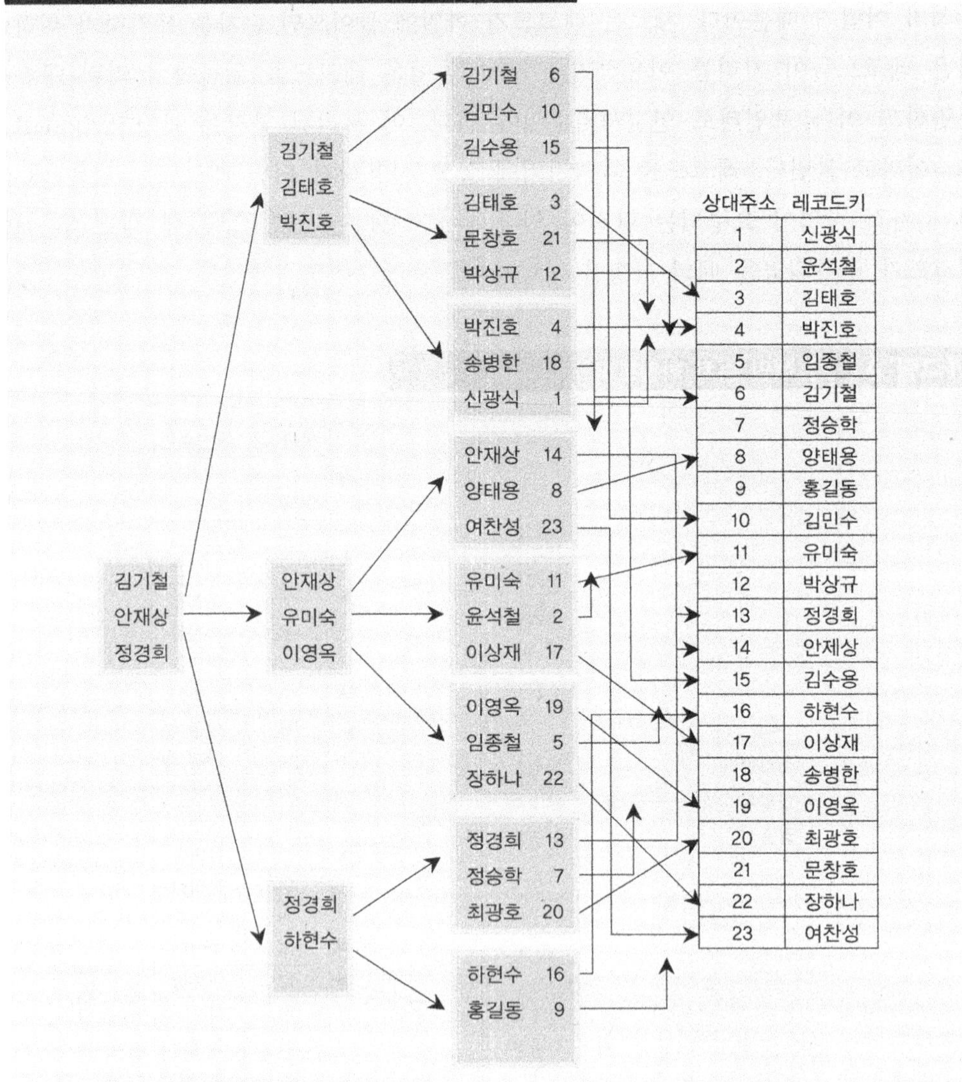

실제로 그림 A1-4 와 같이 과잉지역을 사용할 경우에는 레코드들의 순차를 유지시켜 주기 위해서 화일을 주기적으로 재조직(Reorganization)시켜 주어야 하며 이에 따라 색인도 재구성해야 한다. 이와 같은 과정을 유지(Maintenance)라고 하는데 이 화일 구조에서 재조직 작업은 큰 문제가 없으나 화일조직에 따라서는 재조직 작업에 많은 시간을 요구하기 때문에 상당히 심각한 문제를 일으키기도 한다.

[그림 A1-4] 색인 순차 화일조직에서 새로운 레코드 추가 양상

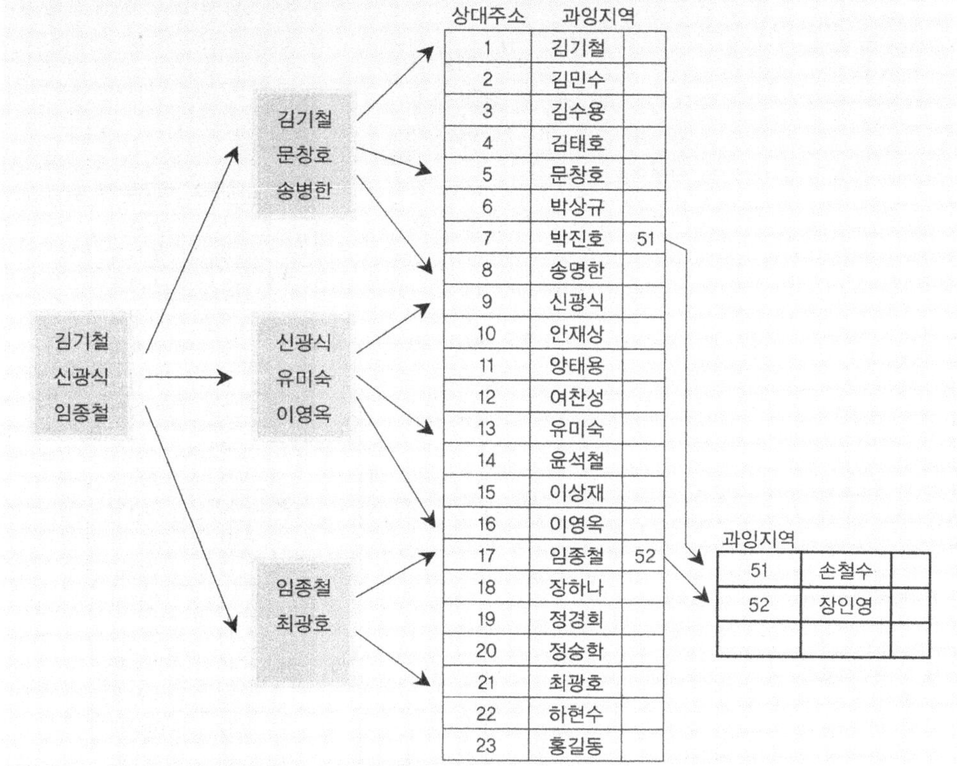

(2) 색인 비순차 화일조직

색인 화일조직 속에서 레코드들이 키 값에 따라 순차적으로 배열되어 있지 않으면 그림 A1-3 에서 보듯이 전체 레코드에 대한 색인이 필요하다. 이러한 색인은 역색인(Inverted Index)이라고도 불린다. 이 화일조직에 대한 예는 도서관의 책 정리에서 볼 수 있다. 도서관에서의 책정리는 책이름이나 저자의 순으로 되어 있지 않고 분야별 분류에 따라 되어 있으며 책이름이나 저자는 색인이 되어 있어 사용자가 빠르게 찾도록 되어 있다. 이 화일조직에서 레코드를 추가하기 위해서는 순차색인화일조직과는 달리 그림 A1-5 에서 보듯이 단지 화일의 끝에 레코드를 첨가시키면 된다. 단, 주의할 점은 여기서는 레코드의 재배치는 필요하지 않으나 색인의 재배치가 요구된다.

[그림 A1-5] 색인 비순차 화일조직에서 새로운 레코드 추가 양상

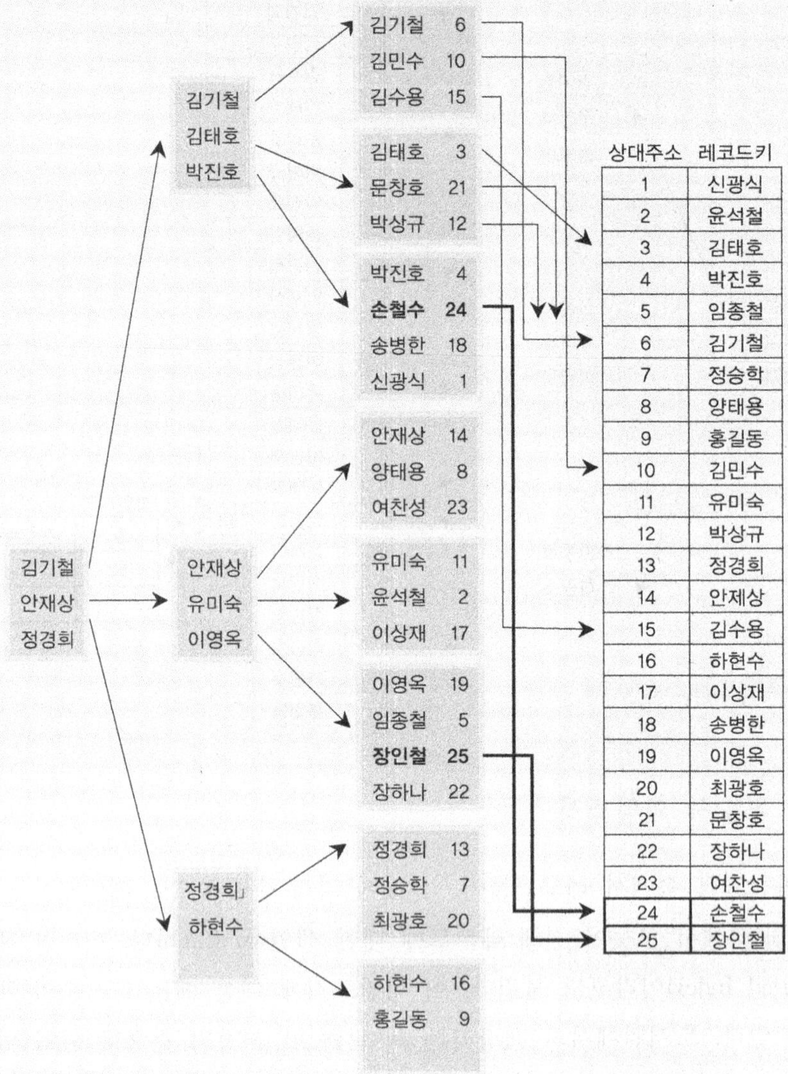

1.1.3 해쉬화일조직

색인화일조직에 비하여 해쉬화일조직은 두 가지 장점을 갖고 있다. 첫째, 이 조직에서는 대부분의 레코드를 단 한 번에 찾아낼 수 있으며 둘째, 레코드의 삽입과 삭

제 시 복잡한 과정을 거치지 않는다. 해쉬화일조직이 색인화일조직에 비하여 위와 같은 장점을 가질 수 있는 이유는 다음과 같다.

해쉬화일조직에서 각 레코드들에 대한 저장주소는 해싱 알고리즘을 사용하여 정해진다 해싱 알고리즘이란 각 레코드의 기본키를 상대적 화일 주소로 바꾸어 주는 과정을 말한다. 이 과정에는 다음과 같은 해싱함수가 사용된다.

상대 주소 = (f(x) mod y)+1

여기서 f(x)는 레코드의 기본키를 ASCII나 BCD코드 등을 이용하여 수치화 시킨 것을 말하며 y는 레코드 블락 수로서 솟수를 사용한다. 또한 f(x) mod y는 f(x)를 y로 나눈 나머지 값을 나타내는데 이 값을 이용하여 레코드가 삽입될 블락을 결정한다. 다음 그림 A1-6 는 고객인명부에 주어진 고객번호를 이용하여 해싱 함수를 사용한 예를 보여 준다.

[그림 A1-6] 해쉬화일 구조

블락번호						
1	1734	윤석철	3281	박진호		
2	4846	김기철				
3	7125	양태용				
4	1533	유미숙	4491	안재상		
5	3438	송병한	5060	김수용		
6						
7	2080	홍길동	6755	박진호	4494	하현수
8	4948	장하나				
9	1147	신광식	3136	여찬성		
10						
11	1081	이상재	6793	이영옥	7456	정승학
12						
13	1539	박상규				
14	7408	김민수				
15	3822	김태호	4519	임종철		
16	1256	최광호				
17						

* 키는 고객번호 * 해싱 함수 : (키 MOD 17)+1

그림 A1-6 에서 14번째 블락에 입력된 '김민수' 데이타의 입력 경위를 살펴보기로 하자. '김민수'의 고객번호가 7408이므로 f(x)는 7408이고 전체 블락수 y는 17이기 때문에 (7408 mod 17)+1=14에 의해 저장 장치에서 '김민수'는 상대주소가 14번인 블락에 저장된다.

레코드의 삽입과 마찬가지로 레코드의 삭제나 검색시에도 위와 같은 함수를 사용하여 처리한다. 이 방법을 사용하는 데 있어서의 문제점은 색인화일조직에서와 같이 잉여레코드에 관한 처리 문제이다.

1.2 색 인(Indexes)

데이타베이스를 운영하는 데 있어서 색인을 정의하는 이유를 먼저 들어보면 다음과 같이 3가지로 축약된다. 첫째, 색인으로 사용되는 속성 값을 사용하며 필요한 레코드를 빠른 시간 안에 검색할 수 있고 둘째, 색인으로 사용되는 속성 값을 사용하여 레코드를 정렬시킬 수 있으며 셋째, 데이타베이스 개발자가 어떤 속성의 값이 유일하길 바랄 경우 즉, 기본키로 설정할 경우에는 이 속성에 대하여 데이타베이스 관리 시스템이 자동으로 색인을 생성시켜 주어 레코드의 유일성을 보장하여 준다는 것이다. 위와 같은 색인 사용의 장점을 풀어 설명하면 다음과 같다.

우리가 데이타베이스를 사용하여 레코드를 검색할 때는 특별한 검색조건을 주고 이 주어진 검색 조건을 만족시키는 레코드들을 찾도록 하고 있다. 예를 들자면, 직원들 중 총무과에 근무하는 직원 명단을 얻고자 하거나 고객들 중 서울특별시에 주소를 둔 고객 명단만을 얻고자 할 경우 필요한 명단을 얻기 위하여 전체 레코드들을 하나하나 모두 읽어 나가는 것은 매우 시간이 걸리고 비능률적이라고 할 수 있다. 직원관계와 같이 크기가 작은 테이블일 경우는 큰 문제가 없을 것이나 전국에 산재하여 계속 그 크기가 증가하는 고객 관계와 같이 크기가 큰 테이블을 하나하나 모두 읽어 나가는 것은 시간적으로 매우 비효율적이 된다. 특히 이러한 업무가 은행 업무에서와 같이 시간적 제약을 받는 경우에는 더욱 더 문제가 된다. 색인의 사용은 이러한 문제를 완화시켜 줄 수 있다. 색인은 앞에서 언급하였듯이 주어진 조건을 만족시키는 레코드들의 위치를 결정해 주는 데 사용되는 일종의 테이블이다.

색인은 설정된 속성값과 레코드의 상대주소를 담은 두 개의 열로 이루어진 테이블이기 때문에 색인 테이블은 색인이 만들어진 원래의 대상테이블보다 그 크기가 훨씬 작다. 또한 색인은 컴퓨터의 주기억장치에 저장된다. 따라서 색인 테이블을 통한 레코드검색은 상대적으로 크기가 큰 원래의 테이블을 이차저장장치로부터 주기억장치로 전부 불러들여 검색하는 것보다 훨씬 경제적이라고 할 수 있다. 또한, 색인테이블의 속성값은 주어진 정렬 방식에 의하여 정렬되어 있거나 검색이 용이한 구조를 이루고 있기 때문에 검색하고자 하는 속성 값에 쉽게 접근할 수 있으며 이에 따라 해당 레코드가 저장되어 있는 상대주소를 이용하여 원래 검색하고자 하는 레코드를 쉽게 검색할 수 있다. 다음 설명을 통하여 이에 대한 예를 들어 보도록 하자. 색인의 설정은 데이타베이스를 운영하는 목적에 따라 다음과 같이 두 가지로 나누어 생각할 수 있다.

1.2.1 기본키 색인

그림 A1-7은 제품테이블의 일부를 보여준다. 앞에서 이미 설명하였듯이 이 테이블의 기본키는 제품번호이다. 한 관계가 물리적으로 화일형태로 구현되면 레코드들의 상대적인 저장 위치가 생기게 되며 레코드들의 순서는 기본키인 제품번호의 오름차순(또는 내림차순)으로 정해진다. 이 때 레코드의 번호는 앞에서부터 1,2,3‥‥과 같이 일련번호로 주어지는데 이 레코드 번호는 사용자에게는 보여지지 않고 다만 데이

[그림 A1-7] 제품 테이블 일부

제품번호	제품이름	제품분류	규격	단가	재고량
100512	피록시캄	진통소염제	10mg-2캅셀제	2,000	3,900
100522	피록시캄	진통소염제	20mg-2캅셀제	3,600	4,520
100802	엑소펜	진통소염제	0-2캅셀제	1,800	1,200
100815	엑소펜	진통소염제	50mg-5Ample	3,400	2,300
100835	엑소펜	진통소염제	3-100mg-5Ample	10,000	1,240
101102	디페낙스	진통소염제	2캅셀제	900	830
101225	게토프로펜	진통소염제	2-100mg-5Ample	12,000	2,200
110141	플록사	골다공증예방치료제	4-1정제	8,000	1,820
110202	포르시스	골다공증예방치료제	2캅셀제	3,100	4,200
110305	건강살카토닌	골격근이완제	5Ample	6,600	3,270
120102	무코릴	골격근이완제	2캅셀제	2,100	3,820
120105	무코릴	골격근이완제	5Ample	6,000	2,900
120201	페녹사	골격근이완제	1정제	1,550	2,390

[그림 A1-8] 기본키 색인

제품색인

제품 번호	레코드 번호
100512	1
100522	2
100802	3
100815	4
100835	5
101102	6
101225	7
110141	8
110202	9
110305	10
120102	11
120105	12
120201	13

제품번호	제품이름	제품분류	규격	단가	재고량
100512	피록시캄	진통소염제	10mg-2캅셀제	2,000	3,900
100522	피록시캄	진통소염제	20mg-2캅셀제	3,600	4,520
100802	엑소펜	진통소염제	0-2캅셀제	1,800	1,200
100815	엑소펜	진통소염제	50mg-5Ample	3,400	2,300
100835	엑소펜	진통소염제	3-100mg-5Ample	10,000	1,240
101102	디페낙스	진통소염제	2캅셀제	900	830
101225	게토프로펜	진통소염제	2-100mg-5Ample	12,000	2,200
110141	플륵사	골다공증예방치료제	4-1정제	8,000	1,820
110202	포르시스	골다공증예방치료제	2캅셀제	3,100	4,200
110305	건강살카토닌	골격근이완제	5Ample	6,600	3,270
120102	무코릴	골격근이완제	2캅셀제	2,100	3,820
120105	무코릴	골격근이완제	5Ample	6,000	2,900
120201	페늑사	골격근이완제	1정제	1,550	2,390

타베이스 관리 시스템이 화일에 있는 레코드에 접근할 때 시스템에 의해 사용된다.

그림 A1-7의 제품 테이블에 대한 색인의 사용을 살펴보기로 하자. 그림 A1-8은 제품번호에 대하여 색인이 주어진 제품 색인 화일을 보여 준다. 제품색인을 이용하여 제품 화일에서 해당 제품을 찾는 과정은 다음과 같다. 제품번호 100835에 대한 레코드번호 5는 100835 레코드가 있는 제품화일의 5번째 레코드에 연결되는 상황을 보여준다. 제품번호는 제품관계의 기본키이기 때문에 유일성을 유지해야 하는데 이러한 유일성은 데이타베이스 관리 시스템에 의해서 유지되어 데이타베이스의 사용에 효율성을 유지시켜주고 있다. 대부분의 데이타베이스 관리 시스템에서는 사용자가 테이블을 생성하는 시점에 색인을 만들고 싶은 속성을 지정하도록 함으로써 색인을 만들 수 있도록 해준다.

1.2.2 이차 색인

데이타베이스를 검색할 때 언제나 기본키에 대한 검색조건만으로 레코드를 찾는 것은 아니다. 경우에 따라서는 제품의 제품이름이나 제품분류 등에 대한 조건만으로 레코드를 검색할 필요가 생기게 된다. 이때 색인이 비기본키 속성인 제품이름이나 제품분류에 대하여 설정되어 있으면 제품에 대한 레코드 검색이 훨씬 빨라질 수 있다. 이와 같이 비기본키 속성에 설정된 색인은 이차 색인이라고 불린다. 다음 그림 A1-9와 같이 그림 A1-7의 제품테이블의 제품분류 속성에 정의된 이차 색인을 살펴보기로 하자. 이차 색인을 사용하면 레코드 검색을 빨리 할 수 있으나 그림 A1-9에서 보는 바와 같이 이차 색인의 값은 중복되게 나타날 수 있기 때문에 유일성이 유지되지 않는다. 즉, 제품분류의 각 항목을 만족시키는 레코드 번호는 하나 이상인 것을 알 수 있다. 예를 들자면, 골격근이완제의 레코드 번호는 11, 12, 13으로 나타난다.

[그림 A1-9] 이차 색인

제품분류색인

제품분류	골다공증예방치료제	골격근이완제	진통소염제
레코드번호	8, 9, 10	11, 12, 13	1, 2, 3, 4,5, 6, 7, 8

제품번호	제품이름	제품분류	규격	단가	재고량
100512	피록시캄	진통소염제	10mg-2캅셀제	2,000	3,900
100522	피록시캄	진통소염제	20mg-2캅셀제	3,600	4,520
100802	엑소펜	진통소염제	0-2캅셀제	1,800	1,200
100815	엑소펜	진통소염제	50mg-5Ample	3,400	2,300
100835	엑소펜	진통소염제	3-100mg-5Ample	10,000	1,240
101102	디페낙스	진통소염제	2캅셀제	900	830
101225	게토프로펜	진통소염제	2-100mg-5Ample	12,000	2,200
110141	플록사	골다공증예방치료제	4-1정제	8,000	1,820
110202	포르시스	골다공증예방치료제	2캅셀제	3,100	4,200
110305	건강살카토닌	골격근이완제	5Ample	6,600	3,270
120102	무코릴	골격근이완제	2캅셀제	2,100	3,820
120105	무코릴	골격근이완제	5Ample	6,000	2,900
120201	페녹사	골격근이완제	1정제	1,550	2,390

1.2.3 트리(Tree)

앞에서 설명한 기본키 색인이나 이차 색인은 모두 단순한 색인 화일이다. 실질적으로 색인구조는 그림 A1-1이나 그림 A1-2에서 보듯이 여러 층으로 이루어져 있으며 이러한 구조 하에서 레코드 검색이 훨씬 빨리 이루어질 수 있다. 이러한 색인 구조를 표현하는 자료 구조로는 주로 트리구조가 많이 사용된다. 트리구조에는 이진트리구조와 다중트리구조가 있는데(트리구조에 대한 자세한 내용은 "자료구조론" 책자를 참조하기 바라며 본서에서는 이에 대한 설명을 생략하기로 한다.) 다중트리구조 중 균형트리(또는 B-트리)가 색인 화일의 구현에 많이 쓰이고 있다. B-트리는 모든 말단노드(leaf)가 근노드(root node)로부터 같은 거리에 위치하고 있는 트리를 말한다. B-트리보다 해싱을 사용하면 비순차적으로 저장된 레코드를 검색할 때 더 적은 수의 접근절차를 사용하여 검색할 수 있다. 그러나 해싱과는 달리 B-트리는 비순차적으로 저장된 레코드를 검색할 수 있을 뿐만 아니라 레코드의 순차적 검색도 할 수 있는 장점을 갖고 있다. 이러한 까닭에 많은 데이타베이스 관리 시스템에서는 색인 운용에 있어서 B-트리구조를 사용하고 있다. 그림 A1-10은 B-트리구조의 발달된 형태인 B^{+}-트리구조의 한 예를 보여준다.

[그림 A1-10] B^{+}-트리구조

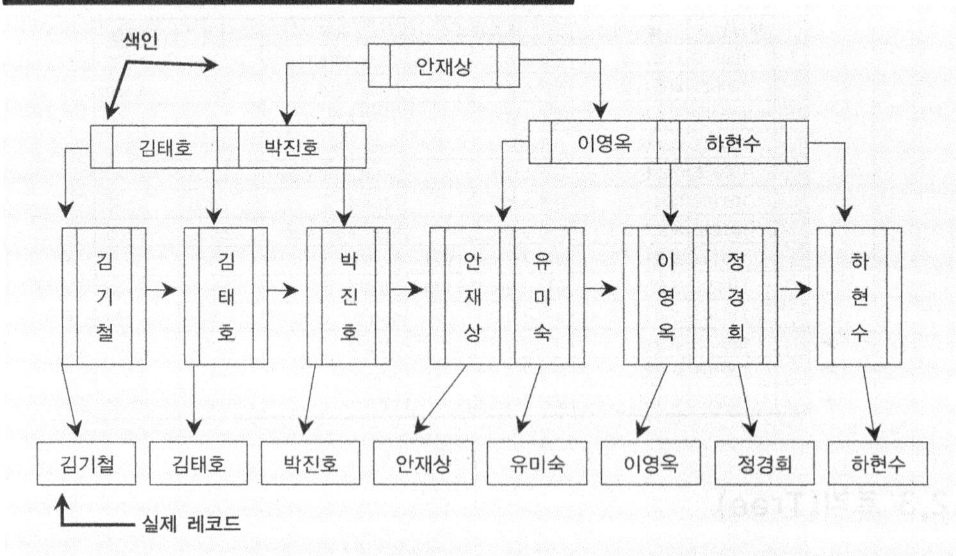

부 록 2

건강제약 데이타베이스

2.1. 고객테이블

고객

고객번호	고객이름	고객유형	주소	시도	우편번호	전화번호	신용한도	잔고	인사번호
1001	무지개약국	약국	노원구 공능동 570	서울	139-240	948-5828	12,000,000	500,000	3006
1002	언덕약국	약국	수성구 지산동 456	대구	706-090	349-1629	8,000,000	1,200,000	3009
1003	문화약국	약국	송파구 가락동 560	서울	138-160	910-4411	15,000,000	300,000	3007
1004	미라약국	약국	광산구 고룡동 34-7	광주	506-358	904-7840	8,000,000	4,500,000	3003
1005	밀양약국	약국	사하구 감천동 5	부산	604-071	971-0555	17,000,000	8,000,000	3008
1006	민생의원	의원	마포구 도화동 208	서울	121-040	769-2357	6,500,000	800,000	3005
1007	부광약국	약국	성동구 광장동 660	서울	133-210	948-6677	9,000,000	200,000	3008
1008	부부의원	의원	서구 평리동 631	대구	703-010	906-2035	22,000,000	2,600,000	3003
1009	서울의원	의원	도봉구 도봉동 272	서울	132-010	349-1234	16,000,000	800,000	3005
1010	서부약국	약국	서초구 반포동 56	서울	137-040	589-7831	9,000,000	500,000	3009
1011	삼일약국	약국	유성구 방현동 181	대전	305-355	911-6761	8,500,000	650,000	3007
1012	제민병원	병원	양천구 목동 210-10	서울	158-050	934-5678	6,000,000	1,400,000	3010
1013	보람약국	약국	동작구 본동 21	서울	156-060	879-1112	14,000,000	1,800,000	3004
1014	제일병원	병원	북구 검단동 319	대구	702-030	349-2411	20,000,000	1,000,000	3006
1015	정약국	약국	해운대구 반여동 38	부산	612-060	903-6789	14,000,000	800,000	3007
1016	삼일약국	약국	관악구 신림동 55-5	서울	151-010	971-9912	18,000,000	3,500,000	3008
1017	부부약국	약국	중구 광복동 89	부산	600-030	904-2244	7,000,000	500,000	3009
1018	삼화병원	병원	도봉구 쌍문동 316	서울	132-020	906-6621	11,000,000	1,200,000	3010
1019	서부의원	의원	노원구 월계동 321-21	서울	139-050	911-1190	13,000,000	650,000	3003
1020	김약국	약국	북구 금곡동 45-9	광주	500-400	971-4646	7,500,000	800,000	3002
1021	제일약국	약국	강서구 가양동 271	서울	157-200	803-1112	14,000,000	1,600,000	3005

2.2. 직원 테이블

직원

인사번호	주민등록번호	성명	성별	소속	직책	입사일
1001	650817-1482093	손영일	남	총무	부장	1986-03-01
1002	791210-1438292	이강호	남	총무	대리	2000-09-01
1003	800312-1363633	박재철	남	총무	사원	2004-03-01
1004	820411-1342342	최철용	남	총무	사원	2006-12-01
2001	640227-1235373	서상길	남	재무	부장	1987-05-23
2002	860912-1763744	김남수	남	재무	사원	2008-03-10
2003	870911-2442344	정호남	여	재무	사원	2009-01-05
3001	660222-1453232	김철수	남	판매	이사	1988-10-31
3002	760610-1848349	이상호	남	판매	부장	1989-11-01
3003	761109-2939834	홍나영	여	판매	과장	2000-03-01
3004	790719-2377331	나영희	여	판매	대리	2002-03-10
3005	800202-2334347	김은희	여	판매	대리	2004-12-01
3006	850119-2663733	정보라	여	판매	사원	2007-12-01
3007	850210-2389223	이다솜	여	판매	사원	2008-02-01
3008	841029-2423424	김정희	여	판매	사원	2008-03-20
3009	841202-1932933	이원일	남	판매	사원	2008-12-01
3010	850713-1673633	최영식	남	판매	사원	2008-01-20
4001	730125-1737292	전판국	남	구매	과장	2001-01-20
4002	751202-1323232	이종길	남	구매	대리	2002-07-01
4003	851208-1323434	박만길	남	구매	사원	2010-03-01

2.3. 제품 테이블

제품

제품번호	제품이름	제품분류	규격	용량	단가
A101	크로아난	항생제	625mg-정제	100	2,000
A102	목실린	항생제	500mg-정제	500	3,600
A103	사이클러	항생제	250mg-캅셀제	500	1,800
A104	오스맥스	항생제	500mg-정제	200	10,000
A105	세팍신	항생제	250mg-정제	100	3,400
A106	아모시실린	항생제	500mg-캅셀제	500	900
B101	알리펜	진통소염제	400mg-정제	200	12,000
B102	닥스펜	진통소염제	150mg-정제	100	8,000
B103	플로펜	진통소염제	400mg-정제	250	3,100
B104	아스타펜	진통소염제	325mg-정제	150	6,600
C101	벤트룩스	소화기	300mg-정제	500	2,100
C102	가스모틴	소화기	5mg-정제	100	6,000
C103	큐리틴	소화기	300ml-정제	200	1,550
C104	판테온	소화기	40mg-정제	300	3,900
C105	파라돌	소화기	35mg-정제	100	1,400
C106	타라부틴	소화기	200mg-정제	1000	2,800
C107	알리탄	소화기	100mg-정제	30	18,000
D101	유시락스	호흡기	10mg-정제	500	2,000
D102	레보투스	호흡기	80mg-정제	10	10,000
D103	세틸란	호흡기	200mg-정제	300	18,000
D104	프로세스	호흡기	100ml-액상	10	31,000
E101	징카신	순환기	120mg-정제	50	9,700
E102	발칸정	순환기	80mg-정제	100	12,000
E103	진코바	순환기	80mg-정제	60	15,000
E104	센타몰	순환기	25mg-정제	30	8,000
E105	심바테롤	순환기	20mg-정제	70	13,000
F101	제니트릴	혈압강화제	5mg-정제	20	4,000
F102	카포텍	혈압강화제	50mg-정제	50	20,000
F103	아놀핀	혈압강화제	50mg-정제	40	16,000
G101	디엔정	혈관확장제	100mg-정제	100	30,000
G102	씨엔	혈관확장제	50mg-정제	80	24,000
G103	바소디엔	혈관확장제	100mg-정제	60	20,000

2.4. 주문 테이블

주문

주문번호	주문일	납기일	고객번호	인사번호
1	2009-03-01	2009-04-07	1004	3003
2	2009-04-02	2009-04-20	1009	3005
3	2009-04-11	2009-04-21	1013	3004
4	2009-04-11	2009-05-07	1012	3010
5	2009-04-19	2009-05-03	1008	3003
6	2009-04-23	2009-05-07	1002	3009
7	2009-04-29	2009-05-17	1006	3005
8	2009-05-01	2009-06-07	1015	3004
9	2009-05-11	2009-06-13	1004	3003
10	2009-05-11	2009-06-07	1001	3006
11	2009-05-15	2009-05-27	1002	3009
12	2009-05-21	2009-06-07	1011	3007
13	2009-06-01	2009-06-16	1018	3009
14	2009-06-01	2009-06-11	1016	3006
15	2009-06-03	2009-06-16	1021	3008
16	2009-06-14	2009-06-28	1014	3007
17	2009-06-23	2009-07-05	1010	3006
18	2009-07-01	2009-07-15	1006	3007
19	2009-07-13	2009-07-25	1013	3007
20	2009-07-15	2009-07-27	1005	3006
21	2009-07-24	2009-08-12	1009	3010
22	2009-08-15	2009-08-30	1003	3007
23	2009-09-13	2009-09-20	1004	3009
24	2009-09-22	2009-10-02	1011	3008
25	2009-10-06	2009-10-21	1001	3009
26	2009-10-17	2009-11-02	1005	3010
27	2009-10-26	2009-11-06	1019	3007
28	2009-12-11	2009-12-29	1015	3006
29	2010-01-12	2010-01-26	1017	3008
30	2010-01-21	2010-02-03	1007	3009
31	2010-02-04	2010-02-18	1020	3006
32	2010-02-15	2010-03-04	1018	3010
33	2010-03-08	2010-03-23	1014	3007

2.5. 주문항목 테이블

주문항목

주문번호	제품번호	수량
1	A103	950
1	A106	640
1	D103	180
2	A105	490
2	D104	220
3	A101	20
3	A103	1,200
3	B103	660
4	A102	40
4	A106	1,000
4	B101	240
5	B104	880
6	A101	100
6	A105	530
6	C101	800
7	A102	130
7	A103	650
7	C103	560
7	C106	240
8	D101	200
8	D102	320
9	A101	80
9	A106	1,400
10	A101	60
10	A105	500
10	B103	1,600
10	C102	380
11	A102	90
11	A104	160
11	B102	550
12	A106	235
12	B101	140
12	C103	800
12	C107	50
13	A104	55
13	B102	500
13	C101	300
13	D101	140
14	A104	50
14	A105	550
15	B102	600
15	D101	300
15	D104	200
16	A101	600
16	A102	250
16	A106	660
16	B102	260
17	A106	1,200
17	B101	120
17	B104	280
17	C103	780
18	C101	590
18	C104	540
19	A103	800
19	A104	35
19	C102	400
20	A103	10
20	B101	100
21	E101	25
21	G102	50
22	C103	120
22	F103	130
22	G102	200
23	B102	27
23	B103	10
24	A101	100
24	A104	340
25	A106	100
26	A106	200
26	B104	290
27	B104	105
27	G103	210
28	C103	100
28	D103	50
28	E104	70
29	F102	40
29	F103	30
30	E102	20
30	E103	30
30	E105	20
31	B101	60
31	C103	35
31	D102	50
32	A105	40
32	F102	90
32	G101	50
32	G102	70
33	B102	100
33	B104	120
33	D104	20
33	E105	40

참고문헌

최재화, "Teaching a Database Course with Collaborative Team Projects," 정보기술과 데이터베이스 저널, 8월 1997.

최재화, "블로그와 위키를 이용한 협력학습 사례," 경영교육논총, 53집, 3월 2009.

Abiteboul, S. et el., "The Lowell Database Research Self-Assessment," Communications of the ACM, Vol. 48, No. 5, May 2005

Agrawal, R. et el., "The Claremont Report on Database Research," Communications of the ACM, Vol. 52, No. 6, June 2009

Cattel, R., Object Data Management: Object-Oriented and Extended Relational Database Systems, Addison-Wesley Publishing, 1994.

Choobineh, J. and Ram, S., "Practical Aspects of Teaching an Applied Database Course," Database for Advances in IS, Summer 1997, pp. 70-83.

Codd, E., The Relational Model for Database Management: Version 2, Addison-Wesley Publishing, 1990.

Date, C., An Introduction to Database Systems, Addison-Wesley Publishing, 2003.

Elmasri, R. and Navathe, S., Fundamentals of Database Systems, Benjamin/Cummings Publishing, 2006.

Hawryszkiewycz, I., Database Analysis and Design, MacMillan Publishing, 1991.

Inmon, B., Building the Data Warehouse, Wiley and Sons, 1992.

Kim, W., Introduction to Object-Databases, MIT Press, 1990.

Kimball, R., Ross, M., Thornthwaite, W., and Mundy, J., The Data Warehouse Lifecycle Toolkit, Wiley, 2008.

Kroenke, D., Database Processing: Fundamentals, Design and Implementation, Prentice Hall, 2005.

Hoffer, J., Prescott, M. and Topi, H., Modern Database Management, Benjamin/Cummings Publishing, 2008.

Rob, P. and Coronel, C., Database Systems; Design, Implementation, and Management, Course Technology, 2007.

색인

ㄱ

ㄹ

ㅁ

ㅂ

ㅅ

ㅇ

ㅈ

ㅊ

저자 약력

최재화

연세대학교 경제학사
Drexel University MBA
University of Maryland 경영대학 경영학박사(경영정보학 전공)
University of Michigan - Dearborn 경영대학 조교수
단국대학교 경영학부 교수(현재)

김성언

서울대학교 이학사
Louisiana State University 전산학 석사
Louisiana State University 경영학 박사(경영정보학 전공)
현, 대구가톨릭대 경영정보학과 교수
한국산업경영학회 상임이사
한국의사결정학회 고문

데이타베이스 시스템
-설계, 구축 및 관리-

2010년 2월 20일 3판 1쇄 인쇄
2010년 2월 26일 3판 1쇄 발행

저　　자 : 최재화 • 김성언
발 행 인 : 정 광 식
발 행 처 : **비앤엠북스**
서울시 금천구 가산동 319번지 호서대벤처타워 B1-103
등　　록 : 2004.12.29. / 제313-2004-00298호
전　　화 : 2627-5710~12, 팩스 2627-5720
이 메 일 : bmbooks@paran.com
홈페이지 : 대학교재.kr

정가 26,000원　　ISBN 978-89-91879-76-8